陳澧集

增訂本

〔清〕陳澧 著

黄國聲 主編

第五册

譚步雲 陳永正 郭培忠 蘇森祜 梁守中 黄國聲 整理

上海古籍出版社

第五册目録

老子注

譚步雲　點校

點校説明

陳氏《老子注》以抄本行於世，流傳者大約有以下數見：

一、據丁仁長、吴道鎔、梁慶桂總纂之《番禺縣續志》卷三十二「藝文·補遺」云：「《老子注》一卷國朝陳澧撰。存。傳抄本。」又據《陳東塾先生年譜》：「《老子注》一卷(番禺徐氏藏稿本)，見《備忘册·自著書目》。自注曰：『不作。』故所注頗簡，間有每章僅注一條，或未有注者，然發明義趣，深有裨於讀《老子》者，引用王弼、河上諸家舊注，采擇極嚴。」(第四十八條)

二、據朱謙之先生《老子校釋》(中華書局，一九八四年十一月版)徵引書目所云：北京大學圖書館藏有「陳澧《老子注》舊抄本」。惟不知何人所録。

三、石光瑛教授一九三〇年迻録自汪兆鏞抄本的抄本(據石氏跋語)。石氏原是廣州中山大學教授，其抄本原藏廣州中山大學，現藏廣東省圖書館。一九六七年，臺灣商務印書館據陳氏曾孫陳之邁所搜羅的這個抄本影印刊行。這個影印本，卷首附張起鈞、嚴靈峰二序，卷末録陳之邁後記，略述成書經過。事實上，陳之邁所搜羅到的石氏抄本，可能只是石氏抄本的抄本！當然也可能是番禺徐氏藏稿本加上石氏跋語的抄本（參是書陳之邁後記）。

另據張起鈞序，汪氏原抄本殆已不存，但可能有據以所抄的本子流傳。

以上文字，可略知陳澧所撰《老子注》稿本的流傳情況。

就其正文的文字情況分析，陳氏所注主要採用王弼的注本，間亦用河上公章句本，並參以多家之注，擇善而從。

這次校點的本子，爲石光瑛一九三〇年迻録自汪兆鏞抄本的抄本。校點則以文淵閣《四庫全書》收録的王弼注本《老子道德經》（校注簡稱爲「王本」）和河上公章句本《老子道德經》（校注簡稱爲「河上本」）爲主要底本，並以馬王堆所出帛書甲本、乙本《老子》（《馬王堆漢墓帛書》［壹］，文物出版社，一九八〇年。校注簡稱爲「馬王堆甲本、乙本」）作爲參校本。

老子注

一章

道，可道，非常道；名，可名，非常名。言常道不可道，常名不可名也。常道常名謂道也。二十五章云「有物混成，先天地生，吾不知其名，字之曰道」，是也。道在天地之先，而萬古不變，故曰常也。既有天地之後，萬變不窮，其道可道，其名可名，然變而非常矣。無名，天地之始；有名，萬物之母。河上公注云：無名者謂道，有名謂天地。故常無，欲以觀其妙；常有，欲以觀其徼。無欲，謂禁遏其欲也。常禁遏其欲，以觀道妙，然萬物皆有欲。出生入死，故又常以己之有欲。觀萬物之歸趣也。河上云：徼，歸也。觀世俗之歸趣。陸云：徼，小道也，邊也，微妙也。此兩者同出而異名，同謂之玄，玄之又玄，衆妙之門。河上云：兩者，謂有欲無欲也。澧謂：於其禁遏，名之曰無，於其本有，名之曰有也。

二章

天下皆知美之爲美，斯惡矣；皆知善之爲善，斯不善已[一]。知美善則竟爲藏善，失其自然。故有無相生，難易相成，長短相形。官本云：各本俱作「形」。《釋文》作「較」。蓋用弼本。按：「生」、「成」、「形」、「傾」四字爲韻，作「形」是。高下相傾，陸云：「傾」，高下不正貌。音聲相和，前後相隨。此六者，萬物之自然。是以聖人處無爲之事，行不言之教，萬物作焉河上云：各自動也。而不辭[二]。河上云：不辭謝而歇止。生而不有，爲而不恃，功成而弗居，夫惟弗居[三]，是以不去。

三　章

不尚賢，使民不争；不貴難得之貨，使民不爲盗；不見可欲，見，胡甸切。使民心不亂，各本無「民」字，從官本。是以聖人之治，虚其心，河上云：除嗜欲，去亂煩。實其腹，河上云：懷道抱一，守五神也。弱其志，河上云：和柔謙讓，不處權也。强其骨，河上云：愛精重施，髓滿骨堅。使常民無知無欲[四]，使夫知者不敢爲也[五]，智者喜于有爲，使之不敢爲。爲無爲，則無不治。

四　章

道沖，而用之或不盈。沖，虚也。淵兮，似萬物之宗，挫其鋭，揣而鋭之，不可長保，故挫之也。解其紛，和其光，同其塵，湛兮，似或存。吾不知誰之子。河上云：老子言我不知道所從生。象帝之先。河上云：道自在天帝之先。

五章

天地不仁，以萬物爲芻狗；聖人不仁，以百姓爲芻狗。芻與狗，至賤之物。天地之間，其猶槖籥乎？王云：槖，排槖也。籥，樂籥也。虚而不屈，河上云：無有屈竭時。屈，《釋文》作「掘」，云河上本作「掘」。動而愈出，多言數窮，王云：理數也。顧云：勢數也。不如守中。

六章

谷神不死，谷，虚也。谷神，虚神也。《釋文》：谷，古木反。中央無者也。是謂玄牝。玄，幽深也。牝，竅也。玄牝之門，是謂天地根，河上云：鼻、口之門，是乃通天地之元氣，所從往來。緜緜若存[六]，用之不勤。河上云：鼻、口呼噏，喘息當緜緜微妙，若可存，又若無有，用氣常寬舒，不當急疾勤勞也。

七章

天地長久，天地所以能長且久者[七]，以其不自生，天地生物而不自生。故能長生。是以聖人後其生而身先[八]，外其身而身存，非以其無私耶[九]，故能成其私。老氏之旨，在成其私。

八　章

上善若水，水善利萬物而不争，處衆人之所惡，王云：人惡卑也。故幾於道。河上云：水性幾與道同。居善地，心善淵，河上云：水深空虚，淵深清明。與善仁，河上云：萬物得水以生，與虚不與盈也。言善信，河上云：水内影照，形不失其情也。正善治，河上云：無有不洗，清且平也。事善能，河上云：能方能圓，曲直隨形。動善時。河上云：夏散冬凝，應期而動，不失天時。夫唯不争，故無尤。

九　章

持而盈之，不如其已。王云：持謂不失德也，既不失其德，又如其無德無功者也。揣而鋭之〔一〇〕，揣，磨也。顧云：治也。鋭，《釋文》作「悦」，云河上作「鋭」。不可長保〔一一〕，金玉滿堂，莫之能守。富貴而驕，自遺其咎。功遂身退〔一二〕，天之道。王云：四時更運，功成則移。

十　章

載營魄抱一，能無離乎？一，即所謂谷神不死者也，人身載營魂而抱神，能無離乎？專氣致柔，能嬰兒乎？能不分其氣，又極柔弱如嬰兒乎？滌除玄覽，能無疵乎？河上云：當洗其心，使潔凈也。心處玄冥之處，覽知萬物，故謂之玄覽。愛民治國，能無知乎？六十五章：「以智治國，國之賊。」天門開闔，能無雌乎[一三]？天門未詳。河上云：天門謂鼻孔。王云：天門，天下之所由從也。開闔，治亂之際也。雌應而不倡，因而不爲，言天門開闔，能爲雌乎？官本云：按注義「無」似作「爲」。澧謂作「爲」是也。爲雌，即所謂守其雌也。河上注、王注，未定孰是。明白四達，能無爲乎？生之畜之，生而不有，爲而不恃，長而不宰，是謂玄德。

十一章

三十輻共一轂，當其無，有車之用。埏埴以爲器，陸云：埏，河上云，和也；埴，河上云，土也。當其無，有器之用。鑿户牖以爲室，當其無，有室之用。故有之以爲利，無之以爲用。車以轉軸者爲用，器以容物者爲用，室以出入通明者爲用，皆在空虚之處。吴云：「無」者，空虚之處也。

十二章

五色令人目盲；五音令人耳聾；五味令人口爽；陸云：爽，差也。河上云：亡也。馳騁畋獵，令人心發狂；難得之貨，令人行妨。行而有害也。《左傳》云：匹夫無罪，懷璧其罪。行，陸云：下孟反。是以聖人爲腹不爲目，故去彼取此。吴云：但爲實腹以養氣，不爲悦目而徇物也，但言不爲目，益舉一以包其四。

十三章

寵辱若驚，陸云：文簡云：寵，得也；辱，失也。顧云：若，而也。貴大患若身。陸云：河上云：貴，畏也，身空也。何謂寵辱若驚？寵爲下，得之若驚，上之榮辱，爲下者得之，當若驚也。失之若驚，失之即辱也。是謂寵辱若驚。何謂貴大患若身？吾所以有大患者，爲吾有身，及吾無身，吾有何患？故貴以身爲天下，若可寄天下；愛以身爲天下，若可託天下。若，猶乃也。

十四章

視之不見，名曰夷；陸云：夷，顧云，平也；鍾云，滅也，平也。聽之不聞，名曰希；搏之不得，名曰微。此三者，不可致詰，故混而爲一。其上不皦，陸云：皦，明也。其下不昧，繩繩不可名，陸云：繩繩，梁帝云：無涯際之貌。顧云：無窮不可序。復歸於無物。是謂無狀之狀，無物之象，是謂惚恍。迎之不見其首，隨之不見其後。執古之道以御今之有，能知古始，是謂道紀。

十五章

古之善爲士者，微妙玄通，深不可識。夫唯不可識，故强爲容[一四]。吴云：强爲之模擀其外之容[一五]，下文七者是也。豫焉[一六]，若冬涉川；猶兮，若畏四鄰；儼兮，其若容[一七]；「客」與「釋」韻，作「容」者誤也。渙兮，若冰之將釋；敦兮，其若樸；曠兮，其若谷；混兮，其若濁。孰能濁以靜之[一八]？徐清。孰能安以久動之？徐生。王云：「孰能」者，言其難也。官本云：《永樂大典》無「久」字。按：河上云：誰能安靜以久，徐徐以長生。其本似無「動」字。保此道者不欲盈。夫惟不盈[一九]，故能蔽不新成。官本云：蔽，《永樂大典》作「敝」是也。二十二章：「敝則新。」吴云：凡物敝則缺，新則成，敝而缺者，不盈也。新而成者，盈也。保守此道之人，不欲其盈，故能敝缺，不爲新成。

十六章

致虛極，守靜篤。致虛而極，守靜而篤。萬物並作，吾以觀復。夫物芸芸，各復歸其根。所謂復也，榮必歸於枯，生必歸於死。歸根曰靜，是謂復命[二〇]。復命曰常，常，理也。知常曰明。不知常，妄作凶。知常容，知萬物皆當歸根復命，自不爭競，而能容根。容乃公，公乃王，王乃天，天乃道，道乃久，没身不殆。

十七章

太上，下知有之，下知有君上而已。其次親而譽之，其次畏之，其次侮之，信不足焉，有不信焉！王云：信不足焉，則有不信。悠焉[二一]其貴言，行不言之教。功成事遂，百姓皆謂我自然。我、百姓，自謂也。

不知上之功，故以爲我自然也。

十八章

大道廢，有仁義。所謂失道而後德，失德而後仁，失仁而後義也。慧知出[二二]，有大僞。六親不和，有孝慈。國家昏亂，有忠臣。

十九章

絶聖棄智，民利百倍；絶仁棄義，民復孝慈；絶巧棄利，盜賊無有。此三者以爲文不足，文，疑當作「民」。聲之誤也。爲，去聲。此三者，本以爲民，而實不足以爲民也。故令有所屬：使民有所屬。見素抱樸，少私寡欲。王云：屬之于素樸寡欲。

二十章

絶學無憂，絶學則無憂。唯之於阿[二三]，相去幾何？善之於惡，相去何若[二四]？人之所畏，不可不畏。荒兮，其未央哉！衆人熙熙，如享太牢，如登春台。我獨泊兮，其未兆，如嬰兒之未孩，儽儽兮若無所歸！衆人皆有餘，而我獨若遺。我愚人之心也哉，沌沌兮！俗人昭昭，我獨昏昏。俗人察察，我獨悶悶，澹兮，其若海，飂兮，若無止。衆人皆有以，王云：以，用也。而我獨頑似鄙，我獨異於人，而貴食母。

二十一章

孔德之容，孔德，未詳。王云：孔，空也。以空爲德。惟道是從。道之爲物，惟恍惟惚。惚兮恍兮，其中有象；恍兮惚兮，其中有物；窈兮冥兮，其中有精；其精甚真，其中有信。自古及今，其名不去，以閱衆甫，吾何以知衆甫之狀哉？以此。

二十二章

「曲則全，枉則直，窪則盈，弊則新，少則得，多則惑。」是以聖人抱一爲天下式，不自見，故明；見，胡甸切。不自是，故彰；不自伐，故有功；不自矜，故長。夫唯不争，故天下莫能與之争[二五]，古之所謂「曲則全」者，豈虚言哉？誠全而歸之。

二十三章

希言自然。王云：無味不足之言，乃是自然之至言也。飄風不終朝，驟雨不終日。孰爲此者？天地。天地尚不能久，而況人乎[二六]？故從事於道者，道者同於道，德者同於德，失者同於失。同於道者，道亦樂得之；同於德者，德亦樂得之；同於失者，失亦樂得之[二七]。信不足焉，有不信焉！

二十四章

企者不立[二八]，跨者不行，自見者不明，見，胡甸切。自是者不彰，自伐者無功，自矜者不長。其在道[二九]，曰餘食贅行，物或惡之，故有道者不處。

二十五章

有物混成，先天地生。寂兮寥兮！獨立不改[三〇]，周行而不殆。可以爲天下母。吾不知其名，字之曰道，强爲之名曰大。大曰逝，逝曰遠，遠曰反。故道大，天大，地大，王亦大[三一]。域中有四大[三二]，而王居其一焉[三三]。人法地，地法天，天法道，道法自然。

二十六章

重爲輕根，静爲躁君。是以聖人終日行不離輜重，吴云：此言輕之本乎重也。雖有榮觀，燕處超然。吴云：此言動之主乎静也。奈何萬乘之主而以身輕天下？謂以其身輕動於天下之上也。輕則失本[三四]，躁則失君。

二十七章

善行，無轍迹；善言，無瑕讁；善數[三五]，不用籌策；善閉，無關楗而不可開；善結，無繩約而不可解。是以聖人常善救人[三六]，故無棄人；常善救物，故無棄物。是謂襲明。據晁説之跋，則此數語爲古本所無，獨河上公本有之。故善人者不善人之師，不善人者善人之資。不貴其師，不愛其資[三七]，雖智大迷，是謂要妙。

二十八章

知其雄，以觀其徼也。守其雌，以觀其妙也。爲天下谿。爲天下谿，常德不離，復歸於嬰兒[三八]。知其白，守其黑，爲天下式。爲天下式，常德不忒，復歸於無極。知其榮，守其辱，爲天下谷。谷，亦水所歸。爲天下谷，常德乃足，復歸於無樸[三九]。樸散則爲器，聖人用之則爲官長。因其器而用之，爲官長。故大制不割。因而用之，故制而不割。

二十九章

將欲取天下而爲之，吾見其不得已。天下神器，不可爲也。爲者敗之，執者失之。故物或行或隨，或自行，或隨人。或歔或吹，歔，河上本作「呴」。呴，温也。温，寒也。或强或羸，或挫或隳。挫，讀若莝。《詩》鄭箋：莝，委也。委，安也。河上本作「載」，云：載，安也。隳，危也。是以聖人去甚，去奢，去泰。

三十章

以道佐人主者，不以兵强天下。其事好還：師之所處，荆棘生焉；大軍之後，必有凶年。善有果而已[四〇]，王云：果，猶濟也，言善用師者趣以濟難而已。不敢以取强。果而勿矜，果而勿伐，果而勿驕，果而不得已，果而勿强。物壯則老，是謂不道。不道早已。王云：壯，武力暴興，喻以兵强於天下者也，飄風不終朝，驟雨不終日，故暴興必不道早已也。

三十一章

夫佳兵，不祥之器，物或惡之，故有道者不處。王文簡云：古所謂兵者，皆指五兵而言，故曰兵者不祥之器。佳，當作「隹」。隹，古「唯」字。唯兵爲不祥之器，故有道者不處。上言夫，唯下言，故文義正相承也。君子居則貴左，用兵則貴右。兵者不祥之器，非君子之器，不得已而用之。恬淡爲上[四一]，勝而不美，而美之者，是樂殺人。夫樂殺人者，則不可以得志於天下矣。吉事尚左，凶事尚右。偏將軍居左，上將軍居右，言以喪禮處之。殺人之衆，以哀悲泣之，戰勝以喪禮處之。據晁説之跋，則王輔嗣以此章爲非老子之言。

三十二章

道常無名。樸雖小，天下莫能臣也[四二]。侯王若能守之，萬物將自賓。天地相合，以降甘露，民莫之令而自均。始制有名，名亦既有，夫亦將知止[四三]，知止可以不殆[四四]。譬道之在天下，猶川谷之於江海[四五]。

三十三章

知人者智，不得爲明也。自知者明。勝人者有力，不得爲强也。自勝者强。知足者富，强行者有志。不失其所者久，死而不亡者壽。

三十四章

大道汜兮，其可左右。河上云：無所不宜。萬物恃之而生而不辭，功成不名有。衣養萬物而不爲主[四六],常無欲可名於小[四七];於,猶爲也。萬物歸焉而不爲主,可名爲大[四八]。以其終不自爲大[四九],故能成其大。

三十五章

執大象,天下往。河上云:象,道也。聖人率大道則天下萬物移心歸往之也[五〇]。往而不害,安平太[五一],河上云:萬物歸往而不傷害則國家安寧而致太平矣[五二]。樂與餌,過客止。有聲與味,衆人悦之。道之出口,淡乎其無味,視之不足見,聽之不足聞,用之不足既[五三]。吴云:客既過去,則其聲容與味亦出而無復有。

三十六章

將欲歙之[五四],必固張之;將欲弱之[五五],必固强之;將欲廢之,必固興之;將欲奪之,必固與之。是謂微明。陰謀藏於内,不露於外也。柔弱勝剛强。魚不可脱於淵,不可失其所依據。國之利器不可以示人。示人則恐失之。

三十七章

道常無爲而無不爲。侯王若能守之[五六],萬物將自化。化而欲作,吾將鎮之以無名之樸。河上云：復欲作巧僞者，侯王當身鎮撫以道德。無名之樸，夫亦將無欲[五七]。夫指民而言。不欲以静，無形，静也。天下將自定。

三十八章

上德不德，是以有德。王云：惟道是用，不德其德。《韓非》云：德者，内也；得者，外也。上德不德，言其神不淫於外也。又云：不得則有德。下德不失德，是以無德。上德無爲而無以爲。《韓非》云：意無所制也。下德爲之而有以爲。王云：凡不能無爲而爲之者，皆下德也。仁義禮節是也。上仁爲之而無以爲，上義爲之而有以爲。上禮爲之而莫之應，則攘臂而扔之[五八]。王云：極下德之量上仁是也。足以及於無以爲而猶爲之耶。《韓非》云：仁者謂中心欣然愛人，其喜人之有福而惡人之有禍也。生心之所不能已也，非求其報也。又云：義者，宜也。宜而爲之，故曰上義。爲之而有以爲也。王云：禮者，尚好修敬，校責往不對之間忿怒生焉。故曰上禮。爲之而莫之應，則攘臂而扔之也。故失道而後德，王云：大之極也，其爲道乎？雖盛業大富而有萬物，猶各得其德，雖貴以無爲用不能舍，無以爲體也。不能舍，無以爲體，則失其爲大矣。所謂失道而後德也。故失道而後德。失德而後仁，失仁而後義，失義而後禮。夫禮者，忠信之薄而亂之首。前識者，道之華而愚之始。是以大丈夫處其厚，不居其薄；處其實，不居其華。故去彼取此。

三十九章

昔之得一者：天得一以清，地得一以寧，神得一以靈，谷得一以盈，萬物得一以生，侯王得一以爲天下貞[五九]。其致之，天無以清，將恐裂；不得一則無以清。地無以寧，將恐發；神無以靈，將恐歇；谷無以盈，將恐竭；萬物無以生，將恐滅；侯王無以貴高，「貴高」當爲「貞」。將恐蹶[六〇]。故貴以賤爲本，高以下爲基。是以侯王自謂孤、寡、不穀[六一]。此非以賤爲本耶？非乎？故致數輿無輿[六二]。不欲琭琭如玉，珞珞如石[六三]。王云：體盡於形，故不欲也。

四十章

反者道之動，弱者道之用。天下萬物生於有，有生於無。

四十一章

上士聞道，勤而行之；中士聞道，若存若亡；下士聞道，大笑之。不笑不足以爲道！故建言有之：引古語也。「明道若昧，進道若退，夷道若纇，上德若谷，大白若辱，廣德若不足，建德若偷，建立偷惰。質真若渝，大方無隅，大器晚成，大音希聲，大象無形，道隱無名。」夫唯道，善貸且成。

四十二章

道生一，此即周濂溪所謂無極而太極也。一生二，二者，陰陽也。二生三，一陰一陽，中有沖氣，爲三也。三生萬物。萬物負陰而抱陽，沖氣以爲和。人之所惡，唯孤、寡、不穀[六四]，而王公以爲稱。故物或損之而益，或益之而損。人之所教，我亦教之：河上云：言我教衆人，使去强爲弱，去剛爲柔。「强梁者不得其死。」吾將以爲教父。

四十三章

天下之至柔，馳騁天下之至堅。無有入無間。吾是以知無爲之有益[六五]。不言之教，無爲之益，天下希及之。

四十四章

名與身孰親？身與貨孰多？吴云：多，猶云所重。得與亡孰病？王云：得多利而亡其身，何者爲病也。按：王注「多」當作「名」。是故甚愛必大費，多藏必厚亡。知足不辱，知止不殆，可以長久。

四十五章

大成若缺，其用不弊。大盈若沖，其用不窮。大直若屈，大巧若拙，大辯若訥。此所謂反也。躁勝寒，静勝熱，專以「静勝熱」爲喻，其言「躁勝寒」者兼及之耳。清静爲天下正。

四十六章

天下有道，卻走馬以糞；河上云：糞者，糞田也。天下無道，戎馬生於郊。禍莫大於不知足［六六］，咎莫大於欲得。故知足之足，常足矣［六七］。

四十七章

不出户，知天下。不闚牖［六八］，見天道。其出彌遠，其知彌少。出而求知，則神逐於外，出彌遠，知彌少也。是以聖人不行而知，不見而名，不爲而成。

四十八章

爲學日益，爲道日損，損之又損，以至於無爲。無爲而無不爲。取天下常以無事。及其有事，不足以取天下。

四十九章

聖人無常心，以百姓心爲心。善者吾善之，不善者吾亦善之，德善。善與不善不必分別，則不見有不善者而得善矣。德，讀若得，下同。六十二章「人之不善，何棄之有。」信者吾信之，不信者吾亦信之，德信。

聖人在天下，歙歙爲天下渾其心[六九]，百姓皆注其耳目，聖人皆孩之。

五十章

出生入死。《韓非》云：人始於生而卒於死。始之謂出，卒之謂入。生之徒十有三，死之徒十有三，人之生，動之死地亦十有三[七〇]。夫何故？以其生生之厚。「之十有三」，王本作「亦十有三」。今從《韓非》所引改。王云：「十有三」猶云「十分有三分，取其生道全生之極十分有三耳；取死之道全死之極亦十分有三耳，而民生生之厚更之無生之地焉」。澧謂此言死地但十分有三分耳，而人皆趨此三分也。蓋聞善攝生者，陸行不遇兕虎，入軍不被甲兵[七一]。兕無所投其角，虎無所措其爪，兵無所容其刃。夫何故？以其無死地。

五十一章

道生之，德畜之，物形之，勢成之。是以萬物莫不尊道而貴德。道之尊，德之貴，夫莫之命而常自然。故道生之，德畜之，長之育之，亭之毒之[七二]，養之覆之。生而不有，爲而不恃，長而不宰，是謂玄德。

五十二章

天下有始，以爲天下母。既得其母[七三]，以知其子[七四]；既知其子，復守其母，没身不殆。塞其兑，閉其門，終身不勤。王云：無事永逸，故終身不勤也。開其兑，濟其事，終身不救。見小曰明，守柔曰强。用其光，復歸其明，無遺身殃，是謂襲常[七五]。

五十三章

使我介然有知，行於大道，唯施是畏。大道甚夷[七六]，而民好徑。朝甚除，王云：朝，宫室也。除，潔好也。田甚蕪，倉甚虚；服文彩[七七]。帶利劍，厭飲食，財貨有餘，是謂盗夸[七八]。非道也哉[七九]！

五十四章

善建者不拔，善抱者不脱，子孫以祭祀不輟[八〇]。修之於身，其德乃真；修之於家，其德乃餘；修之於鄉，其德乃長；修之於邦，邦，各本作「國」。漢人避諱改也。此依《韓非》。邦、豐爲韻。其德乃豐；修之於天下，其德乃普。故以身觀身，以家觀家，以鄉觀鄉，以國觀邦[八一]，以天下觀天下。吾何以知天下然哉[八二]？以此。

五十五章

含德之厚，比於赤子。蜂蠆虺蛇不螫[八三]，猛獸不據，攫鳥不搏[八四]。骨弱筋柔而握固。未知牝牡之合而峻作[八五]，峻，《釋文》本一作「朘」，《説文》：赤子陰也。精之至也。終日號而不嗄，嗄，河上本作「啞」。和之至也。知和曰常，知常曰明，句與十章同。益生曰祥，吴云：祥，妖也。心使氣曰强。物壯則老，謂之不道，不道早已。三十章亦云：「物壯則老，是謂不道，不道早已。」

五十六章

知者不言，言者不知。塞其兑，閉其門，挫其鋭，解其紛，和其光，同其塵，是謂玄同。故不可得而親，不可得而疏[八六]。不可得而利，不可得而害[八七]。不可得而貴，不可得而賤[八八]。故爲天下貴。

五十七章

以正治國，以奇用兵，以無事取天下。吾何以知其然哉？以此。「吾何以」云云，當爲上章之結語。天下多忌諱而民彌貧；民多利器，國家滋昏；人多伎巧，奇物滋起；法令滋彰[八九]，盜賊多有。故聖人云：「我無爲而民自化，我好静而民自正，我無事而民自富，我無欲而民自樸。」

五十八章

其政悶悶，其民醇醇。其政察察，其民缺缺。禍兮福之所倚，福兮禍之所伏。孰知其極？其無正。正復爲奇，善復爲妖[九〇]，人之迷[九一]，其日固久。是以聖人方而不割，廉而不劌[九二]，直而不肆，光而不燿[九三]。

五十九章

治人、事天，莫若嗇。夫惟嗇，是謂早服。《韓非》云：嗇之者，愛其精神，嗇其智識也。嗇之爲術也，生於道理。衆人離於患，陷於禍，猶未知退而不服從道理。聖人維未見禍患之形虛無，服從於道理。故曰：夫唯嗇，是謂早服。早服謂之重積德。重積德則無不克[九四]，無不克則莫知其極。莫知其極，可以有國。有國之母，《韓非》云：母者，道也；道也者，生於所以有國之術，故謂之有國之母。可以長久。是謂深根固柢、長生久視之道。

六十章

治大國若烹小鮮。王云：不擾也。以道莅天下，其鬼不神。神，靈也。非其鬼不神，其神不傷人。非鬼不靈，乃其靈氣潛處於幽陰不出而驚擾生人也。非其神不傷人，非獨其神不傷人。聖人亦不傷人，陰不驚擾陽，聖不驚擾愚。夫兩不相傷，故德交歸焉。不傷人者，聖人之德。鬼不傷人，亦由聖人以道莅天下故也。故德交歸於聖人矣。

六十一章

大國者下流，天下之交，天下之牝。牝常以靜勝，牝以靜爲下[九五]。故大國以下小國，則取小國；小國以下大國，則取大國。故或下以取，或下而取。大國不過欲兼畜人，小國不過欲入事人。夫兩者各得其所故[九六]，大者宜爲下。

六十二章

道者，萬物之奥，善人之寶，不善人之所保。美言可以市，尊行可以加人。人之不善，何棄之有？故立天子，置三公，雖有拱璧，以先駟馬，不如坐進此道。古之所以貴此道者何？不曰以求得，有罪以免邪[九七]？故爲天下貴。

六十三章

爲無爲，事無事，味無味。大小多少，報怨以德。《論語》「以德報怨，何如？」或即老氏之流也。圖難於其易，爲大於其細。天下難事，必作於易；天下大事，必作於細。是以聖人終不爲大，故能成其大。夫輕諾必寡信，多易必易多難[九八]。是以聖人猶難之，故終無難矣[九九]。

六十四章

其安易持，其未兆易謀，其脆易泮[一〇〇]，其微易散。爲之於未有，王云：謂其安未兆也。治之於未亂。王云：謂微脆也。澧謂：此以上言慎始。合抱之木，生於毫末；九層之臺，起於累土；千里之行，始於足下。此所謂萬物之自然也。爲者敗之，執者失之。爲者助長，執者自盡。是以聖人無爲[一〇一]，故無敗；無執，故無失。所謂輔萬物之自然。民之從事，常於幾成而敗之。王云：不慎終也。慎終如始，則無敗事。是以聖人欲不欲，「欲不欲」猶言「志在不欲」也。不貴難得之貨；學不學，復衆人之所過。王云：不學而能者，自然也。澧謂「學不學」猶云「學爲自然」，衆人之學過於自然，當復之也。以輔萬物之自然而不敢爲。

六十五章

古之善爲道者，非以明民，將以愚之。秦法如此。民之難治，以其智多。故以智治國[一〇二]，國之賊；不以智治國，國之福。知此兩者亦稽式[一〇三]。常知稽式，是謂玄德。玄德深矣，遠矣，與物反矣。然後乃至大順[一〇四]。

六十六章

江海所以能爲百谷王者，以其善下之[一〇五]，故能爲百谷王。是以欲上民[一〇六]，必以言下之；欲先民，必以身後之。是以聖人處上而民不重，處前而民不害。是以天下樂推而不厭。以其不爭，故天下莫能與之爭。

六十七章

天下皆謂我道大[一〇七]，似不肖。夫唯大，故似不肖。若肖，久矣其細也夫[一〇八]！我有三寶，持而保之[一〇九]：一曰慈，二曰儉，三曰不敢爲天下先。慈，故能勇；儉，故能廣；王云：節儉愛費，天下不匱。故能廣也。不敢爲天下先，故能成器長。今舍慈且勇，王云：且，猶取也。舍儉且廣，舍後且先，死矣。夫慈，以戰則勝，以守則固。天將救之，以慈衛之。天亦以慈衛之。

六十八章

善爲士者不武；王云：士卒之師也。善戰者不怒；善勝戰者不與；王云：不與争也。善用人者爲下。是謂不争之德，是謂用人之力，是謂配天之極[一一〇]。

六十九章

用兵有言：古人有言也。「吾不敢爲主而爲客，河上云：不敢先舉兵。不敢進寸而退尺。」是謂行無行，攘無臂，扔無敵[一一一]，執無兵。謂制勝於無形也。即上章「不武」、「不怒」、「不與」之意。禍莫大於輕敵，輕敵幾喪吾寶。故抗兵相加，哀者勝矣。

七十章

吾言甚易知，甚易行。天下莫能知，莫能行。言有宗，事有君。夫惟無知[一一二]，是以不我知。知我者希，則我者貴。是以聖人被褐懷玉。

七十一章

知不知上，不知知病，知而不自以爲知者，上也。不知而自以爲知者，病也。《論語》曰：「知之爲知之，不知爲不知。」老氏之學則知之亦不爲知之也。夫惟病病[一一三]，是以不病。聖人不病，以其病病，是以不病。

七十二章

民不畏威，則大威至[一一四]。無狎其所居[一一五]，無厭其所生。夫唯不厭[一一六]，是以不厭。是以聖人自知不自見，自愛不自貴。故去彼取此。

七十三章

勇於敢，則殺；王云：必不得其死。勇於不敢，則活。此兩者，或利或害。天之所惡，孰知其故？是以聖人猶難之。天之道，不争而善勝，不言而善應，不召而自來，繟然而善謀，天網恢恢，疏而不失[一一七]。

七十四章

民不畏死，奈何以死懼之？若使民常畏死，而爲奇者，王云：詭異亂群謂之奇也。吾得執而殺之。孰敢？常有司殺者殺[一一八]。夫代司殺者殺，是謂代大匠斲[一一九]。夫代大匠斲[一二〇]，希有不傷手矣[一二一]。

七十五章

民之饑，當作「飢」[一二二]。以其上食税之多，是以饑。民之難治，以其上之有爲，是以難治。民之輕死，以其求生之厚，是以輕死。夫唯無以生爲者，是賢於貴生。

七十六章

人之生也柔弱，其死也堅强。萬物草木之生也柔脆，其死也枯槁。故堅强者死之徒，柔弱者生之徒。是以兵强則不勝[一二三]，木强則兵[一二四]。謂剪伐也。强大處下，王云：木之本也。柔弱處上。

王云：枝條是也。

七十七章

天之道，其猶張弓與[一二五]？高者抑之，下者舉之，有餘者損之，不足者補之[一二六]。天之道，損有餘而補不足[一二七]。人之道則不然，損不足以奉有餘。孰能有餘以奉天下？唯有道者。是以聖人爲而不恃，功成而不處，其不欲見賢。

七十八章

天下莫柔弱於水[一二八]，而攻堅强者莫之能勝[一二九]，其無以易之。磨礪金石必於水。弱之勝强，柔之勝剛，天下莫不易[一三〇]，莫能行。是以聖人云[一三一]：「受國之垢，是謂社稷主。受國不祥[一三二]，是謂天下王。」正言若反。

七十九章

和大怨，必有餘怨，安可以爲善？是以聖人執左契而不責於人。有德司契，無德司徹。天道無親，常與善人。

八十章

小國寡民，使有什伯之器而不用[一三三]；使民重死而不遠徙；雖有舟輿[一三四]，無所乘之；雖有甲兵，無所陳之。使人復結繩而用之[一三五]。甘其食，美其服，安其居，樂其俗，鄰國相望，雞狗之聲相聞，民至老死不相往來。

八十一章

信言不美，美言不信。善者不辯，辯者不善。知者不博，博者不知。聖人不積，爲人與人不積於己也。既以爲人己愈有，既以與人己愈多。天之道，利而不害。聖人之道，爲而不爭。

右番禺陳氏澧《老子注》一卷，從汪憬吾丈家鈔本借録[一三六]。注甚簡略，似隨筆劄記，不經意之作。然如十五章「儼兮其若客」，謂「客」與「釋」韻，辨別本作「容」之誤。「故能敝不新成」，從《永樂大典》本作「敝」，以官本作「蔽」爲非。三十九章「侯王無以貴高將蹶」，謂「貴高」當爲「貞」。以前後文推之，此説不易。四十四章王注「得多利而亡其身，何者爲病也」，謂「多」當作「名」。五十八章「吾何以知其然哉？以此」，謂「自此以上當爲上章結語」。均立説精確。經儒手筆，雖信手掇拾，要無空疏武斷之病。汪丈篤守師承，恐其散佚，録而存之。其用心純篤，尤可欽也。借讀僅七日，命次女肇純鈔竟，因跋而還之。庚午閏六月廿八日[一三七]，石光瑛跋。

【校記】

[一]已　河上本、王本同。馬王堆甲本、乙本均作「矣」。

[二]辭　河上本、王本同。馬王堆乙本作「始」。

[三]惟　河上本同，王本作「唯」，馬王堆甲本、乙本均同。

[四]使常　河上本、王本均作「常使」，馬王堆甲本、乙本均作「恒使」。

[五]知　河上本同，王本則作「智」，馬王堆甲本、乙本均同河上本。

[六]緜　王本同，河上本則作「綿」，馬王堆甲本、乙本均同王本。

[七]原脱「能」字，據河上本、王本補。

[八]生　河上本、王本、馬王堆甲本、乙本均作「身」。

[九]耶　王本同，河上本作「邪」，馬王堆甲本、乙本均作「輿」。

[一〇]鋭　河上本同，王本作「棁」，馬王堆甲本、乙本均作「兑」。

[一一]長　河上本、王本、馬王堆甲本、乙本均同。或本作「常」。

[一二]此句河上本作「功成名遂身退」。王本、馬王堆乙本均作「功遂身退」，馬王堆甲本作「功述身芮」。

[一三]無　王本同,河上本亦同,但無「乎」字。馬王堆甲本、乙本均作「毋」,句末亦有「乎」字。

[一四]河上本、王本、馬王堆甲本、乙本「爲」字後均有「之」字。

[一五]擀　原文如此。檢《四庫全書》所載《道德真經注》(元吴澂撰),字應作「擬」,殆傳抄誤作。又「也」,四庫本作「已」。

[一六]豫焉　王本同,河上本則作「與兮」。馬王堆甲本、乙本均作「曰與呵其」。

[一七]容　王本同,河上本、馬王堆甲本、乙本均作「客」。

[一八]或據《道藏》河上公本在「以」字後補「止」字。四庫河上本、王本、馬王堆甲本、乙本均無「止」字。

[一九]惟　河上本、王本、馬王堆甲本均作「唯」。

[二〇]謂　河上本、王本、馬王堆甲本、乙本均同。或作「曰」,不知何據。

[二一]悠焉　河上本作「猶兮」,王本作「悠兮」,馬王堆乙本作「猶呵」。

[二二]慧知　河上本作「智惠」,王本作「慧智」,馬王堆甲本作「知快」,馬王堆乙本作「知慧」。

[二三]於　河上本、王本、馬王堆甲本、乙本均作「與」。

[二四]何若　河上本、馬王堆甲本、乙本均同,王本作「若何」。

[二五]河上本無「能」字,王本、馬王堆甲本、乙本均有。

[二六]「況」字後河上本、王本、馬王堆乙本均有「於」字。

[二七]得　王本同,河上本作「失」。此段馬王堆甲本、乙本均有所不同。

〔二八〕企　王本同，河上本作「跂」。

〔二九〕王本句末有「也」字，河上本同，但「在」作「於」。

〔三〇〕河上本、馬王堆乙本「立」字後多一「而」字，王本則無。

〔三一〕王　河上本、王本、馬王堆甲本、乙本均同，宋范應陽本作「人」。

〔三二〕域　馬王堆甲本、乙本均作「國」。

〔三三〕王　河上本、王本、馬王堆甲本、乙本均同。宋范應陽本作「人」。

〔三四〕本　王本、馬王堆甲本、乙本均同，河上本作「臣」。《韓非子・喻老》、《永樂大典》引作「根」。

〔三五〕數　王本、馬王堆甲本、乙本均同，河上本作「計」。

〔三六〕常　馬王堆甲本、乙本均作「恒」。

〔三七〕「愛」後或多一「惜」字。河上本、王本、馬王堆甲本、乙本均無「惜」字。

〔三八〕嬰　王本、馬王堆甲本均同，河上本作「孾」。

〔三九〕河上本、王本、馬王堆乙本均無「無」字。

〔四〇〕有　王本同，河上本、馬王堆甲本、乙本均作「者」。

〔四一〕淡　王本同，河上本作「惔」。馬王堆帛書甲本「恬淡」作「銛襲」，乙本作「銛惔」。

〔四二〕天下莫能臣也　王本同，河上本則作「天下不敢臣」。馬王堆乙本作「而天下弗敢臣」。

〔四三〕夫　王本同，河上本作「天」。「止」，王本同，河上本作「之」。馬王堆乙本同王本。

［四四］止　王本同，河上本作「之」。「可」，王本同，河上本作「所」。馬王堆乙本作「知止所以不殆」。

［四五］於　王本同，河上本作「與」。馬王堆甲本、乙本同河上本。

［四六］衣養　王本同，河上本作「愛養」，《永樂大典》作「衣被」。馬王堆甲本、乙本作「萬物歸焉，而弗爲主」。

［四七］於　河上本、王本均同，馬王堆乙本作「爲」。

［四八］爲　河上本、王本均同，馬王堆甲本、乙本均作「於」。

［四九］此句河上本作「是以聖人終不爲大」。馬王堆乙本作「是以聖人之能成大也，以其不爲大也」。

［五〇］率　四庫河上本作「守」。

［五一］太　河上本、王本、馬王堆甲本、乙本均同。或本作「泰」。

［五二］國家安寧　四庫河上本作「國安家寧」。

［五三］足　王本同，河上本、馬王堆甲本、乙本均作「可」。

［五四］歙　王本同，河上本作「噏」。馬王堆甲本作「拾」，乙本作「擒」。

［五五］欲　王本、馬王堆甲本、乙本均同，河上本作「使」。

［五六］王本、馬王堆甲本、乙本句末均有「之」字，河上本、《永樂大典》均無。

［五七］王本有「夫」字，河上本無。「無」，王本同，河上本作「不」。馬王堆甲本、乙本均作「夫將不辱，不辱……」。

［五八］扔　王本同，河上本作「仍」。馬王堆甲本、乙本均作「乃」。

［五九］貞　王本同，河上本、馬王堆甲本、乙本均作「正」。

［六〇］蹶　王本同，河上本作「蹷」。馬王堆乙本作「欮」。

［六一］穀　王本同，河上本作「轂」。馬王堆甲、乙本「穀」均不從「殳」。

［六二］兩「輿」字，王本同，河上本均作「車」。馬王堆甲本作「輿」，乙本作「輿」。

［六三］珞珞　王本同，河上本作「落落」，馬王堆甲、乙本均作「硌硌」。

［六四］穀　王本同，河上本作「轂」。馬王堆甲、乙本「穀」均不從「殳」。

［六五］是以　王本、馬王堆甲本均同，河上本作「以是」。

［六六］此句之前，河上本、馬王堆甲、乙本均多「罪莫大於可欲」一句，王本則無。

［六七］句末王本、馬王堆甲、乙本均有「矣」字，河上本無。

［六八］闚　王本同，河上本作「窺」。馬王堆甲本作「規」，乙本作「規」。

［六九］歙歙　王本同，河上本作「怵怵」。馬王堆甲本作「愉愉焉」，乙本作「欲欲焉」。

［七〇］王本有「亦」字，河上本無。此句馬王堆甲本作「而民生生動皆之死地之十有三」，乙本作「而民生生僮皆之死地之十有三」。

［七一］被　王本同，河上本作「避」。此句馬王堆甲本作「入軍不被甲兵」，乙本作「入軍不被兵革」。

［七二］亭之毒之　王本、馬王堆乙本同，河上本作「成之熟之」。

［七三］得　王本、馬王堆甲、乙本均同，河上本作「知」。

［七四］以　王本、馬王堆甲、乙本均同，河上本作「復」。

［七五］襲　河上本、王本均作「習」，馬王堆甲本作「襲」。

［七六］其　河上本、王本、馬王堆甲本、乙本均作「甚」。

［七七］彩　河上本、王本均作「綵」，馬王堆甲本、乙本均作「采」。

［七八］夸　河上本、王本同，《韓非子·喻老》引作「竽」，馬王堆乙本作「杅」。

［七九］王本有「也」字，河上本無。馬王堆甲本、乙本此句均殘泐。

［八〇］王本、馬王堆甲本、乙本均有「以」字，河上本無。

［八一］邦　河上本、王本均作「國」。馬王堆甲本作「邦」，乙本作「國」。

［八二］「下」字後河上本、馬王堆乙本均多一「之」字，王本無。

［八三］蜂蠆虺蛇　王本同，河上本作「毒蟲」。此句馬王堆甲本作「逢𠛱蜾地弗螫」，乙本作「𧖴癘，虫蛇弗赫」。

［八四］攫　王本同，河上本作「玃」。此句馬王堆甲本作「攫鳥猛獸弗搏」，乙本作「據鳥孟獸弗捕」。

［八五］峻　河上本同，王本作「全」，馬王堆乙本作「朘」。

［八六］河上本、馬王堆甲本、乙本句首均多一「亦」字，王本無。「疏」，河上本、王本均作「踈」，馬王堆甲本作「疏」。

［八七］河上本、馬王堆甲本句首多一「亦」字，王本無。

［八八］河上本、馬王堆甲本、乙本句首多一「亦」字，王本無。

［八九］令　王本同，河上本、馬王堆甲本、乙本作「物」。

〔九〇〕妖　王本同，河上本作「訞」。

〔九一〕人　王本同，河上本作「民」。

〔九二〕劌　王本同，河上本作「害」，馬王堆乙本作「刺」。

〔九三〕燿　王本同，河上本作「曜」，馬王堆乙本作「眺」。

〔九四〕克　王本同，四庫本作「剋」。下同。

〔九五〕此句河上本、王本均同。馬王堆甲本作「牝恒以靚勝牡爲其靚□□宜爲下」，乙本作「牝恒以静朕牡爲其静也故宜爲下也」。

〔九六〕故　王本同，河上本、馬王堆甲本、乙本均作「欲」。

〔九七〕邪　王本同，河上本作「耶」，馬王堆甲本作「輿」，乙本作「與」。

〔九八〕河上本、王本、馬王堆甲本、乙本均無後一「易」字。

〔九九〕河上本、馬王堆甲本句末均無「矣」字。王本有。

〔一〇〇〕泮　王本同，河上本作「破」。此處馬王堆甲本、乙本均殘泐。

〔一〇一〕河上本無「是以」二字。王本、馬王堆乙本均有。

〔一〇二〕河上本無「故」字。王本、馬王堆甲本、乙本均有。

〔一〇三〕稽　王本、馬王堆甲本、乙本同，河上本作「楷」。下同。

〔一〇四〕河上本、馬王堆甲本、乙本均無「然後」二字，王本有。「至」字後河上本多一「於」字，王本、馬王堆甲本、乙本均無。

[一〇五]河上本無「其」字，王本、馬王堆甲本、乙本均有。

[一〇六]「以」字後河上本、馬王堆甲本、乙本均多「聖人」二字，王本無。

[一〇七]河上本、馬王堆乙本均無「道」字，王本有。

[一〇八]河上本無「也」字，王本、馬王堆乙本有。馬王堆甲本作「細久矣」。

[一〇九]保　王本同，河上本作「寶」，馬王堆乙本作「琛」。

[一一〇]河上本、王本均在「天」字後多一「古」字，在「天」字點斷。馬王堆甲本作「是胃天古之極也」，乙本作「是胃肥天古之極也」。

[一一一]扔　王本同，河上本作「仍」，馬王堆甲本、乙本均作「乃」。

[一一二]惟　河上本、王本、馬王堆甲本、乙本均作「唯」。

[一一三]惟　河上本、王本均作「唯」。馬王堆乙本此句作「以其病病」。

[一一四]河上本無「則」字，句末多一「矣」字。王本有「則」，無「矣」。馬王堆乙本此句作「則大威將至矣」。

[一一五]狎　王本同，河上本作「狹」，馬王堆甲本作「閘」，乙本作「伻」。

[一一六]河上本無「夫」字，王本、馬王堆甲本、乙本均有。

[一一七]疏　王本、馬王堆乙本均同，河上本作「踈」。

[一一八]河上本、馬王堆甲本、乙本無後一「殺」字，王本有。

〔一一九〕此句河上本作「夫代司殺者是謂代大匠斲」，王本作「夫代司殺者殺是謂代大匠斲」，馬王堆甲本作「夫伐司殺者殺是伐大匠斲也」，乙本作「夫代司殺者殺是代大匠斲」。

〔一二〇〕「斲」字後河上本、王本、馬王堆甲本均多一「者」字。馬王堆乙本無「者」字。

〔一二一〕此句河上本作「希有不傷手者矣」，王本作「希有不傷其手矣」，馬王堆甲本作「則□不傷其手矣」，乙本作「則希不傷其手」。

〔一二二〕河上本、王本均作「饑」，馬王堆甲本、乙本均作「飢」。

〔一二三〕不勝　河上本、王本、馬王堆甲本、乙本均同，或本作「滅」。

〔一二四〕兵　王本同，河上本作「共」，馬王堆甲本作「恒」，乙本作「競」。

〔一二五〕與　王本同，河上本作「乎」。馬王堆甲本、乙本均作「也」。

〔一二六〕補　王本、馬王堆甲本均同，河上本作「與」。

〔一二七〕補　河上本、王本同，馬王堆乙本作「益」。

〔一二八〕此句河上本作「天下柔弱莫過於水」，王本、馬王堆甲本、乙本均作「天下莫柔弱於水」。

〔一二九〕之　王本、馬王堆甲本均同，河上本作「知」。

〔一三〇〕易　王本、河上本、馬王堆乙本均作「知」。

〔一三一〕是以　王本同，河上本、馬王堆甲本作「故」，馬王堆乙本作「是故」。

〔一三二〕「國」字後河上本、馬王堆甲本、乙本均多一「之」字，王本無「之」字。「國」，馬王堆甲本作「邦」。

［一三三］「伯」字後河上本、馬王堆甲本、乙本均多一「人」字，王本無「人」字。「伯」，馬王堆甲本、乙本均作「百」。

［一三四］輿　王本同，河上本作「轝」，馬王堆甲本、乙本均作「車」。

［一三五］人　王本同，河上本、馬王堆乙本均作「民」。

［一三六］憬　或作「景」。

［一三七］庚午　即公元一九三〇年。

公孫龍子注

譚步雲　點校

點校説明

《公孫龍子注》一卷，據冼玉清《廣東釋道著述考》云：《番禺縣志·藝文志》有著録，爲汪兆鏞抄本。據汪云：當時「門人傳抄，多有出入」（《公孫龍子注跋》）。則汪本只是其中之一。後來，汪兆鏞（微尚齋）在陳澧先生孫子陳仲獻處得見陳先生手稿，於是按原稿迻録，於乙丑年（一九二五年）刊行於世。刊刻本並收入汪氏所作《公孫龍子校勘記》、《公孫龍子篇目考》和《公孫龍子注跋》。

這個校點本所採用的底本就是微尚齋的刊刻本。陳氏所用本子，當爲宋謝希深注本，而所作注較簡約，而且有許多訛誤脱漏，大概「尚未寫定」（汪兆鏞語）。

是次校點，用文淵閣《四庫全書》所載《公孫龍子》（謝希深注本）爲主要校本（簡稱爲「四庫本」），並以《公孫龍子懸解》（王琯，中華書局，一九九二年九月第一版。簡稱爲「中華本」）作爲參校本。

目録

迹府弟一[一]

公孫龍，六國時辯士也。疾名實之散亂，因資財之所長，爲「守白」之論。假物取譬，以「守白」辯。謂白馬爲非馬也。白馬爲非馬者，言白所以名色，言馬所以爲形也。色非形，形非色也[二]。夫言色，則形不當與；言形，則色不宜從。今合以爲物，非也。如求白馬於廄中，無有；而有驪色之馬，然不可以應有白馬也。不可以應有白馬，則所求之馬亡矣。亡則白馬竟非馬。欲推是辯，以正名實，而化天下焉。

龍與孔穿會趙平原君家。穿曰：「素聞先生高誼，願爲弟子久。但不取先生『白馬非馬』耳。請去此術，則穿請爲弟子。」龍曰：「先生之言悖。龍之所以爲名者，乃以白馬之論爾。今使龍去之，則無以教焉。且欲師之者，以智與學不如也。今使龍去之，此先教而後師之也；先教而後師之者，悖。且白馬非馬，乃仲尼之所取。龍聞楚王張繁弱之弓，載忘歸之矢，以射蛟兕於雲夢之圃，而喪其弓。左右請求之[三]。王曰：『止！楚人遺弓[四]，楚人得之。又何求乎？』仲尼聞之曰：『楚王仁義而未遂也。亦曰：「人亡弓，人得之」而已。何必楚？』若此，仲尼異楚人於所謂人。夫是仲尼異楚人於所謂人，而非龍異白馬於所謂馬，悖。先生修儒術而非仲尼之所取[五]，欲學而使龍去所教，則雖百龍固不能當前矣。」孔穿無以應焉。

公孫龍，趙平原君之客也。孔穿，孔子之葉也。穿與龍會。穿謂龍曰：「臣居魯，側聞下風，高先生之智，説先生之行。願受業之日久矣，乃今得見。然所不取先生者，獨不取先生之以白馬爲非馬耳。請去白馬之學，穿請爲弟子。」龍曰：「先生之言悖。龍之學，以白馬爲非馬者也。使龍去之，則龍無以教。無以教而乃學於龍也者，悖。且夫欲學於龍者，以智與學焉爲不逮也。今教龍去白馬非馬，是先教而後師之也。先教而後師之，不可。先生之所以教龍者，似齊王之謂尹文也。齊王之謂尹文曰：『寡人甚好士，以齊國無士，何也？』〔以〕猶〔而〕也。尹文曰：『願聞大王之所謂士者。』齊王無以應。尹文曰：『今有人於此，事君則忠，事親則孝，交友則信，處鄉則順。有此四行，可謂士乎？』王曰：『善！此真吾所謂士也。』尹文曰：『王得此人，肯以爲臣乎？』王曰：『所願而不可得也。』是時齊王好勇。於是尹文曰：『使此人廣庭大衆之中，見侵侮而終不敢鬥，王將以爲臣乎？』王曰：『詎士也[六]。見侮而不鬥，辱也；辱則寡人不以爲臣矣。』尹文曰：『唯見侮而不鬥，未失其四行也。是人未失四行，其所以爲士也。然而王一以爲臣，一不以爲臣，則向之所謂士者，乃非士乎？』齊王無以應。尹文曰：『今有人君將理其國。人有非則非之，無非則亦非之；有功則賞之，無功則亦賞之：而怨人之不理也。可乎？』齊王曰：『不可。』尹文曰：『臣竊觀下吏之理齊，其方若此矣。』齊王曰：『寡人理國，信若先生之言。人雖不理，寡人不敢怨也。意未至然與？』尹文曰：『言之敢無説乎？王之令曰：「殺人者死，傷人者刑。」人有畏王之令者，見侮而終不鬥，是全王之令也。』而王曰：『見侮而不鬥者，辱也。』謂之辱，非之也。無非而王辱之，故因除其籍，不以爲臣也。不以爲臣者，罰之也。此無罪而王罰之也。且王辱不敢鬥者，必榮敢鬥者也。榮敢鬥者此下有脱文。是，而王是之，必以爲臣矣。必以爲臣者，賞之也。彼無功而王賞之。王之所賞，吏之所誅也；上之所是，而法之所非也[七]。賞罰是非，相與四繆[八]。雖十黄帝，不能理也。』齊王無以應焉。故龍以子之言有似齊王。子知難白馬之非馬，不知所以難之説，以此，猶知好士之名，而不知察士之類。」此二條皆後人所述，故同一事而一舉楚人遺弓之説，一舉齊王謂尹文之説，所聞有異也。《孔叢子》合爲一，是也。

《孔叢子》[九]：公孫龍者，平原君之客也。好刑名，以白馬非馬。或謂子高子高，孔穿之字，孔箕之子，汲之玄孫[一〇]。曰：「此人小辯而毁大道[一一]，子盍往正諸？」子高曰：「大道之悖，天下之校枉也[一二]，吾何病焉？」或曰：「雖然，子爲天下故往也。」子高適趙，與龍會平原君家，謂之曰：「僕居魯，遂聞下風而高先生之行也，願受業之日久矣。然所不取於先生者，獨不取先生以白馬爲非馬爾。

誠去白馬之學，則穿請爲弟子。」公孫龍曰：「先生之言悖也。龍之學，正以白馬非馬者也。今使龍去之，則龍無以教矣。今龍爲無以教而乃學於龍，不亦悖乎？且夫學於龍者，以智與學不逮也。今教龍去白馬非白馬，是先教而後師之，不可也。先生之所教龍者，似齊王之問尹文也。齊王曰：『寡人甚好士，而齊國無士。』尹文曰：『今有人於此，事君則忠，事親則孝，交友則信，處鄉則順。有此四行者，可謂士乎？』王曰：『善！是真吾所謂士者也。』尹文曰：『王得此人，肯以爲臣乎？』王曰：『所願不可得也。』尹文曰：『使此人廣庭大衆之中，見侮而不敢鬥，王將以爲臣乎？』王曰：『夫士也，見侮而不鬥，是辱。則寡人不以爲臣矣。』尹文曰：『雖見侮而不鬥，是未失所以爲士也。然而王不以爲臣，則鄉所謂士者，乃非士乎？夫王之令：「殺人者死，傷人者刑。」民有畏王令，故見侮終不敢鬥。是全王之法也。而王不以爲臣，是罰之也。且王以不敢鬥爲辱，必以敢鬥爲榮，是王之所賞，吏之所罰也；上之所是，法之所非也。賞罰是非，相與曲謬，雖十黄帝[一三]，固所不能治也。』齊王無以應。且白馬非白馬者，乃子先君仲尼之所取也。龍聞楚王張繁弱之弓，載忘歸之矢，以射蛟兕於雲夢之圃，反而喪其弓。左右請求之。王曰：『止也！楚人遺弓，楚人得之。又何求乎？』仲尼聞之曰：『楚王仁義而未遂。亦曰「人得之」而已矣，何必楚乎？』若是者，仲尼異楚人與所謂人，而非龍之異白馬於所謂馬[一四]，悖也。先生好儒術而非仲尼之所取也，欲學龍而使龍去所以教[一五]，雖百龍之智，固不能當前也。」子高莫之應。退而告人曰：「言非而博，巧而不理，此固無所不答也[一六]。」異日，平原君會衆賓而延子高。平原君曰：「先生，聖人之後也。不遠千里來顧，臨之欲去。夫公孫白馬之學，今是非未明[一七]，而先生翻然欲高逝[一八]，可乎？」子高曰：「理之至精者則自明之，豈任穿之退哉？」平原君曰：「至精之説，可得聞乎？」答曰：「其説皆取之經傳，不敢以意。《春秋》記六鷁退飛[一九]，睹之則六[二〇]，察之則鷁。鷁猶馬也，六猶白也。睹之得見其白，察之則知其馬。色之名別，内由外顯，謂之白馬，名實當矣。若以絲麻加之女工，爲緇素青黄，色名雖殊，其質則一。是以《詩》有素絲，不曰絲素；《禮》有緇布，不曰布緇。犧牛玄武[二一]，此類甚衆。先舉其色，後名其質，萬物之所同，聖賢之所常也。君子之謂，貴當物理，不貴繁辭。若尹文之折齊王之所言，與其法錯故也。穿之所説於公孫子，高其志[二二]，説其行也[二三]。去白馬之説，智行固存，是則穿未失其所師者也。稱此云云，没其理矣。是楚王之言，楚人亡弓，楚人得之。先君夫子，探其本意，欲以示廣，其實狹之。故曰：『不如亦曰「人得之」而已也。』是則是楚王之所謂楚[二四]，非異楚王之所謂人也。以此爲喻，乃相擊切矣。凡言人者，總謂人也。亦猶言馬者，總謂馬也。楚，自國也；白，白色也。欲廣其人，宜在去楚，欲正名色，不宜去白。忱察此理，則公孫之辯破矣[二五]。」平原君曰：「先生言，於理善矣。」因顧賓曰[二六]：「公孫子能答此乎？」燕客史由對曰：「辭則有焉，理則否矣。」

公孫龍又與子高記論於平原君所，辨理至於臧三耳。公孫龍言臧之三耳甚辯析[二七]。子高弗應。俄而辭出。明日復見。平原君曰：「疇昔公孫之言信辯也[二八]。先生實以爲何如？」答曰：

「然幾能臧三耳矣。雖然實難，仆願得又問於君。今爲臧三耳，甚難而實非也，謂臧兩耳，甚易而實是也。不知君將從易而是者乎，亦從難而非者乎？」平原君弗能應。明日謂公孫龍曰：「公無復與孔子高辨事也。其人理勝於辭，公辭勝於理。辭勝於理[二九]，終必受詘。」

兆鏞按：原稿《孔叢子》二條録於卷首，兹迻寫《迹府》篇後，以資考證。

白馬論第二

「白馬非馬」，可乎？

曰：可。設爲客問而主答也。下仿此。

曰：何哉？

曰：馬者，所以命形也；白者，所以命色也。命色者非命形者，故曰「白馬非馬」。

曰：有白馬不可謂無馬也。不可謂無馬者，非馬也？舊注：既有白馬，不可謂之無馬，則白馬豈非馬乎？按：「也」讀爲「邪」。有白馬，爲有馬，白之非馬[三〇]，何也？

曰：求馬，黄黑馬皆可致；求白馬，黄黑馬不可致。使白馬乃馬也，是所求一也。所求一者，白者不異馬也。言使白馬乃馬，是求馬與求白馬一也，所求既一，則求白馬無異於求馬也。所求不異，如黄黑馬有可，有不可，何也？「如」讀爲「而」。可與不可，其相非明。可非不可，不可非可，甚明也。故黄黑馬一也，而可以應有馬，而不可以應有白馬。是白馬之非馬，審矣。

曰：以馬之有色爲非馬，天下非有無色之馬也。天下無馬，可乎？客言馬必有色，若以有色爲非馬，則天下無馬矣。豈可通乎？

曰：馬固有色，故有白馬。使馬無色，則有馬如已耳[三一]，舊注：「如」，「而」也。安取白馬？故白馬非馬也。白馬者，馬與白也。馬與白馬也，於馬之中別而出之，爲白馬也。故曰「白馬非馬」也。

曰：馬未與白爲馬，白未與馬爲白，合馬與白，復名白馬，是相與以不相與爲名，未可。故曰「白馬非馬」未可。客言白與馬本不相與，然既合馬與白而名白馬，是相與矣。既相與而猶欲以不相與爲名，則未可也。白馬非馬，是以不相與爲名也，故未可也。

曰：以有白馬爲非馬[三二]，「非」當作「有」字之誤也。謂有白馬爲有黃馬，可乎？

曰：未可。

曰：以有馬爲異有黃馬，是異黃馬於馬[三三]，是以黃馬爲非馬[三四]，以黃馬爲非馬，而以白馬爲有馬——此飛者入池，而棺槨異處——此天下之悖言亂辭也。

曰：有白馬不可謂無馬者，離白之謂也。不離者[三五]，有白馬不可謂有馬也。客言離白則有白馬，不可謂無馬矣。離白既可謂有馬，則不離亦豈不可謂有馬邪。「也」讀爲「邪」。故所以爲有馬者，獨以馬爲有馬耳。非有白馬爲有馬[三六]，故其爲有馬也，不可以謂「馬馬」也。所以爲馬者，非專以有白馬，爲有馬馬，色既不定有，不可謂之有馬馬，故但謂之有馬矣。

曰：白者不定所白，忘之而可也。主言：若離而言之，則白色不定，在馬必並馬而忘之，然後可矣。

白馬者，言白定所白也。謂之白馬，白定在所白之馬矣。定所白者，非白也。舊注：定白在馬者，乃馬之白也，安得自爲白。「乎」讀如字。馬者，無去取於色，故黄黑皆所以應。白馬者，有去取於色，黄黑馬皆所以色去，故唯白馬獨可以應耳。無去者，非有去也。無去者，與有去者不同。故曰「白馬非馬」。

指物論第三

物莫非指，而指非指。人以手指指物，物皆是指，而手指非指。此主言也。

天下無指，物無可以謂物。非指者天下，而物可謂指乎？客言：使天下無可指之物，則無可以謂之物者矣。今既云物，莫非指則天下有物矣。既謂物，豈又可謂之指乎？非指者上當脱「莫」字。一作「主所謂指非指者，何也？在天下者，物也，豈可謂之指，而反以指爲非指乎？」

指也者，天下之所無也；物也者，天下之所有也。以天下之所有爲天下之所無，未可。此亦客之言也。

天下無指，而物不可謂指也，不可謂指者，非指也。主言：客以爲天下無指而物不可謂之指。然既云此，物不可謂指即已指其物而言之矣。此豈非指邪？「非指也」之「也」，讀爲「邪」。非指者，物莫非指也。然則就如客説，以物爲非指，愈足以見物莫非指也。一作「然則我所謂指非指者，正以物莫非指，故指非指也。」

天下無物，而物不可謂指者，非有非指也。非有非指者，莫非指也；莫非指者，而指非指也[三七]。又言客以爲天下無指而物不可謂之指，然天下亦非有物名爲非指者也。既非有物名爲非指者，愈足以見物莫非指矣。物莫非指，則指非指矣。一本：以上主之言也。

天下無指者，生於物之各有名，不爲指也。不爲指而謂之指，是兼不爲指。以「有不爲指」之「無不爲指」，未可。客言：吾謂天下無指者，其説由於天下之物各有其名而不名，爲指也；不名爲指而乃謂之指，則有指之名又有其本名，則一物兼二名矣。夫物各有本名，不名爲指而以爲無不名爲指，未可也。

且指者，天下之所兼。天下無指者，物不可謂無指也。不可謂無指者，非有非指也。非有非指者，物莫非指，主言：指之名，本衆物之所兼也。如客所言，謂天下無指，則可；若謂物無指，則不可。其所以不可者，以天下非有物名爲非指者也。既無名爲非指者，則物莫非指矣。指非非指也，指與物非指也。指本是指非非指也，然以指指於物，則指屬於物而指非指矣。一本：「與」當作「於」。

使天下無物指[三八]，誰徑謂非指？天下無物，誰徑謂指？天下有指無物指，誰徑謂非指？徑謂無物非指？設使天下無物可指，則指不屬於物，誰謂指非指乎？然使天下無物，則無可指，何以謂指爲指指乎？使天下雖有指而無物，可指則指不屬於物，誰謂指非指乎？誰謂物莫非指而無物非指者乎？

且夫指固自爲非指，奚待於物而乃與爲指？又言指本可不名爲指也，所以名爲指者，因其能指物也。是必待有物可指而乃與之名爲指矣。然何必待有物可指而與之名爲指哉？言不若即其無可指之時而不與之名爲指也，是則指非指也。一作：又言指固自爲非指，所以名爲指者，待有物可指而名之爲指也，然何必待有物可指而始名之爲指哉？其意以爲不若任其無物可指而不名，爲指之爲得也。

兆鏞按：原稿《指物論》注凡二篇，字句微異，蓋當時兩存之而未寫定，玆用改本，仍將初本並録於下，仿《歐陽文忠公集》例也。

通變論第四

曰：二有一乎？

曰：二無一。

客問：二物相合，其中尚有一物可分而見者乎？主答：言既相合，則不可分也。

曰：二有右乎？

曰：二無右。

曰：二有左乎？

曰：二無左。

二既合爲一，則不能分左右矣。

曰：右可謂二乎？

曰：不可。

曰：左可謂二乎？

曰：不可。

曰：左與右可謂二乎？

曰：可。

曰：變非不變[三九]，可乎？

曰：可。

曰：右有與，可謂變乎？

曰：可。

如下文所云，羊合牛，假令羊居右而與牛合，是羊有與也。羊既與牛合，則不得仍爲羊矣，是變也。

曰：變隻。

曰：右。

客問：變者，隻所與一隻獨變而右不變乎？主言：右既有與，則右亦變矣。

曰：右苟變，安可謂右？客言：如右亦變，則安可仍謂之右。今主云右，是未嘗變也。

苟不變，安可謂變？主答也。

曰：二無左[四〇]，又無右，二者左與右奈何？客以主之言爲難也。

羊合牛非馬。主答也。舊注云：假令羊居左、牛居右，共成一物，不可偏謂之羊，亦不可偏謂之牛，既無所名，不可合謂之馬，謂二物不可爲一明矣。牛合羊非雞。舊注：變爲他物，如左右易位，故以牛左羊右，亦非羊非牛，又非雞也。

曰：何哉？

曰：羊與牛唯異。羊有齒，牛無齒，而羊之非羊也，牛之非牛也[四二]，未可。是不俱有，而或類焉。主言：牛羊之異在有齒無齒，然既合而爲一，若徑謂羊非羊，牛非牛，未可也。以其雖不皆有齒而實相類也。羊有角，牛有角，牛之而羊也，羊之而牛也，未可。是俱有，而類之不同也。羊牛同有角，其合而爲一，若徑謂之牛，則其半是羊；徑謂之羊，則其半是牛，亦不可也。以其雖有角而實不同也。羊牛有角，馬無角；馬有尾，羊牛無尾。故曰：「羊合牛非馬也。」

非馬者，無馬也。無馬者，羊不二，牛不二，而羊牛二。是而羊而牛，非馬可也。羊牛有角而馬無角，馬有尾而羊牛無尾，故羊牛合而爲一，既非羊非牛更非馬也。所以非馬者，無馬在其中也。所以無馬者，以其雖非兩邊皆羊，雖非兩邊皆牛，而實爲羊牛二物合成，仍是羊牛而非馬也。若舉而以是，猶類之不同。若左右，猶是舉。舊注云：所以舉是羊牛者，假斯類之不可以定左右之分也。

牛羊有毛，雞有羽。牛羊與雞類之不同，此其一也。謂雞足一，數足二，二而一，故三。謂牛羊足一，數足四，四而一，故五。牛羊足五，雞足三，雞二足，牛羊四足而別，有所以能行者，爲一足，故雞足三，牛羊足五。此即臧三耳之說也。牛羊與雞，類之不同，此又其一也。故曰：「牛合羊非雞。」「非」，有以非雞也。

但以類之不同，非別有非雞之故也。

與馬以雞，寧馬。材不材，其無以類，審矣。舊注：故等馬與雞，寧取於馬，以馬有國用之材，而雞不材，其爲非類審矣。舉是亂名[四二]，是謂狂舉[四三]。言雞雖不材，仍非二物合成。若牛羊合而謂之雞，是謂狂舉也。

曰：他辯。舊注：又責以以他物爲辯也。

曰：青以白非黄，白以青非碧。「以」，猶「與」也。青與白分置二處，則非黄非碧也。此所辯舉黄之説與前所辯同意，舉碧之説則更進一意。碧爲青白合成也。

曰：何哉？

曰：青白不相與而相與，反對也。不相鄰而相鄰，不害其方也。舊注：夫青不與白爲青，而白不與青爲白，故曰「不相與」。青者，木之色，其方在東；白者，金之色，其方在西。東西相反而相對也。東自極於東，西自極於西。故曰「不相鄰」也。按：東之西即西之東，故曰「不相鄰而相鄰」。不害其方者反而對，各當其所，釋上云：反對及不害其方之故。若左右不驪。

故一於青不可，一於白不可，惡乎其黄矣哉？黄其正矣。是正舉也，其有君臣之於國焉，故强壽矣。舊注：驪，色之雜者也。按：若青白分置左右而不雜，則不能使白變青，青變白，又安能變黄哉？黄是正色，非二色合成，猶君臣有上下之辯，則其國强而久不變衰也。

而且青驪乎白，而白不勝也。白足之勝矣而不勝，是木賊金也。木賊金者碧，碧則非正舉矣。青雜乎白，白似足以掩青色，而卒不能掩，遂成碧色，非正色也。

青白不相與，而相與，不相勝，則兩明也。爭而明，其色碧也。不雜，則二色皆明，雜則爭明而爲碧。

與其碧，寧黃。黃，其馬也。其與類乎？舊注：等黃於碧，寧取於黃者，黃，中正之色也。馬，國用之材也。夫中正之色[四四]，國用之材，其亦類矣。碧，其雞也，其與暴乎？舊注：碧，不正之色；雞，不材之禽，故相與爲暴之類。按：前所辯言，雞雖非牛羊合成，然爲物不材。此言碧爲青白合成，則與不材者等也。

暴則君臣爭而兩明也。兩明者昏不明，非正舉也。舊注：政之所以暴亂者，君臣爭明也。君臣爭明，則上下混亂，政令不明，不能正其所舉也。

非正舉者，名實無當。驪色章焉。所以言非正舉者，實是碧，名爲青、名爲白皆不可，惟雜色明著耳。故曰「兩明」也。兩明而道喪，其無有以正焉。兩明則正道喪。

堅白論第五

堅、白、石三,可乎?

曰:不可。

客問而主答也,下仿此。

曰:一[四五],可乎?「一」當作「二」。

曰:可。

曰:何哉?

曰:無堅得白,其舉也二;無白得堅,其舉也二。主言:目不見堅而得白,白與石爲二;手不知白而得堅,堅與石爲二。不能得三也。

曰:得其所白,不可謂無白;得其所堅,不可謂無堅,而之石也之於然也,非三也?客言:目既得白,手既得堅,則不可謂無堅白矣,而此石之與堅白,非三邪?「非三也」之「也」讀爲「邪」。

曰:視不得其所堅而得其所白者,無堅也。拊不得其所白而得其所堅者,無白也[四六]。

曰：天下無白，不可以視石；天下無堅，不可以謂石。堅、白、石不相外，藏三可乎？客言：如使天下無白色，則不可以視石而見其白矣；如使天下無堅質，則不可以謂石堅矣。既有白色，有堅質，則堅、白、石相合而相外，則謂一體之中藏堅、白、石三者矣。其可乎？

曰：有自藏也，非藏而藏也。舊注：目能見物而不見其堅，則堅藏矣；手能知物而不知其白，則白藏矣。此皆不知所然。自然而藏，故曰「自藏」也。彼皆自藏，非有物藏之。

曰：其白也，其堅也，而石必得以相盛盈，其自藏奈何？舊注：「盈」，「滿」也。其白必滿於堅、石之中，其堅亦滿於白、石之中，而石亦滿於堅、白之中，故曰「得以相盈」也。二物相盈，必矣。奈何謂之自藏也。

曰：得其白，得其堅，見與不見離，不見離，一一不相盈，故離。離也者，藏也。主言：見白不見堅，而堅離。白既與堅離，則三者離其一矣，此一者不能盈於石，故離也。所以離者，以其藏而不見也。

曰：石之白，石之堅，見與不見，二與三，若廣修而相盈也，其非舉乎？客言：石有白色，有堅質，衹以人有見有不見，故爲二爲三，然有色必有質，有質必有色，猶物有廣必有修，有修必有廣，舉其一，則二在其中矣。豈得以爲未舉乎？

曰：物白焉，不定其所白；物堅焉，而不定其所堅[四七]。不定者兼，惡乎甚石也？主言：萬物有白，不定爲何物之白；萬物有堅，不定爲何物之堅。有此二者不定，惡乎定其爲石也。「甚」，當作「其」。

曰：循石，非彼無石。非石，無所取乎白石。不相離者，固乎然其無已。客言：以手循石，思天下非有此物，則天下無石矣。無石，又何所取乎？白、石並其不相離，而無之矣。其意謂若言相離，惟無石而後可耳。

曰：於石一也，堅、白二也，而在於石，故有知焉，有不知焉；有見焉，有不見焉。故知與不知相與離，見與不見相與藏。藏故，孰謂之不離。舊注：以手拊石，知堅而不知白，故知與不知相與離也，以目視石，見白而不見堅，故見與不見相與藏也。按：「離」與「藏」，互言也。

曰：目不能堅，手不能白，不可謂無堅，不可謂無白。其異任也，其無以代也。堅、白域於石，惡乎離？客言：目手異用，能相代耳。然堅、白自在石內，未嘗離也。

曰：堅未與石爲堅，而物兼未與爲堅，而堅必堅其不堅。石物而堅，天下未有若堅，而堅藏。舊注：堅者，不獨堅於石，而亦堅於萬物。故曰「未與石爲堅」，而物兼也，亦不與萬物爲堅，而固當自爲堅，故曰「未與爲堅，而堅必堅也」。天下未有若此獨立之堅而可見。然亦不可謂之爲無堅，故曰「而堅藏」也。

白固不能自白，惡能白石、物乎？若白者必白，則不白物而白焉。舊注：世無獨立之堅乎，亦無孤立之白矣，故曰「白固不能自白」。既不能自白，安能自白於石與物？故曰「惡能白石、物乎」。若使白者必能自白，則亦不待白於物而自白矣。黃、黑與之然。舊注：黃、黑等色亦皆然也。石其無有，惡取堅白石乎？故離也。離也者因是。如是，則白亦藏也。堅與石既藏，則倘無石即無堅白石矣，惟其藏，故離也。謂之離者，因其本是離也。力與知果，不若因是。言欲以智力爭，必謂不離者不若，因其本是離，即謂之離。

且猶白以目以火見〔四八〕。而火不見，則火與目不見，而神見。神不見，而見離。舊注：「神」謂「精神」也。人謂目能見物，而目以因火見，是目不能見，由火乃得見也。然火非見白之物，則目與火俱不見矣。然則見者誰乎？精神見矣。夫精神之見物也，必因火以目乃得見矣。火、目猶且不能爲見，安能與神而見乎？則神亦不能見矣。推尋見者，竟不得其實，則不知見者誰也。故曰「而見離」。按：言不但堅、白、離而已，且目也，火也，見也，無一不離者也。

堅以手，而手以捶，是捶與手知而不知，而神與不知。神乎？是之謂離焉。此言手與捶皆離，即神亦離也。知堅必以手，而手必捶之，手以捶而知，手本不知也。捶之知，乃手知，亦非捶知也。是捶與手皆知而不知也。捶與手既皆不知，則知者神也。然不以手捶，則神亦不知也。如是，則神亦離也。離也者天下，故獨而正。

名實論弟六

天地與其所産焉[四九]，物也。天地與所産物，皆物也。

物以物其所物而不過焉，實也。實以實其所實而不曠焉[五〇]，位也。如大木取其勝棟梁之任，細木取其勝榱桷之任而不過焉，謂之實也。勝棟梁之任者，取以爲棟梁；勝榱桷之任者，取以爲榱桷；而不曠廢謂之位也。出其所位，非位；棟梁爲榱桷，榱桷爲棟梁，非位也。位其所位焉，正也。

以其所正，正其所不正；以其所不正[五一]，疑其所正。因有不正者，慮其所謂正者亦有不正。言當審察之也。

其「正」者，正其所實也；正其所實者，正其名也[五二]。如能勝棟梁、榱桷者，實也；謂之棟梁、榱桷者，名也。

其「名」正，則唯乎其彼此焉。舊注：「唯」，應辭也。謂彼而彼不唯乎彼，則彼謂不行。謂此而此不唯乎此[五三]，則此謂不行。

其以當不當也，不當而當亂也[五四]。謂者，呼其名也。呼彼而彼不應乎彼，則彼之呼不行；呼此而此不應乎此，則此之呼不行。由其所以當之者，不當也。不當而妄以當之，則亂也。

故彼，彼當乎彼，則唯乎彼，其謂行彼。此，此當乎此，則唯乎此，其謂行此。其以當而當也，以當而當，正也。

故彼，彼止於彼；此，此止於此。可。止於彼，不呼以此；止於此，不呼以彼。則可。彼此而彼且此，此彼而此且彼，不可。呼此爲彼，則彼且轉爲此；呼彼爲此，則此且轉爲彼。不可。

夫名實謂也。知此之非此也[五五]，知此之不在此也，則不謂也[五六]。知彼之非彼也，則不謂也[五七]。

至矣哉，古之明王！審其名實，慎其所謂。至矣哉，古之明王！

《公孫龍子注》一卷訖。

太歲在旃蒙赤奮若閏四月，番禺汪氏微尚齋校刊。

九曜坊翰元樓書籍鋪雕印。

公孫龍子校勘記

迹府

楚人遺弓：「人」，守山閣、墨海金壺本作「王」。

公孫龍，趙平原君之客也：守山本、金壺本、湖北書局本均接上「孔穿無以應」句，不別提行。三槐堂本提行。

以齊國無士何也：「以」，守山本、金壺本及《孔叢子》公孫龍篇均作「而」。俞樾《讀公孫龍子》云：「以」乃「如」之誤。

唯見侮而不鬥：「唯」，《孔叢子》作「雖」。《呂氏春秋》十六《正名篇》同。

其所以爲士也：《呂氏春秋》作「是未失其所以爲士」。

意未至然與：《呂氏春秋》作「意者未至然乎」。

相與四繆：《孔叢子》作「曲謬」。湖北本作「四謬」。

臧三耳：《吕氏春秋》十八《淫辭篇》：「孔穿、公孫龍相與論於平原君所，辨至藏三牙。」王應麟《漢藝文志考證》同[五八]。謝墉云：臧三耳，見《孔叢子》。「耳」，篆文近「牙」，故傳寫致誤。愚意「臧」、「牂」古字通用，謂羊也。此作「藏」，尤誤。盧文弨云：作「三耳」是也。龍意兩耳形也，又有一司聽者，以君之故，爲三耳。

白馬論

則有馬如已耳：「如」，湖北本作「而」。

以有白馬爲非馬：「非」，守山本作「有」。

有白馬不可謂有馬也：俞樾云：「有馬」當作「無馬」。就所離言之，白爲一物，馬爲一物，明明有白有馬，不可謂無馬也。

指物論

不爲指而謂之指，是兼不爲指：俞樾云：「兼」，乃「無」之誤。天下之物本不爲指，而人謂之指，是無不爲指矣。

通變論

曰變非不變可乎：守山本、金壺本、三槐本「曰」下有「謂」字。俞樾云：既謂之變，則非不變可知。何足問乎？疑「不」衍文。當作「『謂變非變，可乎？』曰：『可。』」下文「羊合牛非馬，牛合羊非雞，青以白非黃，白以青非碧」，皆申明變非變之義。

曰右有與可謂變乎曰可曰變隻曰右： 俞樾云：「變隻」無義，「隻」疑「奚」之誤。奚者，問辭也。猶言當變何物也。問者意謂「右而變則當爲左矣」，仍答曰「右」，可證明上文「變非變」之義。

曰二無左： 守山本、金壺本、三槐本「二」下有「苟」字。

而羊之非羊也牛之非牛也： 湖北本作「而牛之非羊也，羊之非牛也」。

舉是亂名是謂狂舉： 湖北本作「舉是謂亂名是狂舉」。

惡乎其黃矣哉： 守山本、金壺本、三槐本「黃」上多「有」字。

堅白論

一可乎： 「一」，守山本、金壺本、湖北本均作「二」。

而得其所堅者： 金壺本此句無「者」字，下有「得其堅也」句。

而石必得以相盛盈： 俞樾云：「盛」，衍字。

而不定其所堅： 金壺本無「而」字。

惡乎甚石也： 「甚」，湖北本作「其」。

名實論

以其所不正：守山本、金壺本無此句。

知彼之非彼也：守山本、金壺本、三槐本此句下有「知彼之不在彼」句。俞樾云：「知此之非此也，知此之不在此也，則不謂也。」下文當云：「知彼之非彼也，知彼之不在彼也，則不謂也。」兩文相對，可據以訂正。

此編刊竣，獲見近人孫詒讓《劄迻》云[五九]：《公孫龍子·迹府弟一》[六〇]：「王曰：『詎士也，見侮而不鬥。』」明梁傑刊本「詎」作「鉅」，古通[六一]。《荀子·正論》篇[六二]：「是豈鉅知見侮爲不辱哉？」楊注[六三]：「鉅」與「遽」同。明刊《子彙》本、錢熙祚本均作「詎」[六四]，疑校者所改。《通變論》「羊與牛唯異」，「唯」與「雖」通[六五]。「羊有齒，牛無齒，而羊之非羊也，牛之非牛也[六六]，未可。是不俱有，而或類焉。」疑當作「而牛之非羊也，羊之非牛也」，下文云：「羊有角，牛有角，牛之而羊也，羊之而牛也，未可。是俱有而類之不同也。」文正相對。「左右不驪」，「驪」，「麗」之借字[六七]。謝注以「驪」爲色之雜者，非是[六八]。

「白足之勝矣……」，「之」當作「以」。

《堅白論》「一一不相盈……」[六九]，當作「一二不相盈」。後文「於石一，於堅、白二也」即此義。

「且猶白以目以火見，而火不見」，《墨子·經説下》篇[七〇]：「智以目見，而目以火見，而火不見。」此文亦當作「且猶白以目見，目以火見，而火不見」，今本脱「見」、「目」二字也[七一]。

謹補記於後。

公孫龍子篇目考[七二]

《漢書·藝文志名家》

《公孫龍子》十四篇

趙人。師古曰：即爲堅白之辯者[七三]。

毛公九篇。

趙人。與公孫龍等並遊平原君趙勝家。師古曰：劉向《別録》云：論堅白同異以爲可以治天下，此蓋《史記》所云「藏於博徒者」[七四]。王應麟《漢藝文志考證》[七五]：《公孫龍子》十四篇。《唐志》三卷。今一卷[七六]。司馬彪曰[七七]：堅白謂堅石非石，白馬非馬[七八]；異同謂使異者同[七九]，同者異。東萊呂氏曰：告子「彼長而我長之，彼白而我白之」，斯言也，蓋堅白同異之祖。《孟子》累章辯析，歷舉玉、雪、羽、馬、人五白之説，借其矛而伐之，而其技窮。

《舊唐書·經籍志名家》[八〇]

《公孫龍子》三卷・龍撰[八一]。

《新唐書・藝文志名家》[八二]

《公孫龍子》三卷。陳嗣古注《公孫龍子》一卷。賈大隱注《公孫龍子》一卷。鄭樵《通志略》同。

《宋史・藝文志名家》[八三]

《公孫龍子》一卷。趙人。馬端臨《文獻通考》[八四]：《公孫龍子》三卷。《漢志》十四篇[八五]。今書六篇。首敘孔穿事，文意重複。《通志略》：《公孫龍子》，今亡八篇。陳振[孫《直]齋書録解題》[八六]：《公孫龍子》三卷。其爲説淺陋迂僻，不知何以惑當時之聽。《崇文總目》、晁公武《郡齋讀書志》並作三卷[八七]。

《大清四庫全書總目提要雜家》[八八]

《公孫龍子》三卷，兩江總督采進本。周公孫龍撰。案《史記》[八九]：趙有公孫龍爲堅白異同之辯[九〇]。《漢書・藝文志》：龍與毛公等並遊平原君之門。亦作趙人。高誘注《呂氏春秋》，謂龍爲魏人。不知何據。《列子釋文》：龍字子秉。莊子謂惠子曰：儒、墨、楊、秉四，與夫子爲五。秉即龍也。據此，則龍當爲戰國時人。司馬貞《索隱》謂龍即仲尼弟子者，非也。其書《漢志》著録十四篇，至宋時八篇已亡。今僅存《迹府》、《白馬》、《指物》、《通變》、《堅白》、《名實》，凡六篇。其首章所載與孔穿辯論事，《孔叢子》亦有之，謂：「龍爲穿所絀」，而此篇又謂「穿願爲弟子」[九一]。彼此互異。蓋龍自著書，自必欲伸己說。《孔叢》僞本出於漢晉之間。朱子以爲孔氏子孫所作，自必欲伸其祖說。記載不同，不足怪也。其書大旨[九二]，疾名器乖實，乃假指物以混是非，借白馬而齊物我，冀時君有悟而正名實。故諸史皆列於名家。《淮南·鴻烈解》稱：公孫龍粲於辭而貿名。揚子《法言》稱：公孫龍詭辭數萬，蓋其持論雄贍，實足聳動天下[九三]。故當時莊、列、荀卿並著其言。爲學術之一特品目，稱謂之間，紛然不可數計。龍必欲一一核其真而理究不足以相勝，故言愈辯而名實愈不可正[九四]。然其書出自先秦，義雖恢誕而文頗博辯[九五]。陳振孫《書録解題》概以「淺陋迂僻」譏之。則又過矣。明鍾惺刻此書，改其名爲《辯言》。妄誕不經。今仍從《漢志》題爲《公孫龍子》。又鄭樵《通志略》載此書，有陳嗣古注、賈大隱注各一卷。今俱失傳。此本之注乃宋謝希深所撰。前有自序一篇，其注文義淺近，殊無可取。以原本所有，姑並録焉。

姚際恒《古今僞書考》：《公孫龍子》，《漢志》所載，而《隋書》無之，其爲後人僞作奚疑？近人顧實《漢藝文志講疏》：名者，凡治學者所共有之事。今惟《公孫龍子》尚爲確信之書。姚説非也。讀其書，初覺詭異，而實不詭異也。

公孫龍子注跋

右《公孫龍子注》一卷，陳東塾先生撰。唐陳嗣古、賈大隱二注久佚，今惟存宋謝希深注。先生引「舊注」，即謝説也。龍書，《漢志》著録十四篇，宋亡八篇，僅存六篇，而各家書目多沿《唐志》稱三卷。

四庫本、道藏本皆然。通行之守山閣本、墨海金壺本、湖北崇文書局本、三槐堂本皆一卷，與《宋志》及王伯厚説合。今從之。先生《指物論》注稿初本、改本並存，是知尚未寫定。歸道山後，門人傳抄，互有出入。嗣於哲孫仲獻茂才處獲見先生手稿。卷首原題《公孫龍子淺説》，各篇後均有自記：「己酉七月閲過，改若干處。」「庚戌四月再閲，改若干處。」又記云：「恂須再閲加注，以發其義。」先生之不自滿假如此。按：己酉、庚戌爲道光二十九年、三十年。距今七十五年矣。假歸謹校數過，多所是正，而參閲諸刊本，仍有牴牾，未敢臆測。今悉依原稿迻録，略加整理，附按語以申明之。字句歧異者，别爲校勘，記其篇目存佚及公孫龍事迹見於他書、足資考證者，附録於後。世多譏龍「恢誕」，然如《通變論》云：「黄其正矣，是正舉也。」「碧則非正舉矣。」「與其碧，寧黄。黄，其馬也，其與類乎？碧，其雞也，其與暴乎？」「暴則君臣争而兩明也，兩明者昏不明，非正舉也。」「名實無當，驪色章焉，故曰：『兩明也。』兩明而道喪，其無有以正焉。」假物寓指，足以砭世礪俗。名家已成絶學，先生此注，發明義趣，深有裨於讀此書者。校録既竟，用識簡末。乙丑仲春，門人汪兆鏞記於澳門峨眉街寓樓。

【校記】

〔一〕弟　四庫本、中華本均作「第」，下同，不另注。

〔二〕四庫本無「形」字。

〔三〕四庫本句首有「其」字。

〔四〕四庫本「人」作「王」。

〔五〕四庫本「修」作「脩」。

〔六〕詎　四庫本同，中華本則作「鉅」。

〔七〕非　四庫本同，中華本則作「罪」。

〔八〕繆　四庫本同，中華本則作「謬」。

〔九〕此段文字見《孔叢子》卷下，用文淵閣《四庫全書》作校點底本。

〔一〇〕玄　原作「元」，避諱字。

〔一一〕大　四庫本作「太」。

〔一二〕校　四庫本作「交」。
〔一三〕十　四庫本作「古」。
〔一四〕四庫本無「所」字。
〔一五〕四庫本無前一「龍」字。
〔一六〕無　四庫本作「吾」。
〔一七〕明　四庫本作「分」。
〔一八〕翻　四庫本作「飜」。
〔一九〕鵶　四庫本作「鴉」。下同，不另注。
〔二〇〕睹　四庫本作「睹」。
〔二一〕玄　原作「元」，避諱字。
〔二二〕四庫本「志」作「智」。
〔二三〕四庫本「説」作「悦」。
〔二四〕第二個「是」，四庫本作「異」。
〔二五〕辯　四庫本作「辨」。
〔二六〕四庫本此句作「因顧謂衆賓曰」。
〔二七〕辯　四庫本作「辨」。

〔二八〕辯　四庫本作「辨」。

〔二九〕原稿無此句，據四庫本補。

〔三〇〕中華本此句作「有白馬，爲有白馬之非馬」。

〔三一〕四庫本無「則」字。中華本此句則作「如有馬而已耳」。

〔三二〕中華本此句作「以有白馬爲有馬」。

〔三三〕四庫本、中華本句末均有「也」字。

〔三四〕四庫本、中華本此句之上尚有「異黄馬於馬」一句。

〔三五〕不　中華本作「是」。

〔三六〕前一「有」字，中華本作「以」。

〔三七〕兩「莫」字前，四庫本、中華本均有「物」字。

〔三八〕中華本無「指」字。

〔三九〕四庫本、中華本首「變」字前均有「謂」字。

〔四〇〕此句四庫本作「苟二無左」，中華本則作「二苟無左」。

〔四一〕此句四庫本作「羊有齒，牛無齒，而羊牛之非羊也、之非牛也」，中華本作「羊有齒，牛無齒，而牛之非羊也，羊之非牛也」。

〔四二〕此句四庫本、中華本均作「舉是謂亂名」。

〔四三〕四庫本、中華本均無「謂」字。

〔四四〕色　四庫本作「德」。

〔四五〕一　中華本作「二」。

〔四六〕此句四庫本、中華本均作「拊不得其所白而得其所堅，得其堅也，無白也」。

〔四七〕四庫本、中華本均無「而」字。

〔四八〕中華本無前一「以」字。

〔四九〕焉　中華本作「者」。

〔五〇〕四庫本、中華本均無「而」字。

〔五一〕中華本無此一句。

〔五二〕這兩句四庫本作「以其所正，正其所不正；疑其所正，其正者正其所實也。正其所實者，正其名也」。

〔五三〕「而」後之「此」，四庫本、中華本均作「行」。

〔五四〕四庫本、中華本均無後一「當」字。

〔五五〕中華本「非」字後無「此」字。

〔五六〕則　中華本作「明」。

〔五七〕此句中華本作「知彼之非彼也，知彼之不在彼也，則不謂也」。

〔五八〕「漢」字下原脱「書」字。

[五九] 以下一節，以雪克、陳野校點《劄迻》（齊魯書社，一九八九年七月第一版）爲校訂底本，校注簡稱「今本」。

[六〇] 今本只有「迹府弟一」四字。

[六一] 此句今本作「案：『鉅』，與『詎』通」。

[六二] 今本「篇」下有「云」字。其下引文「侮」字後有「之」字，「辱」字後有「也」字。

[六三] 今本「注」下有「云」字。

[六四] 此句之前，今本尚有「此與《荀子》同」一句。「錢熙祚本」，今本作「錢本」。「均」，今本作「並」。

[六五] 通變論　今本作「通變論弟四曰」。「通」下今本尚有「此書常見」一句。

[六六] 今本無首「牛」字。

[六七] 今本「驪」字後有「並」字。

[六八] 今本此句作「謝以爲色之雜者非是」。

[六九] 此段引文不全。「堅白論」，今本作「堅白論弟五」。

[七〇] 今本篇目前有「案」字，「篇」字下有「云」字。

[七一] 脱　今本作「捝」。今本無「也」字。

[七二] 以下文字據文淵閣《四庫全書》（簡稱「四庫本」）所載校點。

[七三] 以上一段，四庫本《漢書・藝文志》中爲夾注。原書如此，一仍其舊。

[七四] 以上一段，四庫本《漢書・藝文志》中爲夾注。原書如此，一仍其舊。

〔七五〕四庫本以上兩句在此段文字之末。

〔七六〕此段文字見《漢藝文志考證》卷七，並未全録，文字亦稍有參差。

〔七七〕司馬彪這段話，原係《漢藝文志考證》夾注。

〔七八〕四庫本句末有「也」字。

〔七九〕異同　四庫本作「同異」。

〔八〇〕見該書卷四十七。

〔八一〕「龍撰」二字四庫本原係夾注。

〔八二〕見該書卷五十九。

〔八三〕見該書卷二百五。

〔八四〕見該書卷二百十二。

〔八五〕《漢志》指《漢書·藝文志》。下同，不另注。

〔八六〕原書脱「孫直」二字。

〔八七〕見該書卷五，作「一卷」。「並作三卷」，殆原書刊誤。

〔八八〕見該書卷一百十七。

〔八九〕案　四庫本作「按」。

〔九〇〕辯　四庫本作「辨」。

［九一］篇　四庫本作「書」。

［九二］旨　四庫本作「指」。

［九三］「足」字後四庫本有「以」字。

［九四］辯　四庫本作「辨」。

［九五］辯　四庫本作「辨」。

孝經紀事

譚步雲　點校

點校説明

《孝經紀事》原載《東塾遺稿》第十六册，爲未刊行之抄本，原藏嶺南大學，今歸中山大學。手稿中夾有校訂文字，可知曾經其弟子審訂。

據《孝經紀事引》，可知《孝經紀事》的内容主要取材於十七史。事實上，也有取自《太平御覽》、《説文解字》（許慎）、《困學紀聞》（王應麟）、《臨川集》（王安石）、《朱子文集》（朱熹）、《直齋書録解題》（陳振孫）、《從政遺規》（陳弘謀）等著作的内容，間見注解。

《孝經紀事》引書龐雜，片言隻語，多是信手拈來，給校點平添了不少困難。這次校點，涉及十七史部分的内容以文淵閣《四庫全書》所載十七史爲校注底本（校注簡稱「四庫本」），並以中華書局新編標點本二十四史（一九五八年至一九七八年。校注簡稱「中華本」）作參考本子。《臨川集》、《朱子文集》則以文淵閣《四庫全書》所載本子爲校注底本（校注簡稱「四庫本」）。《太平御覽》係以中華書局一九八〇年據上海涵芬樓影印宋本爲校注底本。《直齋書録解題》所用校注底本爲江蘇書局光緒九年刻本。《困學紀聞》則用小鄉嬛山館咸豐元年本爲校注底本。《從政遺規》用崇文書局同治七年本爲校注底本。《説文解字》以中華書局一九六三年十二月縮印陳昌治刻本爲校注底本。

《孝經紀事》脱漏訛誤較多，間亦有重出者。有的可能是門人筆誤，有的可能原稿如此。

《孝經紀事引》一篇，不見於《孝經紀事》，卻分别見於《東塾剩稿》（陳澧先生孫慶貢藏稿本，未刊行）和《東塾續集》（卷二，六十九頁。沈雲龍主編「近代中國史料叢刊」之一，臺灣文海出版社一九六六年十月版）。今亦一并附於卷首。

孝經紀事引

《孝經》、《論語》，聖賢教人之書也。而《孝經》尤簡約，朝廷以此試士，本以聖賢之教教天下，而士但以爲考試題目而已。世之勸人爲善者，乃至取巫覡語而刊佈之，不亦慎乎？古人尊信《孝經》之事，群書所載甚多。今取其見十七史者若干條，抄而刻之，其餘更俟續刻焉。咸豐十一年二月。

孝經紀事

《孝經》，十三經皆聖人教人之書也，而至德要道尤在《孝經》。其書最少，其義最顯。近年考試□[一]功令增《孝經》論，蓋欲天下人人讀之。此所以順天下也。自□功令頒佈以來，不知天下果人人讀之歟？其讀者視爲聖人教人之書歟？抑但視爲考試題目歟？而世俗之人方取浮屠道士之語寫刻傳佈，以爲可以勸善戒惡而不知求之聖人之書，非所謂好仁。不好學其蔽也愚歟？澧既刻《孝經》唐石臺本，又刻開成石經本，乃抄十七史中論説《孝經》之事若干條爲一帙以綴後，將來有續抄者更當增入之，欲以此爲讀《孝經》者勸，使知其不可不讀而「不」徒爲考試題目而已也[二]。「而」字下當脱「不」字。——壽昌校。

《史記·仲尼弟子列傳》：　曾參，尚武城人[三]，字子輿，少孔子四十六歲。孔子以爲能通孝道，故授之業，作《孝經》[四]。

《漢書·藝文志》云[五]：　漢興，長孫氏、博士江翁、少府后倉、諫大夫翼奉、安昌侯張禹傳之，各自名家。要添「孝經」二字[六]。

《漢書・疏廣傳》云[七]：（廣徙）爲太傅，（廣）兄子受……爲少傅[八]，……在位五歲，皇太子年十二通《論語》、《孝經》。

《後漢書》六十二葉《荀爽傳》曰[九]：（故）漢制使天下誦《孝經》。采此條以見人人皆當讀《孝經》。

《後漢書・儒林傳》[一〇]：明帝即位，……自期門羽林之士悉令通《孝經章句》[一一]。

《後漢書・蓋勳傳》[一二]：（涼州刺史）宗梟患多寇叛[一三]，謂勳曰：「涼州寡於學術，故屢到反暴[一四]，今欲多寫《孝經》，令家家習之，或使人知義[一五]。」

《晉書・劉超傳》[一六]：恭帝時年八歲，雖幽厄之中，超猶授《孝經》、《論語》。

《晉書・車允傳》[一七]：孝武帝嘗講《孝經》，仆射謝安侍坐，尚書陸訥侍講[一八]，侍中卞忱執讀[一九]，黃門侍郎謝石、吏部郎袁宏執經，允與丹陽尹王混擿句[二〇]，時論榮之。

《晉書・皇甫謐傳》[二一]：（篤終制曰）[二二]：平生之物皆無自隨，唯齎《孝經》一卷[二三]，示不忘孝道。采此條以見終身不可離《孝經》。

《宋書・何承天傳》[二四]：皇太子講《孝經》，承天與（中庶子）顏延之同爲執經[二五]。

《南齊書・張敬兒傳》[二六]：敬兒始不識書，晚既爲方伯，乃習字[二七]，讀《孝經》、《論語》。采此條亦見武人當讀《孝經》。

《南齊書・王儉傳》八葉[二八]：（後）上使陸澄誦《孝經》[二九]，自「仲尼居」而還[三〇]，儉曰：「澄所謂博而寡要，……」乃誦「君子之事上」章。上曰：「善。張子布更覺非奇也。」

《南齊書》[三一]：劉瓛答齊高帝曰：「政在《孝經》。」……帝咨嗟曰：「儒者之言，可寶萬世。」采此條以見《孝經》即政事。

《梁書·儒林·皇侃傳》[三二]：常日限誦《孝經》二十遍，以擬觀世音經。

《梁書·庾子輿傳》[三三]：五歲讀《孝經》，手不釋卷。或曰：「此書文句不多，何用自苦？」答曰：「孝德之本，何謂不多？」采此條亦見《孝經》雖少，所包實多。

《梁書·王僧孺傳》[三四]：（僧孺）年五歲讀《孝經》，問授者此書所載述。曰：「論忠、孝二事。」僧孺曰：「若爾，常願讀之。」

《陳書·徐陵傳》[三五]：皇太子入學釋奠，百司陪列，孝克發《孝經》題，後主詔皇太子北面致敬。孝克，陵子[三六]。采此條以見賞者當讀《孝經》。

《陳書·徐陵傳子份》[三七]：陵嘗遇疾，甚篤。份燒香泣涕，跪誦《孝經》，日夜不息，如此者三日。陵疾豁然而愈。《南史》同[三八]。采此條以誘俗人。下三條同。

《南史·文學·岑之敬傳》[三九]：之敬始以經業進，而博涉文史，雅有詞筆，不爲醇儒[四〇]，性謙謹[四一]，未嘗以才學矜物，接引後進恂恂如也。

（每）忌日[四二]，營齋必躬自灑掃涕泣終日，士君子以篤行稱之。

之敬年五歲讀《孝經》，每燒香正坐。[四三]

《南史·隱逸·顧歡傳》[四四]：（又）有病邪者問歡[四五]。歡曰：「家有何書？」答曰：「唯有《孝經》而已。」歡曰：「可取『仲尼居』置病人枕邊，恭敬之，自差也[四六]。」病者果愈。後人問其故，答曰：「善禳惡，正勝邪。此病（者）所以差也[四七]。」

《南史·隱逸·沈麟士傳》[四八]：遺令棺中依皇甫[四九]，……（依）士安用《孝經》[五〇]。

《魏書·逸士·馮亮傳》[五一]：遺誡兄子綜，斂以衣帢[五二]，左手持板，右手執《孝經》一卷。古人屢有此事。

《北齊書·王紘傳》[五三]：年十三見揚州刺史（太原）郭元貞[五四]。元貞撫其背曰：「汝讀何書？」對曰：「誦《孝經》。」曰：「《孝經》云何？」曰：「在上不驕，爲下不宄[五五]。」（元）貞曰[五六]：「吾作刺史，豈其驕乎？」紘曰：「公雖不驕，君子防未萌，亦願留意。」

《北齊（書）·儒林傳序》[五七]：《論語》、《孝經》，諸學徒莫不通講。

《北周書·齊煬王憲子貴傳》[五八]：少聰敏。……始讀《孝經》，便謂人曰：「讀此一經，足爲立身之本。」

《北周書·顏之儀傳》[五九]：（顏之儀）三歲能讀《孝經》。

又《蕭大圜傳》[六〇]：（蕭大圜）年四歲能誦《三都賦》及《孝經》、《論語》。

《周書・長孫澄傳長孫書傳後》[六一]：魏文帝嘗與太祖及群公宴。從容言曰：「《孝經》一卷，人行之本，諸公宜各引要言。」澄應聲曰：「夙夜匪懈，以事一人。」座中有人次曰：「匡救其惡，既而出閤[六二]。」太祖深歎澄之合機，而譴其次答者。《北史》略同。

《北史・于仲文傳于栗禪傳後》[六三]：（于仲文）九歲嘗于雲陽宫見周文帝。問曰：「聞兒好讀書，書有何事？」對曰：「資父事君，忠孝而已。」周文甚嗟歎之。

《北史・封偉伯傳封軌之子》[六四]：（太尉清河王）懌親爲《孝經解詁》[六五]，命偉伯爲難例九條，皆發起隱漏。

《太平御覽》[六六]：　劉盛不好讀書，唯讀《孝經》、《論語》。曰：「誦此能行足矣，安用多誦而不行乎？」

蘇綽戒子威云[六七]：「讀《孝經》一卷，足以立身治國，何用多爲？」查《困學紀聞》，此出《北史》。

《隋書・儒林・何妥傳》[六八]：蘇威（嘗）言於上曰：「臣先人每誡臣云：『唯讀《孝經》一卷，足可立身治國，何用多爲？』」上亦然之。

《隋書・鄭譯傳》[六九]：（帝下）詔曰[七〇]：「譯嘉謨良策[七一]，寂爾無聞，鬻獄賣官，沸騰盈耳。若留之於世，在人爲不道之臣；戮之於朝，入地爲不孝之鬼。有累幽顯[七二]。無以置之，宜賜以《孝經》，令其熟讀。」

《隋書·韋師傳》[七三]：初就學，始讀《孝經》。舍書而歎曰：「名教之極，其在茲乎？」

《隋書·文學傳·王頍》[七四]：（王頍）年二十尚不知書。爲其兄顒所責怒，於是感激，始讀《孝經》、《論語》，晝夜不倦。

《舊唐書》天寶年[七五]：詔天下民間家藏《孝經》一本[七六]。

《新唐書·玄宗本紀》[七七]：天寶三載，……詔天下家藏《孝經》。

《新唐書·禮樂志》五葉[七八]：太宗觀釋奠于國子學，詔祭酒孔穎達講《孝經》。

《新唐書》四十四（二）《選舉志》[七九]：（而）明經之別有五經，有三經，有二經。……《孝經》、《論語》皆兼通之。

《新唐書》百三十《楊瑒傳》[八〇]：瑒從父兄晏精《孝經》學，常手寫數十篇，可教者輒遺之。采此條以見當刻《孝經》分遺。

《新唐書》百六十二《獨孤及傳》[八一]：（獨孤及）爲兒時讀《孝經》。父試之曰：「兒志何語？」對曰：「立身行道，揚名於後世。」查《舊唐書》，有則不引此。

《新唐書》一百六《趙弘智傳》[八二]：（入）爲陳王師，講《孝經》百福殿，於是宰相、弘文館學士、太學生皆在。弘智舉五經，諸儒更詰辯隨問酬[八三]，悉舌無留語[八四]。高宗喜曰：「試爲我陳經之要，以輔不逮。」對曰：「天子有争臣七人，雖無道，不失天下，願以此獻。」帝悦，賜絹二，名馬二[八五]。

《新唐書》百九十六《儒學(上)·孔穎達傳》[八六]： 皇太子令穎達撰《孝經章句》[八七]。因文以盡箴諷[八八]。《舊(唐)書》云[八九]： 庶人承乾令撰《孝經義疏》[九〇]，穎達因文見意，更廣規諷之道，學者稱之。

《新唐書·儒學(下)·褚無量傳》[九一]： 皇太子及四王未就學，無量以《孝經》、《論語》五通獻帝。帝曰：「朕知之矣。」

《新唐書》百九十七《循吏·韋景駿傳》[九二]……(後)爲貴鄉令，有母子相訟者。景駿曰：「令少不天常自痛。爾幸有親而忘孝耶[九三]？教之不孚，令之罪也。」因嗚咽流涕，付授《孝經》，使習大義。於是母子感悟，請自新。遂爲孝子。

《新唐書》百六十四《薛放傳》[九四]： 帝穆宗嘗問：「朕欲學經與史，何先？」放曰：「六經者，聖人之言，孔子所發明天人之極也。《史記》道成敗得失，亦足以鑒，然謬於是非。非六經比。」帝曰：「吾聞學者白首不能通一經，安得其要乎？」對曰：「《論語》，六經之菁華也；《孝經》，人倫之本也。漢時《論語》首立于學宮。光武令虎賁士皆習《孝經》，玄宗(親)爲注訓[九五]。蓋人知孝慈則氣盛和樂也。」帝曰：「聖人以孝爲至德要道，信然。」

《新五代史·南平世家》卷六十九[九六]： 漢遣國子祭酒田敏使于楚，假道荊南。……敏以印本五經遺從誨。從誨謝曰：「予之所識，不過《孝經》十八章爾。」敏曰：「至德要道，於此足矣。」敏因誦「諸侯章」曰：「在上不驕，高而不危，制節謙度[九七]，滿而不溢。」從誨以爲識己，即以大卮罰敏。

《後漢書・循吏・仇覽傳》[九八]注云：謝承書曰：「覽爲縣陽遂亭長，好行教化人。羊元兇惡不孝[九九]。其母詣覽言元。覽呼元，誚責元以子道。與一卷《孝經》，使誦讀之。元深改悔，到母牀下謝罪曰[一〇〇]：『元少孤，爲母所驕。諺曰：「孤犢觸乳，驕子罵母。」乞今自改。』母子更相向泣。於是元遂修孝道，後成佳士也[一〇一]。」

《説文》十五末[一〇二]：（許沖上書曰）[一〇三]：「……臣父，故太尉南閣祭酒[一〇四]。……（慎又）學《孝經》孔氏古文説[一〇五]。古文《孝經》者[一〇六]，孝昭帝時魯國三老所獻。建武時給事中議郎衛宏所校。皆口傳，官無其説。謹撰具一篇並上。」

《太平御覽》六百八：《唐書》曰[一〇七]：長慶中，上謂兵部侍郎薛放曰：「……六經所尚不一，至學之士白首不能盡通[一〇八]，如何得其要乎？」對曰：「《論語》者，六經之菁華；《孝經》者，人倫之大本，窮理之要道[一〇九]。真可謂聖人至言。是以漢朝《論語》首列學官，光武令虎賁之士皆習《孝經》。玄宗親爲《孝經》注解，皆使當時大理。海内久安[一一〇]，人知孝節，氣感和樂之所致也。」上曰：「聖人謂孝爲至德要道，其信然乎[一一一]？」查《舊唐書》，有則不引《御覽》。采此條以見經學必以《孝經》爲先。

司馬氏《書儀》[一一二]。采此條以見童子必當讀《孝經》。

《臨川集・贈太師中書令勤威馮公守信神道碑》[一一三]：公雖在軍旅，數以《孝經》、《論語》爲人講説，人尚以儒者目之。至是真宗召問，出《孝經》使講，公講「天子」一章，因言：「（自）天子至於士不可以無學[一一四]，學不必博，《孝經》、《論語》皆聖人以誨學者言行之要，臣愚不足以盡識，然所以事陛下，不敢一日而忘此。」真宗嗟歎者久之。采此條以見武人嘗讀《孝經》。

《朱子文集》政蹟卷二《南康任・示俗》云[一一五]：《孝經》云：「用天之道，因地之利，謂依時及節耕種田土。謹身節用，謹身，謂不作非違，不犯刑憲；節用，謂省使儉用，不妄耗費。以養父母。人能行此三句之事，則身安力足，有以事養其父母[一一六]，使其父母安穩快樂。此庶人之孝也[一一七]。庶人，謂百姓也。能行此上四句之事，方是孝順，雖是父母不存，亦須如此，方能保守父母産業，不至破壞，乃爲孝順。若父母生存，不能事養；父母亡殁，不能保守，便是不孝之人。天所不容，地所不載，幽爲鬼神所責，明爲官法所誅，不可不深戒也。

以上《孝經》「庶人章」正文五句，係先聖至聖文宣王所説，奉勸民間逐日持誦，依此經解説，早晚思惟，常切遵守，不須更念佛號、佛經，無益於身，枉費力也。」此條最佳。壽昌按：此條已入《讀書記》。

《直齋書録解題》[一一八]：御注《孝經》一卷，……唐孝明皇帝撰並序。……號爲「石臺《孝經》」。……家有此，刻爲四大軸，以爲書閣之鎮。

《漢執金吾丞武榮碑》[一一九]：闕。幘傳講《孝經》、《論語》。

《從政遺規》載[一二〇]：顔光衷名茂猷，福建平和人，崇禎會元。《官鑒》云：明孝宗爲皇太子，有典璽郎覃吉温雅誠篤，識大體，通書史，議論方正，雖儒生不能過，輔導東宮之功居多，東宮嘗念高皇經，見吉至，以《孝經》自攜。原注云：内官能如此，見大識體。

《困學紀聞》所引[一一]：劉盛不好讀書，唯讀《孝經》、《論語》。曰：「誦此能行足矣，安用多誦而不行乎？」查《太平御覽》。

《後漢書·循吏·仇覽傳》[一二]：注云：謝承書曰：「覽爲縣陽遂亭長，好行教化人。羊元兇惡不孝。其母詣覽言元。覽呼元，誚責元以子道。與一卷《孝經》，使誦讀之。元深改悔，到母牀下謝罪曰：『元少孤，爲母所驕。諺曰：「孤犢觸乳，驕子罵母。」乞今自改。』母子更相向泣。於是元遂修孝道，後成佳士也。」可見宋泉非虛誕。

或問曰：「漢隴右刺史宋泉《後漢書》作「梟」，章懷注云：《續漢書》「梟」字作「泉」也。患多寇叛，欲多寫《孝經》，令家家習之，庶或使人知義，詔書詰責，坐虛慢徵，見《後漢書·蓋勳傳》。然則講《孝經》者得無虛慢乎？」余應之曰：「否。《孝經》言天下修身、愼行、德教，加于百姓、卿大夫，非先王之法服不敢服云云。」下闕。[一三]

【校記】

[一]□處原空一格。下同。

[二]「不」字原無，據壽昌校補。

[三]尚　四庫本作「南」。

〔四〕此條見《史記》卷六十七、列傳第七。四庫本「作《孝經》」後尚有「死於魯」三字。

〔五〕此條見《漢書》卷三十、志第十。

〔六〕夾注「孝經」二字應補于「藝文志」下。

〔七〕此條見《漢書》卷七十一、傳第四十一。

〔八〕括弧内文字原脱，據四庫本補。下同。

〔九〕此條見《後漢書》卷九十二、列傳第五十二。原作：「故漢制使天下誦《孝經》，選吏察孝廉。」

〔一〇〕此條見《後漢書》卷一百九，儒林列傳第六十九上。

〔一一〕通　原作「道」。據四庫本、中華本改。

〔一二〕此條見《後漢書》卷八十八、列傳第四十八。

〔一三〕宗　中華本、四庫本均作「宋」。

〔一四〕到　中華本、四庫本均作「致」。

〔一五〕「或」前今本有「庶」字。「人」，四庫本作「民」。

〔一六〕此條見《晉書》卷七十、列傳第四十一。

〔一七〕此條見《晉書》卷八十三、列傳第五十三。「允」，四庫本作「胤」。下同。

〔一八〕訥　四庫本作「納」。

〔一九〕忱　四庫本作「耽」。

[二〇] 摘　四庫本作「擿」。

[二一] 此條見《晉書》卷五十一、列傳第二十。

[二二] 此處四庫本作「著論爲葬送之制，名曰『篤終』，曰」。

[二三] 齎　或作「賷」。

[二四] 此條見《宋書》卷六十四、列傳第二十四。

[二五] 「中庶子」三字原無，據四庫本補。

[二六] 此條見《南齊書》卷二十五、列傳第六。

[二七] 字　四庫本作「學」。

[二八] 此條見《南齊書》卷二十三、列傳第四。

[二九] 「後」字據四庫本補。

[三〇] 還　四庫本作「起」。

[三一] 此條不見《南齊書》，而見《南史》卷五十、列傳四十，文字略同。殆誤作《南齊書》。

[三二] 此條見《梁書》卷四十八、列傳第四十二。「侃」，四庫本作「偘」。

[三三] 此條不見《梁書》，而見《南史》卷五十六、列傳四十六庾域條。殆誤作《梁書》。「興」殆「輿」之誤。

[三四] 此條見《梁書》卷三十三、列傳二十七。

[三五] 此條見《陳書》卷二十六、列傳二十。亦見《南史》卷六十二。

[三六] 據四庫本、中華本,「陵子」當作「陵弟」。

[三七] 此條見《陳書》卷二十六、列傳二十徐陵子儉、份、儀條。亦見《太平御覽》卷六百十、學部四、三國典略。

[三八] 此條不見《南史》。

[三九] 此條見《南史》卷七十二、列傳第六十二,亦見《陳書》卷三十四。

[四〇] 爲 《册府元龜》引作「愧」。

[四一] 謹 原稿作「謙」,據四庫本改。

[四二]「每」字原稿無,據四庫本補。

[四三] 此條見《南史》卷七十二,亦見《陳書》卷三十四。當前移。

[四四] 此條見《南史》卷七十五、列傳第六十五。

[四五] 又 據四庫本補。

[四六] 差 當作「瘥」。下同。

[四七]「者」字原無,據四庫本、中華本補。

[四八] 此條見《南史》卷七十六、列傳六十六。

[四九] 這段文字與四庫本、中華本頗不同,兹録如次:「以楊王孫、皇甫謐深達生死,而終禮矯俗,乃自爲終制,遺令……」

[五〇]「依」字據四庫本補。

[五一] 此條見《魏書》卷九十、列傳第七十八。

[五二] 幍 四庫本作「帕」。

[五三] 此條見《北齊書》卷二十五、列傳第十七。

[五四]「太原」二字原稿無，據今本補。

[五五] 宂 四庫本、中華本作「亂」。

[五六]「元」字原稿無，據今本補。

[五七] 此條見《北齊書》四十四卷、列傳第三十六。亦見《北史》卷八十一。「書」字原稿無，據今本補。

[五八] 此條見《周書》卷十二、列傳第四。《北周書》，今均作《周書》。下同，不另注。

[五九] 此條見《周書》卷四十、列傳第三十二。

[六〇] 此條見《周書》卷四十二、列傳第三十四。

[六一] 此條見《周書》卷二十六、列傳第十九。原作「長孫紹遠、弟澄」。《北史》卷二十二、列傳第十長孫道生條略同。

[六二]「而出」二字《北史》作「出西」。

[六三] 此條見《北史》卷二十三、列傳第十一，《隋書》卷六十四略同。「禪」四庫本作「磾」。

[六四] 此條見《北史》卷二十四、列傳第十二。《魏書》卷三十二、列傳第二十封懿條。《封偉伯傳》同。

[六五]「太尉清河王」五字據四庫本、中華本補。

〔六六〕此條不見《太平御覽》，而見《困學紀聞》卷七及《拾遺録》。《十六國春秋》卷八劉盛條略同。

〔六七〕此條見《困學紀聞》卷七。「威」原作「盛」，據四庫本改。

〔六八〕此條見《隋書》卷七十五、列傳第四十。亦見《北史》卷八十二。

〔六九〕此條見《隋書》卷三十八、列傳第三。《北史》卷三十五略同。

〔七〇〕「帝」字原稿有。「下」字據四庫本補。

〔七一〕謨　四庫本作「課」。

〔七二〕幽顯　原作「函願」，據四庫本改。

〔七三〕此條見《隋書》卷四十六、列傳第十一。《北史》六十四略同。

〔七四〕此條見《隋書》卷七十六、列傳第四十一。

〔七五〕此條見《舊唐書》卷九《玄宗紀》。「天寶年」爲「天寶三載」。

〔七六〕詔　原稿作「誨」，據今本改。

〔七七〕此條見《新唐書》卷五、本紀五。

〔七八〕此條見《新唐書》卷十五、《禮樂志》五。

〔七九〕此條見《新唐書》卷四十四、志第三十四。

〔八〇〕此條見《新唐書》卷一百三十、列傳第五十五。

〔八一〕此條見《新唐書》卷一百六十二、列傳第八十七。

〔八二〕此條見《新唐書》卷一百六、列傳第三十一。

〔八三〕辯　四庫本作「辨」。

〔八四〕悉　原作「患」，據四庫本改。

〔八五〕前一「二」字下四庫本有「百」字，後一「二」字四庫本作「一」。

〔八六〕此條見《新唐書》卷一百九十八、列傳第一百二十三。亦見《册府元龜》卷七百十四。「上」字原稿無，據四庫本、中華本補。

〔八七〕撰　四庫本作「譔」。

〔八八〕盡　原作「畫」，據四庫本改。

〔八九〕「唐」字原無，據四庫本補。

〔九〇〕庶　原作「廣」，據四庫本改。

〔九一〕此條見《新唐書》卷二百、列傳第一百二十五。「下」字原無，據四庫本、中華本補。

〔九二〕此條見《新唐書》卷一百九十七、列傳第一百二十二。亦見《舊唐書》卷一百八十五上，文字略同。

〔九三〕耶　四庫本、中華本作「邪」。

〔九四〕此條見《新唐書》卷一百六十四、列傳第八十九。

〔九五〕親　原稿無，據四庫本、中華本補。

〔九六〕此條見《新唐書》卷六十九、南平世家第九。亦見《十國春秋》一百一，文字略同。

［九七］謙　四庫本作「謹」。

［九八］此事雖見《後漢書》，但文字大異，當載《後漢書補逸》卷十。亦見《續後漢書》卷六十九上，文字稍異。

［九九］羊　四庫本作「陳」。

［一〇〇］到　四庫本作「倒」。

［一〇一］四庫本無「也」字。

［一〇二］此條見《説文解字》卷十五序。

［一〇三］許沖上書曰　原作「臣沖稽首再拜上書皇帝陛下曰」。

［一〇四］閣　原作「閤」，據今本改。

［一〇五］原無「慎又」二字，據今本補。

［一〇六］古文　當「故」之誤。

［一〇七］此條見《太平御覽》卷六百八、學部二敘經典。

［一〇八］至　四庫本作「志」。

［一〇九］要道　四庫本無「道」字。

［一一〇］久　四庫本作「乂」。

［一一一］乎　今本作「矣」。

［一一二］《書儀》，宋司馬光撰。此處大概原擬采卷四婚儀下：「男子始習書字，女子始習女工之小者。七歲男

女不同席，不共食，始誦《孝經》、《論語》。雖女子亦宜誦之。」

[一一三] 此條見《臨川集》卷八十八。亦見《名臣碑傳琬琰集》卷十七。《臨川集》，四庫本作《臨川文集》。

[一一四] 原稿脱「自」字，據四庫本補。

[一一五] 此條見四庫本《晦庵集》卷九十九。

[一一六] 事養　四庫本作「奉養」。下同。

[一一七] 庶　原文均作「廣」，據四庫本改。下同。

[一一八] 此見《直齋書録解題》卷三。

[一一九] 此條見都穆《金薤琳琅》卷五，亦見王昶《金石萃編》卷十二。

[一二〇] 《從政遺規》二卷，清陳弘謀輯。

[一二一] 此條已見前。

[一二二] 此條已見前，但無夾注。「吏」原作「史」。

[一二三] 此條殆陳氏自擬。

漢儒通義

陳永正　點校

點校説明

《漢儒通義》是陳澧中年時的重要著述。始纂於咸豐四年（一八五四），咸豐六年竣稿并撰寫序文，咸豐八年刻成印行。陳澧對這部著作是很重視的，他曾説過：「予之學但能抄書而已，其精者爲《漢儒通義》。」①《漢儒通義》一書，共七卷，六十八門類。「凡所録皆經部之書，史、子、集皆不録，所録皆漢儒之書……三國以後之書不録。」②編纂此書的用意，如其弟子胡錫燕所言：「蓋取先儒二十二家之説，會萃精要，以成一家之書。」③所謂「一家」，即排比漢儒諸家之説，以求其「通義」，陳澧亦曾申明之：「《漢儒通義》一書，采兩漢經師義理之説，分類排纂，欲與漢學、宋學兩家共讀之。」④其大旨謂：「宋儒譏漢儒講訓詁而不及義理，非也；近儒尊崇漢儒，發明訓詁而不講義理，亦非也。」⑤「漢儒善言義理，無異於宋儒。」⑥可見其編纂此書，是爲了消除漢學、宋學之門户偏見，闡明漢儒義理之説，以達到經世致用的目的。

《漢儒通義》初稿凡三千條，後删存一千零十條，其删削亦有深意。胡錫燕云：「兩漢諸儒之書，如孟、京《易》説，存者寥寥，猶采録一二，而馬融之説，則不采也。其於一家之書，《何氏公羊注》則采之，《公羊墨守》、《左氏膏肓》、《穀梁廢疾》，則不采也。其於一字之義，《白虎通》訓『臣』爲『堅』則采之，《説文》訓『臣』爲『牽』則不采也。此於人品、學術及今世之弊，各有微意存於文字之外。」⑦近代學者錢穆對此書亦有較高評價：「其去取抉擇，在作者雖自有微意，而自今言之，則其書亦不失爲研治漢儒思想者一完備之參考書也。」⑧

《漢儒通義》有「番禺陳氏東塾叢書」本，「粵東省城西湖街富文齋承刻刷印」，現據此本點校。

注釋

① 陳澧《默記》。

② 陳澧《漢儒通義·條例》。

③ 胡錫燕《漢儒通義·跋》。

④ 陳澧《復王倬甫書》，《東塾集》卷四。

⑤ 陳澧《漢儒通義·自序》。

⑥ 陳澧《自述》，《東塾集》卷一。

⑦ 同注③。

⑧ 錢穆《中國近三百年學術史》第十三章「陳蘭甫」。

序

漢儒説經，釋訓詁、明義理，無所偏尚。宋儒譏漢儒講訓詁而不及義理，非也。近儒尊崇漢學，發明訓詁，可謂盛矣。澧以爲漢儒義理之説，醇實精博，蓋聖賢之微言大義，往往而在，不可忽也。謹録其説，以爲一書。漢儒之書，十不存一，今之所録，又其一隅，引伸觸類，存乎其人也。節録其文，隱者以顯，繁者以簡，類聚群分，義理自明，不必贊一辭也。

竊冀後之君子，袪門户之偏見，誦先儒之遺言，有益於身，有用於世，是區區之志也。若門户之見不除，或因此而辯同異、争勝負，則非澧所敢知矣。咸豐六年六月朔日謹序。

采録諸書

《子夏易傳》

孟氏《易章句》

京氏《易章句》

鄭氏《易注》

荀氏《易注》

宋氏《易注》

伏氏《尚書大傳・鄭氏注》

鄭氏《尚書注》

《毛詩序》

《毛詩詁訓傳・鄭氏箋》

《韓詩内傳・薛氏章句》

《韓詩外傳》

鄭氏《詩譜》

先鄭氏《周禮注》

鄭氏《周禮注》

鄭氏《儀禮注》

鄭氏《禮記注》

鄭氏《三禮目録》并《序》

董氏《春秋繁露》

賈氏《春秋左傳解詁》

服氏《春秋左傳解誼》

何氏《春秋公羊傳解詁》

鄭氏《發公羊墨守》、《箴左氏膏肓》、《起穀梁廢疾》

孔氏《論語傳》

包氏《論語章句》

周氏《論語章句》

鄭氏《論語注》
趙氏《孟子章句》并《章指》
班氏《白虎通義》
許氏《五經異義·鄭氏駁》
鄭氏《六藝論》
《鄭志》
孫氏《爾雅注》
許氏《説文解字》
劉氏《釋名》

條例

凡所録皆經部之書，史、子、集皆不録，所録皆漢儒之書。録《子夏易傳》，據《釋文》引《七略》云：「韓嬰傳也。」《毛詩》大序不録，録小序次句以下。據《釋文》引沈重云：「案《鄭詩譜》意，大序是子夏作，小序是子夏、毛公合作，卜商意有不盡，毛更足成之。」今録次句以下，是毛公足成之語也。經注連經文乃明者，則并録經文；《詩》序次句連首句乃明者，亦并録首句也。漢儒經説，多有所本，如《韓詩外傳》多《荀子》語，但韓氏既取入《外傳》，則是漢儒之書，故録之也。三國以後之書不録，《鄭志》述康成語，故録之，九家《易》不盡漢儒之説，故不録也。《論語集解》所稱「周氏」，容有「周生氏」之訛，日本所傳皇疏本則皆作「周生烈」，不足爲據，故仍録「周氏」也。

所録諸書，今存於世者，每條下注篇目，無篇目者注卷數，以備檢核。惟并録經文者，則不必注也。其書已佚者，先鄭《周禮》注見於後鄭注，諸家《論語》注見於何氏《集解》，諸家《易》注見於李氏《集解》，可以依據而無疑，其餘則近人輯本，每有疏舛，今之所録，必取所出之書，復加審定，或各書并引文有同異，則擇善而從，每條下注所出之書，亦以備檢核也。

所出之書，復有簡略如《文選注》所稱「韓詩」，不知是「韓内傳」抑是薛君「章句」，無可辨别，則仍之也。集衆家之説，分類爲書，漢有《白虎通》，宋有《近思録》，今兼仿其例。專采經説，《白虎通》之例也。題某家之説，《近思録》之例也。每一類中，各條次第以義相屬，則仿《初學記》之例也。其文略同者，則附注之，不别出也。爲餘校勘者，門人南海桂文烜子明、桂文燦子白，番禺黎永椿震伯、高學燿星儀，湘潭胡錫燕伯薊也。

目録

卷四

卷五

卷六

卷七

漢儒通義 卷一

天地

《尚書大傳》曰："萬物非天不生，非地不載，非春不動，非夏不長，非秋不收，非冬不藏。"《太平御覽·時序部》三

《易·繫辭傳》："是故，《易》有太極。"鄭注曰："極中之道，淳和未分之氣也。"《文選》張茂先《勵志詩》注

《説文》曰："惟初太始，道立於一。造分天地，化成萬物。"一部《何氏公羊解詁》曰："元者，氣也。無形以起，有形以分，造起天地，天地之始也。"隱元年解詁

《白虎通》曰："先有太初，然後有太始。形兆既成，名曰太素，混沌相連，視之不見，聽之不聞，然後剖判，清濁既分，精曜出布，庶物施生。精者爲三光，號者爲五行，五行生情性，情性生汁中，汁中生神明，神明生道德，道德生文章。"《天地》

荀氏《易注》曰：「坤氣上升以成天道，乾氣下降以成地道。天地二氣，若時不交，則爲閉塞，今既相交，乃通泰。」《泰》集解

《韓詩外傳》曰：「傳曰：天地有合，則生氣有精矣；陰陽消息，則變化有時矣。」卷一

宋氏《易注》曰：「地平極則險陂，天行極則還復。」《泰》集解

《尚書大傳》曰：「旋璣者何也？傳曰：旋者，還也；璣者，幾也，微也。其變幾微，而所動者大，謂之旋璣。是故旋璣謂之北極。」《太平御覽·時序部》十四

鄭氏《周禮注》曰：「天者，群神之精，日月星辰其著位也。」「凡以神仕者」注

又《毛詩箋》曰：「天之道尚誠實，貴性自然。」《皇矣》箋

趙氏《孟子章句》曰：「天道蕩蕩乎大無私，生萬物而不知其所由來。」《滕文公》章句上

《白虎通》曰：「人皆天所生也，託父母氣而生耳。」《誅伐》

又曰：「地之承天，猶妻之事夫，臣之事君也。」《五行》

《春秋繁露》曰：「孝子之行，忠臣之義，皆法於地也。地事天也，猶下之事上也，地天之合也。」《王道通三》

陰陽

鄭氏《禮記注》曰：「陰陽，助天地養成萬物之氣也。」《鄉飲酒義》注

又曰：「生氣，陰陽氣也。」《樂記》注

《釋名》曰：「陰，蔭也。氣在內奧蔭也。陽，揚也。氣在外發揚也。」《釋天》

荀氏《易注》曰：「陽性欲升，陰性欲承。」《泰》集解

又曰：「陽升陰降，天道行也。」《乾》集解

又曰：「乾升於坤，曰雲行；坤降於乾，曰雨施。乾、坤二卦成兩，既濟，陰陽和均，而得其正，故曰天下平。」同上

又曰：「陰陽相和，各得其宜，然後利矣。」同上

又曰：「乾起坎而終於離，坤起於離而終於坎。離坎者，乾坤之家，而陰陽之府。」同上

又曰：「陰氣往則萬物詘者也，陽氣來則萬物信者也。」《繫辭下》集解

《尚書大傳》曰：「陽盛則吁荼萬物而養之外也，陰盛則呼吸萬物而藏之內也。故曰吁吸也者，陰陽之交接，萬物之終始。」《太平御覽·時序部》十

《白虎通》曰：「陽不動，無以行其教；陰不靜，無以成其化。雖終日乾乾，亦不離其處也。故

《易》曰：「終日乾乾。反覆道也。」《天地》

又曰：「陽之道極則陰道受，陰之道極則陽道受，明二陰二陽不能相繼也。」《三正》

《春秋繁露》曰：「天地之間，有陰陽之氣，常漸人者，若水常漸魚也。所以異於水者，可見與不可見耳，其澹澹也」。「是天地之間，若虛而實，人常漸是澹澹之中，而以治亂之氣，與之流通相殺也。」《如天之爲》[一]

又曰：「陰陽之會，冬合北方而物動於下，夏合南方而物動於上。上下之大動，皆在日至之後。爲寒則凝冰裂地，爲熱則焦沙爛石，氣之精至于是。」《循天之道》

又曰：「天將陰雨，人之病故爲之先動，是陰相應而起也。天將欲陰雨，又使人欲睡臥者，陰氣也。有憂，亦使人臥者，是陰相求也；有喜者，使人不欲臥者，是陽相索也。水得夜益長數分，東風而酒湛益，病者至夜而疾益甚，雞至幾明，皆鳴而相薄。其氣益精，故陽益陽，而陰益陰，陽陰之氣，因可以類相益損也。」《同類相動》

又曰：「春夏陽多而陰少，秋冬陽少而陰多，多少無常，未嘗不分而相散也。以出入相損益，以多少相溉濟也。」《陰陽終始》

又曰：「陰之中亦相爲陰，陽之中亦相爲陽。諸在上者皆爲其下陽，諸在下者各爲其上陰。」《陽尊陰卑》

又曰：「陽始出，物亦始出；陽方盛，物亦方盛；陽初衰，物亦初衰。物隨陽而出入，數隨陽而終始，三王之正，隨陽而更起。以此見之，貴陽而賤陰也。」同上

又曰：「陰者，陽之助也，陽者，歲之主也。」《天辯在人》

又曰：「惡之屬盡爲陰，善之屬盡爲陽。」《王道通三》

又曰：「陽氣暖而陰氣寒，陽氣予而陰氣奪，陽氣仁而陰氣戾，陽氣寬而陰氣急，陽氣愛而陰氣惡，陽氣生而陰氣殺。是故陽常居實位而行於盛，陰常居空位而行於末。天之好仁而近，惡戾之變而遠，大德而小刑之意也。」同上〔二〕

宋氏《易注》曰：「純陽，則天德也。萬物之始，莫能先之。」《乾》集解

鄭氏《儀禮注》曰：「陽氣主養。」《鄉飲酒禮記》注

《白虎通》曰：「陽光所及，莫不動也。」《文質》

又曰：「陽道不絶。」《封公侯》

《易·文言傳》：「陰疑於陽必戰」。《孟氏章句》曰：「陰乃上薄，疑似于陽，必與陽戰也。」集解

荀氏《易注》曰：「坤性順從，不能消乾使亡。」《否》集解

又曰：「陽動在下，造生萬物於冥昧之中也。」《序卦》集解

《説文》曰：「陰極陽生。故《易》曰：『龍戰于野。』戰者，接也。」壬部

又曰：「亥，荄也。十月微陽起，接盛陰。從二，二，古文上字。一人男，一人女也。從乙，象褱子咳咳之形。」亥部

五行

鄭氏《尚書大傳注》曰：「天變化爲陰爲陽，覆成五行。」《續漢書·五行志五》注

《説文》曰：「㐅，五行也。从二。陰陽在天地間交午也。」五部

《白虎通》曰：「水位在北方，北方者陰氣，在黄泉之下。任養萬物，水之爲言准也，養物平均有准則也。木在東方，東方者，陽氣始動，萬物始生，木之爲言觸也，陽氣動躍，觸地而出也。火在南方，南方者，陽在上，萬物垂枝，火之爲言委隨也，言萬物布施，火之爲言化也。陽氣用事，萬物變化也。金在西方，西方者，陰始起，萬物禁止，金之爲言禁也。土在中央，中央者土，土主吐含萬物，土之爲言吐也。」《五行》

又曰：「天地之性，衆勝寡，故水勝火也。精勝堅，故火勝金。剛勝柔，故金勝木。專勝散，故木勝土。實勝虚，故土勝水也。」同上

《春秋繁露》曰：「凡天地之物，乘以其泰而生，厭於其勝而死，四時之變是也。故冬之水氣，東加於春而木生，乘其泰也。春之生，西至金而死，厭於勝也。生於木者，至金而死；生於金者，至火

而死。春之所生，而不得過秋，秋之所生，不得過夏，天之數也。」《天地之行》[三]

又曰：「土者，五行之主也。五行之主土氣也，猶五味之有甘肥也，不得不成。是故聖人之行，莫貴於忠，土德之謂也。」《五行之義》

鄭氏《尚書注》曰：「雨，木氣也，春始施生，故木氣爲雨。暘，金氣也，秋物成而堅，故金氣爲暘。燠，火氣也。寒，水氣也。風，土氣也，凡氣非風不行，猶金、木、水、火，非土不處，故土氣爲風。」《洪範》正義

鬼神

《説文》曰：「神，天神。引出萬物者也。祇，地祇。提出萬物者也。」示部

又曰：「鬼，人所歸爲鬼。」鬼部

《毛詩傳》曰：「神之精明者稱靈。」《靈臺》傳

鄭氏《論語注》曰：「人神曰鬼。」《爲政》集解

又《易注》曰：「木火用事而物生，故曰精氣，爲物。金水用事而物變，故曰遊魂，爲變。精氣謂之神，遊魂謂之鬼。」《繫辭上》集解

又《禮記注》曰：「鬼者，精魂所歸。神者，引物而出。謂祖廟山川五祀之屬也。」《禮運》注

又《樂記》「幽則有鬼神」注曰：「助天地成物者也。聖人之精氣謂之神，賢知之精氣謂之鬼。」

又曰：「鬼神，從天地者也。」《中庸》注

又曰：「鬼神，依人者也。」《曾子問》注

又曰：「鬼神，尚幽闇也。」《郊特牲》注，《喪服小記》注，《雜記》上注并同　又《儀禮·士虞禮》注曰：「鬼神尚居幽闇。」

又曰：「神與人異道，則不相傷。」《檀弓下》注

又曰：「忕於鬼神虛無之事，令其心放蕩無所定。」《表記》注

又《箴左氏膏肓》曰：「厲者，陰陽之氣相乘，不和之名。《尚書五行傳》『六厲』是也。人死，體魄則降，知氣在上，有尚德者附和氣而興利。孟夏[四]之《月令》『雩祀百辟卿士有益于民者』，由此也。爲厲者，因害氣而施災，故謂之厲鬼。《月令》『民多厲疾』，《五行傳》有禦六厲之禮。《禮》：天子立七祀，有大厲；諸侯立五祀，有國厲。欲以安鬼神，弭其害也。」《左傳·昭七年》正義

又《周禮注》曰：「先有功德，其鬼有神。」《梓人》注

又曰：「今之巫祝，既闇其義，何明之見？何法之行？正神不降，或於淫厲，苟貪貨食，遂誣人神。」「凡以神仕者」注

何氏《公羊解詁》曰：「蓋時衰多廢人事，而好求福於鬼神。」成六年解詁

《韓詩外傳》曰：「人事倫，則順于鬼神。」卷三

《春秋繁露》曰：「聖人於鬼神也，畏之而不敢欺也，信之而不獨任，事之而不專恃。恃其公，報有德也；幸其不私，與人福也。其見於《詩》曰：『嗟爾君子，毋恒安息。靜共爾位，好是正直。神之聽之，介爾景福。』正直者得福也，不正者不得福，此其法也。以《詩》爲天下法矣。」《祭義》

人物

《説文》曰：「人，天地之性最貴者也。」人部

又曰：「大，天大，地大，人亦大，故大象人形。」大部

《釋名》曰：「人，仁也。仁，生物也。故《易》曰：『立人之道，曰仁與義。』」《釋形體》

《春秋繁露》曰：「天地之精，所以生物者，莫貴於人。人受命乎天也，故超然有以倚。物疢疾莫能爲仁義，唯人獨能爲仁義；物疢疾莫能偶天地，唯人獨能偶天地。人有三百六十節，偶天之數也；形體骨肉，偶地之厚也。上有耳目聰明，日月之象也；體有空竅理脉，川谷之象也；心有哀樂喜怒，神氣之類也。觀人之體一，何高物之甚，而類於天也。物旁折取天之陰陽以生活耳，而人乃爛然有其文理。是故凡物之形，莫不伏從旁折天地而行，人獨題直立端尚，正正當之。是故所取天地少者，旁折之；所取天地多者，正當之。此見人之絶於物而參天地。」《人副天數》

趙氏《孟子章句》曰：「人，法天也。」《告子》章句上

又章指曰：「人與禽獸，俱含天氣，就利辟害，其間不希。衆人皆然，君子則否。聖人超絶，識仁義之生於已也。」《離婁》章句下章指

鄭氏《禮記注》曰：「百物與人同也，不如人貴爾。」《祭義》注

又《樂記》：「動静有常，小大殊矣。」注曰：「小大，萬物也。大者常存，小者隨陽出入。」

《白虎通》曰：「萬物之始，莫不自潔。」《文質》

又曰：「物成於三，有始有中有終。」《封公侯》

《春秋繁露》曰：「今平地注水，去燥就濕，均薪施火，去濕就燥。百物去其所與異，而從其所與同，故氣同則會，聲比則應，其驗皦然也。試調琴瑟而錯之，鼓其宫則他宫應之，鼓其商而他商應之，五音比而自鳴，非有神，其數然也。美事召美類，惡事召惡類，類之相應而起也。如馬鳴則馬應之，牛鳴則牛應之，帝王之將興也，其美祥亦先見；其將亡也，妖孽亦先見。物故以類相召也。」《同類相動》

《毛詩傳》曰：「太平則萬物衆多。」《鳧鷖》傳

漢儒通義　卷二

聖賢

《説文》曰：「聖，通也。」耳部　鄭氏《禮記·鄉飲酒義》注同

《白虎通》曰：「聖人者何？聖者，通也，道也，聲也。道無所不通，明無所不照，聞聲知情，與天地合德，日月合明，四時合序，鬼神合吉凶。」《聖人》

又曰：「聖人所以能獨見前睹，與神通精者，蓋皆天所生也。」同上

又曰：「聖人未没時，寧知其聖乎？曰：知之。《論語》曰：太宰問子貢曰：『夫子聖者歟？』孔子曰：『太宰知我乎？』『聖人亦自知聖乎？』曰：『知之。』孔子曰：『文王既没，文不在兹乎？』」同上

鄭氏《禮記注》曰：「唯聖人乃能知聖人也，凡人不知。」《中庸》注

又曰：「聖人之行實過於人，有餘不敢盡，常爲人法，從禮也。」同上

又《表記》：「《小雅》曰：『高山仰止，景行行止。』注曰：『景，明也。有明行者，謂古賢聖也。』」

《韓詩外傳》曰：「傳曰：以從俗爲善，以貨財爲寶，以養性爲己爲道[五]，是民德也，未及於士也。行法而志堅，不以私欲害其所聞，是勁士也，未及於君子也。行法而志堅，好修其所聞以矯其情，言行多當，未安諭也，知慮多當，未周密也，上則能大其所隆也，下則開道不若己者，是篤厚君子，未及聖人也。若夫百王之法，若別黑白，應當世之變，若數三綱，行禮要節，若運四支，因化之功，若推四時，天下得序，群物安居，是聖人也。」卷三

《春秋繁露》曰：「聖者法天，賢者法聖。」《楚莊王》

又曰：「聖人之所命，天下以爲正。正朝夕者視北辰，正嫌疑者視聖人。」《深察名號》

又曰：「問聖人者，問其所爲，而無問其所以爲也。問其所以爲，終弗能見，不如勿問。問爲而爲之，所不爲而勿爲，是與聖人同實也，何過之有？《詩》云：『不騫不忘，率由舊章。』舊章者，先聖人之故文章也。」《郊語》

趙氏《孟子章句》曰：「聖人亦人也，其相覺者，以心知耳。」《告子》章句上

又曰：「聖人受天性，可庶幾而不可及也。」《萬章》章句下

又曰：「孟子反覆差伯夷、伊尹、柳下惠之德，以爲足以配於聖人，故數章陳之，猶詩人有所誦述，至於數四，蓋其留意者也。」同上

又曰：「伯夷之清，柳下惠之和，聖人之一概也。」《盡心》章句下

又章指曰：「上賢之士，得聖一槩。」《離婁》章句下章指

又曰：「聖人量時，賢者道偏，是以孟子究言情理，而歸之學孔子也。」《公孫丑》章句上章指

又曰：「天地剖判，開元建始，三皇以來，人倫攸叙。弘析道德，班垂文采，莫貴乎聖人。聖人不出，名世承間，雖有此限，蓋有遇不遇焉。是以仲尼至獲麟而止筆，孟子以『無有乎爾』終其篇章，斯亦一契之趣也。」《盡心》章句下章指

又《題辭》曰：「孟子通五經，尤長於詩書。」

又曰：「孟子既没之後，大道遂絀。」

經典

《釋名》曰：「經，徑也。常典也。如徑路無所不通，可常用也。」《釋典藝》

《春秋繁露》曰：「夫義出於經，經傳，大本也。」《重政》

又曰：「《詩》道志，故長於質。《禮》制節，故長於文。《樂》詠德，故長於風。《書》著功，故長於事。《易》本天地，故長於數。《春秋》正是非，故長於治人。能兼得其所長，而不能遍舉其詳也。」《玉杯》

《白虎通》曰：「經所以有五何？經，常也。有五常之道，故曰五經。《樂》仁、《書》義、《禮》禮、

《易》智、《詩》信也。人情有五性，懷五常不能自成。是以聖人象天五常之道而明之，以教人成其德也。」《五經》

又曰：「伏羲作八卦何？伏羲始王天下，未有前聖法度，故仰則觀象於天，俯則察法於地，觀鳥獸之文與地之宜，近取諸身，遠取諸物，於是始作八卦，以通神明之德，以象萬物之情也。」同上

鄭氏《易贊》及《易論》曰：「《易》，一名而含三義。易簡，一也；變易，二也；不易，三也。故《繫辭》云：『乾坤其《易》之蘊[六]邪』又云：『《易》之門户邪？』又云：『夫《乾》確然，示人易矣；夫《坤》隤然，示人簡矣。』『易則易知，簡則易從。』此言其易簡之法則也。又云：『爲道也屢遷，變動不居，周流六虛，上下無常，剛柔相易，不可爲典要，唯變所適。』此言順時變易、出入移動者也。又云：『天尊地卑，乾坤定矣；卑高以陳，貴賤位矣；動靜有常，剛柔斷矣。』此言其張設布列不易者也。」《周易正義八論》

又曰：「《易》道周普，無所不備。」同上

又，《六藝論》曰：「《易》者，陰陽之象，天地之所變化，政教之所生。」《禮記》大題正義

又，《書贊》曰：「尚者，上也。尊而重之，若天書然，故曰《尚書》。」《尚書・序》正義

又，《儀禮注》曰：「昔周之興也，周公制禮作樂，采時世之詩，以爲樂歌，所以通情相風切也。」《鄉飲酒禮》注　又《燕禮》注同

又《詩譜序》曰：「孔子録懿王、夷王時詩，訖於陳靈公淫亂之事，謂之變風、變雅。以爲勤民恤功，昭事上帝，則受頌聲，弘福如彼；若違而弗用，則被刦殺，大禍如此。吉凶之所由，憂娱之萌漸，昭昭在斯，足作後王之鑒，於是止矣。」

又，《詩譜》曰：「變風始作，作者各有所傷。」《邶鄘衛譜》

又曰：「《大雅》之初起，自《文王》至于《文王有聲》，據盛隆而推原天命，上述祖考之美。《小雅》自《鹿鳴》至於《魚麗》，先其文所以治内，後其武所以治外。此二《雅》逆順之次，要於極賢聖之情，著天道之助，如此而已矣。」《小、大雅譜》

又曰：「《頌》之言容。天子之德，光被四表，格于上下，無不覆燾，無不持載，此之謂容。於是和樂興焉，頌聲乃作。」《周頌譜》

又，《禮記注》曰：「詩長人情。」《孔子閑居》注

何氏《公羊解詁》曰：「男女有所怨恨，相從而歌，飢者歌其食，勞者歌其事。男年六十，女年五十，無子者，官衣食之，使之民間求詩。鄉移於邑，邑移於國，國以聞於天子。故王者不出牖户，盡知天下所苦，不下堂而知四方。」宣十五年解詁

《毛詩序》曰：「言古之君子，以風其朝焉。」《鄭風・羔裘序》

又曰：「《鹿鳴》廢，則和樂缺矣；《四牡》廢，則君臣缺矣；《皇皇者華》廢，則忠信缺矣；《常棣》

廢，則兄弟缺矣；《伐木》廢，則朋友缺矣；《天保》廢，則福禄缺矣；《采薇》廢，則征伐缺矣；《出車》廢，則功力缺矣；《杕杜》廢，則師衆缺矣；《魚麗》廢，則法度缺矣；《南陔》廢，則孝友缺矣；《白華》廢，則廉耻缺矣；《華黍》廢，則蓄積缺矣；《由庚》廢，則陰陽失其道理矣；《南有嘉魚》廢，則賢者不安，下不得其所矣；《崇丘》廢，則萬物不遂矣；《南山有臺》廢，則爲國之基隊矣；《由儀》廢，則萬物失其道理矣；《蓼蕭》廢，則恩澤乖矣；《湛露》廢，則萬國離矣；《彤弓》廢，則諸夏衰矣；《菁菁者莪》廢，則無禮儀矣；《小雅》盡廢，則四夷交侵，中國微矣。」《六月·序》

《釋名》曰：「禮，體也，得其事體也。儀，宜也，得事宜也。」《釋典藝》

鄭氏《禮序》曰：「禮者，體也，履也。統之於心曰體，踐而行之曰履。」《禮記》大題正義　《白虎通·禮樂》曰：「禮之爲言履也，可履踐而行。」

又曰：「體之謂聖，履之爲賢。」同上

又，《禮記注》曰：「三百三千，皆由誠也。」《禮器》注

《春秋繁露》曰：「《春秋》，二百四十二年之文，天下之大，事變之博，無不有也。」《十指》

又曰：「《春秋》，記天下之得失，而見所以然之故。」《竹林》

又曰：「《春秋》之道，固有常有變，變用於變，常用於常，各止其科，非相妨也。」同上

又曰：「《春秋》之於偏戰也，善其偏，不善其戰，有以效其然也。《春秋》愛人，而戰者殺人，君子

奚説善殺其所愛哉？故《春秋》之於偏戰也，猶其於諸夏也。引之魯，則謂之外；引之夷狄，則謂之内。比之詐戰，則謂之義；比之不戰，則謂之不義。故盟不如不盟，然而有所謂善盟；戰不如不戰，然而有所謂善戰。不義之中有義，義之中有不義。辭不能及，皆在於指，非精心達思者，其孰能知之？」同上

又曰：「《春秋》之用辭，已明者去之，未明者著之。」《楚莊王》

又曰：「《春秋》之道，視人所惑，爲立説以大明之。今趙盾賢而不遂於理，皆見其善，莫知其罪，故因其所賢而加之大惡，繫之重責，使人湛思而自省悟以反道。曰：吁！君臣之大義，父子之道，乃至乎此，此所由惡薄而責之厚也。他國不討賊者，諸斗筲之民，何足數哉？弗繫人數而已。此所由惡厚而責薄也。」《玉杯》

又曰：「爲《春秋》者，得一端而多連之，見一空而博貫之，則天下盡矣。」《精華》

服氏《左傳解誼》曰：「夫子以哀十一年自衛反魯而作《春秋》，約之以禮。」《左傳》杜氏序正義　哀十四年正義稱：賈逵、服虔、穎容等皆以爲孔子自衛反魯，考正禮樂，修《春秋》，約以周禮。

《鄭志》曰：「《春秋經》所譏所善，皆於禮難明者也。其事著明，但如事書之，當按禮以正之。」《通典》禮五十三

鄭氏《起穀梁廢疾》曰：「孔子雖有聖德，不敢顯然改先王之法，以教授於世。」《禮記·王制》正義

賈氏《春秋序》曰：「孔子覽史記，就是非之說，立素王之法。」同上

何氏《公羊解詁》曰：「《春秋》假行事以見王法。」莊十年解詁

又曰：「直而不顯，諱而不盈。」桓元年解詁

又曰：「上以諱尊隆恩，下以辟害容身，慎之至也。」定元年解詁

又，序曰：「昔者孔子有云：『吾志在《春秋》，行在《孝經》』。此二學者，聖人之極致，治世之要務也。」

《禮記·中庸》「爲能經綸天下之大經，立天下之大本」，鄭注曰：「大經，謂六藝，而指《春秋》也；大本，《孝經》也。」

《六藝論》曰：「孔子以六藝題目不同，指意殊別，恐道離散，後世莫知根源，故作《孝經》以總會之。」《孝經》大題正義

《白虎通》曰：「《孝經》者，制作禮樂，仁之本。」《五經》

趙氏《孟子題辭》曰：「七十子之疇，會集夫子所言，以爲《論語》。《論語》者，五經之錧鎋，六藝之喉衿也。」

又曰：「孟子著書七篇二百六十一章、三萬四千六百八十五字，包羅天地，揆叙萬類。仁義道德，性命禍福，粲然靡所不載。帝王公侯遵之，則可以致隆平、頌清廟；卿大夫士蹈之，則可以尊君

父、立忠信；守志厲操者儀之，則可以崇高節、抗浮雲。有風人之托物，二《雅》之正言，可謂直而不倨，曲而不屈，命世亞聖之大才者也。」

又曰：「《孟子》長於譬喻，辭不迫切，而意以獨至。其言曰：『説《詩》者，不以文害辭，不以辭害志，以意逆志，爲得之矣。』斯言殆欲使後人深求其意以解其文，不但施於説《詩》也。」

又曰：「儒家惟有《孟子》閎遠微妙。」

鄭氏《駁五經異義》曰：「《爾雅》者，孔子門人所作，以釋六藝之言，蓋不誤也。」《詩·黍離》正義

《釋名》曰：「《爾雅》，爾，昵也。昵，近也。雅，義也。義，正也。五方之言不同，皆以近正爲主也。」《釋典藝》

儒

《韓詩外傳》曰：「儒者，儒也。」「不易之術也。千舉萬變，其道不窮，《六經》是也。若夫君臣之義、父子之親、夫婦之別、朋友之序，此儒者之所謹守，日切磋而不舍也。」卷五

又曰：「有俗人者，有俗儒者；有雅儒者，有大儒者。耳不聞學，行無正義，迷迷然以富利爲隆，是俗人也。逢衣博帶，略法先王而足亂世，術謬學雜，其衣冠言行，爲已同於世俗，而不知其惡也，言談議説，已無異於老墨而不知分，是俗儒者也。法先王，一制度，言行有大法，而明不能濟法教

之所不及，聞見之所未至，知之爲知之，不知爲不知，内不自誣，外不誣人，以是尊賢敬法而不敢怠傲焉，是雅儒者也。法先王，依禮義，以淺持博，以一行萬。苟有仁義之類，雖鳥獸若別黑白，奇物變怪，所未嘗聞見。卒然起一方，則舉統類以應之，無所疑，援法而度之，奄然如合符節，是大儒者也。」同上

鄭氏《三禮目録》曰：「儒之言優也，柔也，能安人，能服人。」又：「儒者，濡也。以先王之道，能濡其身。」《禮記·儒行》正義

又，《周禮·大宰》「儒以道得民」，注曰：「有六藝以教民者。」

又，《禮記·儒行》「今衆人之命儒也妄常，以儒相詬病」，注曰：「言今世名儒無有，常人遭人名爲儒，而以儒靳故相戲，此哀公輕儒之所由也。」

《孔氏論語傳》曰：「君子爲儒，將以明道；小人爲儒，則矜其名。」《雍也》集解

趙氏《孟子章句》曰：「告子兼治儒、墨之道者，嘗學於孟子，而不能純徹性命之理。」《告子》章句上

士

《先鄭周禮注》曰：「士，謂學士。」《大宰》注

《白虎通》曰：「士者，事也。任事之稱也。故傳曰：通古今，辯然不，謂之士。」《爵》

《説文》曰：「士，事也。數始於一，終於十。从一，从十。孔子曰：推十合一爲士。」士部

《毛詩》「振振鷺」傳曰：「鷺，白鳥也。以興絜白之士。」

《韓詩外傳》曰：「傳曰：所謂士者，雖不能盡備乎道術，必有由也；雖不能盡乎美著，必有處也。言不務多，務審所行而已。行既已尊之，言既已由之，若肌膚性命之不可易也。」卷一

又曰：「受命之士，正衣冠而立，儼然人望而信之；其次，聞其言而信之；其次，見其行而信之；既見其行，而衆皆不信，斯下矣。」卷三

趙氏《孟子章句》曰：「上德之士，可以化俗者。」《滕文公》章句下

又，章指曰：「聖人之道，親親尚和；志士之操，耿介特立。」《滕文公》章句下章指

又曰：「大德洋洋，介士察察。賢者志其大者，不賢者志其小者，此之謂也。」《公孫丑》章句下章指

傳述

鄭氏《禮記注》曰：「述，謂訓其義也。」《樂記》注

《鄭志》曰：「述者，述其古事。」《詩·定之方中》正義

又曰：「文義自解，故不言之，凡説不解者耳。」《詩·螽斯》正義

鄭氏《詩譜序》曰：「舉一綱而萬目張，解一卷而衆篇明。於力則鮮，於思則寡，其諸君子，亦有樂於是與？」

又，《六藝論》曰：「注《詩》宗毛爲主，毛義若隱略，則更表明，如有不同，即下己意，使可識別也。」《經典釋文·毛詩音義上》

又《禮·序》曰：「世祖以來，通人達士、大中大夫鄭少贛名興，及子大司農仲師名衆，故議郎衛次仲，侍中賈君景伯，南郡太守馬季長，皆作《周禮解詁》。」「玄竊觀二三君子之文章，顧省竹帛之浮辭，其所變易，灼然如晦之見明；其所彌縫，奄然如合符復析。斯可謂雅達廣攬者也。然猶有參錯，同事相違，則就其原文字之聲類，考訓詁，捃秘逸。謂二鄭者，同宗之大儒，明理于典籍，粗識皇祖大經周官之義，存古字，發疑正讀，亦信多善。徒寡且約，用不顯傳于世。今讚而辨之，庶成此家世所訓也。」《周禮疏·序周禮廢興》

何氏《公羊解詁序》曰：「往者，略依胡毋生條例，多得其正，故遂隱括，使就繩墨焉。」

《白虎通》曰：「問曰：異説并行，則弟子疑焉。孔子有言：『吾聞擇其善者而從之。多見而志之也。知之次也。』『文武之道，未墜於地。』『天之將喪斯文也。』『樂亦在其中矣。』聖人之道，猶有文質，所以擬其説，述所聞者，亦各傳其所受而已。」《禮樂》

《説文叙》曰：「俗儒鄙夫，玩其所習，蔽所希聞，不見通學。未嘗睹字例之條，怪舊埶而善野言，以其所知爲秘妙，究洞聖人之微恉。」

又曰：「《書》曰：『予欲觀古人之象，言必遵修舊文而不寄[七]鑿。』孔子曰：『吾猶及史之闕文，今亡也夫。』[八]蓋非其不知而不問，人用己私，是非無正，巧説邪辭，使天下學者疑。蓋文字者，經藝之本，王政之始，前人所以垂後，後人所以識古。故曰本立而道生，知天下之至嘖而不可亂也。今敘篆文，合以古籀，博采通人，至于小大，信而有證，稽譔其説，將以理群類，解謬誤，曉學者，達神恉。」

《春秋繁露》曰：「聖人所欲説，在於説仁義而理之，知其分科條别，貫所附，明其義之所審，勿使嫌疑，是乃聖人之所貴而已矣。不然，傳於衆辭，觀於衆物，説不急之言，而以惑後進者，君子之所甚惡也。奚以爲哉？」重政

《孟子》「博學而詳説之，將以反説約也」，趙氏章句曰：「不盡知，則不能要言之也，是謂廣尋道意，還反於樸，説之美者也。」

《釋名敘》曰：「至於事類未能究備，凡所不載，亦欲智者以類求之。」

學問

《尚書大傳》曰：「學，效也。」《儀禮·經傳通解·續祭禮》十三

《白虎通》曰：「學之爲言覺也，以覺悟所不知也。故學以治性，慮以變情。」《辟雍》

《説文》曰：「斅，覺悟也。从教，从冂。冂，尚矇也，臼聲。學，篆文斅省。」教部

鄭氏《周禮注》曰：「學修德學道。」《都司馬》注

又，《禮記注》曰：「學禮義之府。」《文王世子》注

又曰：「所學者聖人之道，在方策。」《學記》注

又曰：「先易後難以漸入。」同上

又曰：「學不心解，則忘之易。」同上

又曰：「思而得之則深。」同上

又曰：「時過則思放也。」同上

又，《内則》「博學無方」注曰：「在志所好也。」

又，《禮運》「講學以耨之」注曰：「存是去非類也。」

又，《儒行》「博學以知服」注曰：「不用己之知勝於先世賢知之所言也。」

又曰：「初時學其近者小者，以從人事，自以爲可，則侮狎之。至於先王大道、性與天命，則遂扞格不入，迷惑無聞。」《緇衣》注

《論語》「下學而上達」孔傳曰：「下學人事，上知天命。」集解

又，「古之學者爲己，今之學者爲人」傳曰：「爲己，履而行之；爲人，徒能言之。」集解

趙氏《孟子章句》曰：「學而不行其道，徒食飲而已，謂之餔啜也。」《離婁》章句上

又，「羿之教人射，必志於彀，學者亦必志於彀」，章句曰：「彀，張也。張弩向的者，用思專時也。學者志道，猶射者之張也。」

又曰：「欲使己得其原本，如性自有之然也。」《離婁》章句下

又章指曰：「學必根原，如性自得，物來能名，事來不惑。君子好之，朝益暮習，道所以臻也。」《離婁》章句下章指

《韓詩外傳》曰：「楚之狂者楚言，齊之狂者齊言，習使然也。夫習之於人，微而著，深而固，是暢於筋骨，貞於膠漆，是以君子務爲學也。」卷四

又曰：「不能則學，不知則問，雖知必讓，然後爲知。」卷六

《春秋繁露》曰：「君子不隱其短，不知則問，不能則學。」《執贄》

《鄭志》曰：「既知今，亦當知古。」《詩·般》正義

又曰：「天下之事，以前驗後，其不合者，何可悉信？是故悉信亦非，不信亦非。」《詩·生民》正義

《毛詩》「如切如磋，如琢如磨」，傳曰：「道其學而成也，聽其規諫以自修，如玉石之見琢磨也。」

漢儒通義　卷三

道

趙氏《孟子章句》曰：「道，謂陰陽大道。無形而生有形，舒之彌六合，卷之不盈握，包絡天地，稟授群生者也。」《公孫丑》章句上

又，章指曰：「聖人之道，學而時習。」《盡心》章句下章指

鄭氏《禮記注》曰：「道，謂仁義也。」《樂記》注

又，《周禮·大司樂》「凡有道者」，注曰：「道，多才藝者。」

先鄭《周禮注》曰：「道，謂先王所以教道民者。」《宫正》注

《釋名》曰：「道，導也。所以通導萬物也。」《釋言語》

《韓詩外傳》曰：「君子之於道也，猶農夫之耕，雖不獲年之優，無以易也。」卷十

又曰：「傳曰：君子之聞道，入之於耳，藏之於心，察之以仁，守之以信，行之以義，出之以遜，

故人無不虛心而聽也。小人之聞道，入之於耳，出之於口，苟言而已。譬如飽食而嘔之，其不惟肌膚無益，而於志亦戾矣。」卷九

理

《說文》曰：「理，治玉也。」玉部

又曰：「順，理也。」頁部

趙氏《孟子章句》曰：「理者，得道之理。」《告子》章句上

《白虎通》曰：「禮義者有分理。」《情性》

鄭氏《禮記注》曰：「理，義也。」《喪服四制》注

又，《祭義》「理發乎外，而衆莫不承順」，注曰：「理，謂言行也。」又，《樂記》「理發諸外，而民莫不承順」，注曰：「理，容貌之進止也。」

又曰：「理，猶性也。」《樂記》注

《爾雅》「明明，斤斤，察也」，孫氏注曰：「明明，性理之察也。」邢疏

《韓詩外傳》曰：「聖人何以不可欺也？曰：聖人以己度人者也。以心度心，以情度情，以類度類，古今一也。類不悖，雖久同理，故性緣理而不迷也。」卷三

心

《釋名》曰：「心，纖也。所識纖微，無物不貫也。」《釋形體》

《白虎通》曰：「目爲心視，口爲心譚，耳爲心聽，鼻爲心嗅，是其支體主也。」《情性》

趙氏《孟子章句》曰：「人之有心，爲精氣，主思慮可否，然後行之。猶人法天，天之執持綱維，以正二十八舍者，北辰也。《論語》曰：『北辰居其所，而衆星拱之。』心者，人之北辰也。」《盡心章句上》

《春秋繁露》曰：「凡氣從心。心，氣之君也，何爲而氣不隨也。」《循天之道》

又曰：「衣服容貌者，所以說目也；聲音應對者，所以說耳也；好惡去就者，所以說心也。故君子衣服中而容貌恭，則目說矣；言理應對遜，則耳說矣；好仁厚而惡淺薄，就善人而遠僻鄙，則心說矣。」《五行對》[九]

又曰：「目不能二視，耳不能二聽，手不能二事。一手畫方，一手畫圓，莫能成」。「是故古之人物而書文，心止於一中者，謂之忠；持二中者，謂之患。患，人之中不一者也。不一者，故患之所由生也。是故君子賤二而貴一。人孰無善？善不一，故不足以立身。治孰無常？常不一，故不足以致功。《詩》云：『上帝臨汝，無二爾心。』知天道者之言也。」《天道無二》

《韓詩外傳》曰：「夫治氣養心之術，血氣剛强，則務之以調和；智慮潛深，則一之以易諒；勇毅强果，則輔之以道術；齊給便捷，則安之以静退；卑攝貪利，則抗之以高志；容衆好散，則劫之以師友；怠慢摽棄，則慰之以禍災；愿婉端慤，則合之以禮樂。凡治氣養心之術，莫徑由禮，莫優得師，莫慎一好，好一則博，博則精，精則神，神則化，是以君子務結心乎一也。《詩》曰：『淑人君子，其儀一兮。其儀一兮，心如結兮。』」卷二

又曰：「防邪禁佚，調和心志。」同上

《説文》曰：「㮆，常也。从心，从舟。在二之間，上下心以舟施恒也。」二部

《釋名》曰：「克，刻也。刻物有定處，人所克念，有常心也。」《釋言語》

又曰：「慢，漫也。漫漫心無所限忌也。」同上

《尚書大傳》曰：「禦思心於有尤。」鄭注曰：「尤，過也。止思心之失者，在於去欲有所過欲者。」

《儀禮經傳通解·續祭禮》十

鄭氏《毛詩箋》曰：「心志定，故可自得也。」《羔羊》箋

又，「抑抑威儀，維德之隅」，箋曰：「古之賢者，道行心平，可外占[一〇]而知内，如宫室之制，内有繩直，則外有廉隅。」

性

《説文》曰：「𢗗，人之陽氣性善者也。从心，生聲。」心部

《白虎通》曰：「情性者何謂也？性者陽之施，情者陰之化也。人稟陰陽氣而生，故内懷五性六情。情者，静也。性者，生也。此人所稟六氣以生者也。故《鈎命決》曰：『情生於陰，欲以時念也；性生於陽，以就理也。』陽氣者仁，陰氣者貪，故情有利欲，性有仁也。」《情性》

又曰：「人無不含天地之氣，有五常之性者。」《禮樂》

《禮記·中庸》「天命之謂性」，鄭注曰：「天命，謂天所命生人者也。是謂性命。木神則仁，金神則義，火神則禮，水神則信，土神則知。」

《毛詩》「天生烝民，有物有則」，鄭箋曰：「天之生衆民，其性有物象，謂五行仁、義、禮、智、信也。」

又曰：「受性於天，不可變也。」《桑柔》箋

又曰：「内有其性，乃可以有爲德也。」《抑》箋

《尚書》「寛而栗，柔而立」云云，鄭注曰：「凡人之性有異，有其上者不必有下，有其下者不必有上，上下相協，乃成其德。」正義

《春秋繁露》曰：「天之爲人性命，使行仁義而羞可耻，非若鳥獸然，苟爲生，苟爲利而已。」《竹林》

又曰：「善善惡惡，好榮憎辱，非人能自生，此天施之在人者也。」同上

又曰：「人受命於天，有善善惡惡之性，可養而不可改，可豫而不可去。」《玉杯》

《毛詩》「不聞亦式，不諫亦入」，傳曰：「言性與天合也。」

又，「如金如錫，如圭如璧」，傳曰：「金錫，練而精；圭璧，性有質。」

趙氏《孟子章指》曰：「天之生人，皆有善性，引而趨之，善惡異衢，高下相懸，賢愚舛殊，尋其本者，乃能一諸。」《告子》章句上章指

又曰：「守正性者爲君子，隨曲拂者爲小人也。」同上

又曰：「物雖有性，性各殊異，惟人之性，與善俱生。赤子入井，以發其誠，告子一之，知其粗矣，孟子精之，是在其中。」同上

又：「人之所不學而能者，其良能也；所不慮而知者，其良知也。」章句曰：「不學而能，性所自能，良甚也，是人之所能甚也。知亦猶是能也。」

又曰：「人生皆有善性，但當充而用之耳。」《滕文公》章句上

又曰：「性有仁、義、禮、智之端，心以制之。惟心爲正，人能盡極其心以思行善，則可謂知其性

矣。知其性，則知天道之貴善者也。」《盡心》章句上

又，「性也有命焉，君子不謂性也。」章句曰：「此皆人性之所欲也。得居此樂者，有命禄，人不能皆如其願也。凡人則觸情從欲而求可樂，君子之道，則以仁義爲先，禮節爲制，不以性欲而苟求之也。故君子不謂之性也。」

《禮記·禮運》：「故人者，其天地之德，陰陽之交，鬼神之會，五行之秀氣也。」鄭注曰：「言人兼此氣性純也。」

又，「故人者，天地之心也，五行之端也，食味別聲被色而生者也。」注曰：「此言兼氣性之效也。」

又曰：「氣，順性也。」《樂記》注

又，《中庸》「變則化」，注曰：「變，改惡爲善也。變之久則化而性善也。」

《春秋繁露》曰：「性比於禾，善比於米。米出禾中，而禾未可全爲米也；善出性中，而性未可全爲善也。」《深察名號》

《韓詩外傳》曰：「繭之性爲絲，弗得女工，燔以沸湯，抽其統理，不成爲絲。卵之性爲雛，不得良雞，覆伏孚育，積日累久，則不成爲雛。夫人性善，非得明王聖主，扶攜内之以道，則不成君子。《詩》曰：『天生蒸民，其命匪諶。靡不有初，鮮克有終。』言惟明王聖主，然後使之然

也。」卷五

命

鄭氏《毛詩箋》曰：「命，猶道也。」《維天之命》箋

又，《禮記注》曰：「命，猶性也。」《檀弓下》注

又，《易》「窮理盡性，以至於命」，注曰：「言窮其義理，盡人之情性，以至於命，吉凶所定。」《文選》陸士衡《吊魏武帝文》注

《韓詩外傳》曰：「子曰：『不知命，無以爲君子。』言天之所生，皆有仁義、禮智、順善之心，不知天之所以命生，則無仁義、禮智、順善之心，無仁義、禮智、順善之心，謂之小人。故曰：不知命，無以爲君子。《小雅》曰：『天保定爾，亦孔之固。』言天之所以仁義、禮智，保定人之甚固也。《大雅》曰：『天生烝民，有物有則。民之秉彝，好是懿德。』言民之秉德以則天也，不知所以則天，又焉得爲君子乎？」卷六

《春秋繁露》曰：「人於天也，以道受命；其於人，以言受命。不若於道者，天絶之；不若於言者，人絶之。」《順命》

《白虎通》曰：「命者何謂也？人之壽也。天命已使生者也。命有三科以記驗：有壽命以保

度，有遭命以遇暴，有隨命以應行。壽命者，上命也。若言文王受命唯中身，享國五十年。隨命者，隨行爲命。若言怠棄三正，天用勦絶其命矣。又欲使民務仁立義，（闕）無滔天，滔天則司命舉過言，則用以弊之。遭命者，逢世殘賊，若上逢亂君，下必災變，暴至，夭絶人命，沙鹿崩于受邑是也。」《壽命》

趙氏《孟子章句》曰：「命有三名：行善得善曰受命，行善得惡曰遭命，行惡得惡曰隨命。惟順受命爲受其正也已。」《盡心》章句上

又曰：「仁人之行，一度而已。雖見前人，或夭或壽，終無二心，改易其道。夭若顔淵，壽若邵公，皆歸之命。修正其身，以待天命。此所以立命之本。」同上

又曰：「知命者，不憂不懼，與天消息而已矣。」《公孫丑》章句下

又，「命也，有性焉，君子不謂命也。」章句曰：「此皆命禄遭遇，乃得居而行之，不遇者不得施行，然亦才性有之，故可用也。凡人則歸之命禄在天而已，不復治性。以君子之道，則修仁行義，修禮學知，庶幾聖人，亹亹不倦，不但坐而聽命。故曰君子不謂命也。」［一二］

情

《説文》曰：「情，人之陰氣有欲者。」心部

《白虎通》曰：「六情者何謂也？喜、怒、哀、樂、愛、惡謂六情，所以扶成五性。」《情性》

賈氏《左傳解詁》曰：「好生於陽，惡生於陰，喜生於風，怒生於雨，哀生於晦，樂生於明。」昭二十五年正義

《毛詩》「天生烝民，有物有則」，鄭箋曰：「其情有所法，謂喜怒哀樂好惡也。」

鄭氏《禮記注》曰：「人情之中外相應。」《問喪》注

又曰：「情以陰陽通也。」《禮運》注

又曰：「情主利欲也。」《坊記》注

趙氏《孟子章句》曰：「性與情相爲表裏，性善勝情，情則從之。」《告子》章句上

《春秋繁露》曰：「身之有性情也，若天之有陰陽也。言人之質而無其情，猶言天之陽而無其陰也。窮論者，無時受也。」《深察名號》

又曰：「喜氣爲暖而當春，怒氣爲清而當秋，樂氣爲太陽而當夏，哀氣爲太陰而當冬。四氣者，天與人所同有也，非人所能畜也，故可節而不可止也。節之而順，止之而亂。人生於天，而取化於天。喜氣取諸春，樂氣取諸夏，怒氣取諸秋，哀氣取諸冬，四氣之心也。四肢之荅各有處，如四時；寒暑不可移，若肢體。肢體移易其處，謂之壬人；寒暑移易其處，謂之敗歲；喜怒移易其處，謂之亂世。」《陽尊陰卑》[一二]

又曰：「人無春氣，何以博愛而容衆？人無秋氣，何以立嚴而成功？人無夏氣，何以盛養而樂生？人無冬氣，何以哀死而恤喪？天無喜氣，亦何以暖而春生育？天無怒氣，亦何以清而秋殺就？天無樂氣，亦何以疏陽而夏養長？天無哀氣，亦何以激陰而冬閉藏？故曰：天乃有喜怒哀樂之行，人亦有春秋冬夏之氣者，合類之謂也。匹夫雖賤，而可以見德刑之用矣。」《天辯在人》

仁義禮智信

《白虎通》曰：「五性者何？謂仁義禮智信也。仁者，不忍也，施生愛人也；義者，宜也，斷決得中也。禮者，履也，履道成文也；智者，知也，獨見前聞，不惑於事，見微知著也；信者，誠也，專一不移也。故人生而應八卦之體，得五氣以爲常，仁義禮智信是也。」《情性》

又曰：「五藏：肝仁、肺義、心禮、腎智、脾信也。」同上

《釋名》曰：「仁，忍也。好生惡殺，善含忍也。義，宜也。裁制事物，使合宜也。禮，體也。得事體也。智，知也。無所不知也。信，申也。言以相申束，使不相違也。」《釋言語》

《韓詩外傳》曰：「傳曰：愛由情出謂之仁，節愛理宜謂之義，致愛恭謹謂之禮，文禮謂之容。」

鄭氏《毛詩箋》曰：「人之心皆有仁義，教之則進。」《角弓》箋

趙氏《孟子章句》曰：「人皆有仁義之心，堯舜行仁義而已。」《告子》章句下

《春秋繁露》曰：「《春秋》之所治，人與我也。所以治人與我者，仁與義也。以仁安人，以義正我，故仁之爲言人也，義之爲言我也，言名以別矣。仁之於人，義之於我者[一三]，不可不察也。衆人不察，乃反以仁自裕，而以義設人。詭其處而逆其理，鮮不亂矣。是故人莫欲亂，而大抵常亂。凡以闇於人我之分，而不省仁義之所在也。是故《春秋》爲仁義法。仁之法在愛人，不在愛我；義之法在正我，不在正人。我不自正，雖能正人，弗予爲義；人不被其愛，雖厚自愛，不予爲仁。」《仁義法》

又曰：「仁而不智，則愛而不別也；智而不仁，則知而不爲也。故仁者所以愛人類也，智者所以除其害也。」《必仁且知》

又曰：「何謂仁？仁者憯怛愛人，謹翕不爭，好惡敦倫，無傷惡之心，無隱忌之志，無嫉妒之氣，無感愁之欲，無險詖之事，無辟違之行。故其心舒，其志平，其氣和，其欲節，其事易，其行道，故能平易和理而無爭也。如此者謂之仁。」同上

又曰：「仁人者，正其道，不謀其利；修其理，不急其功。」《對膠西王》

《說文》曰：「仁，親也。从人，从二。」人部

又曰：「惠，仁也。」叀部

又曰：「[illegible]，仁也。」心部

《禮記·中庸》「仁者，人也」，鄭注曰：「人也，讀如相人偶之人，以人意相存問之言。」

又曰：「仁，猶存也。」《仲尼燕居》注

又曰：「仁，有恩者也。」《喪服四制》注

又，《表記》「《小雅》曰『高山仰止，景行行止』」，注曰：「仰高勤行者，仁之次也。」

《孔氏論語傳》曰：「爲仁之道，莫尚乎敬。」《顔淵》集解

包氏《論語章句》曰：「仁道不遠，行之即是。」《述而》集解

《毛詩傳》曰：「鳥止於阿，人止於仁。」《緜蠻》傳

趙氏《孟子章句》曰：「人不志仁，雖誦典憲，不能以善。」《盡心》章句下

又，「存其心，養其性，所以事天也」，章句曰：「能存其心，養育其正性，可謂仁人。天道好生，仁人亦好生，天道無親，惟仁是與，行與天合，故曰所以事天也。」

又章指曰：「人有仁，端達之爲道，凡夫用之，不知其爲寶也。」《盡心》章句上章指

《韓詩外傳》曰：「傳曰：山鋭則不高，水徑則不深，仁磏則其德不厚，志與天地擬者，其人不祥。是伯夷、叔齊、卞隨、介子推、原憲、鮑焦、袁旌目、申徒狄之行也。其所受天命之度，適至是而亡，弗能改也。雖枯槁弗捨也。《詩》云：『亦已焉哉。天實爲之，謂之何哉。』磏仁雖下，然聖人不廢者，匡民隱栝，有在是中者也。」卷一

《說文》曰：「誼，人所宜也。」言部

《春秋繁露》曰：「義者，謂宜在我者。宜在我者，而後可以稱義。故言義者，合我與宜，以爲一言。」《仁義法》

《孟子》「人之所以異於禽獸者幾希」，趙氏《章句》曰：「知義與不知義之間耳。」

《毛詩傳》曰：「執義一，則用心固。」《鳲鳩》傳

又，「良士瞿瞿」，傳曰：「瞿瞿然，顧禮義也。」

《禮記·大學》「可以人而不如鳥乎」，鄭注曰：「言人亦當擇禮義樂土而自止處也。」

又曰：「禮主於敬。」《曲禮》上注　何氏《公羊·文九年》解詁曰：「禮主于敬。」

又曰：「禮由人心而已。」《檀弓下》注

又曰：「禮所以副忠信也。忠信而無禮，何傳乎？」《檀弓上》注

《說文》曰：「禮，履也。」礻部

又曰：「𣉻，識詞也。」白部

《春秋繁露》曰：「何謂之智？[一四] 凡人欲舍行爲，皆以其知先規而後爲之。其規是者，其所爲得，其所事當，其行遂，其名榮，其身故利而無患。其規非者，其所爲不得，其所事不當，其行不遂，其名辱，害及其身。」「故曰：莫急於智。」《必仁且知》

《論語》「知者動」，包氏章句曰：「日進故動。」集解

《說文》曰：「信，誠也。从人，从言。會意。」言部

又曰：「丹青之信言象然。」[一一五]青部

《韓詩外傳》曰：「口惠之人鮮信。」卷五

善

《說文》曰：「譱，吉也。」誩部

《釋名》曰：「善，演也。演盡物理也。惡，扼也。扼困物也。」《釋言語》

《孟子》「夫道一而已矣」，趙氏《章句》曰：「惟有行善耳。」

又章指曰：「從善改非，坐而待旦，知而爲之，罪重於故。」《滕文公》章句下章指

《韓詩外傳》曰：「中心存善而日新之，則獨居而樂，德充而形。」卷一

鄭氏《禮記注》曰：「知善之爲善，乃能行誠。」《中庸》注

又曰：「其知於善深，則來善物；其知於惡深，則來惡物。事緣人所好來也。」《大學》注

何氏《公羊解詁》曰：「同心爲善，善必成；同心爲惡，惡必成。」莊十六年解詁

又曰：「去惡就善曰進。」隱元年解詁

又曰：「善惡相除。」僖十年解詁

德

《説文》曰：「悳，外得於人，内得於己也。从直，从心。」心部

《釋名》曰：「德，得也。得事宜也。」《釋言語》

《春秋繁露》曰：「天德施，地德化，人德義。」《人副天數》

賈氏《左傳解詁》曰：「正德人德，利用地德，厚生天德。」《服氏解誼》同 《周禮・大司樂》疏

《易・乾》「元亨利貞」，子夏傳曰：「元，始也；亨，通也；利，和也；貞，正也。言《乾》禀純陽之性，故能首出庶物，各得元始開通，和諧貞固，不失其宜。是以君子法《乾》而行四德，故曰『元亨利貞』矣。」集解

《周禮・大司徒》「六德知、仁、聖、義、忠、和」，鄭注曰：「知，明於事；仁，愛人以及物；聖，通而先識；義，能斷時宜；忠，言以中心；和，不剛不柔。」

又，《師氏》「一曰至德以爲道本，二曰敏德以爲行本，三曰孝德以知逆惡」，注曰：「至德，中和之德，覆燾持載含容者也。孔子曰：『中庸之爲德，其至矣乎。』敏德，仁義順時者也。《説命》曰：『敬孫務時敏，厥修乃來。』孝德，尊祖愛親，守其所以生者也。孔子曰：『武王周公，其達孝矣乎。夫孝者，

善繼人之志，善述人之事者也。』孝在三德之下，三行之上，德有廣於孝而行莫尊焉。」

又曰：「德行内外之稱，在心爲德，施之爲行。」《師氏》注

又，《大司樂》「有德者」，注曰：「德，能躬行者。」

又《尚書注》曰：「人能明其德，所行使有常，則成善人矣。」《皋陶謨》正義

又，《易》「明出地上，晉。君子以自昭明德」，注曰：「地雖生萬物，日出於上，其功乃著。故君子法之，而以明自照其德。」集解

又，《禮記·大學》「在明明德」，注曰：「謂顯明其至德也。」

又，「是故君子，無所不用其極」，注曰：「君子日新其德，當盡心力，不有餘也。」

又曰：「謙者所以成行立德。」《表記》注

荀氏《易注》曰：「懲忿窒慾，所以修德。」《繫辭下》集解

《毛詩傳》曰：「君子之德，當柔潤温良。」《芄蘭》傳

中和

《説文》曰：「中，内也，从口，丨，上下通。」丨部

又曰：「中，正也。」史部

鄭氏《周禮注》曰：「中，猶忠也。和，剛柔適也。」《大司樂》注

又，《三禮目録》曰：「名曰中庸者，以其記中和之爲用也。庸，用也。孔子之孫子思伋作之，以昭明聖祖之德。」《禮記·中庸》正義

又，《禮記·中庸》「中也者，天下之大本也」，注曰：「中爲大本者，以其含喜怒哀樂，禮之所由生，政教自此出也。」

又曰：「過與不及，使道不行，唯禮能爲之中。」同上

又曰：「用其中於民，賢與不肖，皆能行之也。」同上

賈氏《左傳解詁》曰：「中庸之德，難成而實易行。」《史記·吴太伯世家》集解

《春秋繁露》曰：「夫德莫大於和，而道莫正於中。中者，天地之美達理也，聖人之所保守也。《詩》云：『不剛不柔，布政優優。』此非中和之謂與？是故能以中和理天下者，其德大盛；能以中和養其身者，其壽極命。」《循天之道》

又曰：「天地之道，雖有不和者，必歸之於和，而所爲有功。雖有不中者，必止之於中，而所爲不失。是故陽之行，始於北方之中，而止於南方之中；陰之行，始於南方之中，而止於北方之中。陰陽之道不同，至於盛而皆止於中，其所始起皆必於中。中者，天地之太極也。」同上

又曰：「『泰實則氣不通，泰虚則氣不足，熱勝則氣□，寒勝則氣□，泰勞則氣不入，泰佚則氣宛

至，怒則氣高，喜則氣散，憂則氣狂，懼則氣懾。凡此十者，氣之害也，而皆生於不中和。故君子怒則反中而自説以和，喜則反中而收之以正，憂則反中而舒之以意，懼則反中而實之以精。』夫中和之不可不反如此。」同上[一六]

《韓詩外傳》曰：「君子行不貴苟難，説不貴苟察，名不貴苟傳，惟其當之爲貴。夫負石而赴河，行之難爲者也，而申徒狄能之。君子不貴者，非禮義之中也。山淵平，天地比，齊秦襲，入乎耳，出乎口，鈎有鬚，卵有毛，此説之難持者也，而鄧析、惠施能之。君子不貴者，非禮義之中也。盜跖吟口，名聲若日月，與舜禹俱傳而不息，君子不貴者，非禮義之中也。故君子行不貴苟難，説不貴苟察，名不貴苟傳，維其當之爲貴。《詩》曰：『不競不絿，不剛不柔。』」卷三

趙氏《孟子章指》曰：「伯夷、柳下惠，古之大賢，猶有所闕。介者必偏，中和爲貴，純聖能然，君子所由，堯舜是尊。」《公孫丑》章句上章指

誠實

《説文》曰：「誠，信也。」言部

《禮記·中庸》「故君子尊德性而道問學」，鄭注曰：「德性，謂性至誠者；問學，學誠者也。」

又曰：「大人無誠，萬物不生；小人無誠，則事不成。」同上

趙氏《孟子章句》曰：「至誠則動金石，不誠則鳥獸不可親狎。」《離婁》章句上

《公羊・莊十二年傳》「仇牧可謂不畏彊禦矣」，何氏解詁曰：「猶乳犬攫虎，伏雞搏貍，精誠之至也。」

《韓詩外傳》曰：「勇士一呼而三軍皆避，士之誠也。昔者楚熊渠子夜行，寢石以爲伏虎，彎弓而射之，没金飲羽，下視知其爲石，石爲之開，而况人乎？夫倡而不和，動而不僨，中心有不全者矣。夫不降席而匡天下者，求之己也。孔子曰：『其身正，不令而行；其身不正，雖令不從。』先王之所以拱揖指麾而四海來賓者，誠德之至也。」卷六

又曰：「忠易爲禮，誠易爲辭。」卷三

又曰：「傳曰：誠惡惡，知刑之本；誠善善，知敬之本。惟誠感神，達乎民心。知刑敬之本，則不怒而威，不言而信，誠德之主也。《詩》曰：『鐘鼓于宫，聲聞于外。』」卷四

又曰：「僞詐不可長，空虚不可守，朽木不可雕，情亡不可久。《詩》曰：『鐘鼓于宫，聲聞于外。』言有中者，必能見外也。」同上

《左氏・襄公九年傳》「且要盟無質，神弗臨也」，服氏解誼曰：「質，誠也。無忠誠之信，故神弗臨也。」正義

《孔氏論語傳》曰：「凡事莫過於實。」《衛靈公》集解

正　直

《説文》曰：「正，是也。从止[一七]，一以止。」正部

《春秋繁露》曰：「是非之正，取之逆順。」《深察名號》

趙氏《孟子章指》曰：「禮義，人之所以折中，履其正者乃可爲中。」《離婁》章句下章指

又曰：「秉心持正，使邪不干，猶止斧斤，不伐牛山。」《告子》章句上章指

《韓詩外傳》曰：「正直者順道而行，順理而言，公平無私，不爲安肆志，不爲危激行。」卷七

《毛詩傳》曰：「正直爲正，能正人之曲曰直。」《小明》傳

鄭氏《禮記注》曰：「前日之不正，不可復遵行以自伸。」《少儀》注

《左氏·宣十五年傳》「故文反正爲乏」，服氏解誼曰：「言人反正者，皆乏絶之道也。人反德則妖災生，妖災生則國滅亡，是乏絶之道也。」正義

恭　敬

《釋名》曰：「恭，拱也，自拱持也。敬，警也，恒自肅警也。」《釋言語》

《説文》曰：「恭，肅也。」心部

又曰：「𢼊，肅也。从攴、茍。」茍部

又曰：「茍，自急敕也。从羊省[一八]，从勹、口。勹、口，猶慎言也。从羊，羊與義、善、美同意。」同上

又曰：「肅，持事振敬也。从聿在𣶒上。戰戰兢兢也。𢘛，古文肅。从心从卪。」聿部

又曰：「忠，敬也。」心部

又曰：「憜，不敬也。从心，𡐦省。」同上

鄭氏《毛詩箋》曰：「不侮者，敬也。」《行葦》箋

又，《禮記注》曰：「端慤所以爲敬也。」《少儀》注

又曰：「恭在貌也，而敬又在心。」同上

又曰：「人不溺於所敬者。」《緇衣》注

又《表記》「狎侮死焉而不畏也」，注曰：「忕於無敬心也。」

謹　慎

《說文》曰：「謹，慎也。」言部

又曰：「慎，謹也。」心部

鄭氏《禮記注》曰：「慎獨者，慎其閑居之所爲。」《中庸》注

又曰：「慎所可䙝，乃不溺矣。」《緇衣》注

又，《儀禮注》曰：「雖知猶問之，重慎也。」《士昏禮》注

又，《易注》曰：「不慎于微，而以動作，則禍變必成。」《公羊·文六年》疏

又，《毛詩箋》曰：「天下之事，當慎其小。小時而不慎，後爲禍大。」《小毖》箋

《毛詩傳》曰：「慎小以懲大也。」《民勞》傳

《韓詩外傳》曰：「修身不可不慎也。嗜慾侈則行虧，讒毁行則害成，患生於忿怒，禍起於纖微，汙辱難湔灑，敗失不復追，不深念遠慮，後悔何益？徼幸者，伐性之斧也；嗜慾者，逐禍之馬也；謾誕者，趨禍之路也；毁於人者，困窮之舍也。是故君子不徼幸，節嗜慾，務忠信，無毁於一人，則名聲尚尊，稱爲君子矣。」卷九

又曰：「昨日何生？今日何成？必念歸厚，必念治生，日慎一日，完如金城。」卷八

又曰：「官怠於有成，病加於小愈，禍生於懈惰，孝衰於妻子。察此四者，慎終知始。」同上

趙氏《孟子章指》曰：「功毁幾成，人在慎終。」《告子》章句上章指

言語

鄭氏《禮記注》曰：「有言不可以無實。」《表記》注

又曰：「善言而無信，人所惡也。」同上

又曰：「以行爲驗，虚言無益於善也。」《緇衣》注

又，《少儀》「毋身質言語」注曰：「聞疑則傳疑，若成之，或有所誤也。」

又《毛詩箋》曰：「大言者，言不顧其行。徒從口出，非由心也。」《巧言》箋

荀氏《易注》曰：「君子之言，必因其位。位大言大，位小言小。不在其位，不謀其政。故言有物也。」《家人》集解

又曰：「言出乎身，加乎民，故慎言語，所以養人也。」《頤》集解

《春秋繁露》曰：「其言寡而足，約而喻，簡而達，省而具，少而不可益，多而不可損。其動中倫，其言當務。如是者謂之智。」《必仁且智》

趙氏《孟子章指》曰：「好言人惡，殆非君子。」《離婁》章句下章指

《韓詩外傳》曰：「今夫肢體之序，與禽獸同節；言語之暴，與蠻夷不殊。混然無道，此明王聖主之所罪。《詩》曰：『如蠻如髦，我是用憂。』」卷四

容　貌

《韓詩外傳》曰：「容貌得，則顔色齊；顔色齊，則肌膚安。」卷一

《禮記·玉藻》「足容重」，鄭注曰：「舉欲遲也。」「手容恭」，注曰：「高且正也。」「目容端」，注曰：「不睇視也。」「口容止」，注曰：「不妄動也。」「聲容静」，注曰：「不噦欬也。」「頭容直」，注曰：「不傾顧也。」「氣容肅」，注曰：「似不息也。」「立容德」，注曰：「如有予也。」「色容莊」，注曰：「勃如戰色。」

又，「坐如尸」，注曰：「尸居神位，敬慎也。」

又，《曲禮》「儼若思」，注曰：「人之坐思，貌必儼然。」

又曰：「心平志安，行乃正，或低若仰，則心有異志者與？」《深衣》注

又，《中庸》「《詩》曰：『相在爾室，尚不愧于屋漏。』」注曰：「言君子雖隱居，不失其君子之容德也。」

又，《毛詩箋》曰：「人以有威儀爲貴。」《相鼠》箋

《尚書大傳》曰：「禦貌於喬忿。」鄭注曰：「止貌之失者，在於去驕忿也。」《儀禮經傳通解·續祭禮》十

身體

《春秋繁露》曰：「天地之符，陰陽之副，常設於身。身，猶天也。數與之相參，故命與之相連也。天以終歲之數，成人之身，故小節三百六十六，副日數也；大節十二分，副月數也；內有五藏，副五行數也；外有四肢，副四時數也；乍視乍瞑，副晝夜也；乍剛乍柔，副冬夏也；乍哀乍樂，副陰陽也；心有計慮，副度數也；行有倫理，副天地也。」《人副天數》

又曰：「循天之道，以養其身。」《循天之道》

又曰：「男女體其盛，臭味取其勝，居處就其和，勞佚居其中，寒暖無失適，飢飽無過平，欲惡度理，動靜順性命[一九]，喜怒止於中，憂懼反之正，此中和常在乎其身，謂之得天地泰。得天地泰者，其壽引而長；不得天地泰者，其壽傷而短。」同上

趙氏《孟子章句》曰：「養身之道，當以仁義。」《告子》章句上

《韓詩外傳》曰：「聖人不淫佚侈靡者，非鄙夫色而愛財用也。養有適，過則不樂，故不爲也。」卷三

又曰：「養身者忘家，養志者忘身。」卷一

魂魄精神

《白虎通》曰：「魂魄者何謂也？魂，猶伝伝也，行不休也。少陽之氣，故動不息，於人爲外，主於情也。魄者，猶迫然著人也。此少陰之氣，象金石著人不移，主於性也。魂者，芸也，情以除穢；魄者，白也，性以治内。精神者何謂也？精者，静也，太陰施化之氣也，象水之化，須待任生也；神者，恍惚，太陽之氣也，出入無間。總云支體，萬化之本也。」《情性》

《説文》曰：「魂，陽氣也。魄，陰神也。」鬼部

《禮記·祭義》：「氣也者神之盛也，魄也者鬼之盛也。」鄭注曰：「氣，謂噓吸出入者也。耳目之聰明爲魄。」

又，《尚書大傳》注曰：「陰陽之神曰精氣，情性之神曰魂魄。君行不由常，侜張無度，則是魂魄傷也。」《續漢書·五行志》五注

《春秋繁露》曰：「和樂者，生之外泰也；精神者，生之内充也。外泰不若内充，而況外傷乎？」《循天之道》

又曰：「治身者，以積精爲寶。」《通國身》

《韓詩外傳》曰：「存其精神，以補其中。」卷五

氣

趙氏《孟子章句》曰：「氣所以充滿形體，爲喜怒也。志帥氣而行之，度其可否也。」《公孫丑》章句上

又曰：「浩然之氣，與義雜生，從内而出，人生受氣，所自有者。」同上

又曰：「能養道氣而行義理，常以充滿五臟。」同上

又曰：「君子養正氣，不以入邪也。」《滕文公》章句下

《春秋繁露》曰：「天氣上，地氣下，人氣在其間。」《人副天數》

又曰：「物生，皆貴氣而迎養之。孟子曰：『我善養吾浩然之氣者也。』」《循天之道》

又曰：「民皆知愛其衣食，而不愛其天氣。天氣之於人，重於衣食。衣食盡，尚猶有間，氣［盡］［二〇］而立終。故養生之大者，乃在愛氣。氣從神而成，神從意而出。心之所之謂意，意勞者神擾，神擾者氣少，氣少者難久矣。故君子閑欲止惡以平意，平意以静神，静神以養氣，氣多而治，則養身之大者得矣。」同上

《韓詩外傳》曰：「人之所以好富貴安榮、爲人所稱譽者，爲身也；惡貧賤危辱爲人所謗毁者，亦爲身也。然身何貴也？莫貴於氣。人得氣則生，失氣則死，其氣非金帛珠玉也，不可求於人也，非

繒布五穀也，不可糴買而得也。在吾身耳，不可不慎也。」卷八

鄭氏《周禮注》曰：「病由氣勝負而生，攻其贏，養其不足者。」《疾醫》注

欲

《說文》曰：「欲，貪欲也。」欠部

鄭氏《禮記注》曰：「欲，謂邪淫也。」《樂記》注

又曰：「窮人欲言，無所不爲。」同上

又曰：「性不見物則無欲，見物多則欲益衆。」同上

又曰：「善心生則寡於利欲，寡於利欲則樂矣。」同上

又，《毛詩箋》曰：「人少而端慤，則長大無情慾。」《隰有萇楚》箋

《論語》「仁者静」，孔傳曰：「無欲故静。」集解

趙氏《孟子章句》曰：「人之可使爲不善，非順其性也，亦妄爲利欲之勢所誘迫耳。」《告子》章句上

又曰：「利欲之消仁義，何有不盡也。」同上

《春秋繁露》曰：「人之誠，有貪有仁。仁貪之氣，兩在於身。身之名，取諸天。天兩有陰陽之

施，身亦兩有貪仁之性。天有陰陽禁，身有情欲栣，與天道一也。是以陰之行不得干春夏，而月之魄常厭於日光。乍全乍傷，天之禁陰如此，安得不損其欲而輟其情以應天。天所禁而身禁之，故曰身猶天也。」《深察名號》

漢儒通義　卷四

君　臣

《白虎通》曰：「君臣者何謂也？君，群也，群下之所歸心也。臣者，堅也，厲志自堅固也。」《三綱六紀》

何氏《公羊解詁》曰：「君臣之義正，則天下定矣。」莊二十九年解詁

又曰：「君敬臣則臣自重，君愛臣則臣自盡。」隱元年解詁

趙氏《孟子章指》曰：「君臣之道，以義爲表，以恩爲裏，表裏相應，猶若影響。」《離婁》章句下章指

《毛詩序》曰：「《天保》，下報上也。君能下下以成其政，臣能歸美以報其上焉。」

鄭氏《尚書注》曰：「君貌恭則臣禮肅，君言從則臣職治，君視明則臣照晳，君聽聰則臣進謀，君思睿則臣賢智。」《洪範》正義

又，《儀禮注》曰：「臣道直方。」《燕禮》注

又，《毛詩箋》曰：「成王以恩意及群臣，群臣故皆愛之，不解於其職位，民之所以休息由此也。」《假樂》箋

又曰：「禄食足，而臣莫不盡其忠。」《有駜》箋

又曰：「每人懷其私相稽留，則於事將無所及。」《皇皇者華》箋 又，《烝民》箋曰：「每人懷其私而相稽留，將無所及於事。」

《毛詩》「豈不懷歸，王事靡盬，我心傷悲」，傳曰：「思歸者私恩也，靡盬者公義也，傷悲者情恩也[二二]。無私恩非孝子也，無公義非忠臣也。君子不以私害公，不以家事辭王事。」

何氏《公羊解詁》曰：「臣不得壅塞君命。」僖二十八年解詁

又曰：「諫有五：一曰諷諫，孔子曰家不藏甲，邑無百雉之城，季氏自墮之是也。二曰順諫，曹羈是也。三曰直諫，子家駒是也。四曰争諫，子反請歸是也。五曰贛諫，百里子、蹇叔子是也。」莊二十四年解詁

《白虎通》曰：「諫者何？諫者，間也，更也，是非相間，革更其行也。人懷五常，故知諫有五：其一曰諷諫，二曰順諫，三曰窺諫，四曰指諫，五曰陷諫。諷諫者，智也，知患禍之萌深，睹其事未彰而諷告焉，此智之性也；順諫者，仁也，出辭遜順，不逆君心，此仁之性也；窺諫者，禮也，視君顏色不悦，且却，悦則復前，以禮進退，此禮之性也；指諫者，信也，指者，質也，質指其事而諫，此信之性

性也；陷諫者，義也，惻隱發於中，直言國之害，勵志忘生，爲君不避喪身，此義之性也。」《諫諍》

《韓詩外傳》曰：「遜而直，上也；切，次之；謗諫爲下；懦爲死。」卷八

又曰：「有大忠者，有次忠者，有下忠者，有國賊者。以道覆君而化之，是謂大忠也；以德調君而輔之，是謂次忠也；以諫非君而怨之，是謂下忠也；不恤乎公道之達義，偷合苟同以持禄養者，是謂國賊也。」卷四

趙氏《孟子章句》曰：「男子之道，當以義正君，無輔弼之義，安得爲大丈夫也？」《滕文公》章句下

鄭氏《禮記注》曰：「近臣亦當規君疾憂。」《檀弓下》注

又，《曲禮》「三諫而不聽，則逃之」，注曰：「君臣有義則合，無義則離。」

《毛詩傳》曰：「謀人之國，國危則死之，古之道也。」《小旻》傳

服氏《左傳解誼》曰：「古者始仕，必先書其名於策，委死之質於君，然後爲臣，示必死節於君也。」《史記·仲尼弟子列傳》索隱

父子

《白虎通》曰：「父子者何謂也？父者，矩也，以法度教子也；子者，孳也，孳孳無已也。」《三綱六紀》

《說文》曰：「父，矩也。家長率教者。从又，舉杖。」又部

又曰：「育，養子使作善也。」𠫓部

鄭氏《禮記注》曰：「父母者，施教令於婦子者也。」《昏義》注

又曰：「小未有所知，常示以正物，以正教之，無誑欺。」《曲禮上》注

《韓詩》曰：「鴟鴞所以愛養其子者，適以病之。愛憐養其子者，謂堅固其窠巢，病之者謂不知託於大樹茂枝，反敷之葦蕳，風至蕳折巢覆，有子則死，有卵則破，是其病也。」《文選》陳孔璋《檄吴將部曲文》注

又，《外傳》曰：「夫爲人父者，必懷慈仁之愛，以畜養其子。撫循飲食，以全其身。及其有識也，必嚴居正言以先導之。及其束髮也，授明師以成其技。十九見志，請賓冠之，足以死其意。血脈澄静，娉内以定之。信承親授，無有所疑。冠子不言，髮子不笞，聽其微諫，無令憂之。此爲人父之道也。」卷七

趙氏《孟子章指》曰：「夫孝，百行之本，無物以先之。」《萬章》章句上章指

又曰：「生之膝下，一體而分，喘息呼吸，氣通於親。」《告子》章句下章指

《白虎通》曰：「人生所以泣何？本一幹而分，得氣異息故泣，重離母之義也。」《姓名》

鄭氏《儀禮注》曰：「兒生三月，鬋髮爲鬌，男角女羈。否則男左女右，長大猶爲飾存之，謂之髦。

所以順父母幼小之心。」《既夕禮記》注

又，《禮記·深衣》「具父母、大父母，衣純以繢」，注曰：「尊者存，以多飾爲孝。」

又曰：「子於父母，尚和順，不用鄂鄂。」《坊記》注

又曰：「不以己善，駁親之過。」同上

又曰：「舉無過事，以孝事親，是所以成身。」《哀公問》注

又，《文王世子》「内豎曰安，文王乃喜」，注曰：「孝子恒兢兢。」

又，《毛詩箋》曰：「孝子之心，怙恃父母，依依然以爲不可斯須無也。」《蓼莪》箋

又，「是用作歌，將母來諗」，箋曰：「人之思，恒思親者，再言將母，亦其情也。」[二二]

孔氏《論語傳》曰：「父在，子不得自專。」《學而》集解

《毛詩》「維桑與梓，必恭敬止」，傳曰：「父之所樹，己尚不敢不恭敬。」[二三]

祖孫

《白虎通》曰：「賢者子孫類多賢。」《封公侯》

鄭氏《毛詩箋》曰：「其善道，則可以遺子孫也。」《有駜》箋

又曰：「子孫依緣先人之功而起。」《旱麓》箋

又，《禮記注》曰：「賢者子孫，恒能法其先父德行。」《郊特牲》注

又曰：「先祖法度，子孫所當守。」《禮運》注

《毛詩》「孝思維則」，傳曰：「則其先人也。」〔二四〕

趙氏《孟子章句》曰：「大德大凶，流及後世。自高祖至玄孫，善惡之氣乃斷。」《離婁》章句下

又《章指》曰：「五世一體，上下通流。」《離婁》章句下章指

兄弟

《毛詩傳》曰：「父尚義，母尚恩，兄尚親也。」《陟岵》傳

又曰：「兄弟尚恩。」《常棣》傳

《白虎通》曰：「謂之兄弟何？兄者，況也，況父法也；弟者，悌也，心順行篤也。」《三綱六紀》

趙氏《孟子章句》曰：「悌，順也。」《滕文公》章句下

鄭氏《毛詩箋》曰：「兄弟相求，故能立榮顯之名。」《常棣》箋

宗族

鄭氏《禮記注》曰：「宗者，祖禰之正體。」《喪服小記》注

又，《駁五經異義》曰：「族者，氏之別名也。姓者，所以統繫百世，使不別也。氏者，所以別子孫之所出。故《世本》之篇，言姓則在上，言氏則在下也。」《史記·五帝本紀》集解

《白虎通》曰：「宗者何謂也？宗者，尊也，爲先祖主者，宗人之所尊也。《禮》曰：『宗人將有事，族人皆侍。』古者所以必有宗，何也？所以長和睦也。大宗能率小宗，小宗能率群弟，通其有無，所紀理族人者也。」《宗族》

又曰：「族者，何也？族者，湊也，聚也，謂恩愛相流湊也。上湊高祖，下至玄孫，一家有吉，百家聚之，合而爲親，生相親愛，死相哀痛，有會聚之道，故謂之族。」同上

又曰：「《禮·服傳》曰：『大宗不可絶，同宗則可以爲後。』爲人作子何？明小宗可以絶，大宗不可絶故。舍己之後，往爲後於大宗，所以尊祖，重不絶大宗也。《春秋傳》曰：『爲人後者爲之子。』」《封公侯》

何氏《公羊解詁》曰：「族所以有宗者，爲調族理親疏，令昭穆親疏，各得其序也。故始統世世繼重者爲大宗，旁統者爲小宗。小宗無子則絶，大宗無子則不絶，重本也。」莊二十四年解詁

《尚書大傳》曰：「燕私者何也？祭已而與族人飲，不醉而出，是不親也；醉而不出，是渫宗也；出而不止，是不忠也。親而甚敬，忠而不倦，若是，則兄弟之道備。備者，成也；成者，成於宗室也。故曰：飲而醉者，宗室之意也。德將無醉，族人之志也。是故祀禮有讓，德施有復，義之至

也。」《儀禮經傳通解·家禮》五　《毛詩·湛露傳》曰：「宗子將有事，則族人皆侍。不醉而出，是不親也；　醉而不出，是渫宗也。」

鄭氏《毛詩箋》曰：「祭祀畢，歸賓客之俎，同姓則留，與之燕，所以尊賓客、親骨肉也。」《楚茨》箋

又曰：「族人和，則得保樂其家中之大小。」《常棣》箋

又曰：「骨肉之親，當相親信，無相疏遠。相疏遠，則以親親之望，易以成怨。」《角弓》箋

夫婦

《白虎通》曰：「夫婦者，何謂也？夫者，扶也，以道扶接也；　婦者，服也，以禮屈服也。」《三綱六紀》

《説文》曰：「妻，婦與夫齊者也。从女，从屮，从又。又，持事，妻職也。」女部

《毛詩》「關關雎鳩，在河之洲」，傳曰：「后妃説樂君子之德，無不和諧，又不淫其色，慎固幽深，若關雎之有別焉。然後可以風化天下。夫婦有別，則父子親；　父子親，則君臣敬；　君臣敬，則朝廷正；　朝廷正，則王化成。」

又，「窈窕淑女，君子好逑」，傳曰：「言后妃有《關雎》之德，是幽閑貞專之善，女宜爲君子之好匹。」

又曰：「古之夫人，配其君子，亦不忘其敬。」《雞鳴》傳

薛氏《韓詩章句》曰：「詩人言雎鳩貞潔慎匹，以聲相求，蔽隱于無人之處。故人君退朝，入于私宫，后妃御見有度，應門擊柝，鼓人上堂，退反宴處，體安志明。今時大人内傾于色，賢人見其萌，故詠《關雎》，説淑女，正容儀，以刺時。」《後漢書·明帝紀》注

《毛詩序》曰：「《鵲巢》，夫人之德也。國君積行累功，以致爵位，夫人起家而居有之，德如鳲鳩，乃可以配焉。」鄭曰：「夫人有均壹之德，如鳲鳩然，而後可配國君。」

又，《序》曰：「《汝墳》，道化行也。文王之化，行乎汝墳之國。婦人能閔其君子，猶勉之以正也。」

又曰：「《殷其靁》，勸以義也。《召南》之大夫遠行從政，不遑寧處，其室家能閔其勤勞，勸以義也。」

鄭氏《易注》曰：「夫婦同心而成家，久長之道也。」《恒》集解

又，《儀禮注》曰：「妾謂夫爲君者，不得體之，加尊之也。」《喪服》注

又，《周禮注》曰：「君子不苟於色。」《天官·序官·世婦》注

婦　人

《白虎通》曰：「女者，如也，從如人也。在家從父母，既嫁從夫，夫没從子也。」《嫁娶》　又《爵》篇

曰：「未嫁從父，既嫁從夫，夫死從子。故夫尊於朝，妻榮於室，隨夫之行。」

《說文》曰：「婦，服也。从女，持帚，灑掃也。」女部

《毛詩》「有女如玉」，傳曰：「德如玉也。」鄭箋曰：「如玉者，取其堅而絜白。」

又，「静女其姝，俟我於城隅」，傳曰：「女德貞静而有法度，乃可説也。城隅以言高而不可逾。」箋曰：「自防如城隅。」又，「彼君子女，綢直如髮」，箋曰：「其性情密緻，操行正直，如髮之本末，無隆殺也。」

又，「于以采蘋，南澗之濱；于以采藻，于彼行潦」，箋曰：「法度莫大於四教。蘋之言賓也，藻之言澡也，婦人之行尚柔順，自絜清，故取名以爲戒。」

又，《周禮注》曰：「婦德謂貞順，婦言謂辭令，婦容謂婉娩，婦功謂絲枲。」《九嬪》注　又，《禮記·昏義》注曰：「婦德，貞順也；婦言，辭令也；婦容，婉娩也；婦功，絲麻也。」

又曰：「婦職，謂織紝組紃縫綫之事。」《内宰》注

又，《禮記注》曰：「洒漿掃灑，婦人之職。」《曲禮》注

又，《昏義》「舅姑入室，婦以特豚饋，明婦順也」，注曰：「供養之禮，主於孝順。」

何氏《公羊解詁》曰：「禮，婦人見舅姑，以棗栗爲贄；見女姑，以腶脩爲贄。」「棗栗取其早自謹敬，腶脩取其斷斷自修正。」莊二十四年解詁

《毛詩序》曰：「后妃在父母家，則志在於女功之事。躬儉節用，服澣濯之衣，尊敬師傅，則可以歸安父母，化天下以婦道也。」《葛覃》序

又曰：「夫人可以奉祭祀，則不失職矣。」《采蘩》序

又曰：「能循法度，則可以承先祖，共祭祀矣。」《采蘋》序

又曰：「雖則王姬，亦下嫁於諸侯，車服不繫其夫，下王后一等，猶執婦道以成肅雝之德也。」《何彼襛矣》序

又曰：「能逮下而無嫉妒之心焉。」《樛木》序

又曰：「不妒忌，則子孫衆多也。」《螽斯》序

又曰：「夫人無妒忌之行，惠及賤妾，進御於君，知其命有貴賤，能盡其心矣。」《小星》序

又曰：「文王之時，江沱之間，有嫡不以其媵備數，媵遇勞而無怨，嫡亦自悔也。」《江有汜》序

《白虎通》曰：「《禮·內則》曰：『妾事夫人，如事舅姑。尊嫡，絶妒嫉之原。』」《嫁娶》

何氏《公羊解詁》曰：「朝廷侈於妒上，婦人侈於妒下。」成十年解詁

又曰：「婦人無外事，外則近淫。」莊二年解詁

鄭氏《毛詩箋》曰：「婦人無外事，維以貞信爲節。」《氓》箋　又，《儀禮·士昏禮》注曰：「婦人無外事。」

又，「無非無儀」，箋曰：「婦人無所專於家事。有非，非婦人也；有善，亦非婦人也。」[一二五]

又曰：「丈夫，陽也。陽動，故多謀慮則成國。婦人，陰也。陰静，故多謀慮乃亂國。」《瞻卬》箋

又《易注》曰：「無攸遂言，婦人無敢自遂也。」《後漢書·楊震傳》注

《毛詩傳》曰：「婦人無與外政，雖王后猶以蠶織爲事。」《瞻卬》傳

又曰：「婦人夫不在，無容飾。」《伯兮》傳　又《采緑》傳曰：「婦人夫不在，則不容飾。」

《韓詩外傳》曰：「《詩》曰：『宜爾子孫，繩繩兮。』言賢母使子賢也。」卷九

鄭氏《易注》曰：「有順德，子必賢。」《太平御覽·皇親部》十二

師弟

《周禮·大宰》「師以賢得民」，鄭注曰：「有德行以教民者。」

又曰：「師，教人以道者之稱也。」《地官·序官·師氏》注

又曰：「師儒，鄉里教以道藝者。」《大司徒》注

又，《禮記注》曰：「師説之明，則弟子好述之，其言少而解。」《學記》注

又曰：「聽先生之言，既説又敬。」《曲禮上》注

《春秋繁露》曰：「善爲師者，既美其道，有慎其行，齊時蚤晚，任多少，適疾徐，造而勿趨，稽而勿苦，省其所爲，而成其所湛，故力不勞而身大成。」《玉杯》

《白虎通》曰:「雖有自然之性,必立師傅焉。」《辟雍》

又曰:「弟子爲師服者,弟子有君臣、父子、朋友之道也。故生則尊敬而親之,死則哀痛之,恩深義重,故爲之隆服,入則經,出則否。」《喪服》

朋　友

《毛詩序》曰:「自天子至于庶人,未有不須友以成者。」《伐木》序

又,《傳》曰:「國君友其賢臣,大夫、士友其宗族之仁者。」《伐木》傳

又,「習習谷風,維風及雨」,傳曰:「風雨相感,朋友相須。」

鄭氏《毛詩箋》曰:「安寧之時,以禮義相琢磨,則友生急。」《常棣》箋

又,「忘我大德」,箋曰:「大德切磋,以道相成之謂也。」又,「終和且平」,箋曰:「以可否相增減曰和。」

又,《周禮注》曰:「同師曰朋,同志曰友。」《大司徒》注

又,《儀禮·喪服記》「朋友麻」,注曰:「朋友雖無親,有同道之恩。」

又,《禮記注》曰:「言知識之過失,損友也。」《少儀》注

又曰:「小人徼利,其友無常也。」《緇衣》注

《白虎通》曰：「朋友之交，近則謗其言，遠則不相訕。一人有善，其心好之；一人有惡，其心痛之。貨財通而不計，共憂患而相救，生不屬，死不托。」《三綱六紀》

包氏《論語章句》曰：「君子疏惡而友賢，九州之人皆可以禮親。」《顏淵》集解

又，「子夏之門人問交於子張」云云，章句曰：「友交當如子夏，泛交當如子張。」《子張》集解

《韓詩》曰：「《伐木》廢，朋友之道缺。」《文選》謝叔源《游西池詩》注

漢儒通義　卷五

冠

《周禮·大宗伯》「以昏冠之禮，親成男女」，鄭注曰：「親其恩，成其性。」

《儀禮·士冠禮》「筮于廟門」，鄭注曰：「冠必筮日於廟門者，重以成人之禮，成子孫也。」

又，「主人戒賓」，注曰：「賓，主人之僚友。古者有吉事，則樂與賢者歡成之；有凶事，則欲與賢者哀戚之。」

又曰：「二十有冠，急成人也。五十乃爵，重官人也。」《士冠禮記》注

《白虎通》曰：「所以有冠者何？冠者，帣也。所以帣持其髮也。人懷五常，莫不貴德，示成禮有修飾文章，故制冠以飾首，別成人也。」《紼冕》

又曰：「婦人十五稱伯仲何？婦人質少變，陰道促，蚤成，十五通乎織紝之事，思慮定，故許嫁，笄而字。」《姓名》

何氏《公羊解詁》曰：「字者，尊而不泄，所以遠別也。笄者，簪也，所以繫持髮，象男子飾也。服此者，明繫屬於人，所以養貞一也。」僖九年解詁

昏

何氏《公羊解詁》曰：「嫁娶當慕賢者。」僖元年解詁

《毛詩》「深則厲，淺則揭」，鄭箋曰：「因以水深淺喻男女之才性、賢與不肖及長幼也。各順其人之宜，爲之求妃耦。」

《易・姤》「女壯，勿用取女」，鄭注曰：「女壯如是，壯健以淫，故不可娶。婦人以婉娩爲其德也。」集解

又，《儀禮注》曰：「昏必由媒交接設介紹，皆所以養廉耻。」《士昏禮》注

《毛詩》「宜其室家」，傳曰：「宜以有室家，無逾時者。」

又曰：「凶荒則殺禮，猶有以將之。」《野有死麕》傳

《白虎通》曰：「婦人所以有師何？學事人之道也。《詩》云：『言告師氏，言告言歸。』《禮・昏經》曰：『教于公宫三月。』婦人學一時，足以成矣。」《嫁娶》

又曰：「遣女於禰廟者，重先人之遺體，不敢自專，故告禰也。」同上

鄭氏《三禮目録》曰：「士娶妻之禮，以昏爲期，因而名焉。必以昏者，取其陽往而陰來。」《經典釋文·儀禮音義》

何氏《公羊解詁》曰：「禮所以必親迎者，所以示男先女也。於廟者，告本也。」隱二年解詁

又，莊十九年傳「諸侯不再娶」，解詁曰：「不再娶者，所以節人情，開媵路。」

喪

鄭氏《三禮目録》曰：「不忍言死而言喪，喪者，棄亡之辭。若全存居於彼焉，已亡之耳。」《儀禮·喪服》疏《白虎通·崩薨》曰：「不直言死，稱喪者何？爲孝子之心不忍言也。」

《白虎通》曰：「服者，恩從内發。」《喪服》

又曰：「喪禮必制衰麻何？以副意也。服以飾情，情貌相配，中外相應，故吉凶不同服，歌哭不同聲，所以表中誠也。布衰裳，麻絰，箭笄，繩纓，苴杖（爲略）〔二六〕。及本經者，亦示也。故總而載之，示有喪也。腰絰者以代紳帶也。所以結之何？思慕腸若結也。必再結之何？明思慕無已。」「所以必杖者，孝子失親，悲哀哭泣，三日不食，身體羸病，故杖以扶身，明不以死傷生也。禮，童子婦人不杖者，以其不能病也。」同上

鄭氏《儀禮注》曰：「前有衰，後有負板，左右有辟領，孝子哀戚，無所不在。」《喪服記》注

又，《士喪禮》「徹饌設于序西南」，注曰：「爲求神於庭，孝子不忍使其親須臾無所馮依也。」

又，《既夕禮》「記燕養饋羞湯沐之饌如他日」，注曰：「孝子不忍一日廢其事親之禮。」

又曰：「喪事主哀不主敬。」《士虞禮》注

又曰：「凡爲喪事略也。」同上

《白虎通》曰：「喪葬之禮，緣生以事死。生時無，死亦不敢造。」《崩薨》

趙氏《孟子章句》曰：「禮，喪事不外求，不可稱貸而爲悦也。」《公孫丑》章句下

何氏《公羊解詁》曰：「禮，本爲有財者制，有則送之，無則致哀而已。」隱三年解詁

孔氏《論語傳》曰：「孝子在喪，哀慕猶若父存。」《學而》集解

鄭氏《周禮注》曰：「墓，冢塋之地，孝子所思慕之處。」《春官・序官・墓大夫》注

又，《禮記注》曰：「早喪親，雖除喪，不忘哀也。」《曲禮上》注

又曰：「忌日者，不用舉他事，如有時日之禁也。至於親以此日亡，其哀心如喪時。」《祭義》注

又，《雜記》「爲妻父母在，不杖不稽顙」，注曰：「尊者在，不敢盡禮於私喪也。」

祭

《五經異義》曰：「主者，神象也。孝子既葬，心無所依，所以虞而立主以事之。」《通典・禮》八

何氏《公羊解詁》曰：「所以必有廟者，緣生時有宫室也。孝子三年喪畢，思念其親，故爲之立宗廟，以鬼享之。廟之爲言貌也，思想儀貌而事之。」桓二年解詁

《春秋繁露》曰：「知天命鬼神，然後明祭之意。明祭之意，乃知重祭事。」《祭義》

又曰：「不多而欲潔清，不貪數而欲恭敬。」同上

《毛詩》「君婦莫莫」，傳曰：「莫莫，言清静而敬至也。」

《禮記》「祭義虚中以治之」，鄭注曰：「虚中，言不兼念餘事。」

又曰：「孝子不失其孺子之心也。」《祭義》注

又曰：「有事於尊者，可以及卑；有事於卑者，不敢援尊。」《雜記》注

《毛詩》「先祖是皇，神保是饗」，鄭箋曰：「皇，暀也。先祖以孝子祀禮甚明之故，精氣歸暀之，其鬼神又安而饗其祭祀。」《楚茨》箋

又曰：「孝子則獲福。」《信南山》箋

又，《發公羊墨守》曰：「孝子祭祀，雖致其誠信與其忠敬而已，不求其爲而祝尸嘏。主人曰：皇尸命工祝，承致多福無疆，于女孝孫，來女孝孫，使女受禄于天，宜稼于田，眉壽萬年，勿替引之。若此祭祀，内盡己心，外亦有祈福之義也。」《禮記・禮器》正義

《鄭志》曰：答趙商問祭祀不祈。商按，《周禮》設「六祈」之科禱禳，而祭無不祈，故敢問《禮記》者何義也？鄭答云：「祭祀常禮，以序孝敬之心，當專一其志而已，禱祈有爲言之主於求福，豈禮之常也？」同上

漢儒通義　卷六

出處

《說文》曰：「仕，學也。」人部

服氏《左傳解誼》曰：「宦，學也。」《禮記·曲禮》上正義

《易·履》象傳「素履之往，獨行願也」，荀注曰：「素履者，謂布衣之士，未得居位，獨行禮義，不失其正，故无咎也。」集解

周氏《論語章句》曰：「迴翔審觀而後下止。」《鄉黨》集解

趙氏《孟子章指》曰：「修禮守正，非招不往。枉道富貴，君子不許。」《滕文公》章句下章指

又曰：「人君以尊德樂義爲賢，君子以守道不回爲志。」《公孫丑》章句下章指

又曰：「內定常滿，囂囂無憂。」《盡心》章句上章指

又曰：「古修天爵，自樂之也；今要人爵，以誘時也。得人棄天，道之忌也；惑以招亡，小人

事也。」《告子》章句上章指

又曰：「賢達之理，世務也。推正以濟時物，守己直行，不枉道而取容，期於益治而已矣。」《萬章》章句上章指

鄭氏《易注》曰：「其進以漸，則遠妒忌之害。」《遯》集解

又，《禮記注》曰：「禄勝己則近貪，己勝禄則近廉。」《坊記》注

又曰：「無事而居位食禄，是不義而富且貴。」《表記》注

《白虎通》曰：「有能然後居其位，德加於人，然後食其禄。」《京師》

又曰：「臣年七十，懸車致仕者，臣以執事趨走爲職，七十陽道極，耳目不聰明，跂踦之屬，是以退老去，避賢者，所以長廉遠耻也。[二七]懸車，示不用也。」《致仕》

薛氏《韓詩章句》曰：「何謂素餐？素者，質也。人但有質樸而無治民之材，名曰素餐。尸禄者，頗有所知，善惡不言，默然不語，苟欲得禄而已，譬若尸矣。」《文選·曹子建〈求自試表〉》注

又，「魴魚赬尾，王室如燬，雖則如燬，父母孔邇」，章句曰：「言魴魚勞則尾赤，君子勞苦則顔色變，以王室政教如烈火矣，猶觸冒而仕者，以父母甚迫近飢寒之憂，爲此禄仕。」《後漢書·周磐傳》注

《韓詩外傳》曰：「枯魚銜索，幾何不蠹？二親之壽，忽如過隙。樹木欲茂，霜露不凋，使賢士欲成其名，二親不待，家貧親老，不擇官而仕。《詩》曰：『雖則如燬，父母孔邇。』此之謂也。」卷一

又曰：「朝廷之士爲禄，故入而不出；山林之士爲名，故往而不返。入而亦能出，往而亦能返，通移有常聖也。」卷五

《論語》「邦無道，則可卷而懷之」，包氏《章句》曰：「卷而懷，謂不與時政，柔順不忤於人。」集解

鄭氏《毛詩箋》曰：「衰亂之世，賢人君子雖無罪，猶恐懼。」《小宛》箋

又，「其虚其邪，既亟只且」，箋曰：「言今在位之人，其故威儀虚徐寬仁者，今皆以爲急刻之行矣，所以當去以此也。」《北風》箋

又，《易·明夷》「利艱貞」，注曰：「日之明傷，猶聖人君子有明德而遭亂世，抑在下位，則宜自艱，无幹事政，以避小人之害也。」集解

又，《剥》彖傳「不利有攸往，小人長也」，注曰：「陰氣侵陽，上至於五，萬物霝落，故謂之剥也。五陰一陽，小人極盛，君子不可有所之。」集解

又，「《困》，德之辯也」，注曰：「遭困之時，君子固窮，小人窮則濫德，於是別也。」集解

又曰：「君子雖困，居險能説，是以通而无咎也。」《困》集解

《易·屯》象傳「君子以經綸」，荀注曰：「屯難之代，萬事失正。經者，常也；論者，理也。君子以經論，不失常道也。」集解

又曰：「君子雖陷險中，不失中和之行也。」《困》集解

《毛詩序》曰：「亂世則思，君子不改其度焉。」《風雨》序

義利

《春秋繁露》曰：「凡人之性，莫不善義，然而不能義者，利敗之也。故君子終日言不及利，欲以勿言愧之而已，愧之以塞其源也。」《玉英》

又曰：「天之生人也，使人生義與利。利以養其體，義以養其心。心不得義不能樂，體不得利不能安。義者心之養也，利者體之養也。體莫貴於心，故養莫重於義，義之養生人大於利。奚以知之？今人大有義而甚無利，雖貧與賤，尚榮其行，以自好而樂生，原憲、曾、閔之屬是也。人甚有利而大無義，雖甚富，則羞辱大惡。惡深，禍患重，非立死其罪者，即旋傷殃憂爾，莫能以樂生而終其身，刑戮殀折之民是也。夫人有義者，雖貧能自樂也。而大無義者，雖富莫能自存。吾以此實義之養生人，大於利而厚於財也。民不能知而常反之，皆忘義而殉利，去理而走邪，以賊其身而禍其家。此非其自爲計不忠也，則其知之所不能明也。今握棗與錯金，以示嬰兒，必取棗而不取金也。握一斤金與千萬之珠，以示野人，野人必取金而不取珠也。故物之於人，小者易知也，其於大者難見也。今利之於人小，而義之於人大者，無怪民之皆趨利而不趨義也，固其所闇也。聖人事明義，以照燿其所闇，故民不陷。《詩》云：『示我顯德行。』此之謂也。」《身之養》

《韓詩外傳》曰:「夫利爲害本,而福爲禍先,唯不求利者爲無害,不求福者爲無禍。」卷一

又曰:「非道而行之,雖勞不至;非其有而求之,雖强不得,故智者不爲非其事,廉者不求非其有,是以害遠而名彰也。」同上

趙氏《孟子章指》曰:「廉者招福,濁者速禍。」《盡心》章句下章指

又曰:「取與之道,必得其禮。於其可也,雖少不辭,義之無處,兼金不顧。」《公孫丑》章句下章指

《毛詩》「如賈三倍,君子是識」,鄭箋曰:「賈物而有三倍之利者,小人所宜知也。君子反知之,非其宜也。孔子曰:『君子喻於義,小人喻於利。』」

賈氏《左傳解詁》曰:「貪財爲饕,貪食爲飻。」《服氏解誼》同　文十八年正義

《易》「何校滅耳凶」,荀注曰:「上以不正,侵欲無已,奪取異家,惡積而不可弇,罪大而不可解,故宜凶矣。」集解

行事

《説文》曰:「𠬡,職也。」史部

《釋名》曰:「事,傳也。傳,立也。凡所立之功也。」《釋言語》

《韓詩外傳》曰:「君子於禮也,敬而安之;其於事也,經而不失。」卷四

又曰：「道雖近，不行不至；事雖小，不爲不成。」同上

《孔氏論語傳》曰：「先勞於事，然後得報。」《顏淵》集解

鄭氏《禮記注》曰：「安有無事而取利者乎？」《坊記》注

又曰：「以義舉事，無不成者。」《大學》注

又曰：「凡人舉事，必有後驗也。」《緇衣》注

又曰：「人有所行，當慚怖於天人也。」《表記》注

又，《周禮注》曰：「事有常次，則不偪匱。」《鄉師》注

又，《毛詩箋》曰：「人雖無事，其可獲安乎？」《四牡》箋

又曰：「鄙事者，賤者之所爲也，君子爲之，不堪其勞。」《無將大車》箋

交遊

《韓詩外傳》曰：「仁者必敬其人，敬其人有道。遇賢者則愛親而敬之，遇不肖者則畏疏而敬之，其敬一也，其情二也。若夫忠信端愨而不害傷，則無接而不然，是仁之質也。仁以爲質，義以爲理，開口無不可以爲人法式者。《詩》曰：『不僭不賊，鮮不爲則。』」卷六

又曰：「君子崇人之德，揚人之美，非道諛也。正言直行，指人之過，非毀疵也。詘柔順

從，剛强猛毅，與物周流，道德不外。《詩》曰：『柔亦不茹，剛亦不吐。不侮矜寡，不畏强禦。』」同上

又曰：「君子有主善之心，而無勝人之色。德足以君天下，而無驕肆之容，行足以及後世，而不以一言非人之不善。故曰君子盛德而卑，虚己以受人。旁行不流，應物而不窮，雖在下位，民願戴之，雖欲無尊，得乎哉？」卷二

又曰：「有諍氣者勿與論，必由其道至然後接之，非其道則避之。故禮恭然後可與言道之方，辭順然後可與言道之理，色從然後可與言道之極。」卷四

《孔氏論語傳》曰：「忠信爲周，阿黨爲比。」《爲政》集解

《毛詩傳》曰：「比周而黨愈少，鄙争而名愈辱，求安而身愈危。」《角弓》傳

子夏《易傳》曰：「凶者，生乎乖争。」《比》集傳

鄭氏《毛詩箋》曰：「善往則善來，人無行而不得其報也。」《抑》箋

又，《儀禮注》曰：「相下相尊，君子之所以相接也。」《鄉射禮》注

又曰：「賓客之道，進宜難也。」同上

又，《禮記注》曰：「人來往所之，當有宿漸，不可卒也。」《少儀》注

又曰：「妄相服習，終或争訟。」同上

又曰：「諾而不與，其怨大於不許。」《表記》注

又曰：「以先王成法儗度人，則難中也，當以時人相比方耳。」同上

又曰：「人有罪過，君子以人道治之，其人改則止赦之，不責以人所不能。」《中庸》注　又，《檀弓》注曰：「不責於人所不能。」

又曰：「人不能無忿怒，忿怒之言，當由其直，直則人服，不敢以忿言來也。」《祭義》注

又曰：「彼來辨言，行而不正，不苟屈以順之也。」《儒行》注

又曰：「臨衆不以己位尊，自振貴也；謀事不以己小勝，自矜大也；不以賢者并衆，不自重愛也；不以道衰廢壞己志也。」同上

又，《大學》「人之其所親愛而譬焉」云云，注曰：「之，適也。譬，猶喻也。言適彼而以心度之，曰：吾何以親愛此人？非以其有德美與！吾何以敖惰此人？非以其志行薄與！反以喻己，則身修與否，可自知也。」

《孟子》「居下位而不獲於上，民不可得而治也」云云，趙氏《章句》曰：「先從己始，本之於心，心不正而得人意者，未之有也。」

又，「告子曰：不得於言，勿求於心」，章句曰：「告子爲人勇而無慮，不原其情，人有不善之言加於己，不復取其心有善也，直怒之矣。」孟子以爲不可也[二八]。

又，「予豈好辯哉」，章句曰：「欲救正道，懼爲邪説所亂，故辯之也。」

又，「孟子爲卿於齊」云云，章指曰：「言道不合者，不相與言。王驩之操與孟子殊，君子處時，危行言遜，故不尤之，但不與言。」

又曰：「循禮而動，不合時人，阿意事貴，脅肩所尊，俗之情也。是以萬物皆流而金石獨止。」《離婁》章句下章指

又曰：「正已信心，不患衆口，衆口諠譁，大聖所有，況於凡品之所能禦？故答貉稽曰：無傷也。」《盡心》章句下章指

又曰：「讒邪搆賢，賢者歸天，不尤人也。」《梁惠王》章句下章指

《韓詩》曰：「讒言緣間而起。」《文選》范蔚宗《宦者傳論》注

鄭氏《毛詩箋》曰：「放縱久無所拘制，則將遇伺女之間者，得誅女也。」《桑柔》箋

又曰：「小人争知而讓過。」《小旻》箋

又，《易》「小人剥廬」，注曰：「小人傲狠，當剥徹廬舍而去。」《周禮·遺人》疏

《易》「君子夬夬，獨行，遇雨若濡，有愠，无咎」，荀注曰：「獨行，謂一爻獨上，與陰相應，爲陰所施，故遇雨也。雖爲陰所濡，能愠不説，得无咎也。」集解

功過

《釋名》曰：「功，攻也。攻治之乃成也。名，明也。名實事使分明也。」《釋言語》

《韓詩外傳》曰：「窮則有名，通則有功。」卷四

又曰：「苟非其時，則賢者將奚由得遂其功哉？」卷九

《毛詩傳》曰：「行小人之道，責高明之功，終不可得。」《小宛》傳

鄭氏《禮記注》曰：「君子勤行成功，聲譽逾行，是所耻。」《表記》注

又曰：「功者，人所貪也；過者，人所辟也。在過之中，非其本情者，或有悔者焉。」同上

又曰：「仁者恭儉，雖有過不甚矣。唯聖人無過。」同上

又，《毛詩箋》曰：「士有百行，可以功過相除。」《氓》箋

何氏《公羊解詁》曰：「功足以除惡。」僖九年解詁

又曰：「罪不足而功有餘，故得爲賢也。」桓十一年解詁

權變

趙氏《孟子章句》曰：「權者，反經而善也。」《離婁》章句上

又，章指曰：「大王去邠，權也；效死而守業，義也。義權不并，故曰擇而處之也。」《梁惠王》章句下章指

《鄭志》曰：「權非禮之正，權者由心。」《通典·禮》五十五

《春秋繁露》曰：「《春秋》有經禮，有變禮。爲如安性平心者，經禮也。至有於性，雖不安，於心雖不平，於道無以易之，此變禮也。是故昏禮不稱主人，經禮也。辭窮無稱，稱主人，變禮也。天子三年然後稱王，經禮也。有故則未三年而稱王，變禮也。婦人無出境之事，經禮也。母爲子娶婦，奔喪父母，變禮也。明乎經變之事，然後知輕重之分，可與適權矣。」《玉英》

又曰：「夫權雖反，經亦必在可以然之域，不在可以然之域，故雖死亡，終弗爲也。」同上

又曰：「凡人之有爲也，前枉而後義者，謂之中權；前正而後有枉者，謂之邪道。」《竹林》

安危　吉凶　禍福

鄭氏《禮記注》曰：「君子居安如危，小人居危如安。」《禮運》注

又，《儀禮注》曰：「賢者恒吉。」《士冠禮》注

又，《易》「至于八月，有凶」，注曰：「人之情盛則奢淫，奢淫則將亡，故戒以凶也。」《臨》集解

《釋名》曰：「吉，實也。有善實也。凶，空也。就空亡也。」《釋言語》

荀氏《易注》曰：「處高居盛，必當復危。」《既濟》集解

《韓詩外傳》曰：「所謂庸人者，口不能道乎善言，心不能知先王之法，動作而不知所務，止立而不知所定，日選於物而不知所貴，不知選賢人善士而托其身焉。從物而流，不知所歸，五藏爲政，心從而壞，遂不反，是以動而形危，静則名辱。」卷四

《春秋繁露》曰：「凡人有憂而不知憂者，凶；有憂而深憂之者，吉。」《玉英》

又曰：「人之言：醞去烟，鴟羽去眯，慈石取鐵，頸金取火，蠶珥絲於室，而絃絶於堂，禾實於野，而粟缺於倉，蕪荑生於燕，橘枳死於荆，此十物者，皆奇而可怪，非人所意也。夫非人所意，然而既已有之矣，或者吉凶、禍福、利不利之所從生，無有奇怪，非人所意，如是者乎？此等可畏也。孔子曰：『君子有三畏：畏天命，畏大人，畏聖人之言。』彼豈無傷害於人，如孔子徒畏之哉！以此見天之不可不畏敬，猶主上之不可不謹事。不謹事主，其禍來至顯；不畏敬天，其殃來至闇。闇者不見其端，若自然也。故曰：堂堂如天，殃言不必立校，默而無聲，潛而無形也。由是觀之，天殃與主罰所以别者，闇與顯耳。不然，其來逮人，殆無以異。孔子同之，俱言可畏也。天地神明之心，與人事成敗之真，固莫之能見也，唯聖人能見之。聖人者，見人之所不見者也，故聖人之言亦可畏也。」《郊語》

又曰：「得志有喜，不可不戒。」「福之本生於憂，而禍起於喜也。」「嗚呼！物之所由然，其於人切

近，可不省耶？」《竹林》

趙氏《孟子章句》曰：「人之情，邀福者必有害。」《公孫丑》章句上

又，章指曰：「改行飭躬，福則至矣。」《離婁》章句上章指

又曰：「小知自私，藏怨之府；大雅先人，福之所聚。」《盡心》章句下章指

又曰：「君子之行，動合禮中，不惑禍福，修身俟終。」同上

《禮記·曲禮》「敖不可長，欲不可從，志不可滿，樂不可極」，鄭注曰：「四者，慢遊之道，桀紂所以自禍。」

生死

鄭氏《禮記注》曰：「人之道，身治居安名顯，則不苟生也。」《禮運》注

又曰：「君子曰：終終其成功。」《文王世子》注

《毛詩》「交交黃鳥，止于棘」，傳曰：「黃鳥以時往來，得其所，人以壽命終，亦得其所。」

《白虎通》曰：「死乃謚之何？詩云：『靡不有初，鮮克有終。』言人行終始不能若一，故據其終始，從可知也。」《謚》

《春秋繁露》曰：「君子生以辱，不如死以榮。」《竹林》

《韓詩外傳》曰：「王子比干殺身以成其忠，柳下惠殺身以成其信，伯夷、叔齊殺身以成其廉。此三子者，皆天下之通士也，豈不愛其身哉？爲夫義之不立，名之不顯，則士耻之。故殺身以遂其行，由是觀之，卑賤貧窮非士之耻也。天下舉忠而士不與焉，舉信而士不與焉，舉廉而士不與焉，三者存乎身，名傳於世，與日月并而息，天不能殺，地不能生，當桀紂之世不之能汚也。然則非惡生而樂死也，惡富貴好貧賤也，由其理尊貴及己而仕也，不辭也。孔子曰：『富而可求，雖執鞭之士，吾亦爲之。』故阨窮而不憫，勞辱而不苟，然後能有致也。《詩》曰：『我心匪石，不可轉也。我心匪席，不可卷也。』此之謂也。」卷一

漢儒通義 卷七

治道

《毛詩傳》曰:「王者,天下之大宗。」《板》傳

《春秋繁露》曰:「古之造文者,三畫而連其中,謂之王。三畫者,天、地與人也,而連其中者,通其道也。取天、地與人之中以爲貫而參通之,非王者孰能當是?」《王道通三》

《尚書》「欽明文思」,鄭注曰:「敬事節用謂之欽,照臨四方謂之明,經緯天地謂之文,慮深通敏謂之思。」正義

又,「允恭克讓」,注曰:「不懈於位曰恭,推賢尚善曰讓。」同上

又,《毛詩箋》曰:「勞心者是周之所以受天命而王之所由也。」《賚》箋

又曰:「有道者,以禮義相與之謂也。」《有駜》箋

又曰:「明明上天,喻王者當光明如日之中也。」《小明》箋

又曰：「人君之德，當均一於下也。」《鳲鳩》箋

又曰：「王道尚信。」《下武》箋

又曰：「王德之道，成於信。」同上

何氏《公羊解詁》曰：「王者當以至信先天下。」桓十四年解詁

又曰：「動而無益於民者，雖樂不爲也。」莊三十一年解詁

《毛詩序》曰：「周公遭變故，陳后稷先公風化之所由，致王業之艱難也。」《七月》序

又曰：「太平之君子，能持盈守成，神祇祖考安樂之也。」《鳧鷖》序

又曰：「始於憂勤，終於逸樂。」《魚麗》序

趙氏《孟子章指》曰：「與天下同憂者，不爲慢遊之樂。」《梁惠王》章句下章指

又曰：「君臣上下，各勤其任，無墮其職，乃安其身也。」同上

又，「天下之本在國」云云，章句曰：「是則本正則立，本傾則踣，固在所敬慎而已。」

《先鄭周禮注》曰：「各有所職而百事舉。」《天官・序官》注

《尚書大傳》曰：「聖人在位，其君子不誦無用之言，其工不作無用之器，其商不通無用之物。」

《太平御覽・人事部》四十二

荀氏《易注》曰：「大歸雖同，小事當異，百官殊職，四民異業，文武并用，威德相反，共歸於治。」

故曰：「君子以同而異也。」《睽》集解

《韓詩外傳》曰：「原天命，治心術，理好惡，適情性，而治道畢矣。原天命，則不惑禍福，不惑禍福，則動靜修。治心術，則不妄喜怒，不妄喜怒，則賞罰不阿。理好惡，則不貪無用，不貪無用，則不害物性。適情性，則不過欲，不過欲，則養性知足。四者不求於外，不假於人，反諸己而存矣。」卷二

又曰：「度地圖居以立國，崇恩博利以懷衆，明好惡以正法度，率民力稼，學校庠序以立教，事老養孤以化民，升賢賞功以勸善，懲奸細失以醜惡，講御習射以防患，禁奸止邪以除害，接賢連友以廣智，宗親族附以益强。」卷八

鄭氏《禮記注》曰：「序爵辨賢，尊尊親親，治國之要。」《中庸》注

又曰：「絜矩之道，善持其所有以恕於人耳。治國之要盡於此。」《大學》注

又曰：「殷周極文，民無恥而巧利，後世之政難復。」《表記》注

《白虎通》曰：「夏人之王，教以忠，其失野，救野之失，莫如敬。殷人之王，教以敬，其失鬼，救鬼之失，莫如文。周人之王，教以文，其失薄，救薄之失，莫如忠。」《三教》

趙氏《孟子章句》曰：「許子托於太古，非先聖王堯舜之道。」《滕文公》上章句

又曰：「孟子謂五帝以來，有禮義上下之事，不可復若三皇之道也。」同上

政事

何氏《公羊解詁》曰：「政莫大於正始。」隱元年解詁

又曰：「政不由王出，則不得爲政。」同上

《尚書大傳》曰：「七政，謂春、秋、冬、夏、天文、地理、人道，所以爲政也，人道正而萬事順成。」《史記·天官書》索隱

又曰：「八政何以先食？傳曰：『食者，萬物之始，人事之本也。』故八政先食。」《文選》潘安仁《藉田賦》注

《韓詩外傳》曰：「傳曰：善爲政者，循情性之宜，順陰陽之序，通本末之理，合天人之際。」卷七

鄭氏《周禮注》曰：「政，正也。政所以正不正者也。」《夏官·序官》注

又，《毛詩》「綱紀四方」，箋曰：「以罔罟喻爲政。張之爲綱，理之爲紀。」

又，「追琢其章」，箋曰：「追琢玉使成文章，喻文王爲政，先以心研精，合於禮義，然後施之。」

又，《禮記注》曰：「政之要，盡於禮之義。」《郊特牲》注

又，《緇衣》「若虞機張，往省括于厥度，則釋」，注曰：「爲政亦當以己心參於群臣及萬民，可乃後施也。」

又，《尚書》「予告汝于難，若射之有志」，注曰：「夫射者，張弓屬矢，而志在所射必中，然後發之。爲政之道亦如是也。以己心度之，可施於彼，然後出之。」正義

《左氏·昭二十九年傳》「官宿其業」，《服氏解誼》曰：「今日當預思明日之事，如家人宿火矣。」正義

趙氏《孟子章句》曰：「因自然，則用力少而成功多矣。」《離婁》章句上

又，「孔子先簿正祭器，不以四方之食供簿正」，章句曰：「孔子仕於衰世，不可卒暴改戾，故以漸正之。」

又，「爲之兆也」，章句曰：「孔子每仕，常爲之正本造始，欲以次治之。」

《春秋繁露》曰：「天之氣徐，乍寒乍暑，故寒不凍，暑不暍，以其有餘徐來，不暴卒也。《易》曰『履霜堅冰』，蓋言遜也。然則上堅不逾等，果是天之所爲，弗作而成也。人之所爲，亦當弗作而極也。凡有興者，稍稍上之以遜順往，使人心説而安之，無使人心恐。故曰：君子以人治人，懂能愿。此之謂也。」《基義》

又曰：「爲天者，務剛其氣，爲君者，務堅其政。剛堅然後陽道制命。」《天地之行》

鄭氏《箴左氏膏肓》曰：「國之失政，君子知其大者，其次知其小者。」《左傳·昭四年》正義

又《毛詩箋》曰：「人君政教一失，誰能反覆之？」《抑》箋

又曰：「教令一往行於下，其過誤可得而已之乎？」同上

又，「東人之子，職勞不來」云云，箋曰：「自此章以下，言周道衰，其不言政偏，則言衆官廢職，如是而已。」

又曰：「政事易耳，而人不能行者，無其志也。」《烝民》箋

又曰：「王爲政，無聽於詭人之善，不肯行而隨人之惡者。」《民勞》箋

又曰：「王之爲政，當如原泉之流，行則清，無相牽率爲惡，以自濁敗。」《小旻》箋

又曰：「謀事者衆。而非賢者，是非相奪，莫適可從，故所爲不成。」同上

《毛詩序》曰：「逍遥遊燕，而不能自强於政治。」《檜風·羔裘》序

又曰：「朝廷興居無節，號令不時，挈壺氏不能掌其職焉。」《東方未明》序

又，「有免爰爰，雉離于羅」，傳曰：「言爲政有緩有急，用心之不均。」

又曰：「上爲亂政，而求下之治，終不可得也。」《小宛》傳

又曰：「國無政令，使我心勞。」《檜風·羔裘》傳

任　賢

《白虎通》曰：「天雖至神，必因日月之光； 地雖至靈，必有山川之化。聖人雖有萬人之德，必

須俊賢。」《封公侯》

《春秋繁露》曰：「天積衆精以自剛，聖人積衆賢以自强，天序日月星辰以自光，聖人序爵禄以自明。天所以剛者，非一精之力；聖人所以强者，非一賢之德也。故天道務盛其精，聖人務衆其賢。盛其精而壹其陽，衆其賢而同其心。壹其陽然後可以致其神，問其心然後可以致其功[二九]。是以建治之術，貴得賢而同心。」《立元神》

又曰：「任群賢，所以爲受成；乃不自勞於事，所以爲尊也。」《離合根》

《毛詩序》曰：「得賢，則能爲邦家立太平之基矣。」《南山有臺》序

鄭氏《儀禮注》曰：「太平之治，以賢者爲本。」《鄉飲酒禮》注

又，《毛詩箋》曰：「人君得賢，則其德廣大堅固，如南山之有基趾。」《南山有臺》箋

又曰：「人君有賢臣以自尊顯。」同上

又曰：「任賢故逸也。」《卷阿》箋

又曰：「人君爲政，無强於得賢人。」《抑》箋

又曰：「得賢人，則國家强矣。」《烈文》箋

又曰：「王者之德樂賢知，在位則能爲天下蔽捍四表患難矣。」《桑扈》箋

又，《禮記注》曰：「明君乃能得人。」《中庸》注

又，《周禮・小宰》：「一曰廉善，二曰廉能，三曰廉敬，四曰廉正，五曰廉法，六曰廉辨。」注曰：「既斷以六事，又以廉爲本。善，善其事，有辭譽也；能，政令行也；敬，不解于位也；正，行無傾邪也；法，守法不失也；辨，辨然不疑惑也。」

《韓詩外傳》曰：「智如泉源，行可以爲表儀者，人師也。智可以砥，行可以爲輔弼者，人友也。據法守職，而不敢爲非者，人吏也。當前決意，一呼再喏者，人隸也。故上主以師爲佐，中主以友爲佐，下主以吏爲佐，危亡之主以隸爲佐。」卷五

《毛詩傳》曰：「建邦能命龜，田能施命，作器能銘，使能造命，升高能賦，師旅能誓，山川能説，喪紀能誄，祭祀能語。君子能此九者，可謂有德音，可以爲大夫。」《定之方中》傳

又曰：「馬肥强則能升高進遠，臣强力則能安國。」《有駜》傳

鄭氏《毛詩箋》曰：「執義不疑，則可爲四國之長，言任爲侯伯。」《鳴鳩》箋

又曰：「碩人有御亂御衆之德，可任爲王臣。」《簡兮》箋

又曰：「君任臣何必聖人，亦取忠孝而已。」《衡門》箋

又曰：「君子下其臣，故賢者歸往也。」《南有嘉魚》箋

又曰：「王當屈體以待賢者。」《卷阿》箋

又曰：「王有賢臣，與之以禮義相切磋。」同上

趙氏《孟子章指》曰：「大聖之君，由采善於人。故曰：計及下者無遺策，舉及衆者無廢功也。」《公孫丑》章句上章指

又曰：「尊賢師，知采人之善，善之至也。」《滕文公》章句上章指

又曰：「任賢使能，不違其學，則功成而不墮。屈人之是，從己之非，則人不成道，玉不成器，善惡之致，不可察哉。」《梁惠王》章句下章指

《春秋繁露》曰：「任非其人而國家不傾者，自古至今未嘗聞也。故吾按《春秋》而觀成敗，乃切悁悁於前世之興亡也。任賢臣者，國家之興也。夫知不足以知賢，無可奈何矣。知之不能任，大者以死亡，小者以亂危，其若是何邪？以莊公不知季子賢邪？安知病將死，召而授以國政。以殤公爲不知孔父賢邪？安知孔父死，己必死，趨而救之。二主知皆足以知賢，而不決，不能任。故魯莊以危，宋殤以弒。使莊公早用季子，而宋殤素任孔父，尚將興鄰國，豈直免弒哉。此吾所悁悁而悲者也。」《精華》

何氏《公羊解詁》曰：「安存之時，則輕廢之急，然後思之，故常用不免。」桓二年解詁

又曰：「當春秋時，廢選舉之務，置不肖於位，輒退絶之，以生過失。至於君臣忿争出奔，國家之所以昏亂，社稷之所以危亡。」隱元年解詁

鄭氏《毛詩箋》曰：「國危而求賢者，已晚矣。」《正月》箋

又曰：「官非其人則職廢。」《祈父》箋

又，「昏椓靡共，潰潰回遹」，箋曰：「無肯共其職事者，皆潰潰然，維邪是行。」《召旻》箋

《毛詩傳》曰：「皋皋，頑不知道也；訿訿，窳不供事也。」《召旻》傳

又曰：「無禮儀者，雖居尊位，猶爲闇昧之行。」《相鼠》傳

趙氏《孟子章句》曰：「選大臣防比周之譽，核其鄉原之徒。」《梁惠王》下章句

又曰：「惡直醜正，實繁有徒，防其朋黨以毀忠正也。」同上

《韓詩外傳》曰：「明主有私，人以百金名珠玉，而無私以官職事業者，何也？曰：本不利所私也。彼不能而主使之，是闇主也；臣不能而爲之，是詐臣也。主闇於上，臣詐於下，滅亡無日矣。俱害之道也。故惟明主能愛其所愛，闇主則必危其所愛。」卷四

愛民

趙氏《孟子章句》曰：「王道先得民心。」《梁惠王》章句上

鄭氏《周禮注》曰：「爲政以順民爲本也。《書》曰：『天聰明，自我民聰明；天明威，自我民明威。』《老子》曰：『聖人無常心，以百姓心爲心。』如是則古今未有遺民而可爲治。」《鄉大夫》注

又曰：「使民之心曉而正鄉王。」《撢人》注

又，《毛詩箋》曰：「愛京師之人以安天下，京師者，諸夏之根本。」《民勞》箋

又曰：「如行至誠之道，則民鞫訩之心息如；行平易之政，則民乖争之情去。」《節南山》箋

又曰：「寬仁，所以止苛刻也；安静，所以息暴亂也。」《昊天有成命》箋

又曰：「民之意不獲，當反責之於身，思彼所以然者而恕之。」《角弓》箋

又，《尚書注》曰：「無妄動，動則擾民。」《史記·夏本紀》集解

又，《尚書大傳》注曰：「凡貌、言、視、聽、思、心，一事失，則逆人之心，人心逆則怨。」《續漢書·五行志一》注

又，《禮記注》曰：「民不通於人道，而心鄙詐，難卒告喻，人君敬慎以臨之則可，若陵虐而慢之，分崩怨畔，君無所尊，亦如溺矣。」《緇衣》注

又曰：「民失其業則窮，窮斯盜。」《禮運》注

又，《易注》曰：「人君之道，以益下爲德。」《益》集解

何氏《公羊解詁》曰：「夫飢寒并至，雖堯舜躬化，不能使野無寇盜；貧富兼并，雖皋陶制法，不能使强不陵弱。」宣十五年解詁

趙氏《孟子章指》曰：「責己矜窮，則斯民集矣。」《梁惠王》章句上章指

又曰：「上恤其下，下赴其難，惡出於己，害及其身，如影響自然也。」《梁惠王》章句下章指

《毛詩傳》曰：「上與百姓同欲，則百姓樂致其死。」《無衣》傳

又曰：「園有桃，其實之殽，國有民得其力。」《園有桃》傳

又曰：「亨魚煩則碎，治民煩則散，知亨魚則知治民矣。」《匪風》傳

《孔氏論語傳》曰：「民安則國富。」季氏集解

《易》「繫于包桑」，京氏章句曰：「桑有衣食人之功，聖人亦有天覆地載之德，故以喻。」集解

《韓詩外傳》曰：「昔者不出户而知天下，不窺牖而見天道，非目能視乎千里之前，非耳能聞乎千里之外，以己之情量之也。己惡飢寒焉，則知天下之欲衣食也；己惡勞苦焉，則知天下之欲安佚也；己惡衰乏焉，則知天下之欲富足也。知此三者，聖王之所以不降席而匡天下，故君子之道，忠恕而已矣。夫處飢渴，苦血氣，困寒暑，動肌膚，此四者，民之大害也。害不除，未可教御也。四體不掩，則鮮仁人；五藏空虛，則無立士。故先王之法，天子親耕，后妃親蠶，先天下憂衣與食也。」卷三

又曰：「無使下情不上通。」同上

又曰：「善御者不忘其馬，善射者不忘其弓，善爲上者不忘其下。誠愛而利之，四海之内，闔若一家；不愛而利，子或殺父，而況天下乎。」卷四

又曰：「有社稷者，不能愛其民，而求民親己、愛己，不可得也。民不親不愛，而求爲己用、爲己死，不可得也。民弗爲用、弗爲死，而求兵之勁、城之固，不可得也。兵不勁、城不固，而欲不危削滅

亡，不可得也。夫危削滅亡之情，皆積於此，而求安樂是聞，不亦難乎？」卷五

《春秋繁露》曰：「不愛民之漸，乃至於死亡。」《俞序》

財用

何氏《公羊解詁》曰：「古者有四民：一曰德能居位曰士，二曰辟土殖穀曰農，三曰巧心勞手以成器物曰工，四曰通財鬻貨曰商。四民不相兼，然後財用足。」成元年解詁

荀氏《易注》曰：「尊卑貴賤，衣食有差，謂之理財。」《繫辭下》集解

鄭氏《禮記注》曰：「古者謂錢爲泉布，所以通布貨財。」《檀弓上》注

又，《周禮注》曰：「布，泉也，布讀爲宣布之布。其藏曰泉，其行曰布，取名於水泉，其流行無不遍。」《外府》注

又曰：「玩好，非治國之用。」《大府》注

又，《易注》曰：「空府藏則傷財，力役繁則害人，二者奢泰之所致。」《後漢書·王符傳》注

又，《毛詩》「契契寤歎，哀我憚人」，箋曰：「譚大夫契契憂苦而寤歎，哀其民人之勞苦者，不欲使周之賦斂『小東大東』極盡之，極盡之，則將困病。」

《韓詩外傳》曰：「福生於無爲，而患生於多欲。知足然後富從之，德宜君人，然後貴從之。故貴

爵而賤德者，雖爲天子，不尊矣；貪物而不知止者，雖有天下，不富矣。夫土地之生不益，山澤之出有盡，懷不富之心，而求不益之物，挾百倍之欲，而求有盡之財，是桀紂之所以失其位也。」卷五

《春秋繁露》曰：「天不重與，有角不得有上齒。故已有大者，不得有小者，天數也。夫已有大者又兼小者，天不能足之，況人乎？故明聖者象天所爲，爲制度，使諸有大奉禄，亦皆不得兼小利，與民争利業，乃天理也。」《度制》

又曰：「利者，盗之本也；妄者，亂之始也。夫受亂之始，動盗之本，而欲民之静，不可得也。」《天道施》

《春秋·隱公五年》「公觀魚于棠」，何氏《解詁》曰：「耻公去南面之位，下與百姓争利，匹夫無異。」

又，桓十五年《公羊傳》「王者無求，求車非禮也」，解詁曰：「王者千里，畿内租税足以共費，四方各以其職來貢，足以尊榮。當以至廉無爲，率先天下，不當求，求則諸侯貪，大夫鄙，士庶盗竊。」

趙氏《孟子章句》曰：「以利爲名，則有不利之患矣。」《梁惠王上》章句

學校

《五經異義》曰：「《韓詩説》：『辟廱者，天子之學，圓如璧。壅之以水示圓。言辟，取辟有德。

不言辟水，言辟廱者，取其廱和也。』」《詩·靈臺》正義

《韓詩》「振鷺于飛，于彼西雍」，薛氏章句曰：「鷺，潔白之鳥。西雍，文王之雍也。言文王之時，辟雍學士皆潔白之人也。」《後漢書·邊讓傳》注

鄭氏《禮記注》曰：「尊師重道焉，不使處臣位也。」《學記》注

又，《王制》「樂正崇四術」，注曰：「崇，高也。高尚其術，以作教也。」

又，「曰造士」，注曰：「造，成也。能習禮則爲成士。」

又，《學記》「宵雅肄三官其始也」，注曰：「習《小雅》之三，謂《鹿鳴》、《四牡》、《皇皇者華》也。此皆君臣宴樂相勞苦之詩，爲始學者習之，所以勸之以官，且取上下相和厚。」

又，《毛詩箋》曰：「養善使之積小致高大。」《思齊》箋

又，《儀禮注》曰：「君子之於事也，始取苟能，中課有功，終用成法，教化之漸也。」《大射儀》注

又曰：「國以多德行道藝爲榮。」《鄉射禮》注

《白虎通》曰：「若既收藏，皆入教學。其有賢才美質，知學者足以開其心；頑鈍之民，亦足以別於禽獸而知人倫。故無不教之民。」《辟雍》

《毛詩序》曰：「君子能長育人材，則天下喜樂之矣。」《菁菁者莪》序

又曰：「亂世則學校不修焉。」《子衿》序

禮樂

《毛詩傳》曰：「禮樂不可一日而廢。」《子衿》傳

何氏《公羊解詁》曰：「禮樂接於身，望其容，而民不敢慢；觀其色，而民不敢争。故禮樂者，君子之深教也，不可須臾離也。君子須臾離禮，則暴慢襲之；須臾離樂，則姦邪入之。是以古者天子諸侯，雅樂鍾磬未曾離於庭，卿大夫御琴瑟未曾離於前，所以養仁義而除淫辟也。」隱五年解詁

《春秋繁露》曰：「禮之所重者在其志。志敬而節具，則君子予之知禮。志和而音雅，則君子予之知樂。志哀而居約，則君子予之知喪。故曰：非虚加之，重志之謂也。志爲質，物爲文。文著於質，質不居文，文安施質？質文兩備，然後其禮成。文質偏行，不得有我爾之名。俱不能備而偏行之，寧有質而無文。雖弗予能禮，尚少善之。」《玉杯》

《孔氏論語傳》曰：「禮以安上，樂以移風，二者不行，則有淫刑濫罰。」《子路》集解

鄭氏《周禮注》曰：「禮所以節，止民之侈僞，使其行得中；樂所以蕩，正民之情思，使其心應和也。」《大司徒》注

又，《禮記注》曰：「樂，人之所好也，害在淫侉；禮，人之所勤也，害在倦略。」《樂記》注

又曰：「樂失則害物，禮失則亂人。」同上

又，《中庸》「雖有其位，苟無其德，不敢作禮樂焉；雖有其德，苟無其位，亦不敢作禮樂焉」，注曰：「言作禮樂者，必聖人，在天子之位。」

《白虎通》曰：「太平乃制禮作樂何？夫禮樂，所以防奢淫。天下人民飢寒，何樂之乎？」《禮樂》

《韓詩外傳》曰：「禮者，則天地之體，因人之情而爲之節文者也。」卷五

又曰：「禮者，治辯之極也，强國之本也，威行之道也，功名之統也。王公由之，所以一天下也；不由之，所以隕社稷也。」卷四

又曰：「人之命在天，國之命在禮。」卷一

又曰：「凡用心之術，由禮則理達，不由禮則悖亂。飲食衣服，動静居處，由禮則知節，不由禮則墊陷生疾。容貌態度，進退移步，由禮則夷。國政無禮則不行，王事無禮則不成，國無禮則不寧，王無禮則死亡無日矣。《詩》曰：『人而無禮，胡不遄死？』」同上

《毛詩序》曰：「《蒹葭》，刺襄公也。未能用周禮，將無以固其國焉。」

又，「蒹葭蒼蒼，白露爲霜」，傳曰：「白露凝戾爲霜，然後歲事成；國家待禮，然後興。」鄭箋曰：「喻衆民之不從襄公政令者，得周禮以教之則服。」

又，傳曰：「治國不能用禮，則不安。」《伐柯》傳

趙氏《孟子章句》曰：「聖人緣人心而制禮也。」《滕文公》章句上

又，章指曰：「情禮相扶，以禮制情，人所同然，禮則不禁。」《盡心》章句下章指

《周禮·大宰》「掌建邦之六典」，鄭注曰：「典，常也，經也，法也。王謂之禮經，常所秉以治天下也；邦國官府謂之禮法，常所守以爲法式也。」

又曰：「禮俗，邦國都鄙民之所行先王舊禮也。君子行禮，不求變俗，隨其土地厚薄，爲之制豐省之節耳。」《土均》注

鄭氏《禮記注》曰：「禮許儉不非無也。」《曲禮上》注

又曰：「聖人制禮，因事以託政。」《燕義》注

又曰：「凡用樂必有禮，用禮則有不用樂者。」《月令》注

又曰：「歌詩，所以通禮意也，作樂，所以同成禮文也；崇德，所以實禮行也。」《仲尼燕居》注

又曰：「鏗鏘之類皆爲音，應律乃爲樂。」《樂記》注

又曰：「樂由人心。」《檀弓上》注

《尚書大傳》曰：「樂者，人情之所自有也。」《通鑑綱目》前編三

《春秋繁露》曰：「樂者，盈於内而動發於外者也。」《楚莊王》

何氏《公羊解詁》曰：「夫樂，本起於和順。和順積於中，然後榮華發於外。是故八音者，德之華

也；歌者，德之言也；舞者，德之容也。故聽其音可以知其德，察其詩可以達其意，論其數可以正其容。薦之宗廟，足以享鬼神；用之朝廷，足以序群臣；立之學官，足以協萬民。凡人之從上教也，皆始於音，音正則行正，故聞宫聲則使人温雅而廣大，聞商聲則使人方正而好義，聞角聲則使人惻隱而好仁，聞徵聲則使人整齊而好禮，聞羽聲則使人樂養而好施。所以感蕩血脈，通流精神，存寧正性，故樂從中出，禮從外作也。」隱五年解詁

《先鄭周禮注》曰：「樂所以滌蕩邪穢，道人之正性者也。」《大宗伯》注

又曰：「樂所以移風易俗者也。」同上

《白虎通》曰：「八風六律者，天氣也，助天地成萬物者也。」《禮樂》

又曰：「樂尚雅何？雅者，古正也。」同上

《五經異義》曰：「《左傳》説煩手淫聲謂之鄭聲者，言煩手躑躅之聲使淫過矣。」《禮記·樂記》

正義

法度

鄭氏《禮記注》曰：「聖人制事，必有法度。」《深衣》注

又，《毛詩》「靡聖管管」，箋曰：「王無聖人之法度，管管然以心自恣。」

《尚書大傳》曰：「禦王極於宗始。」鄭注曰：「止王極之失者，在於尊用始祖之法度。」《儀禮・經傳通解・續祭禮》十

《説文》曰：「寺，廷也，有法度者也。」寸部

何氏《公羊解詁》曰：「惡奢泰不奉古制常法。」僖二十年解詁

《先鄭周禮注》曰：「富者之失，不驕奢則吝嗇。」《大宗伯》注

《春秋繁露》曰：「孔子曰：『不患貧而患不均。』故有所積重，則有所空虚矣。大富則驕，大貧則憂。憂則爲盜，驕則爲暴，此衆人之情也。聖者則於衆人之情，見亂之所從生。故其制人道而差上下也，使富者足以示貴而不至於驕，貧者足以養生而不至於憂。以此爲度而調均之，是以財不匱而上下相安，故易治也。今世棄其度制，而各從其欲。欲無所窮，而俗得自恣，其勢無極。大人病不足於上，而小民羸瘠於下，則富者愈貪利而不肯爲義，貧者日犯禁而不可得止，是世之所以難治也。」《度制》

又曰：「上下之倫不别，其勢不能相治，故苦亂也。嗜欲之物無限，其數不能相足，故苦貧也。今欲以亂爲治，以貧爲富，非反之制度不可。」同上

又曰：「雖有賢才美體，無其爵不敢服其服；雖有富家多貲，無其禄不敢用其財。」《服制》

鄭氏《周禮注》曰：「民雖有富者，衣服不得獨異。」《大司徒》注

又曰:「權衡不得有輕重,尺丈釜鍾不得有大小。」《合方氏》注

教化

鄭氏《禮記注》曰:「觀其風俗,則知其所以教。」《經解》注

又曰:「教由孝順生也。」《祭統》注

又曰:「教化之本,尊賢尚齒而已。」《鄉飲酒義》注

又曰:「化民之德,清明如神,淵淵浩浩然後善。」《中庸》注

又曰:「民知禮,則易教。」《禮運》注

又曰:「民之從君,如影逐表。」《緇衣》注

又,《毛詩箋》曰:「所尚者天下之人皆學之,上之化下,不可不慎。」《角弓》箋

《孔氏論語傳》曰:「民化於上,各以實應。」《子路》集解

趙氏《孟子章指》曰:「上之所欲,下以爲俗。俗化於善,久而致平;俗化於惡,久而致傾。是以君子創業,慎其所以爲名也。」《告子》章句下章指

《韓詩外傳》曰:「人有六情:目欲視好色,耳欲聽宫商,鼻欲嗅芬香,口欲嗜甘旨,其身體四肢欲安而不作,衣欲被文繡而輕暖。此六者,民之六情也。失之則亂,從之則穆。故聖王之教其民也,

必因其情而節之以禮，必從其欲而制之以義。義簡而備，禮易而法，去情不遠，故民之從命也速。孔子知道之易行，曰：《詩》云：『牖民孔易。』非虛辭也。」卷五

《春秋繁露》曰：「民之情，不能制其欲，使之度禮。目視正色，耳聽正聲，口食正味，身行正道，非奪之情也，所以安其情也。」《天道施》

又曰：「黑白分明，然後民知所去就，民知所去就，然後可以致治。」《保位權》

又曰：「號爲大夫者，宜厚其忠信，敦其禮義，使善大於匹夫之義，足以化也。」《深察名號》

趙氏《孟子章句》曰：「賢卿大夫之家，人所則效者。」《離婁》章句上

鄭氏《毛詩箋》曰：「都人之士所行，要歸於忠信，其餘萬民寡識者，咸瞻望而法效之。」《都人士》箋

《白虎通》曰：「禮不下庶人，欲勉民使至於士。」《五刑》

《毛詩序》曰：「《既醉》，太平也，醉酒飽德，人有士君子之行焉。」

賞　罰

《春秋繁露》曰：「民無所好，君無以權也。民無所惡，君無以畏也。無以權，無以畏，則君無以禁制也。無以禁制，則比肩齊勢，而無以爲貴矣。故聖人之治國也，因天地之性情，孔竅

之所利，以立尊卑之制，以等貴賤之差。設官府爵禄，利五味，盛五色，調五聲，以誘其耳目，自令清濁昭然殊體，榮辱踔然相駁，以感動其心，務致民令有所好。有所好然後可得而勸也，故設賞以勸之。有所好必有所惡，有所惡然後可得而畏也，故設罰以畏之。既有所勸，又有所畏，然後可得而制。制之者，制其所好，是以勸賞而不得多也。制其所惡，是以畏罰而不可過也。」《保位權》

又曰：「考績絀陟，計事除廢，有益者謂之公，無益者謂之煩。摯名責實，不得虛言，有功者賞，有罪者罰，功盛者賞顯，罪多者罰重。不能致功，雖有賢名，不予之賞；官職不廢，雖有愚名，不加之罰。賞罰用於實，不用於名；賢愚在於質，不在於文。」《考功名》

又曰：「春者，天之和也；夏者，天之德也；秋者，天之平也；冬者，天之威也。天之序，必先和然後發德，必先平然後發威，此可以見不和不可以發慶賞之德，不平不可以發刑罰之威。又可以見德生於和，威生於平也。不和無德，不平無威，天之道也，達者以此見之矣。我雖有所愉而喜，必先和心以求其當，然後發慶賞以立其德。雖有所忿而怒，必先平心以求其政，然後發刑罰以立其威。能常若是者謂之天德，行天德者謂之聖人。」《威德所生》

又曰：「泛愛群生，不以喜怒賞罰，所以爲仁也。」《格合根》

何氏《公羊解詁》曰：「明君案見勞授賞，則衆譽不能進無功；案見惡行誅，則衆讒不能退無

罪。」隱三年解詁

《韓詩外傳》曰：「百姓曉然，皆知夫爲善於家，取賞於朝也，爲不善於幽，而蒙刑於顯。夫是之謂定論。」卷三

又曰：「賞勉罰偷，則民不怠；兼聽齊明，則天下歸之。然後明其分職，考其事業，較其官能，莫不理法。則公道達而私門塞，公義立而私事息。如是則持厚者進，而佞諂者止，貪戾者退，而廉節者起。周制曰：先時者死無赦，不及時者死無赦。人習事而因，人之事使，如耳目鼻口之不可相錯也。故曰職分而民不慢，次定而序不亂，兼聽齊明而百事不留。如是則群下百吏莫不修己，然後敢安仕，成能然後敢受職。小人易心，百姓易俗，奸宄之屬莫不反慤。夫是之爲政教之極則，不可加矣。《詩》曰：『訏謨定命，遠猶辰告。敬慎威儀，惟民之則。』」卷六

訟獄

何氏《公羊解詁》曰：「聽訟必師，斷，與其師衆共之。」僖二十八年解詁

《尚書大傳》曰：「聽獄之術，大略有三：治必寬，寬之術歸於察，察之術歸於義。是故聽而不寬，是亂也，寬而不察，是慢也。古之聽訟者，言不越情，情不越義[三〇]，是故聽民之術，怒必畏，畏思意，小罪勿兼。」[三一]《太平御覽·刑法部》五

鄭氏《周禮注》曰：「觀其出言不直則煩，觀其顔色不直則赧然，觀其氣息不直則喘，觀其聽聆不直則惑，觀其眸子視不直則眊然。」《小司寇》注

又曰：「用情理言之，冀有可以出之者。」同上

又曰：「圜土者，獄城也。獄必圜者，規主仁以仁心求其情，古之治獄閔於出之。」《比長》注

《春秋繁露》曰：「折獄而是也，理益明，教益行；折獄而非也，闇理迷衆，與教相妨。」《精華》

刑法

《説文》曰：「灋，刑也。平之如水。从水。廌，所以觸不直者去之，从去。」廌部

鄭氏《三禮目録》曰：「刑者，所以驅耻惡，納人於善道也。」《周禮·司寇》疏

又，《周禮注》曰：「司寇，正月布刑于天下，正歲又縣其書于象魏，布憲于司寇。布刑則以旌節出宣令之於司寇，縣書則亦縣之于門閭及都鄙邦國。刑者，王政所重，故屢丁寧焉。」《布憲》注

又曰：「古者重刑且責怒之，未即罪也。」《司救》注

又，《禮記注》曰：「君不苛虐，臣無姦心，則刑可以措。」《緇衣》注

又曰：「法雖輕不赦之，爲人易犯。」《王制》注

又，《毛詩》「雨雪瀌瀌，見晛曰消」，箋曰：「喻小人雖多，王若欲興善政，則天下聞之，莫不曰：

小人今誅滅矣。其所以然者，人心皆樂善。」

《公羊·莊十二年傳》「仇牧可謂不畏彊禦矣」，何氏《解詁》曰：「重録彊禦之賊，禍不可測，明當防其重者急誅之。」

宋氏《易注》曰：「用刑之道，威明相兼。若威而不明，恐致淫濫，明而无威，不能伏物。」《噬嗑》

集解

趙氏《孟子章句》曰：「爲天理民，王法不曲。」《盡心》章句上

又曰：「當慎行大辟之罪。」《梁惠王》章句下

《春秋繁露》曰：「春，喜氣也，故生；秋，怒氣也，故殺；夏，樂氣也，故養；冬，哀氣也，故藏。四者天人同有之。有其理而一用之。與天同者大治，與天異者大亂。故爲人主之道，莫明於在身之與天同者而用之，使喜怒必當義乃出，如寒暑之必當其時乃發也。使德之厚於刑也，如陽之多於陰也。」《陰陽義》

又曰：「天出陽，爲暖以生之；地出陰，爲清以成之。不暖不生，不清不成。然而計其多少之分，則暖暑居百而清寒居一。德教之與刑罰猶此也。故聖人多其愛而少其嚴，厚其德而簡其刑。」《基義》

《韓詩外傳》曰：「傳曰：水濁則魚喁，令苛則民亂，城峭則崩，岸峭則陂。故吴起峭刑而車裂，

商鞅峻法而支解。治國者譬若乎張琴然，大絃急則小絃絶矣。故急轡銜者，非千里之御也。有聲之聲，不過百里；無聲之聲，延及四海。」卷一

軍旅

《韓詩外傳》曰：「今有堅甲利兵，不足以施敵破虜，弓良矢調，不足射遠中微，與無兵等爾。有民不足，强用嚴敵，與無民等爾。故盤石千里，不爲有地；愚民百萬，不爲有民。」卷四

《尚書大傳》曰：「戰鬭不可不習，故於蒐狩以閑之也。閑之者，貫之也；貫之者，習之也。」《儀禮·鄉射禮》記注

鄭氏《周禮注》曰：「兵者，守國之備。孔子曰：『以不教民戰是謂棄之。』兵者凶事，不可空設，因蒐狩而習之。」《大司馬》注

又曰：「伍、兩、卒、旅、師、軍，皆衆之名。兩，二十五人；卒，百人；旅，五百人；師，二千五百人；軍，萬二千五百人。此皆先王所因農事而定軍令者也。欲其恩足相恤，義足相救，服容相別，音聲相識。」《小司徒》注

又，《易》「王用三驅，失前禽」，注曰：「王者習兵於蒐狩，驅禽而射之，三則已，法軍禮也。失前禽者，謂禽在前來者，不逆而射之，旁去又不射，唯背走者順而射之，不中則已。是其所以失之。用

兵之法亦如之，降者不殺，奔者不禦，皆爲敵不敵己，加以仁恩，養威之道。」《左傳・桓四年》正義

又，《尚書注》曰：「好整好暇，用兵之術。」《詩・大明》正義

又，《禮記注》曰：「當思念己情之所能，以度彼之將然否。」《少儀》注

《白虎通》曰：「大夫將兵出，不從中御者，欲盛其威，使士卒一意繫心也。故但聞將軍令[三二]，不聞君命，明進退在大夫也。」《三軍》 何氏《公羊・襄十九年》解詁曰：「禮兵不從中御外。」

又曰：「傳曰：一人必死，十人不能當；百人必死，千人不能當；千人必死，萬人不能當；萬人必死，橫行天下。」同上

《毛詩傳》曰：「君子能盡人之情，故人忘其死。」《采薇》傳

何氏《公羊解詁》曰：「積聚師衆，有尊卑上下次第行伍，必出萬死而不奔北。」桓十三年解詁

又曰：「兵者爲征不義，不爲苟勝而已。」哀九年解詁

又曰：「征伐之道，不過用兵。服則可以退，不服則可以進。火之盛炎，水之盛衝，雖欲服罪，不可復禁，故疾其暴而不仁也。」桓七年解詁

又曰：「忿不加暴，得君子之道。」僖元年解詁

鄭氏《論語注》曰：「軍旅末事，本未立不可教以末事。」《衛靈公》集解

救災

《白虎通》曰：「天所以有災變何？所以譴告人君，覺悟其行，欲令悔過修德深思慮也。」《災變》

鄭氏《尚書大傳》注曰：「維凶咎之殺已成，故天垂變異，以示人也。」《儀禮．經傳通解．續祭禮》十

又，《毛詩箋》曰：「災異譴告，離人身近，愚者不能覺。」《瞻卬》箋

《春秋繁露》曰：「凡災異之本，盡生於國家之失。國家之失乃始萌芽，而天出災害以譴告之；譴告之而不知變，乃見怪異以驚駭之，驚駭之尚不知畏恐，其殃咎乃至。以此見天意之仁而不欲陷人也。」《必仁且知》

又曰：「《春秋》至意有二端，不本二端之所從起，亦未可與論災異也，小大微著之分也。夫覽求微細於無端之處，誠知小之將爲大也，微之將爲著也。吉凶未形，聖人所獨立也。」《二端》

又曰：「天有陰陽，人亦有陰陽。天地之陰氣起，而人之陰氣應之而起，人之陰氣起，而天地之陰氣亦宜應之而起，其道一也。明於此者，欲致雨則動陰以起陰，欲止雨則動陽以起陽，故致雨非神也。而疑於神者，其理微妙也。非獨陰陽之氣可以類進退也，雖不祥禍福所從生，亦由是也。」《同類

相動》

何氏《公羊解詁》曰：「僖公飭過求已，六月澍雨。宣公復古行中，其年穀大豐。明天人相與報應之際，不可不察其意。」僖三年解詁

又曰：「天之與人昭昭著明，甚可畏也。」僖十六年解詁

防 亂

《釋名》曰：「治，值也。物皆值其所也。亂，渾也。」《釋言語》

《易·既濟》象傳「君子以思患而豫防之」，荀注曰：「六爻既正，必當復亂。故君子象之，思患而豫防之，治不忘亂也。」集解

《春秋繁露》曰：「凡百亂之源，皆出嫌疑纖微，以漸寖稍長至於大。聖人章其疑者，别其微者，絶其纖者，不得嫌以蚤防之。聖人之道，衆隄防之類也。」《度制》

又曰：「夫救蚤而先之，則害無由起，而天下無害矣。然則觀物之動，而先覺其萌，絶亂塞害於將然而未形之時，《春秋》之時[三三]，《春秋》之志也。」《仁義法》

鄭氏《禮記注》曰：「詐者，害民信；怒者，害民命；貪者，害民財。三者亂之原。」《禮運》注

又，《尚書注》曰：「寬猛相濟以成治立功，剛則强，柔則弱，此陷於滅亡之道。」《詩·鄭風·羔裘》

正義

又,《毛詩箋》曰:「王者位至尊,天所子也。然而不自斂以先王之法,不自難以亡國之戒,則其受福禄亦不多也。」《桑扈》箋

《韓詩外傳》曰:「高牆豐上激下,未必崩也,降雨興,流潦至,則崩必先矣。草木根荄淺,未必撅也,飄風興,暴雨墜,則撅必先矣。君子居是邦也,不崇仁義,尊賢臣以理萬物,未必亡也,一旦有非常之變,諸侯交争,人趨車馳,迫然禍至,乃始憂愁,乾喉焦唇,仰天而嘆,庶幾乎望其安也,不亦晚乎!孔子曰:『不慎其前,而悔其後,嗟乎!雖悔無及矣。』《詩》曰:『掇其泣矣,何嗟及矣。』」卷二

又曰:「無常安之國,宜治之民,得賢則昌,不肖則亡。自古及今,未有不然者也。夫明鏡者,所以照形也,往古者,所以知今也。夫知惡往古之所以危亡,而不襲蹈其所以安存者,則無以異乎却行而求逮於前人。鄙語曰:不知爲吏,視己成事。或曰:前車覆,而後車不誡,是以後車覆也。」卷五

又曰:「道存則國存,道亡則國亡。」同上

又曰:「不聞道術之人,則冥於得失,不知亂之所由,眊眊乎其猶醉也。」卷六

《毛詩傳》曰:「治日少而亂日多。」《苕之華》傳

又曰：「濯所以救熱也，禮亦所以救亂也。」《桑柔》傳

趙氏《孟子章句》曰：「國無禮義必亡。」《離婁》章句上

又，章指曰：「夫憂世撥亂，勤以濟之，義以匡之。」《滕文公》章句下章指

先生昔著此書,錫燕在廣州與校讎之役,嘗手鈔一本,攜歸長沙。近以夷寇陷廣州城,來省先生於横沙村舍,適此書刻成,乃覆校一過,而書其後焉。

先生早年讀漢儒書,中年讀宋儒書,實事求是,不取門户争勝之説。以爲漢儒之書,固有宋儒之理,此書所録,如《説文》云:「惟初太始,道立於一。造分天地,化成萬物。」《公羊》何注云:「元者,氣也。無形以起,有形以分。」即濂溪《太極圖説》之意,其與程、朱之説同者,尤不可畢舉,讀者當自得之。

此書初稿凡三千條,而删存者止此,此固在精不在多,然亦有有意删之者。兩漢諸儒之書,如孟、京《易》説,存者寥寥,猶采録一二,而馬融之説,則不采也。其於一家之書,何氏《公羊注》則采之,《公羊墨守》、《左氏膏肓》、《穀梁廢疾》則不采也。其於一字之義,《白虎通》訓臣爲堅,則采之,《説文》訓臣爲牽,則不采也。此於人品學術及今世之弊,各有微意存於文字之外。

至於所采録者,則意義明顯矣。其排比次第,取一義之相屬,尤取兩義之相輔。如《傳述》篇采《春秋繁露》、《孟子》趙注二條,兼而存之,無偏尚之弊。蓋取先儒二十二家之説,會萃精要,以成一家之書,而其論撰之意,嘗爲錫燕言之,宜附記於後。且錫燕此行,得見先生於亂離之際,而此書又得刻成,尤不可不記也。

時戊午七月,弟子長沙胡錫燕謹書於横沙之崇雅樓。

【校記】

[一] 如天之爲　據《春秋繁露》,當作「天地陰陽」。

[二] 同上　據《春秋繁露》,當作「陽尊陰卑」。

[三] 天地之行　據《春秋繁露》,當作「循天之道」。

[四] 孟夏　據《禮記·月令》,當爲「仲夏」。

[五] 爲己爲道　《荀子·儒效》作「爲己至道」,是。

[六] 藴　據《易·繫辭》,當爲「緼」。

[七] 寄　據《説文·序》,當爲「穿」。

[八] 也夫　據《説文·序》,當爲「矣夫」。

[九] 五行對　據《春秋繁露》,當作「爲人者天」。

[一〇] 占　鄭氏《毛詩箋》作「古」,是。

[一一] 按,此則爲《孟子·盡心》章句下。

[一二] 陽尊陰卑　據《春秋繁露》,當作「王道通三」。

[一三] 義之於我者　《春秋繁露》原文作「義之與我者」。

[一四] 按,《春秋繁露》原文「智」下有「先言而後當」五字。

[一五] 言象然　《説文》原文作「言必然」。

[一六] 从止　《説文》原文作「从一」。

[一七] 按,此則除末句外,均引述公孫尼子語。

[一八] 从羊省　《説文》原文作「从芈省」。

[一九] 按,《春秋繁露》凌本無「命」字,是。

[二〇] 按,「氣」下脱「盡」字,今據錢唐説補。

[二一] 情恩　《毛傳》原文作「情思」,是。

[二二] 按,此則爲《詩·四牡》傳。

[二三] 按,此則爲《詩·小弁》傳。

[二四] 按,此則爲《詩·下武》傳。

[二五] 按,此則爲《詩·斯干》箋。

[二六] 按,「爲略」二字衍文。

[二七] 按,「避賢」二句,《白虎通》原文作「避賢者路,所以長廉耻也」。

[二八] 按,末句《孟子》原文作「孟子以爲是則可,言人當以心爲正也。告子非純賢,其不動心之事,一可用一不可用也」。

[二九] 問其心　《春秋繁露》原文作「同其心」。

〔三〇〕按，「言不」二句，《太平御覽》卷六三九作「言不越辭，辭不越情，情不越義」。

〔三一〕畏思意小罪勿兼　《太平御覽》卷六三九作「思兼怒，罪勿兼」。

〔三二〕故但聞將軍令　《白虎通》原文無「將」字。

〔三三〕春秋之時　四字衍文，當從天啓本删。

漢書地理志水道圖説

（附考正德清胡氏禹貢圖）

郭培忠　點校

點校説明

《漢書地理志水道圖説》爲陳澧早期力作，甚獲當時學者贊譽。但地理之學以今釋古，考證不易，而水道尤難，這在作者自序中已有表達。譚其驤先生在其《中國歷史地圖集》前言中曾指出：「歷代疆界、政區、城邑、水道等多項要素的變遷極爲複雜、頻繁，而文獻記載或不够準確，或互有出入，要一一考訂清楚，并在圖上正確定位，定點、定綫，工作繁巨，需要大批學者、專家的通力合作，這在解放前的中國，自然是很難做到的。」而水道湮變無常，變遷日久，尤爲難事。陳澧以一己之力任之，窮三年之功，刺取舊文，編排次第，以今釋古，著其源委及變化之迹，其成就是顯然的。當然，限於當時條件，兼之以個人從事如此繁重的工作，其不足之處乃至失誤，自亦難免。

本書以《番禺陳氏東塾叢書》本爲底本，以中華書局一九八三年版《漢書·地理志》及譚其驤主編《中國歷史地圖集》第二册《西漢圖》、第八册《清時期圖》爲主要校本點校。在點校中，盡量保持原書面貌，遇有異同纔出校。原書中避諱字、異體字，如「弘」之爲「宏」，「玄」之爲「元」，「邢」之爲「郉」，均予回改或徑改。自顧淺陋，錯誤知所不免，尚祈學者批評指正，爲幸。

序

讀史不可不明地理，考地理不可無圖，澧嘗欲爲諸史地圖而未能也。惟以地理之學，水道尤難，乃考《漢志》水道，爲之圖説，起於蒲昌，訖於黑水，自西而東，自北而南，剌取志文，編排次第，以今釋古，著其源委，而略其中間，循班《志》之例也。兩山之間有水，兩水之間有山，山川相間，古今無改，若究其曲折，則有國朝齊氏《水道提綱》，按籍可考。惟水行平土，湮變遂多，是用鉤稽本志，證以《水經酈注》，備詳其故瀆焉。

地理群書皆述班《志》，前人先得，無俟引伸。若夫邊徼僻遠之域，川渠交絡之區，昔之考據，恒多闕誤，今所審定，豈免致疑，乃加自注，以明己意，然亦不爲博辯以求勝前人也。其圖以内府地圖爲本，雖縮大爲小，而長短有度，方位不差，漢地今地，相並書之，庶使覽者開卷瞭然矣。昔班氏之爲此志也，生當東漢一統太平，親見蘭臺圖籍，故其所録簡而彌周，覩其大川所行，皆記里數，其爲精密，斯可知矣，後之作者莫能比焉。惟我大清奄壹寰宇，遠邁盛漢，康熙乾隆兩朝，命官分測，仰準天度，俯繪地輿，創千古所未有。今以稽核《漢志》水道，有若重規疊矩，其有古今遷異，亦可尋其脈絡，蓋自有我朝地圖，而《漢書》地理乃可得而説也。澧伏處陬澨，夙好編摹，獲觀兩朝之圖，兼覽衆家之説，三歷寒暑，定著斯編，由是總繪百郡，順考歷朝，讀史者當有樂乎是爾。道光二十八年正月番禺陳澧撰。

目録

陳先生著成《漢書地理志水道圖説》七卷，刻梓十餘年矣。永椿習地理之學，常讀此書，以其無目録，難於尋檢，請於先生而補之。編寫之餘，竊歎其綱舉目張，有條而不紊也。卷一西北諸水，卷二東北諸水，卷三河水及入河諸水，卷四河南江北諸水，卷五江水及入江諸水、江南諸水，卷六鬱水及入鬱諸水，卷七西南諸水。地勢北高而南下，西高而東下，順其自然之勢也。

先生著此書，考索極博，而采取甚約，惟以簡明爲主，使讀者一覽而得。嘗告永椿云：當時考豚水、鬱水，不得夜郎、毋棳所在，廢書而歎者累月。其後以地圖水道排比句稽，而竟得之。永椿謂豚水、鬱水固難考矣，滹沱河、滹沱别河、滹沱别水尤爲糾紛，屯氏河、屯氏别河、清河、張甲河尤爲淆雜，周水、類水、麋水、壺水尤爲茫昧。今日按圖讀之，瞭如指掌，想見當時心力、目力幾於費盡也。

先生著成此書，未見洪氏頤煊《漢志水道考證》，頗以爲憾，後乃得之，其書亦編排班《志》之文，其序與先生之序又有略同之語，先生稱之，以爲實獲我心。永椿取其書與此書比而觀之，其中大有舛錯者：如沽水、治水，同在今天津入海，相距甚近，南籍端水[四]、呼蠶水、弱水、谷水、松陜水、濯水、泥水，則皆在甘肅境，而洪氏以此七水置之沽水、治水之間；又如穀水、漸江水合流入錢塘江，桓水則在四川，勞水、僕水、貪水、即水、周水、麋水、壺水、迷水、橋水、文象水、俞元橋水則在雲南，豚水、鬱水、温水、斤員水、朱涯水、驩水、剛水、定周水、墧水、離水、合水則在廣西，涯水、牢水則在廣東，潭水、勝休河水則在貴州，秦水則在湖南，而洪氏以此二十八水置之穀水、漸江水之間。蓋不繪圖，故編排舛錯而不自知，遠不及此書之精密。以此益知爲地理之學，不可無圖也。目録寫成，并附管見於後。同治十一年三月，門人黎永椿謹識。

【校記】

[一] 南籍端水　《漢志》校點本、西漢圖二二—二三均作「籍端水」。

[二] 樂陽水　《漢志》校點本、西漢圖一八—一九均作「陽樂水」。

[三] 臘涂水　《漢志》校點本、西漢圖二八—二九均作「涂水」。

[四] 南籍端水　《漢志》校點本、西漢圖二二—二三均作「籍端水」。

漢書地理志水道圖說　卷一

敦煌郡　正西關外有蒲昌海。

今甘肅吐魯番廳西南境洛普鄂模。《水道提綱》作「洛普鄂模」，他書多作「羅布淖爾」。凡此編水名，皆據《提綱》，以其書流布最廣，易於考核。《提綱》所無，乃據他書也。

冥安　南籍端水出南羌中，西北入其澤，溉民田。

今甘肅安西州布隆几勒河出州南境[一]，西北流入哈勒池。

龍勒　氐置水出南羌中，東北入澤，溉民田。

蓋今甘肅玉門縣，故赤金衛，南山水出縣南境，東北流入阿拉克池。或以氐置水爲今西拉噶金河，然西拉噶金河西北流，與《志》云東北不合。又其水入布隆几勒河，而《志》不言入南籍端水[二]，亦不合也。赤金衛水東北入澤，與《志》合，故疑爲氐置水矣[三]。

張掖郡居延　居延澤在東北，古文以爲流沙。

今蒙古額濟納舊土爾扈特、索廓克鄂模、索博鄂模。

凡圖中漢縣名與今地名異者並書之，其同者不重出也。今地名加墨誌之，使可識別：府从□，廳从▫，州从○，縣从·，土司、蒙古、朝鮮、越南地名並从△。漢時故城不盡可考，以今證古，存其區域而已，雖與今地並書，非以其處即故城也。

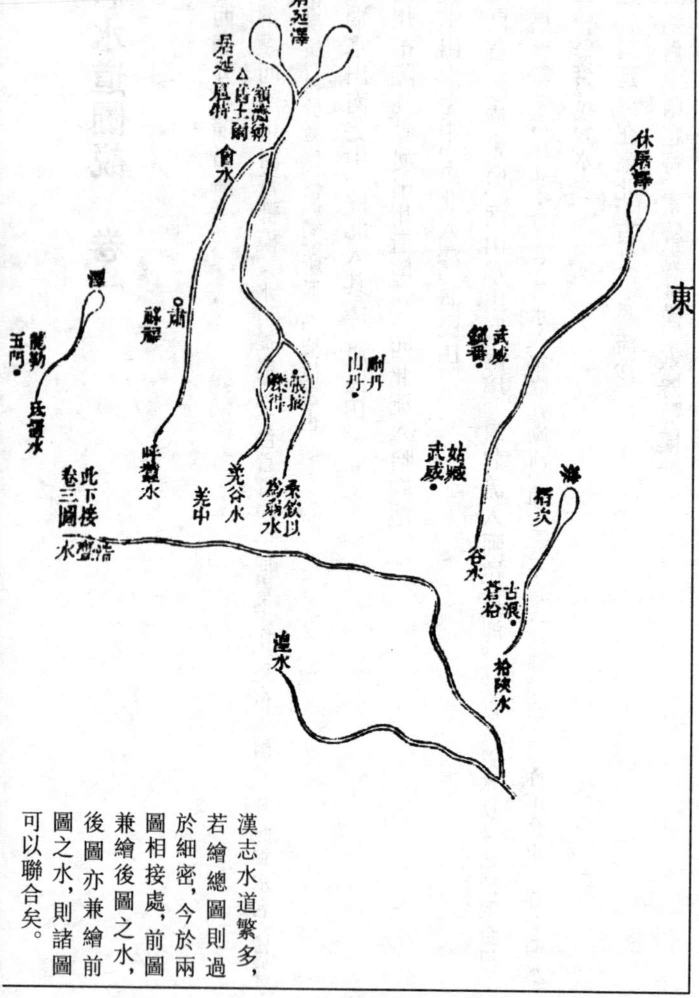

漢志水道繁多，若繪總圖則過於細密，今於兩圖相接處，前圖兼繪後圖之水，後圖亦兼繪前圖之水，則諸圖可以聯合矣。

北

吐魯番　敦煌郡關外

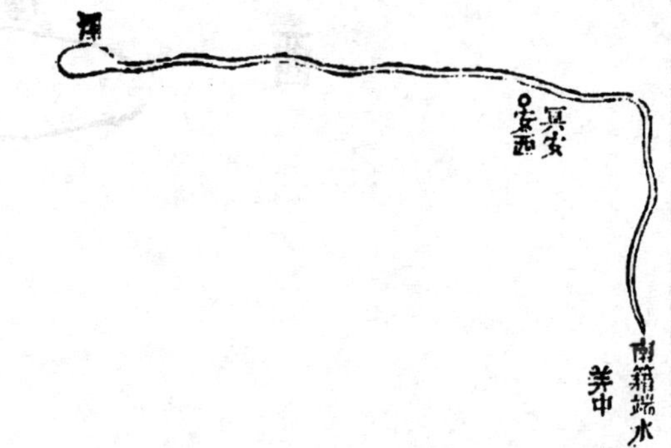

南

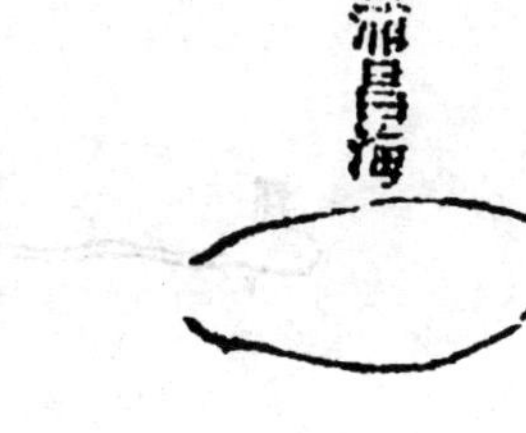

西

觻得　千金渠西至樂涫入澤中[四]。

未詳。

羌谷水出羌中，東北至居延入海，過郡二，行二千一百里。

今甘肅張掖縣張掖河出縣西南境，東北流至縣北境，及縣北之山丹水，北流出邊，至蒙古額濟納舊土爾扈特分流，西入索廓克鄂模，東入索博鄂模，即居延澤也。凡西北之水入澤中者，《志》或云入海也。

删丹　桑欽以爲道弱水自此，西至酒泉合黎。

今甘肅山丹縣山丹水也，其水西北流與張掖河合。金城郡臨羌下云：有弱水祠，其祠在臨羌西側，非祠此水，蓋祠今青海，即臨羌下所云西北塞外之仙海也。青海水不能浮舟，故亦謂之弱水矣。

酒泉郡禄福　呼蠶水出南羌中[五]，東北至會水入羌谷。

今甘肅肅州卯來河出州南境，東北流出邊，至蒙古額濟納舊土爾扈特南境入山丹水。《水道提綱》：張掖河、卯來河皆會山丹水，以山丹水爲正源也。《志》云呼蠶水入羌谷，則以今張掖河爲正源。凡二水合流，或以爲彼水入此水，或以爲此水入彼水，其實無異。此編説班《志》水道，故以《志》爲定，若《水經注》所謂互受通稱，則班《志》無此例也。

武威郡武威　休屠澤在東北，古文以爲豬壄澤。

今甘肅鎮番縣東北邊外大池。

姑臧　南山，谷水所出[六]，北至武威入海，行七百九十里。

今甘肅武威縣沙河出縣南境山，北流至鎮番縣出邊，入大池，即休屠澤也。

蒼松　南山，松陝水所出[七]，北至揟次入海。

今甘肅古浪縣安遠堡水出縣南境山，北流至縣北境，出邊匯爲一小池。

【校記】

[一] 布隆几勒河　清圖二八—二九作「蘇賴河」（布隆古爾河）。

[二] 南籍端水　《漢志》校點本、西漢圖二二—二三均作「籍端水」。

[三] 疑有誤。氐置水，清圖二八—二九作「黨河」。

[四] 千金渠　見西漢圖二二—二三、清圖二八—二九。

[五] 呼蠶水　清圖二八—二九作「討來河」、「北大河」。

[六] 谷水　清圖二八—二九作「三岔河」。

[七] 松陝水　清圖二八—二九作「古浪河」。

漢書地理志水道圖說　卷二

雁門郡陰館　累頭山，治水所出，東至泉州入海，過郡六，行千一百里。

今山西朔州桑乾河出洪濤山，東流至直隸良鄉縣曰永定河，又東南流至天津縣北境入海。

代郡平舒　祁夷水北至桑乾入沽。

今山西廣靈縣水北流，至直隸懷安縣入桑乾河。《志》文入沽，當作入治。凡《志》文之誤，齊次風、全紹衣、趙誠夫、錢曉徵、錢獻之、王鳳喈、段若膺、王懷祖諸家所考正者，今悉采之，不復詳引其說。澧所考正，則有說以明之。

雁門郡沃陽　鹽澤在東北[一]。

今山西寧遠廳代哈池。

彊陰　諸聞澤在東北[二]。

蓋今山西豐鎮廳奇兒池。

代郡且如　于延水出塞外，東至寧入沽。

今山西天鎮縣東洋河出察哈爾右翼，東流至直隸保安州入桑乾河。《志》文入沽，當作入治。

漁陽郡漁陽　沽水出塞外[三]，東南至泉州入海，行七百五十里。

今直隸密雲縣潮河出古北口外，南流至縣南境，及縣南之白河也，東南流至天津縣北境入海。

上谷郡且居　樂陽水出東[四]，東入海。

今直隸龍門縣龍門水東流至赤城縣，及赤城東南之白河也，東南流與潮河合。《志》文入海，當作入沽。

軍都　温餘水東至路南入沽。

今直隸昌平州沙河東南流，至通州入白河。

右北平郡無終　浭水西至雍奴入海[五]，過郡二，行六百五十里。

今直隸豐潤縣還鄉河西南流至玉田縣，及玉田南境之薊運河也，南流入海。

俊靡　灅水南至無終東入庚。

今直隸遵化州薊運河西南流，至玉田縣屈東南流，與還鄉河合。庚即浭也。

字　榆水出東。

遼西郡海陽　龍鮮水東入封大水。封大水、緩虛水皆南入海。

今直隸豐潤縣有澗河、古治河、長閘口、小口，灤州有西河，其孰爲榆水，孰爲封大水、龍鮮水、緩虛水，未詳。或以榆水爲今直隸臨榆縣石河，非也。肥如縣下云：濡水南入海陽。濡水爲今灤河，肥如、海陽皆屬遼西郡，是今灤河所行，已爲漢遼西郡地。臨榆縣在灤河之東，不得爲右北平郡地，榆水當在今灤河之西也。《水經·濡水篇》注有封大、龍鮮、緩虚三水，又有素河、九過口、清水、木究水、北陽孤淀諸水，並在庚水東、濡水西。今薊運河之東、灤河之西，則但有澗河、古冶河、長閘口、小口、灤州西河耳。榆水及龍鮮、封大、緩虚三水，當闕疑也。

漁陽郡白檀　洫水出北蠻夷。

遼西郡肥如　濡水南入海陽。

洫水，當作「濡水」。今直隸承德府熱河出蒙古喀喇沁右翼西南境，南流至府南境，及府南之灤河，東南流至樂亭縣入海。云「入海陽」者，至海陽入海，或「陽」字衍也。

玄水東入濡水。

今直隸灤平縣以西之灤河東南流，至縣東境與熱河合。

又有盧水南入玄。

今直隸灤平縣北境宜孫河南流入灤河。《水經注》言濡水西北流，又北流、東北流、東流、東南流，此與今灤河上源自獨石口外西北流，屈而東南流正合。然灤河上源既爲濡水，則其西别無二水可當玄水、盧水者，酈遂謂玄水西入濡水，而以《志》言玄水東入濡水者，爲自東而注矣。今以灤平縣境灤河東流，而宜孫河南流注之，與《志》言玄水東入濡水，盧水南入玄正合，故知灤平縣境之灤河爲玄水，宜孫河爲盧水，而熱河則爲濡水之源也[六]。

絫　下官水南入海。又有揭石水、賓水，皆南入官。

今直隸昌黎縣有黑陽河，撫寧縣有洋河、牛頭崖河、深河，臨榆縣有石河，其孰爲下官水，孰爲揭石水，孰爲賓水，未詳。《志》文「入官」，當作「入下官」。

狐蘇　唐就水至徒河入海。

今蒙古土默特右翼小淩河東南流，至盛京錦縣入海。

臨渝　渝水首受白狼，東入塞外。

交黎　渝水首受塞外，南入海[七]。

今蒙古喀喇沁左翼北境之大淩河，首受西境阿喇善河、蘇巴爾噶圖河、克爾河、塞因台河和爾圖河諸水，東流至土默特，右翼爲漢塞外地，又東流至盛京義州，復入漢塞内也，又南流入海。

臨渝　又有侯水，北入渝。

今蒙古喀喇沁左翼西南境大淩河之源曰傲木倫，北流與西境阿喇善河諸水合。今遼河以西之水，東流，屈南入海者，惟大淩河，故知爲渝水。今無北入大淩河之水，惟大淩河源北流，故知爲侯水。大淩河源既爲侯水，則渝水首受之白狼，爲阿喇善河諸水矣。

柳城　參柳水北入海[八]。

蓋今蒙古土默特左翼拿拉特河北流入澤中。大遼水以西之水入澤中者惟此水，故疑爲參柳水也。

遼西郡　有小水四十八，并行三千四十六里。

今蒙古克西克騰大遼水之源，及所納巴林諸水，又納白狼河，及白狼河所納喀喇沁右翼、翁牛特左右翼諸水也，諸水合而東流，蓋入漢塞外，當時未知其下流即大遼水耳。不繫於縣下者，諸水所行，皆邊徼不置縣之地也。云「并行」者，既不分記諸水，無由各記所行里數，故總記之。今大遼水之西，衆水并行者，惟白狼河所納小水最多，故知爲遼西郡小水。又《志》云大遼水出塞外，則當時未必知其上源，故知大遼水及所納之水，皆此所謂「小水」也。

遼東郡望平　大遼水出塞外，南至安市入海，行千二百五十里。

今盛京開原縣邊界内之大遼水也，南流至海城縣入海。

玄菟郡高句驪　南蘇水西北經塞外[九]。

今盛京昌圖廳東境黑爾蘇河西北流，徑蒙古科爾沁，左翼爲漢塞外地也。其水又西南流入大遼水。《志》以其入塞外，略之。漢高句驪爲今興京地，黑爾蘇河在興京北界，西北流出柳邊，與《志》云西北經塞外合，故知爲南蘇水。

遼西郡新安平　夷水東入塞外。

蓋今蒙古喀爾喀左翼楊檉木河東流，至科爾沁，左翼爲漢塞外地也。其水又南流入大遼水。今大遼水之西惟此水東流，故疑爲夷水。

玄菟郡高句驪　遼山，遼水所出，西南至遼隊入大遼水。

今興京英額河出英額門外東山，西流曰渾河，又西南流，至遼陽州西北境入大遼水。

遼東郡遼陽　大梁水西南至遼陽入遼。

今盛京遼陽州太子河西南流，至州西境入渾河。《志》文至遼陽，當作至遼隊，此水源委如皆在遼陽縣，則不當言所至也。

居就　室僞山，室僞水所出，北至襄平入梁也。

今盛京遼陽州沙河出千山，北流至州西北境入太子河。《志》文「梁」上當脱「大」字。

玄菟郡西蓋馬　馬訾水西北入鹽難水，西南至西安平入海[一〇]，過郡二，行二千一百里。

「鹽難水」下當複舉「鹽難水」三字。鹽難水，今興京東南境佟家江，南流至朝鮮國山陽公城，及城南之鴨緑江也，西南流至其國義州入海。馬訾水，今吉林南界鴨緑江，西南流至山陽公城與佟家江合。《志》文「西北」，疑當作「西南」。

遼東郡番汗　沛水出塞外，西南入海。

今朝鮮國博川城大定江西南流入海。馬訾水不出塞外，此水出塞外，必更在馬訾水之東，馬訾水雖出玄菟郡，而至西安平入海。西安平屬遼東郡，則今鴨緑江入海處爲漢遼東郡地，大定江距鴨緑江入海處不遠，亦當爲遼東郡地。又其水西南入海，故知爲沛水也。

樂浪郡浿水　水西至增地入海[十一]。

今朝鮮國成川城大同江西流，至三和城入海。

含資　帶水西至帶方入海。

吞列　分黎山，列水所出，西至黏蟬入海，行八百二十里。

並未詳。今朝鮮國水皆西流，大同江之南有駒苓山水，又南有臨津江。《水道提綱》云：臨津江源流五百里。凡此《志》行千里之水，大約得今六百里，列水行八百二十里，正合今五百里，疑即臨津江也[十二]。帶水不言里數，其水必短，疑即駒苓山水也，但無以明其必然耳。

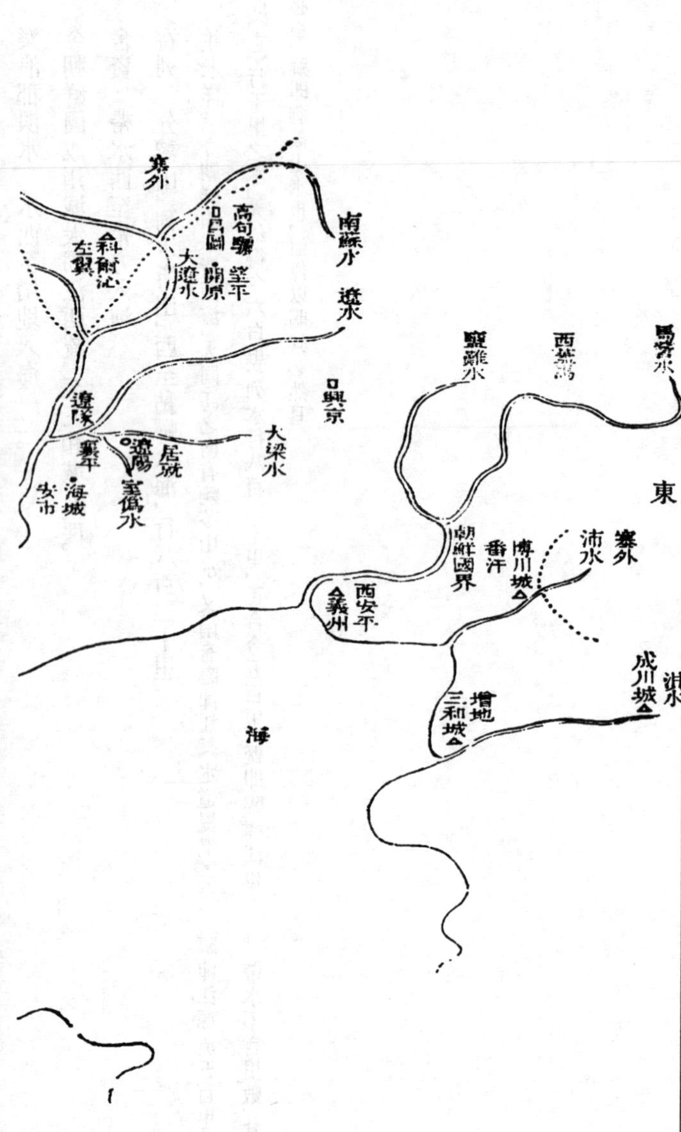
塞外
高句驪
西安平
開原
大遼水
南蘇水
遼水
興京
大梁水
遼隊
遼陽
居就
室僞水
海城
安市
海
朝鮮國界
義州
西安平
番汗
博川城
沛水
塞外
東
成川城
增地
三和城

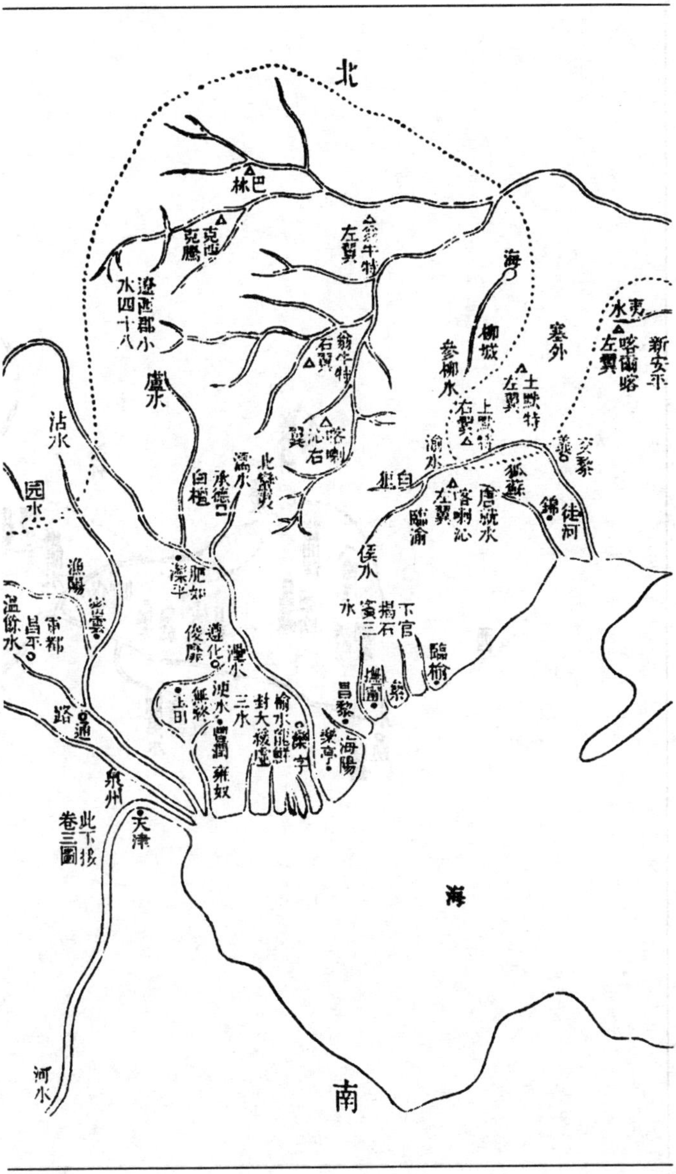

北

巴林

翁牛特左翼

翁牛特右翼

遼西郡小水四十八

海

柳城

參柳水

塞外

土默特左翼

土默特右翼

喀爾喀左翼

新安平

沽水

白狼

渝水

客喇沁左翼

唐就水

狐蘇

錦

徒河

臨渝

承德

白檀

肥如

遵化

漁陽

密雲

昌平

溫餘水

路

通

天津

此下接卷三圖

侯水

下官

揭石

臨榆

撫寧

昌黎

海陽

樂亭

無終

海

河水

南

【校記】

[一] 鹽澤 清圖博二〇—二一作「岱哈泊」。

[二] 諸聞澤 清圖二〇—二一作「奇爾泊」。

[三] 沽水 《通檢今釋》第三十四頁作「今白河、潮白河，東循北運河入海」。

[四] 樂陽水 當作「陽樂水」，參見《漢志》標點本。西漢圖一八—一九亦作「陽樂水」。

[五] 疑有誤。浭水，清圖七—八作「梨河」。

[六] 疑有誤。玄水與盧水，清圖七—八分別作「青龍河」和「沙河」。

[七] 渝水 清圖七—八作「石塔河、大凌河」。又：渝，西漢圖一八—一九作「榆」。

[八] 疑有誤。參柳水，當作今孟克河，參見西漢圖一八—一九、清圖七—八。

[九] 疑有誤。南蘇水，清圖一〇—一一作「蘇子河」。

[一〇] 西漢圖一八—一九作「鹽難水東南入馬訾水，馬訾水西南至西安平入海」。

[一一] 疑有誤。浿水，清圖一〇—一一作「青川江」。

[一二] 疑有誤。列水，清圖一〇—一一作「大同江」。

漢書地理志水道圖說　卷三

金城郡河關　河水行塞外，東北入塞内，至章武入海，過郡十六，行九千四百里。

今河水行青海西南境，東北流入甘肅貴德廳界，至河南滎澤縣皆故道，自滎澤以東，古今異流。考此《志》諸水入河及河水别出之地，有滎陽沁水入、黎陽淇水入、館陶屯氏河出、靈鳴犢河出、阜城清漳水入諸縣爲當時河水所過滱、博、盧、淶、桃諸水至文安、高陽、容城、安次諸縣入河，則以今西淀、東淀爲河水所匯，故此不數之，以《水經酈注》證之，河水自滎陽過卷、武德、酸棗、東燕、黎陽、涼城，自此以下《酈注》謂之北瀆，徑繁陽、陰安、樂昌、元城、發干、貝丘、甘陵、靈、鄃、平原、繹幕、鬲、修、安陵、東光，與漳水合。又《濁漳水篇》《經注》云：　過阜城、樂成、建成、成平、南皮、浮陽、章武、東平舒入海，此西漢時河水故道也。以今地考之，自滎澤縣漢滎陽過武陟縣漢武德、原武縣漢卷、延津縣漢酸棗，北魏東燕、濬縣漢黎陽、滑縣北魏涼城、内黄縣漢繁陽、直隸清豐縣漢陰安、南樂縣漢樂昌、元城縣漢元城、山東館陶縣漢館陶、堂邑縣漢發干，今已湮矣。　又過清平縣漢貝丘，東漢甘陵、高唐州漢靈、平原縣漢鄃平，原繹幕，今徒駭河蓋其故瀆也。　又過德州漢鬲，已湮。　又過直隸景州漢修、吴橋縣北魏安陵、東光縣漢東光、阜城縣漢阜城、交河縣漢建成、成平、獻縣漢樂成、南皮縣漢南皮、滄州漢浮陽、静海縣漢東平舒、天津縣漢章武，今運河蓋其故瀆也。自天津直沽入海。

白石　離水出西塞外，東至枹罕入河。

今甘肅河州大夏河出州西南境，東流至州北境入河。

隴西郡臨洮　洮水出西羌中，北至枹罕東入西。

今洮水出甘肅洮州廳西境，北流至河州東北境入河。《志》文「入西」，當依《水經注》引作「入河」。

金城郡臨羌　西北至塞外，有仙海、鹽池。

仙海，今青海，在甘肅西寧縣西邊外。鹽池，蓋今青海西南鹽池也[一]。

西有須抵池。

未詳。今青海之南有功額池、細納池、奇爾多克池、殷得爾圖池，未知孰爲須抵池也[二]。

北則湟水所出，東至允吾入河。

今湟水出青海東境，入甘肅西寧縣界，東流至巴燕戎格廳入河。

浩亹　浩亹水出西塞外，東至允吾入湟水。

今甘肅大通縣大通河出青海西北境，東南流至巴燕戎格廳與湟水合。

允吾　烏亭逆水出參街谷東，至枝陽入湟。

今甘肅莊浪廳可可河出廳西境山，東南流至廳西南境入湟水。《康熙輿地圖》、《乾隆輿地圖》、《水道提綱》皆無此水，此據《一統志》。

令居　澗水出西北塞外，至縣西南入鄭伯津。

今甘肅平番縣莊浪河出縣西北境，南流至莊浪廳南境入河。鄭伯津者，河津也。《志》言：烏亭逆水出參街谷，澗水出塞外。今可可河源出莊浪廳西境，而莊浪河出其北百餘里，故知莊浪河爲出塞外之澗水，而可可河爲烏亭逆水也。莊浪河入河，故知鄭伯津爲河津。《水經注》言：河水徑石城南謂之石城津，與此一例。其以鄭伯津爲湟水，又澗水在逆水之西，則與今水道不合也。

安定郡烏氏　烏水出西，北入河。

今甘肅固原州清水河出州南境，北流入河。烏氏故城在今平涼縣西北，與固原州接界，其地惟清水河北流入河，故知爲烏水也。《一統志》有黑水，在固原州北，引舊志云：大黑水入清水河，小黑水入大黑水，此烏水蓋即大、小黑水矣。

朝那　有湫淵祠。

湫淵在今甘肅固原州西南境。

眴卷　河水別出爲河溝，東至富平，北入河。

今河水過甘肅靈州，分一派東流，屈北流，至州北境復合。《康熙輿地圖》：河水至寧夏衛分爲二派，皆北流。《乾隆輿地圖》：二派之外，復有靈州，一派東流，屈北流，與《志》合。《水經注》亦云「枝分東出」也。

朔方郡窳渾　屠中澤在東。

今蒙古鄂爾多斯右翼西境騰格里鄂模也，其水乃河水所匯。

朔方　金連鹽澤、青鹽澤皆在南[三]。

今蒙古鄂爾多斯右翼南境有喀喇莽尼池、烏藍池，即此二澤，其孰爲金連鹽澤，孰爲青鹽澤，未詳。

定襄郡武皋　荒干水出塞外，西至沙陵入河。

今山西歸化城廳黑河出察哈爾右翼，西流至薩拉齊廳入河。

武進　白渠水出塞外[四]，西至沙陵入河。

蓋今山西和林格爾廳烏藍木倫河出廳東境，西流至清水河廳入河。《水經注》言：白渠水西注沙陵湖，芒干水西南注沙陵湖，湖水入河。如其説，則白渠水爲今西喇烏蘇河也，其水與黑河合，然《志》言白渠水入河，不言入荒干水，則非西喇烏蘇河矣。今黑河之南有烏藍木倫河，故疑爲白渠水也[五]。

西河郡穀羅　武澤在西北。

未詳。《康熙乾隆輿地圖》：山西興縣西北境有龍池，有神池，或即此澤，然無確證也。

上郡白土　圜水出西[六]，東入河。

今陝西神木縣屈野河出蒙古鄂爾多斯左翼，東南流入河。

膚施　有原水祠。

原水，今陝西榆林縣無定河也，其水東南流入河。《志》云：　有五龍山、帝、原水、黄帝祠四所。《水經注》稱帝原水，誤，以《志》文「帝」字與「原水」連讀之也，今從錢曉徵説。

高奴　有洧水，可爇。

今洧水出陝西安塞縣，其水東流入延水，延水東南流入河。此《志》無延水。

太原郡汾陽　北山，汾水所出，西南至汾陰入河，過郡二，行千三百四十里，冀州寖。

今汾水出山西静樂縣管涔山，西南流至河津縣入河，與古異。漢時汾水自今河津縣又西南流，至今滎河縣入河也。

晉陽　龍山在西北，晉水所出，東入汾。

今晉水出山西太原縣懸甕山，東流入汾。

榆次　涂水鄉。

涂水，今山西榆次縣大涂水、小涂水也，其水北流入洞渦水，洞渦水西流入汾。此《志》無洞渦水。

鄔　九澤在北，是爲昭餘祁，并州藪。

今山西介休縣鄔城泊。

北地郡歸德　洛水出北蠻夷中，入河。

左馮翊褱德　洛水東南入渭，雍州寖。

今洛水出甘肅安化縣北境，東南流入河。《志》云入河，又於褱德下云入渭者，其正流入河，又自今陝西朝邑縣分一派，東南流入渭也。入渭之瀆今湮。或以歸德下云「入河」，謂入渭以入河，《志》無此例。凡入渭之水皆入渭以入河，《志》獨於此水兩著之，一云「入河」，一云「入渭」，故知爲二派，其一派繫於褱德縣下，與虖池別河繫於弓高縣下同例，故知爲支川，非正流也。《説文》云：洛入渭，其時入河一派已塞也。今入渭一派復塞，而入河一派復通，蓋二派互爲通塞矣。

北地郡直路　沮水出東，西入洛。

今沮水出陝西中部縣西境，東流入洛。《志》文出東，西入洛，當作出西，東入洛。今耀州西北境有沮水東南入渭，非此沮水。

隴西郡首陽　《禹貢》鳥鼠同穴山在西南，渭水所出，東至船司空入河，過郡四，行千八百七十里，雍州寖。

今渭水出甘肅渭源縣鳥鼠山，東流至陝西華陰縣入河。

安定郡鹵　灈水出西。

蓋今甘肅静寧州羅玉河也，其水南流入渭。鹵縣沿革不可考，今以静寧州東北接固原州爲漢烏氏，烏水所出，東接平凉縣爲漢涇陽，涇水所出，皆安定郡地，則静寧州亦當爲安定郡地，羅玉河又爲入渭大水，故疑爲濯水矣。

右扶風汧　北有蒲谷鄉弦中谷，雍州弦蒲藪。

在今陝西隴州。

汧水出西北[七]，入渭。

今陝西隴州汧陽河出州西北境，東南流入渭。

武功　斜水出衙領山北[八]，至郿入渭。

今陝西郿縣清水出縣南境山，北流至縣西境入渭。

盩厔　靈軹渠，武帝穿也。

《水經注》云：盩厔縣北有蒙蘢渠[九]，亦曰靈軹渠，然則此渠即蒙蘢渠也。此《志》郿下云：成國渠至上林入蒙籠渠。是此渠亦過上林也。《水經注》又云：成國渠注渭。《志》以爲成國渠入此渠，則此渠入渭也。以今地考之，自陝西盩厔縣東流，過咸陽縣入渭，今湮。

郿　成國渠首受渭，東北至上林入蒙蘢渠。

今陝西扶風縣漳河東北流，至武功縣蓋其故瀆，但今漳河不受渭，與古異也。自今武功縣又東北流，至咸陽縣入靈軹渠，今湮。

武功　有淮水祠。

淮當作「雍」。雍水今陝西鳳翔縣水，下流曰漳河也[一〇]。

杜陽　杜水南入渭[一一]。

今陝西麟游縣石臼水南流入渭，蓋絶成國渠而過也。《水經注》：　渭水徑渭城南，成國故渠徑渭城北。是成國渠在渭北，杜水南流，入渭必絶成國渠矣。

漆　水在縣西。

今漆水出陝西永壽縣西境，其水南流與石臼水合。石臼水入渭，漆水與石臼水合，故《山海經》、《水經》、《説文》皆云漆水入渭。《志》云杜水入渭，則漆水入杜也。《元和郡縣志》云：　邠州理即漢漆縣，漆水西北流，注于涇。麟遊縣東南亦有一漆水，與此異。《太平寰宇記》云：　新平縣有白土川水東北流，注于涇。或恐是漢之漆水。麟遊縣亦有一漆水，南流與杜陽水合，非漢之漆水，案二説皆誤也。

鄠　酆水出東南，又有潏水，皆北過上林苑入渭。

潏，當作「澇」。今澇水、酆水皆出陝西鄠縣，北流至咸陽縣入渭。

安定郡涇陽　開頭山在西，《禹貢》涇水所出，東南至陽陵入渭，過郡三，行千六十里，雍州川。

今涇水出甘肅平涼縣笄頭山，東南流至陝西高陵縣入渭。

右扶風汧　芮水出西北，東入涇，雍州川也。

今芮水出甘肅華亭縣，東流入涇。

北地郡郁郅　泥水出北蠻夷中[一二]。

今甘肅安化縣馬連河出縣北境，其水南流入涇。

京兆尹南陵　沂水出藍田谷，北至霸陵入霸水。霸水亦出藍田谷，北入渭。

今霸水出陝西藍田縣秦嶺，北流入渭。沂，當作滻，今滻水亦出秦嶺，北流至咸寧縣入霸水。

弘農郡弘農　衙山領下谷，爓水所出，北入河。

今河南靈寶縣弘農河出秦山，北流入河。

河東郡安邑　鹽池在西南。

今山西安邑縣鹽池。

弘農郡上雒　《禹貢》雒水出冢領山，東北至鞏入河，過郡二，行千七十里，豫州川。

今雒水出陝西雒南縣冢領山，東北流至河南鞏縣入河。

黽池　穀水出穀陽谷[一三]，東北至穀城入雒。

今穀水出河南澠池縣西境山，東流至洛陽縣入雒。

新安　《禹貢》澗水在東，南入雒。

未詳。此水，《水經注》已云「未詳」。今河南新安縣西北有一水，或以爲澗水，然其水入穀，與《志》不合也[一四]。

河南郡穀成　《禹貢》瀍水出潛亭北，東南入雒。

今瀍水出河南洛陽縣潛亭山，東南流入雒。

弘農郡盧氏　熊耳山在東，伊水出東北入雒，過郡一，行四百五十里。

今伊水出河南盧氏縣熊耳山，東北流入雒，《志》文「過郡一」，當作「過郡二」。凡水在一郡内者，不言過郡也。《水經》伊水至洛陽縣入于洛。案雒陽縣屬河南郡。凡水所過之郡，今不悉數，如河水過郡十六，以《水經》考之，當過二十餘郡，蓋郡界有相錯之處，今難盡考，惟顯爲傳寫之訛者，乃訂正之。

上黨郡穀遠　羊頭山世靡谷，沁水所出，東南至滎陽入河，過郡三，行九百七十里。

今沁水出山西沁源縣綿山車家嶺，東南流至河南武陟縣入河，與古異。漢時沁水自今武陟縣又東流至今滎澤縣，其時河水過此，沁水於此入河。

泫氏　楊谷，絶水所出，南至壄王入沁。

絶，當作「泫」[一五]。今山西高平縣大丹河出縣北境山，南流至河南河内縣入沁。高都下云：丹水入泫水，又縣名泫氏，正以泫水得名，「絶」字必誤也。「泫」字，草書與「絶」字相似，故傳寫誤耳。《水經注》引丹水入絶水，則高都下之「泫」字亦并訛爲「絶」矣。

高都　莞谷，丹水所出，東南入泫水。

今山西鳳臺縣黄沙河出縣北境山，東南流入大丹河。

河内郡共　北山，淇水所出[一六]，東至黎陽入河。

今河南輝縣百泉水出蘇門山，南流至獲嘉縣，及獲嘉以東之衛河也，東流至濬縣。漢時河水過此，淇水於此入河。

上黨郡壺關　沾水東至朝歌入淇。

今謂之淇水出山西壺關縣，東流至河南淇縣入衛河。今淇縣爲漢朝歌縣，其地二水合流，一爲百泉水，源出輝縣，爲漢共縣地，故知爲淇水；其一今謂之淇水，然源出壺關縣，故知爲沾水也。《説文》「淇」字解云：或曰出隆慮西山，隆慮，今河南林縣地，其西即壺關也，是許所稱。或説即今所謂淇水，蓋以沾爲淇，自許氏時已有其説矣。

魏郡鄴　故大河在東北入海。

漢時，河水自黎陽以上皆禹河故道，此明禹河異於漢時自鄴始也。以今地考之，自河南濬縣北流，至臨漳縣境，今濬縣之衛河，蓋其故瀆也。其過臨漳境者今已湮，自臨漳以北，則漢時漳水所行，至今直隸冀州。又東北，則漢時寖水及虖池河所行，又東北，至今天津縣入海，則與漢大河同也。

河内郡蕩陰　蕩水東至内黄澤。

今河南湯陰縣湯河東流至内黄縣也。内黄澤今湮。

西山，羑水所出，亦至内黄入蕩。

今河南湯陰縣西北境有地名羑河鋪，蓋其故瀆湮矣。羑河鋪見《康熙乾隆輿地圖》。

魏郡館陶　河水別出爲屯氏河，東北至章武入海，過郡四，行千五百里。

漢時，河水至今山東館陶縣別出北流也，此《志》言鳴犢河至蓨入屯氏河，是屯氏河過蓨縣。《溝洫志》云：屯氏河經魏郡、清河、信都、勃海。今山東館陶縣漢館陶，屬魏郡衛河東北流，過臨清州漢清淵，屬魏郡及臨清州北之運河，過武城縣漢東武城，屬清河郡、直隸故城縣漢廣川，屬信都國、景州漢蓨，屬信都國、東光縣漢東光，屬勃海郡，蓋其故瀆也。東光以下則與大河合，至今天津縣漢章武，屬勃海郡。入海。《水經注》云：屯氏河徑館陶縣東，東北出，又東徑甘陵縣、靈縣、鄃縣，東北合大河故瀆。案館陶屬魏郡，靈縣、鄃縣屬清河郡。甘陵縣東漢置，屬清河國。如酈説，則屯氏河惟過魏郡，清河不過信都、勃海，且不過蓨縣，與此《志》及《溝洫志》皆不合也。

内黄　清河水出南。

今河南内黄縣衛河蓋其故瀆也。東北流至山東館陶縣，其下流蓋爲屯氏決河所奪，故不言所入也。《水經》：淇水過内黄縣爲白溝，與洹水合，又過館陶縣、清淵縣、廣宗縣爲清河。案洹水即此《志》國水，《志》言淇水入河，國水則入張甲河，是淇水不與國水合。又《志》言清河水出内黄，而《水經》則至廣宗乃爲清河，《水經》但記當時水道，故與《志》不合也。今疑清河爲屯氏河所奪者，清河水必過清河郡地，故郡以水得名。而自内黄至清河郡必過館陶縣，館陶有屯氏決河，當河未決時，清河必行屯氏河之瀆矣。及河決，乃爲所奪，故《志》於内黄但云清河水出南。凡《志》文類此者，皆以其水流不遠也，爲決河所奪，故其流不遠矣。

清河郡靈　河水別出爲鳴犢河，東北至蓨入屯氏河。

漢時河水至今山東高唐州別出，東北流至直隸景州入屯氏河也。今湮。《水經注》云：鳴犢河東入鄃縣，而北合屯氏瀆。《十三州志》曰鳴犢河東北至蓨入屯氏，考瀆則不至也。案《十三州志》之言與班《志》合，酈云「考瀆不至」，非也。

平原郡鬲　平當以爲鬲津。

今山東德州地也，舉此以存《禹貢》九河故道，九河、鬲津最在南，其餘八河在鬲以北可知也。

上黨郡沾　大黽谷，清漳水所出，東北至邑成入大河，過郡五，行千六百八十里，冀州川。

今清漳水出山西和順縣沾嶺，東南流至河南臨漳縣西境皆故道。自臨漳以下，古今異流。考此《志》諸水入漳之地，有鄴濁漳水入、邯鄲漳水入、列人白渠水入、蓨張甲河入諸縣，爲當時漳水所過。以《水經》證之，濁漳水《水經》以爲清漳水入濁漳水，故二漳合流以下在《濁漳水篇》。過鄴、列人、斥漳、曲周、鉅鹿、堂陽、扶柳、信都、下博、阜城。以今地考之，自臨漳縣漢鄴北流過直隸邯鄲縣漢邯鄲、肥鄉縣漢列人，今湮。又過曲周縣漢斥漳、曲周、鉅鹿縣漢鉅鹿、新河縣漢堂陽，今漳水分流爲三派，北流一派，蓋其故瀆也。又過冀州漢扶柳、信都、深州漢下博、景州漢蓨、阜城縣漢阜城，今湮矣。《志》文邑成，當作「阜城」，漢時大河過阜城，漳水於此入河。《水經》云：過阜城縣北，又東北至昌亭，與滹沱河合。其時漳水改流，不入河，故與《志》異也。

長子　鹿谷山，濁漳水所出，東至鄴入清漳。

今濁漳水出山西長子縣鹿谷山，東流至河南林縣北境入清漳。

屯留　桑欽言「絳水出西南，東入海」。

此桑欽説《禹貢》絳水也。蓋今山西屯留縣絳河，東流至潞城縣，其下流即潞城北境之濁漳水，又下即清漳水也，其入海之瀆未詳。信都國信都下，故章河及《禹貢》絳水與此爲同爲異，無以定之。

涅氏　涅水也。

今山西榆社縣水也，其水東南流入濁漳。

魏郡武始　漳水東至邯鄲入漳。

邯會下，顔注引張晏曰：漳水之别自城西南與邯山之水會。《水經注》：漳水右與枝水合。枝水上承漳水於邯會西，而東別與邯水合。其水又東北入於漳，蓋即此水。其水首受漳水，自今直隸邯鄲縣南境東流，至縣東南境復入漳水也，今湮。

武安　欽口山，白渠水所出，東至列人入漳。

今直隸磁州滏陽河出州西山，東北流至肥鄉縣，漢時漳水過此，此水於此入漳。

武始　又有拘澗水，東南至邯鄲入白渠[一七]。

今直隸邯鄲縣南境渚河東流，至縣東南境入滏陽河。

趙國邯鄲　堵山，牛首水所出，東入白渠。

今直隸邯鄲縣牛照河出紫山，下流曰沁河，東流入滏陽河。《水經注》：牛首水東澄而爲渚，渚水東南流，注拘澗水。舊本下「渚」字訛作「沁」，後遂有渚河、沁河之名，然其名雖訛，而實有二水。《一統志》云：舊志渚河在邯鄲縣南，東入滏陽河。沁河在縣北，其源有二：一在縣西，曰巖嵛河；一在縣西北，曰牛照河，皆出紫山，合流入滏陽河。又云：舊志謂渚即拘澗水，沁即牛首水。今案《水經注》言，牛首水東南注拘澗水，雖與此《志》小異，然可見拘澗在南，牛首在北，舊志之説與酈《注》合。又沁河一源名牛照河，照即首之轉音，故知牛首水即牛照河矣。

清河郡信成　張甲河首受屯氏別河，東北至蓨入漳水。

漢屯氏河過今直隸清河縣，分一派爲屯氏別河，其下流則名張甲河。今漳水支分三派，其東北流一派過清河縣至景州，蓋其故瀆也。漢時漳水過今景州，張甲河於此入漳也。《志》不特著屯氏別河，但見於張甲河首受者，既名屯氏別河，則上流自屯氏河別出，已明其下流即張甲河，故略之也。《水經注》言：屯氏別河東北徑信成縣，張甲河出焉。又東北徑繹幕縣，分爲二瀆，並東絶大河，故瀆東北注海，其南瀆謂之篤馬河。案酈説與《志》不合，如其説，則《志》於屯氏別河之入海不當略之，且《志》於篤馬河何以不言首受屯氏別河也。《志》不著屯氏別河下流，但云張甲河首受屯氏別河，明張甲河即屯氏別河下流，非自屯氏別河分出也。本爲一水，惟以國水入之，而下流遂與上流異名，此與豚水、鬱水本一水，以温水入之，而上流下流異名，正同一例矣。又酈云：張甲河分爲二瀆，《志》亦無之。

河内郡隆慮　國水東北至信成入張甲河，過郡三，行千八百四十里。

今河南林縣洹河東流，至安陽縣皆故道，其下流古今異也。《水經》云：洹水出山，過鄴縣、内黄縣，入于白溝。又云：淇水過内黄縣爲白溝，與洹水合。又過館陶縣、清淵縣、廣宗縣。以今地考之，自安陽縣東流，過臨漳縣漢鄴縣、内黄縣漢内黄、山東館陶縣漢館陶，今湮。又自館陶縣西境、邱縣東境過直隸威縣東漢廣宗、臨清州漢清淵、清河縣漢信成。今漳水東北流一派，自邱縣至清河縣，蓋其故瀆也。過清河縣則爲張甲河。

代郡鹵城　虖池河東至參合入虖池別，過郡九，行千三百四十里，并州川。從河東至文安入海，過郡六，行千三百七十里。

勃海郡成平　虖池河，民曰徒駭河。

今虖池河出山西繁峙縣，東南流，至直隸藁城縣皆故道。自藁城以東古今異流。考此《志》諸水出入虖池河之地，有新市滋水入、東昌寖水入、弓高虖池別河首受、樂成虖池別水首受、東光虖池別水入諸縣，皆當時虖池河所過也。《志》文參合，當作「參户」。既云東至參户入虖池，别又云從河東至文安入海，各記所過郡數、所行里數者，其水分二派也。以今地考之，自今藁城縣漢新市過武邑縣漢東昌，今已湮。說見「寖水」條下。其二派之分蓋始於此，其至參户入虖池别者，東一派也。成平下云虖池河，民曰徒駭河，即此一派。當過今阜城縣漢弓高、交河縣漢成平、東光縣漢東光、青縣漢參户，今亦湮矣。此一派分流過成平，故再繫之。成平下明此爲徒駭河，以存《禹貢》九河故道。《志》文「民曰」，當作「或曰」也。其至文安入海者，西一派也。當過今獻縣漢樂成，至文安縣漢文安，今武邑縣北境虖池河，俗曰子牙河，蓋其故瀆。其自文安入海之瀆，今亦湮矣。云從河東者，漢時大河北至今天津縣入海，此水自河西絶河而過，從河之東入海，或「從」字即「絶」字之訛也。「過郡九」、「過郡六」，亦當有訛字，二派相去不遠，不得一派多過三郡，一派少過三郡也。段若膺、錢獻之皆以爲「從」字當作「别」字，謂虖池别河也，然别河見弓高縣下，此無庸復出，此至文安入海者，必更爲一派。又滱河、博水、盧水、涞水、桃水皆在虖池河北，《志》皆云入河，則漢時河水過虖池河北，虖池河入海必東絶河水而過也，「絶」字草書類「從」字，蓋傳寫之訛也。

河間國弓高　虖池别河首受虖池河，東至平舒入海。

漢時虖池河至今直隸阜城縣又分一派，在正流二派之東也。《志》言虖池河至參户入此水，是此水自今阜城縣東北流，過青縣。漢參户。今漳水東北流，一派過阜城縣，至青縣，蓋其故瀆。又自青縣絕河而東，至静海縣入海，今已湮矣。《志》文平舒上脱「東」字。虖池河二派，又有此別河，則爲三派。《志》言滱河至文安入河，則虖池至文安一派與滱河相近，而參户一派在其東，參户一派東入別河，則別河更在東也。

樂成　虖池別水首受虖池河，東至東光入虖池河。

漢時，虖池河西派過今直隸獻縣，又分一派東流，至東光縣西北境入虖池河東派也。今時虖池河至獻縣分一派東流，蓋其故瀆。今又東北流至滄州，則與古異也。

信都國信都　故章河、故虖池皆在北，東入海。《禹貢》絳水亦入海。

未詳。虖池河自藁城縣至武邑縣，其間必過冀州北境，爲漢信都北境矣。此故虖池之異者，蓋於信都絕故大河而東出耳，故大河即漢時漳水之瀆。《水經》漳水過信都，是故大河過信都也。故大河北流，故虖池東流皆過信都，而故虖池東入海，其絕大河而東出明矣。《志》存古水道，故於其絕河東出之地著之，此似無可疑者，惟故章河即清、濁二漳至鄴合流，而故大河在鄴東，故章河至鄴必入故大河，鄴縣爲今河南臨漳縣北〔一八〕，至冀州三百餘里，故章河不得如故虖池在信都絕河東出也。《志》以故章河、故虖池並言，今以故章河疑不能明，故於故虖池亦闕疑矣。上黨郡屯留下有桑欽所言，絳水即漳水也。此《禹貢》絳水與桑欽所言爲同爲異，無以定之，故皆闕疑也。

常山郡靈壽　《禹貢》衛水出東北，東入虖池。

今直隸靈壽縣黑山關水東南流入虖池。

太原郡上艾　綿曼水，東至蒲吾，入虖池水。

今山西平定州冶河東流，至直隸平山縣入虖池河。

常山郡南行唐　牛飲山白陸谷，滋水所出，東至新市入虖池水。

今滋水出山西五臺縣烏牛山北麓，東流至直隸藁城縣。漢時於此入虖池河，今此水自藁城東北流，與沙河合，與古異也。

蒲吾　大白渠水首受綿曼水，東南至下曲陽入斯洨。

真定國綿曼　斯洨水首受大白渠，東至鄡入河。

今直隸平山縣冶河，漢時分一派爲大白渠，東南流，至今獲鹿縣爲斯洨水，又東流，至今東鹿縣也，今皆湮矣。漢時河水不過鄡縣。《志》文「入河」，疑當作「入虖池河」[一九]。

魏郡武安　寖水東北至東昌入虖池河，過郡五，行六百一里。

今河南武安縣洺河東北流，至直隸任縣爲南泊。又東北流，至隆平縣爲北泊。又東北至武邑縣。則今虖池河所行，蓋其故瀆也。漢時虖池河過此，寖水於此入之。《志》言此水至東昌入虖池河，今虖池河與北泊合，又東北至武邑縣，故疑今北泊東北之虖池河爲漢時寖水。漢時虖池河不入北泊，其自北泊之北至今武邑縣者，今已湮矣。

鉅鹿郡鉅鹿　《禹貢》大陸澤在北[二〇]。

今直隸任縣南泊。

趙國襄國　西山，渠水所出，東北至任入濅。

「渠」，當作「湡」。今直隸沙河縣沙河出縣西境山，東北流，至任縣與洺河合爲南泊。

又有蓼水、馮水，皆東至朝平入湡。

蓼水，蓋今直隸邢臺縣百泉河也。「馮」，當依《説文》作「泜」，蓋今邢臺縣牛尾河。二水皆東流，至任縣入南泊[二二]。

廣平國南和　列葭水東入泜。

蓋今直隸邢臺縣北境白馬河，漢時東流入今牛尾河，今入柳林河，與古異。

常山郡中丘　逢山長谷，諸水所出，東至張邑入濁。

「諸」，《説文》作「渚」；「入濁」，當依《説文》作「入湡」；「邑」字，衍文也。今直隸内邱縣柳林河出龍騰山，東流至任縣入南泊。蓼、泜、列葭、諸四水頗難考證，今邢臺、南和、任三縣川瀆甚多，皆源出太行山，自山以東地勢平衍，水道變遷，今考《畿輔通志》，舉其大略：在邢臺縣南者百泉河，在邢臺縣北者牛尾河，又北則内邱縣南境白馬河，又北則柳林河，故疑即蓼、泜、列葭、諸四水，蓼、泜二水與湡水同在襄國境，必與湡水相比，列葭水入泜，必與泜水相比，今百泉、牛尾二河與沙河相比，故疑爲蓼、泜二水，而白馬河爲列葭水，白馬河與牛尾河相比，故疑牛尾河爲泜水，而百泉河爲蓼水也。柳林河在内邱縣，即漢中丘縣，且其北即泜水，更無可以當諸水者，其爲諸水無疑矣。

元氏　沮水首受中丘西山窮泉谷，東至堂陽入黃河。

「沮」，當作「泜」。今泜水出直隸臨城縣西南境山，東流至隆平縣，與洺河合爲北泊也。《志》文「入黃河」亦誤也，此水在寖水西，東流當入寖也。《山海經》郭注：泜水入於漳水。王懷祖據之以爲黃河，當作章河，章即漳也，然漳水在寖水東，泜水入漳則絶寖水而過矣，其絶寖水，《志》無文以明之。

房子　贊皇山，石濟水所出，東至廮陶入泜。

今直隸贊皇縣泲河出贊皇山，東流至寧晉縣入北泊[二二]。

石邑　井陘山在西，洨水所出，東南至廮陶入泜。

今洨水出直隸獲鹿縣蓮花山，東南流，至寧晉縣入北泊。

代郡靈丘　滱河東至文安入大河，過郡五，行九百四十里，并州川。

今山西靈邱縣唐河東流，至直隸文安縣西境入西淀。云入大河者，以今西淀爲河水所匯也。博水、盧水、淶水入河，並仿此。

常山郡上曲陽　恒山北谷在西北，有祠。并州山，《禹貢》恒水所出[二三]，東入滱。

蓋今山西繁峙縣沙河出巖頭山，東南流入唐河。或以今阜平縣東小水當之，然其水甚小，殆非也。

中山國望都　博水東至高陽入河[二四]。

今直隸望都縣慶都河東流，至高陽縣入西淀。

北平　徐水東至高陽入博[二五]。

今直隸完縣石橋河東流，至高陽縣與慶都河合。

又有盧水[二六]，亦至高陽入河。

今直隸滿城縣府河也，漢時此水至今高陽縣入西淀，今與石橋河合，與古異。

代郡廣昌　淶水東南至容城入河，過郡三，行五百里，并州寖。

今直隸廣昌縣拒馬河東南流，至容城縣入西淀。

涿郡故安　閻鄉，易水所出，東至范陽入濡也，并州寖。　水亦至范陽入淶。

中山國北新成　桑欽言，易水出西北，東入滱。

故安下，水亦至范陽，上脱「濡」字。　今濡水出直隸易州西境，東南流，至州西南境，及州南之易水也，又東南流，至新城縣與拒馬河合。　今易水出直隸易州西境，東流至州西南境與濡水合。　桑欽言易水出北新成西北者，北新成爲今安肅縣安肅之西北，即易州也。　云「東入滱」者，桑蓋以濡水納易水以下，及淶水納濡水以下，皆爲易水，又以今西淀爲滱河下流也。

曲逆　蒲陽山，蒲水所出，東入濡。　又有蘇水，亦東入濡。

今直隸安肅縣雹河，滿城縣徐河，其孰爲蒲水，孰爲蘇水，未詳[二七]。　二水漢時皆東流，與今易水合。今東南流，與慶都河合，與古異。博水爲今慶都河，淶水爲今拒馬河，易水即今易水，皆無疑矣。博水以北淶水，易水以南諸水，則自《水經注》已不能明，遂以爲濡水有二，若然，則《志》不當遺其一也。今謂易水所入之濡水，即蒲水、蘇水所入之濡水，此水既爲易水所入，又與易水同出，故安必與易水相比，《水道提綱》謂濡水自西北會易水是也。徐水、盧水同出北平，二水必相比，盧水入河，而徐水則入博，則徐水必與博水相比，今慶都河之北即石橋河，故知爲徐水也。府河在石橋河之北，昔人已考定爲盧水矣。易水之南、府河之北，今有雹河、徐河，必爲蒲水、蘇水，蒲、雹聲相近，蘇、徐聲相近，疑蒲水爲今雹河，蘇水爲今徐河，然無確證也。酈《注》引《志》云博水入滱，盧水入博，皆與今本異。又引淶水入河云，河即濡水，由不知今西淀，班《志》以爲河水所匯，疑此諸水不能入河耳。此《志》盧水入河，蒲水、蘇水入濡，與今水道不同，以其地平衍無山，水道遷改，其源約略可指，其委不可詳矣。

涿郡涿　桃水首受淶水[二八]，分東至安次入河。

今拒馬河至涿州，漢時分一派東南流，至今東安縣入東淀，今固安縣永定河蓋其故瀆，但永定河不自拒馬河分流，與古異也。云「入河」者，以今東淀爲河水所匯也。

良鄉　垣水南東至陽鄉入桃。

今直隸房山縣胡良河東南流，至固安縣入拒馬河。

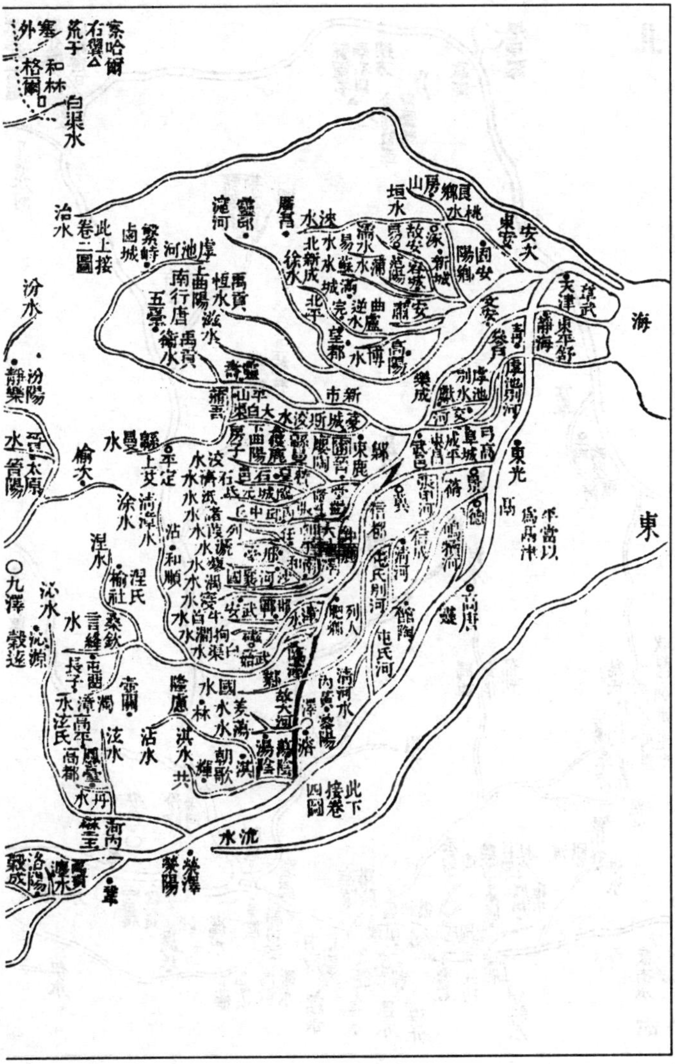
此上接卷二圖
此下接卷四圖
海
東
汾水
沁水
治水
白渠水
新市
東光
天津
静海

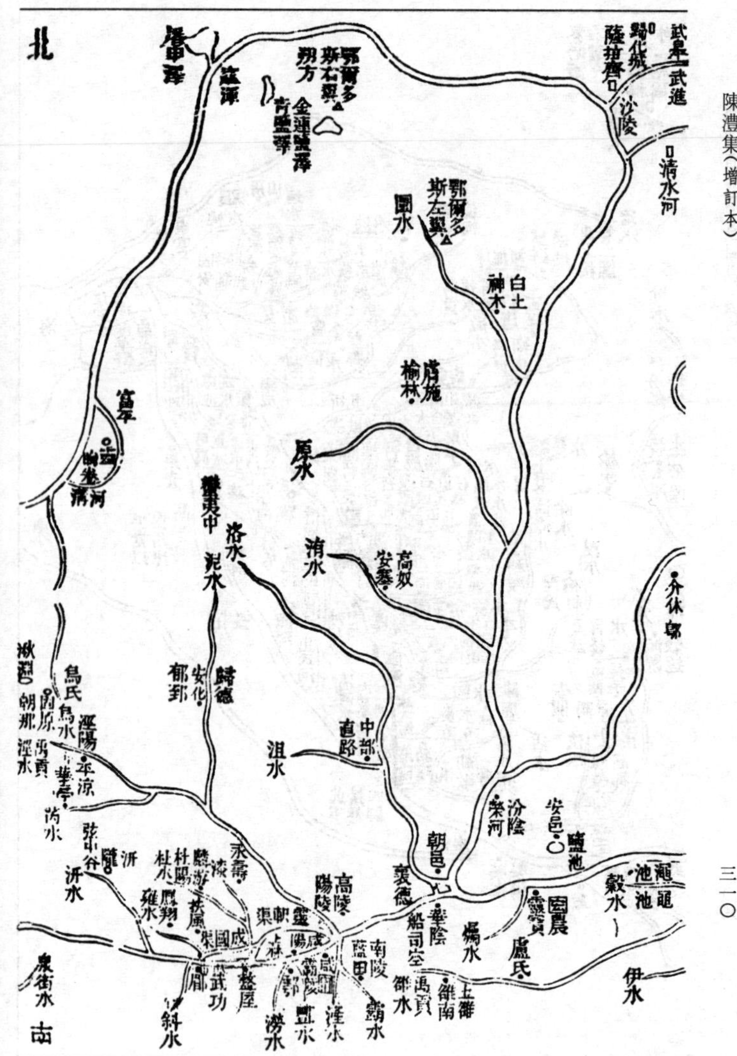

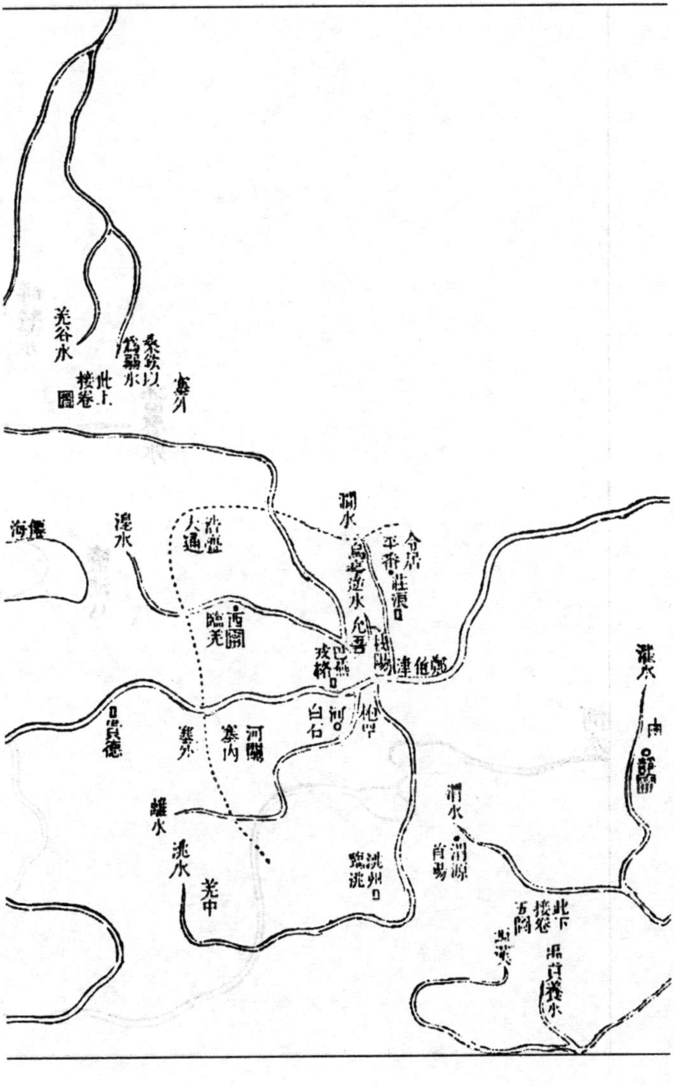

呼蠶水

浩亹水

鹽池

河水

【校記】

［一］青海西南鹽池　清圖五九—六〇作「青海東北巴漢池」。

［二］須抵池　參見西漢圖二二—二三，清圖五九—六〇。

［三］金連鹽澤、青鹽澤　參見西漢圖二〇—二一，清圖五七—五八。

［四］疑有誤。白渠水，《通檢今釋》第五頁作「今寶貝河」。

［五］此處疑有誤。參見西漢圖二〇—二一，清圖二〇—二一。芒干水與荒干水係同一水，見《通檢今釋》第一百三十九頁。

［六］疑有誤。圜水，清圖二〇—二一作「上稍兒河、禿尾河」。

［七］汧水　清圖二六—二七仍作「汧水」。

［八］斜水　清圖二六—二七作「斜谷河」。

［九］龍　當作「籠」，見《漢志》校點本。

［一〇］淮　當作「褢」，見《漢志》校點本。褢水，清圖二六—二七仍作「褢水」。

［一一］杜水　清圖二六—二七，仍作「杜水」。

［一二］泥水　清圖二八—二九作「東川河」、「馬蓮河」。

［一三］穀水　清圖二四—二五作「澗河」。

[一四] 西漢圖一五—一六與《漢志》校點本同，清圖二四—二五，新安縣西北有澗水，南入雒。

[一五] 西漢圖二〇—二一，泫氏縣以北爲絶水，泫氏縣以南爲泫水。

[一六] 淇水　清圖二四—二五作「淇河」。

[一七] 東南　當作「東北」，見《漢志》校點本。

[一八] 北　當作「西南」，見西漢圖一七。又，故章河西漢圖作「故漳河」。

[一九] 西漢圖一七作「入故漳河」。

[二〇] 大陸澤　清圖九仍作「大陸澤」。

[二一] 蓼水、滱水　清圖九分別作「牛尾河」和「百泉河」。

[二二] 北泊　清圖九作「寧晉泊」。

[二三] 疑有誤。恒水，清圖九作「横河」。

[二四] 博水　清圖九作「界河」。

[二五] 疑有誤。徐水，清圖九作「徐河」。

[二六] 盧水　清圖九作「清苑河」。

[二七] 雹河　西漢圖一七作「易水」。徐河，西漢圖一七作「徐水」。而蒲水，清圖九則作「蒲河」；　蘇水，清圖九則作「方順河上游」。

[二八] 桃水　相當於今桃河、綿河，參見《通檢今釋》第二十四頁。

漢書地理志水道圖説 卷四

平原郡平原　有篤馬河，東北入海，五百六十里。

今山東平原縣馬頰河，東北流入海。

東郡東武陽　禹治漯水，東北至千乘入海，過郡三，行千二十里。

平原郡高唐　桑欽言漯水所出。

《水經注》云：　漯水上承河水於武陽縣東，北徑陽平、樂平、聊城、清河、博平、援、高唐、漯陰、著、東朝陽、鄒平、建信、千乘，亂河支流而入於海。　以今地考之，自山東朝城縣漢東武陽東北過莘縣漢陽平、堂邑縣東漢樂平、聊城縣漢聊城，今已湮矣。　又過清平縣晉清河、博平縣漢博平、高唐州漢高唐、禹城縣漢瑗縣、臨邑縣漢漯陰、濟陽縣漢著縣，今徒駭河蓋其故瀆也。又過章邱縣東漢東朝陽，今湮。又過鄒平縣漢鄒平、高苑縣漢建信、利津縣漢千乘入海。今章邱縣之大清河蓋其故瀆也。　自高唐以上即漢時河水所行，高唐以下與河分流，故桑欽以爲出高唐也。

河東郡垣　《禹貢》王屋山在東北，沇水所出，東南至武德入河，軼出滎陽北地中，又東至琅槐入海，過郡九，行千八百四十里。

今濟水出河南濟源縣王屋山，東南流，至武陟縣入河，惟軼出爲異考。此《志》諸水受此水，入此水者，《志》皆云受泲。入泲，其地爲滎陽狼湯渠受、封丘濮渠水受、定陶荷澤爲泲水所匯，《志》云在定陶東、梁鄒如水入、博昌甾水入。又壽良下云：泲上有朐城。臨邑下云：有泲廟。又以《水經》證之，濟水與河合流，東出過滎澤、陽武、封丘、平丘、濟陽、冤朐、定陶、乘氏，入鉅野澤。又過壽張、須昌、穀城、臨邑、盧、臺、菅、梁、鄒、臨濟、利、甲下邑，入於河。酈《注》云：河水枝津注之，又東北入海。以今地考之，自滎澤縣漢滎陽軼出東流，過陽武縣漢陽武、封邱縣漢封丘、直隸長垣縣漢平丘、河南蘭儀縣漢濟陽，今黃河所行，其故瀆也。又過山東荷澤縣漢冤朐，已湮。又過定陶縣漢定陶、鉅野縣漢乘氏、壽張縣漢壽良，東漢壽張，今趙家河入運河，《康熙輿地圖》、《水道提綱》皆無此水，《乾隆輿地圖》有之。蓋其故瀆。又過東平州漢須昌、東阿縣漢穀城、臨邑、長清縣漢盧縣、歷城縣漢臺縣、章邱縣漢菅縣，今大清河其故瀆也。又過鄒平縣漢梁鄒，已湮。又過高苑縣東漢臨濟、博興縣漢博昌、利、琅槐，今小清河其故瀆也。自博興縣入海之瀆已湮，蓋在今大清河之南、小清河之北也。甲下邑當在博興東北境。

濟陰郡 《禹貢》荷澤在定陶東。

山陽郡湖陵 《禹貢》「浮于泗、淮，通于河」，水在南。

荷澤，蓋今山東定陶縣夏月湖也。通于河，河即荷澤水，今夏月湖東流曰萬福河。《康熙乾隆輿地圖》、《水道提綱》皆無此水，此據《會典》。至魚臺縣爲昭陽湖，蓋其故瀆也。

魯國卞　泗水西南至方與入沛，過郡三，行五百里，青州川。

蓋今山東泗水縣北境嶮河西南流至縣西境，及縣西之泗水，西南流至濟寧州，及州南之運河，至魚臺縣北境入昭陽湖。《志》文「入沛」，當作「入沸渠」，荷澤自沸分出，故曰沸渠也。

泰山郡蓋　臨樂于山[一]，洙水所出，西北至蓋入池水。

蓋今山東泗水縣，俗以爲泗水之源者，出縣東境山，西北流至縣西境與嶮河合。《志》文「至蓋」，當作「至卞」，「入池水」，當依《水經注》引作「入泗」。今人以此爲泗水之源，故別無西北入泗之水可以當洙水者，輒謂洙水已湮。今以《志》云洙水西北入泗，是泗水在北，故疑嶮河爲泗水之源也。洙水出蓋縣，蓋縣又有沂水，其源爲今蒙陰縣桑泉河。今人所謂泗水之源與桑泉河所出相去不遠，固宜同在一縣，故疑爲洙水。《水經》云洙水西南至卞入泗，與《志》西北入泗不合也[二]。

魯國蕃　南梁水西至胡陵入沛渠。

今山東滕縣荆溝河西流，至魚臺縣入昭陽湖也。《志》文「沛渠」，當作「沸渠」。

濟陰郡成陽　《禹貢》雷澤在西北。

在今山東濮州境，已湮。

山陽郡鉅壄　大壄澤在北，兖州藪。

在今山東鉅野縣境，已湮。

陳留郡封丘　濮渠水首受泲，東北至都關，入羊里水，過郡三，行六百三十里。

蓋今河南封邱縣沙河也，縣南黄河爲漢時泲瀆。今沙河不受黄河，與古異也。東北流至濮州與魏河合，羊里水即魏河也。《志》無羊里水所出入，蓋闕文。《水經注》云：瓠子河北有都關縣故城，縣有羊里亭，瓠河徑其南，爲羊里水。又東會濮水枝津。《經》云：又東北爲濟渠。是羊里水入泲也。今魏河出直隸開州，其水東北流入運河。《康熙輿地圖》、《水道提綱》無沙河，《乾隆輿地圖》有之。

泰山郡　汶水出萊毋，西入濟。

萊蕪　《禹貢》汶水出西南入泲，桑欽所言[三]。

今汶水出山東萊蕪縣，西南流入運河。此一水不當再見，桑欽所言非有異也。泰山郡下「汶水出萊毋西入濟」八字，當是後人所加。

齊郡臨淄　如水西北至梁鄒入泲。

今山東臨淄縣烏河西北流，至高苑縣入小清河，與古異。漢時此水又西流，至今鄒平縣乃入小清河也。

昌國　德會水西北至西安入如。

今山東淄川縣孝婦河西北流至長山縣。漢時如水過此，此水於此入之也。

泰山郡萊蕪　原山，甾水所出，東至博昌入泲，幽州寖。

今山東淄川縣淄河出分水嶺，東北流至樂安縣入清水泊，與古異。漢時此水自今樂安縣北流至博興縣，泲水過此，此水入之也。《志》文東至，當依《禹貢正義》引作東北至。《水經》淄水東北入海。注云：入馬車瀆。並與《志》異，而與今同。

齊郡鉅定　馬車瀆水首受鉅定，東北至琅槐入海。

今山東樂安縣清水泊東北流，入海之港也，首受鉅定者。《水經注》云：巨淀縣南有巨淀湖，即今清水泊也。

甾川國東安平　菟頭山，女水出，東北至臨甾入鉅定。

今山東臨淄縣東境女織河出鼎足山，東北流至縣東北境入清水泊。《康熙乾隆輿地圖》、《水道提綱》皆無此水，此據《一統志》及《會典》。

齊郡廣　爲山，濁水所出，東北至廣饒入鉅定。

今山東益都縣北洋河出牛山，東北流至樂安縣東境入清水泊。

臨朐　石膏山，洋水所出，東北至廣饒入鉅定。

今山東臨朐縣瀰河出沂山，東北流至壽光縣，漢時自此北流入清水泊，今東北流入海，與古異。

千乘郡博昌　時水東北至鉅定入馬車瀆，幽州寖。

今山東博興縣以東之小清河東北流，至縣東境與清水泊下流合。《水經注》以時水、如水爲一，非也[四]。

甾川國劇　義山，蕤水所出，北至壽光入海。

蓋今山東昌樂縣大小丹河出方山及臨朐縣丹山，北流至壽光縣，及壽光以東之瀰河也，東北流入海。

琅邪郡朱虛　凡山，丹水所出，東北至壽光入海。

今山東昌樂縣白狼河出方山，東北流，至濰縣分爲二派，其西一派北流爲長泊，又東北流，至濰縣北境入海。或以丹水爲今大、小丹河，非也。丹水與入濰之汶水同出朱虛縣。今白狼河之源稍南，即東汶水所出，故知白狼河爲丹水。丹水與蕤水俱至壽光入海。今白狼河下流爲長泊入海，其北則壽光縣瀰河入海，故知壽光以下之瀰河爲蕤水，其壽光以上之瀰河爲洋水無可疑者，故疑壽光瀰河所納之大、小丹河，爲蕤水之源也。

北海郡桑犢　覆甑山，溉水所出，東北至都昌入海。

今山東濰縣東于河出縣南山，東北流至縣東境，下流已湮。又東北則今白狼河東派，蓋其故瀆也。東北流至昌邑縣入海。今此水至濰縣入白狼河，與古異。

琅邪郡箕　《禹貢》維水北至昌都入海，過郡三，行五百二十里，兗州寖也。

今山東莒州西北境濰水北流，至昌邑縣入海。《志》文「昌都」，當作「都昌」。

折泉　折泉水北至莫入淮。

今濰水二源，此南源出莒州北境，東北流至州東北境與北源合。《志》文「莫」當作「箕」，「淮」即「維」也。久台水、浯水入淮並仿此。維水出箕，此水至箕入維，近維水之源。《水經注》：濰水導源濰山，東北徑箕縣故城西，又西折，泉水注之，是濰水發源未遠即納折泉水之證。今濰水二源，故知其一爲折泉水。《志》云北入淮，故知爲南源矣。

横　故山，久台水所出[五]，東南至東武入淮[六]。

今山東諸城縣福山水出福山，長山水出長山，合，北流至縣西境入濰，《志》文「東南」疑誤。

靈門　壺山，浯水所出，東北入淮[七]。

今山東安邱縣小浯河出縣南境山，東北流入濰。今小浯河之南有大浯河，乃《水經注》扶淇之水，非此浯水也[八]。

朱虛　東泰山，汶水所出，東至安丘入維。

今山東沂水縣東汶水出沂山，東流至安邱縣入濰。

東萊郡腄　聲洋丹水所出[九]，東北入海。

今山東棲霞縣清洋河出縣東南境山，東北流入海。《太平御覽》引此作梁山，丹水所出。《志》文云：有之罘山祠，居上山，聲洋丹水所出。案「居上山」三字，當作「居山上梁山」五字。

琅邪郡長廣　奚養澤在西。

在今山東萊陽縣。

東萊郡曲成　陽丘山，治水所出，南至沂入海[一〇]。

今山東掖縣小沽河出馬鞍山，南流至膠州入海。《志》文「沂」，當作「計斤」。

琅邪郡邦　膠水東至平度入海[一一]。

今山東高密縣膠水，東北流爲百脈湖，分二派，其南派曰南膠河，東流至平度州入海。《水經》：膠水北流入海，今北膠河也。與此異。酈《注》引此《志》作「北至平度」。酈所引《志》文多不同，不盡可據。

柜　根艾水東入海。

今山東膠州南境洋河東流入海。

椑　夜頭水南至海。

今山東日照縣傅疃河南流入海。

臨淮郡淮浦　游水北入海。

今江蘇安東縣鹽河東北流入碩項湖。湖水入海。

南陽郡平氏　《禹貢》桐柏大復山在東南，淮水所出，東南至淮陵入海，過郡四，行三千二百四十里，青州川。

今淮水出河南桐柏縣桐柏山，東流至江蘇安東縣入海。《志》文淮陵，當作淮浦，或當作睢陵[一二]。

廬江郡　金蘭西北有東陵鄉，淮水出。屬揚州。

蓋今河南光山縣小潢河也，其水東北流入淮。云淮水出者，蓋以此爲淮水之別源也。《水經注》：灌水導源廬江金蘭縣西北東陵鄉。或以爲此淮水即灌水，然灌水見雩婁縣下，無庸復出。灌水爲今石槽河，小潢河源與石槽河源甚近，必同爲東陵鄉地，故疑小潢河爲此淮水也[一三]。

汝南郡定陵　高陵山，汝水出，東南至新蔡入淮，過郡四，行千三百四十里[一四]。

今汝水出河南嵩縣西南境山，此定陵當近嵩縣。又潁川郡亦有定陵，或此「定陵」二字有誤也。或以此定陵爲今郾城縣，則去汝水之源數百里，殆非也。汝水自嵩縣東南流，至郾城縣皆故道，其下古今異流。考此《志》，瀙水至上蔡入汝。以《水經》證之，汝水自郾縣過上蔡、平輿二縣。以今地考之，自今郾城縣漢郾縣過上蔡縣漢上蔡、汝陽縣漢平輿，今已湮矣。其下流則今汝陽縣以東之南汝河也，東流至安徽阜陽縣入淮。

南陽郡魯陽　魯山，潕水所出，東北至定陵入汝。

今河南魯山縣沙河出没大嶺，東流過葉縣。漢時蓋於此東北流入汝，今東南流與輝河合，與古異也。此與昆水皆至定陵，乃潁川郡定陵，非汝南郡定陵。

又有昆水，東南至定陵入汝。

今河南葉縣輝河及縣東境之沙河也，東南流至舞陽縣入汝。今葉縣即漢昆陽縣，昆陽在昆水之陽，水北爲陽。今葉縣在輝河之北，故知輝河爲昆水矣。

雉　衡山，澧水所出，東至鄽入汝。

今河南舞陽縣澧河出縣西境山，東流至郾城縣入汝。《志》文「鄽」，當作「郾」。

舞陰　中陰山，瀙水所出，東至蔡入汝。

今河南遂平縣南，汝水之源也，出中陽山，東流至上蔡縣。漢時於此入汝，今上蔡縣境汝水已湮矣。《志》文「蔡」上脱「上」字。

廬江郡雩婁　決水北至蓼入淮。

今河南商城縣史河北流至固始縣入淮。

又有灌水，亦北至蓼入決，過郡二，行五百一十里。

今商城縣石槽河北流至固始縣入史河[一五]。

潁川郡陽城　陽乾山，潁水所出，東至下蔡入淮，過郡三，行千五百里，荆州𣸣。

今潁水出河南登封縣少室山，東南流，至沈邱縣曰沙河，又東南流，至安徽潁上縣入淮。

河南郡密　有大騩山，潩水所出，南至臨潁入潁。

今潁水至河南新鄭縣分二派，蓋其南派爲潁水正流，此潩水則其北派〔一六〕。漢時此水自出山中，不出於潁水，今自潁水支分，與古異也。南流至臨潁縣，與潁水合。《康熙乾隆輿地圖》：潁水二派之外，别無潩水。《志》言潩水至臨潁入潁，今潁水二派至臨潁合流，故疑其一爲潩水也。密縣在潁水北，故知南派爲正流，而北派爲潩矣。

潁川郡陽城　陽城山，洧水所出，東南至長平入潁，過郡三，行五百里。

今河南密縣雙泊河出縣南境山，東南流至扶溝縣，及扶溝以南之賈魯河也，南流至西華縣入潁。

河南郡滎陽　有狼湯渠，首受泲，東南至陳入潁，過郡四，行七百八十里。

今河南滎澤縣小賈魯河也，漢時滎陽泲瀆爲今河南滎澤縣黄河所行，今小賈魯河不與黄河通流矣。小賈魯河下流曰賈魯河，東南流至扶溝縣，其下流與洧水合〔一七〕，與古異也。《水經》云：渠至扶溝縣北，其一者東南過陳縣北。以今地考之，爲自扶溝縣東南流，過淮寧縣漢陳縣，今湮。又南則今淮寧縣蔡河，蓋其故瀆也，南流入沙河。《康熙輿地圖》、《水道提綱》無蔡河，《乾隆輿地圖》有。

卞水、馮池皆在西南。

卞水，今河南滎陽縣索河也，其水東流爲小賈魯河，即狼湯渠也。馮池在今滎陽縣境。

中牟　圃田澤在西，豫州藪。

在今河南中牟縣境。

沛郡城父　夏肥水東南至下蔡入淮，過郡二，行六百二十里。

今河南鹿邑縣清水河東南流，至安徽曰淝河[一八]，又東南流，至潁上縣入淮[一九]。

廬江郡灊　沘山，沘水所出，北至壽春入芍陂。

今安徽霍山縣淠河出縣南境山，北流至六安州。《水經》：沘水過六縣。《注》云：又西北分爲二水，芍陂出焉。蓋自今六安州漢六縣分一派，東北流至壽州南境，今已湮矣。又東北流。今清河蓋其故瀆，今清河自芍陂西南流出，古今順逆異流也。漢時東北流，至今壽州入芍陂，芍陂水入淮。

六安國六　如谿水首受沘，東北至壽春入芍陂。

今安徽六安州以北之淠河也，今此水北流入淮，與古異。漢時東北流，至今壽州入芍陂也。

淮陽國扶溝　渦水首受狼湯渠，東至向入淮，過郡三，行千里。

今河南扶溝縣渦河[二〇]，漢時首受今賈魯河也，東南流，至安徽懷遠縣入淮。

陳留郡陳留　魯渠水首受狼湯渠，東至陽夏入渦渠。

今河南杞縣周家河，漢時首受今賈魯河也，東南流，至柘城縣入渦河。《康熙輿地圖》、《水道提綱》皆無此水，《乾隆輿地圖》有之。

濟陰郡乘氏　泗水東南至睢陵入淮，過郡六，行千一百一十里。

泗水既於方與入泲渠，復東南出也。蓋今山東魚臺縣東南境之微山湖及江蘇銅山縣以東之黄河也，東南流，至清河縣與淮水合。漢乘氏縣地，當自今鉅野縣南境至魚臺縣南境，故《志》載泗水於乘氏縣下，胡朏明謂班氏以菏水爲泗水，蓋但以今鉅野縣爲漢乘氏縣耳。其不以魚臺縣爲乘氏縣地者，蓋以魚臺爲漢方與縣地也。今謂魚臺北境乃方與縣地，其南境則乘氏縣地，蓋泲渠北爲方與，南爲乘氏，故《志》言泗水至方與入泲，其自泲渠亂流而出則載於乘氏下也。

山陽郡平樂　淮水東北至沛入泗。

今山東單縣順隄河東流至江蘇沛縣入微山湖。《志》文「淮」，當依《水經注》引作「泡」；「泲」當作「沛」。《康熙乾隆輿地圖》、《水道提綱》皆無此水，此據《會典》。

河南郡開封　逢池在東北，或曰宋之逢澤也。

在今河南祥符縣境。

梁國蒙　獲水首受甾獲渠，東北至彭城入泗，過郡五，行五百五十里。

《水經注》云：　汳水東逕考城縣故城南爲甾獲渠。又東逕寧陵睢陽。以今地考之，爲自河南考城縣東漢考城，過寧陵縣漢寧陵、商邱縣漢睢陽，今河南考城縣以東之黄河，蓋其故瀆也。其下流爲獲水。《水經》云：　獲水出汳水于梁郡蒙縣北。《注》云：　東逕已氏、虞、下邑、杼秋。《經》又云：　又東過蕭、彭城，入于泗。以今地考之，自今河南商邱縣漢蒙縣，過山東曹縣漢已氏，河南虞城縣漢虞縣，江蘇碭山縣漢下邑、杼秋、蕭縣漢蕭縣、銅山縣漢彭城，今商邱縣之黄河，其故瀆也。東南流至銅山縣，以下爲漢時泗水。

睢陽　《禹貢》盟諸澤在東北。

在今河南虞城縣境。

泰山郡南武陽　冠石山，治水所出，南至下邳入泗，過郡二，行九百四十里。

今山東費縣巨龍河出縣西南境山，南流至嶧縣及嶧縣南境之運河，蓋其故瀆也。東南流至江蘇邳州西境。漢時於此入今黄河也。此水源流不及九百餘里，《志》文疑有誤。《水經注》言治水東南流，注于沂。與《志》異。《志》云南入泗，故知爲巨龍河[二二]。

東海郡容丘　祠水東南至下邳入泗。

今山東蘭山縣芙蓉河、燕子河合，南流至江蘇邳州，及邳州以南之運河，蓋其故瀆也。今運河與駱馬湖合，與古異。漢時則入今黄河也。《水經注》云：武原水南合武水，謂之泇水，南至下邳入泗。又有桐水出西北東海容丘縣，東南至下邳入泗。桐水即此祠水，字形相近而訛耳。其武原水與武水合流爲泇水，即今西泇河、東泇河合流也。桐水入泗在泇水之下，今芙蓉河、燕子河在東泇河之東，故知爲祠水矣。

泰山郡蓋　沂水南至下邳入泗，過郡五，行六百里，青州寖。

今山東蒙陰縣桑泉河東南流至蘭山縣及蘭山以南之沂水也，南流至江蘇邳州爲駱馬湖。漢時又南流，入今黄河也。沂水有二源：其東源出沂水縣，此以其西源桑泉河爲正源者。沂與洙同出蓋縣。今桑泉河源與今所謂泗水之源相近，故同爲漢蓋縣地，若其東源，則相隔遠矣。

琅邪郡東莞　術水南至下邳入泗，過郡三，行七百一十里，青州寖。

今山東沂水縣沭河，南流至江蘇邳州。漢時於此入今黄河。今沭河自邳州東流，過沭陽縣東北入海，與古異也。

陳留郡浚儀　睢水首受狼湯水，東至取慮入泗，過郡四，行千三百六十里。

今睢水自河南祥符縣首受賈魯河，東南流至陳留縣《康熙輿地圖》、《水道提綱》皆無，《乾隆輿地圖》有之，又東南流爲周家河，則與古異也。《水經注》云：　睢水出陳留縣西蒗蕩渠，逕雍丘、襄邑、寧陵、睢陽、穀熟、太丘、芒。以今地考之，自陳留縣漢陳留東流，過杞縣漢雍丘、睢州漢襄邑、寧陵漢寧陵、商邱漢睢陽，東漢穀熟、永城漢芒，東漢太丘諸縣，今已湮矣。又東，則今江蘇蕭縣睢河也，東南至睢寧縣。漢時於此東流入今黄河，今則自睢寧東南入洪澤湖，與古異也。

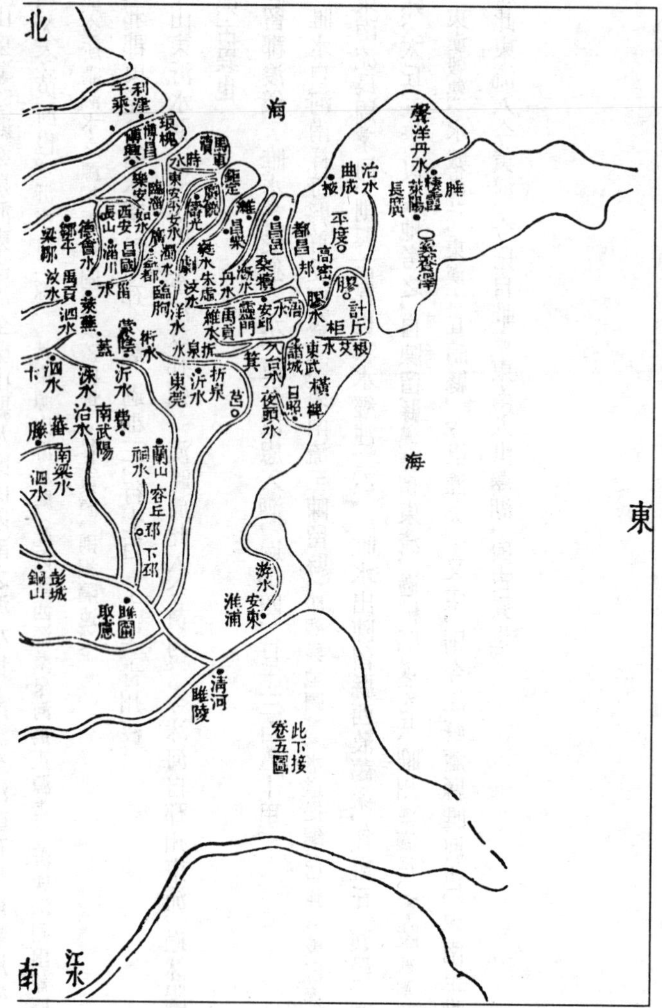
北
東
南
海
海
江水
此下接卷五圖
淮浦
安東
游水
清河
睢陵
取慮
彭城
銅山
下邳
容丘
泗水
沂水
東莞
莒
日照
平度
高密
曲成
長廣
治水
膠水
濰水
汶水
臨朐
淄川
利津
千乘
博昌
樂安
臨淄
西安
長山
昌國
鄒平
梁鄒
萊蕪
蒙陰
費
南武陽
南梁水
滕
蕃

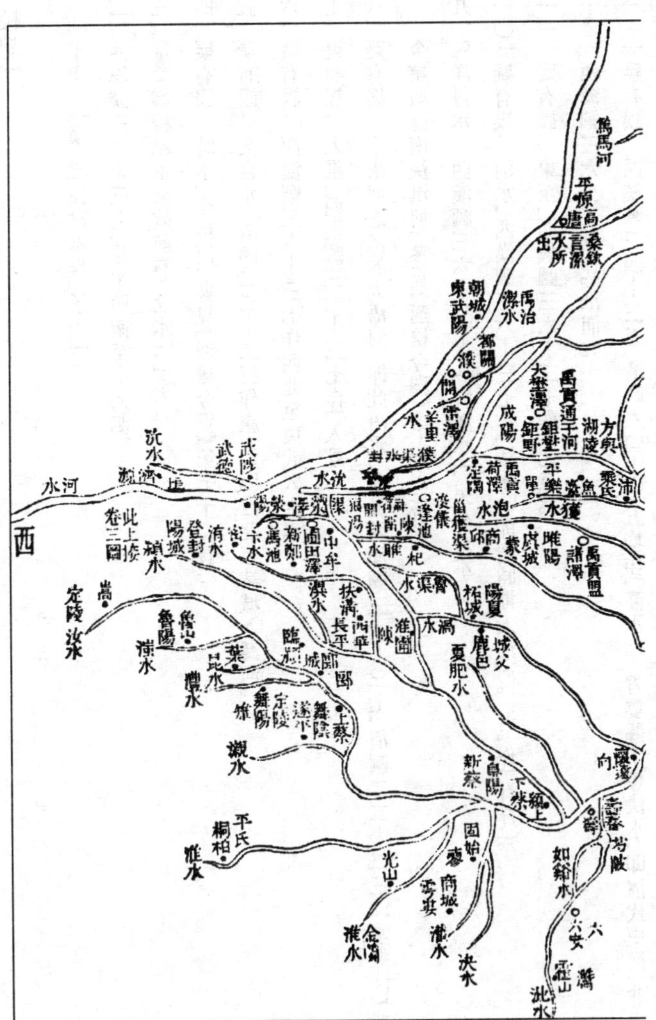
西
河水
沇水
武陟
武德
滎陽
此上接卷三圖
登封
陽城
潁水
洧水
密
新鄭
中牟
圃田澤
扶溝
長平
西華
臨潁
郾
上蔡
舞陽
定陵
葉
昆水
澧水
魯陽
魯山
滍水
汝水
嵩
平氏
桐柏
淮水
光山
新蔡
固始
商城
灌水
決水
六安
霍山
沘水
如谿水
芍陂
壽春
下蔡
潁上
細陽
鹿邑
城父
夏肥水
淮陽
陳
渦水
陽夏
柘城
睢陽
虞城
蒙
睢水
浚儀
逢池
開封
篤馬河
平原
高唐
桑欽
言漯水所出
禹治漯水
朝城
東武陽
濮陽
大野澤
禹貢通于河
成陽
鉅野
湖陵
方與
沛
乘氏
平樂
單
定陶
菏澤
泗水
獲水
孟諸澤
禹貢盟

【校記】

[一] 于山　《漢志》校點本作「子山」。

[二] 西漢圖三六—三七，洙水西南至卞入泗。

[三]《漢志》校點本桑欽前有「汶水」二字。

[四] 疑有誤。時水，今烏河，參見《通檢今釋》第七十二頁。

[五] 疑有誤。久台水，清圖二二—二三作盧水河，西北至諸城入濰河。

[六] 疑有誤。西漢圖三六—三七作西北至東武入維水。

[七] 疑有誤。入淮，西漢圖三六—三七作「入維」。

[八] 疑有誤。小浯河之南的大浯河，即此浯水，參見西漢圖三六—三七，清圖二二—二三。《水經注》扶淇水爲今諸城縣南決淇河，參見《通檢今釋》第七十二頁。

[九] 聲洋丹水　西漢圖三六—三七作「聲洋水」，另有丹水。

[一〇] 疑有誤。治水，西漢圖三六—三七作「沽水」，即清時期大沽河。沂，作「計斤」。

[一一] 疑有誤。東至，西漢圖三六—三七作「北至」。

[一二] 西漢圖三六—三七作「淮浦」。

[一三] 疑有誤。西漢圖三四—三五、清圖二四—二五均作「灌水」。雩婁縣下係決水，即清代史河，非灌水也。

［一四］《水經注》卷二一，汝水出河南梁縣勉鄉西天息山； 西漢圖一五—一六，汝水出河南梁縣境。

［一五］清圖二四—二五，商城縣南爲灌水，商城縣北爲曲河，曲河至固始縣入史河。

［一六］清圖二四—二五，淠水自出山中。

［一七］洧水　清圖二四—二五作「雙洎河」。

［一八］淝河　清圖二四—二五作「西肥河」。

［一九］潁上縣　清圖二四—二五作「壽州」。

［二〇］過河　清圖二四—二五作「渦河」。

［二一］疑有誤。治水，清圖二二—二三作「小沂水」（浚河）。

漢書地理志水道圖説　卷五

蜀郡湔氐道　《禹貢》岷山在西徼外，江水所出，東南至江都入海，過郡七，行二千六百六十里。

今江水出四川松潘廳羊膊嶺，東南流，至江蘇通州入海。《志》文「二千」，當依《説文》繫傳引作「七千」。

汶江　江沱在西南，東入江。

蓋今四川理番廳孟董溝東南流入江。今此水自江水分出之處已湮矣。

郫　《禹貢》江沱在西，東入大江。

今江水自四川灌縣分二派：縣南一派過温江縣、雙流縣、新津縣者，大江正流也。此江沱則西南一派，過崇慶州，至新津縣復合。或以爲此江沱即湔水，蓋以湔水上流有太平河、柏木河自大江支分也。然《志》於此江沱不言至某縣，行若干里，是其水甚短，若以爲湔水，則行千餘里，《志》必記所至及所行里數矣。

臨邛　僕千水東至武陽入江，過郡二，行五百一十里。

今四川邛州南河東流至新津縣入江。此水不及二百里，《志》文「五」字誤也。

江原　郫水首受江，南至武陽入江。

今四川灌縣江水南派復分一派，東南流，過成都縣、華陽縣，屈西南流，至彭山縣復合。今江水自灌縣支分，交絡甚多，約之則爲三派，其孰爲大江正流，孰爲江沱，孰爲郫水，舊説多淆亂。今案僕千水至武陽入江，爲今邛州南河，至新津縣入江，此無疑者，然則大江正流必過新津縣矣。《志》云江沱東入大江。則正流在東，江沱在西矣。故知灌縣南一派過温江、雙流、新津諸縣者爲大江正流，其西南一派過崇慶州者爲江沱也。大江與江沱既定，則郫水必爲東南過成都、華陽一派也。

汶江　渽水出徼外，南至南安，東入江，過郡三，行三千四十里。

今四川黨壩土司，大渡河出土司北境，南流，屈東流，至樂山縣入江。

青衣　《禹貢》蒙山谿大渡水東南至南安入渽。

今四川蘆山縣青衣江出伏牛山，東南流，至樂山縣入大渡河。

嚴道　邛來山，邛水所出，東入青衣。

今四川滎經縣滎經水出縣西南境山，東流入青衣江。云「入青衣」者，入青衣大渡水也。

蜀郡　《禹貢》桓水出蜀山，西南行羌中，入南海。

今四川霍耳孔撒土司里遼達巴罕水西南流至上瞻對土司境，及上瞻對西南之布賴楚河，西南流至雲南曰金沙江，即越巂郡遂久之繩水。此云「入南海」者，誤也。漢時此水行羌中，中國不知其下流即繩水，誤以爲入南海耳。著於郡下者，此水所出，乃邊徼不置縣之地也。班《志》所記水道，惟此條爲誤，後儒亦知其誤，而未知其所指爲何水，今知爲布賴楚河者[二]。《志》云行羌中，必是邊境之水，其水在蜀郡，必在今四川境。今四川邊境大水西南流者惟布賴楚河，又其東即無量河、里楚河諸水，即蜀郡之小江八也。《志》以此水與小江八同著於蜀郡下，故知爲布賴楚河矣。布賴楚河上源遠出西藏，爲蜀郡徼外地，而《志》云「出蜀山」，故知其以里遼達巴罕水爲桓水之源也。

越巂郡遂久　繩水出徼外，東至僰道入江，過郡二，行千四百里。

今雲南麗江縣金沙江，其源即布賴楚河也[三]，東流至四川宜賓縣入江。《志》文「千」上當有脱字。此水《水經》謂之淹水，云出遂久縣徼外，東南至青蛉縣。案青蛉，今劍川州也，遂久在青蛉上流，則在劍川州北，爲今麗江縣地。《水道提綱》云：自麗江至敘州府城東與岷江會二千五百餘里，漢里數又短，故知「千」字上有脱字也。

蜀郡　有小江入，并行千九百八十里。

「入」當作「八」，今四川西界諸土司境無量河、里楚河及所納沙魯齊波多拉達巴罕諸水也，其水合流，南入金沙江。《志》不言入繩，蓋流入徼外也。著於郡下者，諸水所行皆邊徼不置縣之地也。此小江八，昔人多未考，今知爲無量河諸水者。若水爲今鴉龍江，鴉龍江以東之水皆已見於《志》，別無衆水并行者，此小江八，必在鴉龍江之西，故知爲無量河諸水矣。

越巂郡姑復　臨池澤在南。

今雲南永北廳程海也，其水南流入金沙江。《水經》：淹水東過姑復縣，南入于若水。則姑復近鴉龍、金沙二江合流處，其地大澤，惟永北廳之程海，故知爲臨池澤也。

蜀郡旄牛　鮮水出徼外，南入若水。若水亦出徼外，南至大莋入繩，過郡二，行千六百里。

若水，今四川林葱土司鄂宜楚爾古河。東南流至霍耳竹窩土司，及霍耳竹窩以南之鴉龍江，南流至紅卜苴土司入金沙江也。鮮水，霍耳竹窩以北之鴉龍江，源出青海南境，南流與鄂宜楚爾古河合。若水爲今鴉龍江無疑矣。知鮮水爲鴉龍江之源者，今鴉龍江之西有無量河、里楚河諸水，爲蜀郡之小江八，其北里遼嶺爲蜀郡桓水所出之蜀山，漢時皆在徼内，而鮮水與若水並出徼外，則更出里遼嶺之北矣。里遼嶺之北水入鴉龍江者爲鄂宜楚爾古河，但鄂宜楚爾古河東流，而鴉龍江南流，《志》云鮮水南入若水，故知鴉龍江上流爲鮮水，下流爲若水，而鄂宜楚爾古河爲若水之源也[三]。

越巂郡定莋　步北澤在南。

蓋今雲南永寧土府瀘枯湖也，其水東北流入鴉龍江。或以爲在四川鹽源縣，其地無大澤，但以小池澤當之耳。瀘枯湖乃大澤，《志》必不遺之，故疑爲步北澤也[四]。

蘇示　尼江在西北。

蓋今四川鹽源縣鹽井河也，其水西北流入鴉龍江。或以爲永寧土府開基河，然開基河與瀘枯湖會，

《志》既載瀘枯湖，即得兼開基河，故疑㞦江爲鹽井河也。或以爲在西昌縣北，則與孫水混矣[五]。

臺登　孫水南至會無入若，行七百五十里。

今四川冕寧縣安寧河南流，至迷易土司入鴉龍江。

邛都　有邛池澤。

今雲南西昌縣熱水塘，其水西流入安寧河。

益州郡弄棟　東農山，毋血水出，北至三絳南入繩，行五百一十里。

今雲南鎮南州龍川江出州西北境山，北流至四川黎溪州土司南境入金沙江。龍川江之北有大姚河，亦入金沙江，但大姚河東入，與《志》云「北至」不合，故知爲龍川江也。

滇池　滇池澤在西北。

今雲南昆明縣滇池也，其水下流曰普渡河，北流入金沙江。

收靡[六]　南山臘[七]，涂水所出，西北至越巂入繩，過郡二，行千二十里。

今雲南嵩明州車洪江出州西南境山，下流曰牛欄江，西北流至木期古土司入金沙江。

犍爲郡南廣　汾關山，符黑水所出[八]，北至僰道入江。

今四川敘永廳納溪出雪山，北流至納溪縣入江。

蜀郡緜虒　玉壘山，湔水所出，東南至江陽入江，過郡三，行千八百九十里。

今四川崇寧縣濛水出縣北境山，東南流曰清白江，曰湔雒，曰珠江，曰金川，至瀘州入江[九]。灌縣南有太平河、柏木河，自大江支分，東流與濛水合，是湔水亦自江分流，但《志》不云湔水受江，故知其以濛水爲正源也。

廣漢郡雒　章山，雒水所出，南至新都谷入湔。

今雒水出四川什邡縣章山，東南流曰雁水，至金堂縣與清白江合。新都谷，蓋清白江受雒水處也。

綿竹　紫巖山，綿水所出[一〇]，東至新都北入雒。

今綿水出四川綿竹縣西北境山，東南流，至金堂縣與雒水合。

犍爲郡南廣　又有大涉水，北至符入江，過郡三，行八百四十里。

今雲南鎮雄州赤水河北流至四川合江縣入江。

隴西郡西　《禹貢》嶓冢山，西漢所出，南入廣漢白水，東南至江州入江，過郡四，行二千七百六十里。

今西漢水出甘肅秦州嶓冢山[一一]，西南流，屈東南流，至徽縣，及徽縣以南之嘉陵江也，南流至四川巴縣入江。《志》文「南入廣漢白水」六字蓋衍文。　蓟氏道下云白水入漢，此云漢入白水，《志》無此例，且既云入白水，又云入江，亦無此例也。

武都郡武都　天池大澤在縣西。

今甘肅西和縣仇池。

河池　泉街水南至沮入漢，行五百二十里。

今陝西鳳縣嘉陵江源南流至徽縣與西漢水合[一二]。《水經注·沔水篇》云：沔水，一名沮水，導源南流；泉街水出河池縣，東南流入沮縣，會于沔。案此沮水即此《志》沮水，爲今沔縣上沮水也。今有瀘水東南流，與上沮水會，則酈所謂泉街水也。然瀘水甚短，但行數十里，此《志》泉街水行五百二十里，必非瀘水。又酈注《漾水篇》有河池水，西南入濁水。濁水，今黑峪江；河池水，則今九龍池水也。其水亦甚短，亦非此河池、泉街水也。今略陽縣北境三水合流，一爲西漢水，一爲黑峪江，即養水，皆《志》所已載，一爲嘉陵江源，其水自發源至與西漢合，今約三百餘里，爲漢時五百餘里，故知爲泉街水矣。

廣漢郡甸氐道　白水出徼外，東至葭明入漢，過郡一，行九百五十里。

今白水江出四川松潘廳北境，東流至昭化縣與嘉陵江合。《志》文「過郡一」，「一」字誤。凡水在一郡内者不言過郡，此水出甸氐道，至葭明雖皆屬廣漢郡，而中間當過武都郡也。

隴西郡羌道　羌水出塞外[一三]，南至陰平入白水，過郡三，行六百里。

今甘肅岷州白龍江南流至階州與白水江合。

巴郡閬中　彭道將池在南，彭道魚池在西南。

未詳。《四川通志》蒼溪縣老池潭産魚，蓋即彭道魚池歟？

安漢　是魚池在南。

未詳。

宕渠　潛水西南入江。

今四川太平縣渠河西南流入嘉陵江[一四]。《志》文「入江」，當作「入漢」。

不曹水出東北，南入灊徐谷。

今四川通江縣巴江南流入渠河[一五]。灊即潛也，徐谷蓋渠河受巴江處也。

廣漢郡剛氏道　涪水出徼外，南至墊江入漢，過郡二，行千六十九里。

今涪水出四川平武縣西境，南流至合州入嘉陵江。

梓潼　五婦山，馳水所出，南入涪，行五百五十里。

今四川梓潼縣梓潼水出龍門山，南流入涪。

牂柯郡鄨　不狼山，鄨水所出，東入沅，過郡二，行七百三十里。

蓋今貴州甕安縣甕安河出縣西南境山，北流至縣北境，及縣北之烏江也[一六]。《志》文「入沅」，誤，烏江與沅不通流。《水經》：延江水入于酉水，酉水入于沅。延江水即今烏江也。如《水經》之說，則烏江與沅通流，但既入酉以入沅，此《志》之例，當云「入酉」，不云「入沅」也。且自甕安至沅當行千餘里，《志》云七百三十里，當自甕安至四川界而止，「沅」字爲「何」字之誤，所未詳也。今烏江東北流，屈西北流，入江。

犍爲郡漢陽　山闟谷，漢水所出，東至鄨入延。

今貴州威寧州三岔河出州東南境山，東流至黔西州與烏江合。延即烏江也，出威寧州東北境，東流至甕安縣與甕安河合。《志》無延水，蓋有脱文。

符　温水南至鄨入黚水，黚水亦南至鄨入江。

黚水，今貴州遵義縣湘江。南流至甕安縣入烏江[一七]。《志》文「入江」，疑當作「入延」。温水，今湄潭縣湄潭河[一八]，南流至甕安縣入烏江。漢時此水則入今湘江也。南廣縣大涉水，北至符入江，此温、黚二水亦皆出符縣，則與大涉水近。大涉水爲今赤水河，其相近二水南流者惟湄潭河與湘江，故知爲温水、黚水也。二水皆至鄨，今湄潭河、湘江皆至甕安，是甕安爲鄨縣地，故疑甕安河爲鄨水也。《水經》延江水出犍爲南廣縣，則延江水源與大涉水源近。今烏江源與赤水河源相距不過百里，故知爲延水也。漢水東入延，今三岔河東入烏江，故知爲漢水也。

巴郡朐忍　容毋水所出。

今四川雲陽縣東瀼河也，其水南流入江。

南郡巫　夷水東至夷道入江，過郡二，行五百四十里。

今湖北利川縣清江東流至宜都縣入江。

枝江　江沱出西，東入江。

今湖北枝江縣江中有洲，江水分爲二，東流復合。

漢中郡房陵　東山，沮水所出，東至郢入江，行七百里。

今沮水出湖北遠安縣北風山，東南流，至江陵縣入江。

南郡高成　洈山，洈水所出，東入繇。　繇水南至華容入江，過郡二，行五百里。

繇水，今湖北松滋縣三岡湖水。　東南流至公安縣。　漢時蓋自此又東南流，至今石首縣入江。今於公安會江水支津入澧，與古異也。　洈水，今松滋縣界溪河，出縣西南境山，東南流與三岡湖水合。

《説文》、《水經》並言油水出武陵孱陵，油水即繇水也。　孱陵，今公安縣地，此水今出松滋縣東南、公安縣西北，爲漢高成、孱陵二縣界，《志》言出高成，《説文》、《水經》言出孱陵，各舉一縣耳。《説文》既作油，則其「洈」字解説當云入油，今本作「入繇」，或後人據《漢志》改之歟。　石首縣在三岡湖東南，故《説文》云東南入江。《志》云南，不云東南，文略耳。《水經》云東北入江，或漢末改流也。　今公安縣境平土無山，湖陂支衍，宜水道有變遷矣。

牂柯郡故且蘭　沅水東南至益陽入江，過郡二，行二千五百三十里。

今沅水出貴州平越州，東北流，至湖南龍陽縣注洞庭湖，湖水入江。《志》文「東南」，當作「東北」。

武陵郡無陽　無水首受故且蘭，南入沅，八百九十里。

今貴州施秉縣鎮陽江首受黄平州兩岔江，東北流，屈南流入沅。

義陵　鄜梁山，序水所出[一九]，西入沅。

今湖南漵浦縣雙龍江出縣東南境山，西流入沅。

辰陽　三山谷，辰水所出[二〇]，南入沅，七百五十里。

今貴州銅仁縣順溪出縣西北境山，東流至湖南曰麻陽河東北流入沅。《志》文「南入」，誤也。應劭曰「東入」。

充　酉原山，酉水所出[二一]，南至沅陵入沅，行千二百里。

今四川酉陽州嘉塘河出州西南境山，東流至湖南曰北河。屈南流，至沅陵縣入沅。

索　漸水東入沅。

今湖南桃源縣漆家河東流入沅。《水道提綱》云：古所謂辰、酉、敘、無、漸五水，惟漸水未明。案《水經注》：沅水東入龍陽縣，有澹水南流，東折，南注沅，亦曰漸水。沅水又東歷龍陽縣之氾洲。今龍陽縣西北沅水分二派，復合，即所謂氾洲也。漆家河在其西，其水南流，東折而南注沅，與酈《注》所云正合，故知爲漸水也。

零陵郡都梁　路山，資水所出，東北至益陽入沅，過郡二，行千八百里。

今資水出湖南武岡州楓門嶺，東北流，至沅江縣入洞庭湖。云「入沅」者，《志》以今洞庭湖西畔爲沅水所匯也。澧水入沅仿此。

武陵郡充　歷山，澧水所出，東至下雋入沅，過郡二，行一千二百里。

今澧水出湖南永順縣西北境山[二二]，東流至安鄉縣入洞庭湖。

零陵郡零陵　陽海山，湘水所出，北至酃入江，過郡二，行二千五百三十里。

今湘水出廣西興安縣海陽山，北流至湖南湘陰縣入洞庭湖。云「入江」者，《志》以今洞庭湖東畔爲江水所匯也。《志》文「酃」，當作「羅」，今湘陰縣，漢羅縣地也。春水至酃入湘，湘水過酃，又行數百里，乃入洞庭湖，不得云至酃入江也。

桂陽郡耒陽　春山，春水所出，北至酃入湖，過郡二，行七百八十里。

今湖南新田縣春陵水出春陵山，北流至常寧縣入湘。《志》文「入湖」，當作「入湘」。

郴　耒山，耒水所出，西至湘南入湖。

今耒水出湖南桂陽縣南境山，下流曰郴江，西北流至衡陽縣入湘。《志》文「入湖」，當依《水經注》引作「入湘」。

長沙國茶陵　泥水西入湘，行七百里。

今湖南酃縣洣水西流入湘。

南郡華容　雲夢澤在南，荆州藪。

今洞庭湖。

武都郡沮　沮水出東狼谷,南至沙羨南入江,過郡五,行四千里,荆州川。

隴西郡氐道《禹貢》養水所出,至武都爲漢。

武都郡武都　東漢水受氐道水,一名沔,過江夏,謂之夏水,入江。

沮水,今陝西沔縣上沮水,出縣北境山,下流爲東漢水[二三],東南流至湖北江夏縣入江。養水,今甘肅秦州黑峪江也。今黑峪江不與東漢水通流。《志》云養水至武都爲漢,又云東漢水受氐道水,皆存《禹貢》故道耳。漢時東漢水已不受氐道水,故更以沮水爲其源也。此金輔之説。凡東漢水所納之水,《志》云入漢,或云入沔,惟不云入沮,則以沮水本非東漢水正源故也。夏水者,漢水支流。今漢水至湖北潛江縣、漢川縣、沔陽州支分,南出交絡爲邋遢湖、赤野湖、沙湖,皆東流入江。

右扶風武功　褒水亦出衙領,至南鄭入沔。

今陝西郿縣黑龍江出太白山,南流至南鄭縣入漢[二四]。

漢中郡南鄭　旱山,池水所出,東北入漢。

今陝西南鄭縣老渚河出籠蓋山,東北流入漢。

安陽　在谷水出北[二五],南入漢。

今陝西城固縣水南流入漢[二六]。

鬵谷水出西南[二七],北入漢。

今陝西西鄉縣洋河北流入漢[二八]。

旬陽　北山，旬水所出，南入沔。

今陝西鎮安縣洵河出太乙山，南流入漢。

弘農郡上雒　甲水出秦領山，東南至錫入沔，過郡三，行五百七十里。

今湖北鄖西縣吉水河出鐵錫嶺，東南流，至陝西白河縣入漢。[二九]

丹水　水出上雒冢領山，東至析入鈞。

今丹水出陝西商州秦嶺東麓，東流至河南淅川縣與老鸛河合。鈞即老鸛河也，出淅川縣西北境，南流至湖北均縣入漢。《志》無鈞水，蓋有脱文。

漢中郡房陵　筑水東至筑陽入沔。

今湖北房縣南河東流至穀城縣入漢。

南陽郡酈　育水出西北，南入漢。

育水，見盧氏縣，此育水當作湍水，即黃水、鞠水所入也。今河南内鄉縣湍河南流入潦河。《志》云「入漢」，蓋古今異流也，抑「入洱」之誤歟[三〇]？酈縣爲今内鄉縣，育水爲今白河，出内鄉東北二百里，非出西北，故知此育水爲誤字也。《水經》淯水即此《志》盧氏縣育水，而酈氏《注》均水云：《地理志》謂之育水。是酈氏以爲育水有二，蓋其時班《志》酈縣湍水字已訛作「育」矣，故酈氏《淯水注》云東流徑酈縣故城北亦由誤，以酈縣有育水而傅會其説,實則淯水源在酈縣東北,即東流亦不能徑酈縣北也。

弘農郡析　黄水出黄谷,鞠水出析谷,俱東至酈入湍水。

鞠水,今河南内鄉縣螺螄河,出縣西北境山;　黄水,今内鄉縣黄水河,出宵山。俱東南流,至縣東境入湍河。

盧氏　育水南至順陽入沔。又有洱水,東南至魯陽,亦入沔。皆過郡二,行六百里。

洱水,今河南鎮平縣潦河,南流至新野縣,及新野西南之白河西派,南流至湖北襄陽縣入漢。《志》文「魯陽」,當作「襄陽」也。育水,今河南南召縣白河,南流至南陽縣分二派,東派曰溧河,南流至新野縣,及新野以南之唐河也,南流至湖北襄陽縣與白河西派合流入漢。漢時二水各入漢,與今異也。《志》文「順陽」亦當作「襄陽」。《水經》均水,酈《注》云《地理志》謂之淯水。案均水即鈞水,爲今老鸛河,在湍水之西。《水經》云湍水東入于淯。則淯水在湍水之東,此《志》育水即《水經》淯水,非均水也。西漢無順陽縣,魯陽則今魯山縣,在潦河之源東北百餘里,惟襄陽即今襄陽縣地,二水於此入漢,故知皆當作襄陽也。

漢中郡房陵　淮山,淮水所出,東至中廬入沔。

今湖北南漳縣歇馬河出龍潭山,下流曰蠻河,東流至宜城縣入漢。房陵有三水:　沮水即今遠安縣沮水,筑水爲今房縣南河,歇馬河在沮水及南河之間,故知爲淮水也。

南郡臨沮　《禹貢》南條荆山在東北,漳水所出,東至江陵入陽水,陽水入沔,行六百里。

陽水，今湖北江陵縣太白湖水也，東流與漢水支津合。《水經注》：揚水上承江陵縣赤湖，北注于沔，即此《志》陽水。其上承赤湖，即今太白湖也。今漳水出湖北遠安縣勸湯巖，南流至當陽縣入沮水，與古異[三一]。漢時此水蓋自今當陽縣東南流，至江陵縣入太白湖。《水經》：漳水入江已與漢時入沔異矣。酈《注》則云漳水右會沮水，又與《水經》異。是自漢末至北魏，漳水兩改故道矣。

華容　夏水首受江，東入沔，行五百里。

今湖北江陵縣東南境紅馬湖出自大江東岸之郝穴。漢時蓋於此受江，今不受江，與古異也。東流與邋遢湖、沙湖合。《志》既云東漢水謂之夏水，又於此云夏水首受江，明夏水爲江與漢之支分，非一源也。此云入沔者，與沔水之支流合也。

廬江郡尋陽　《禹貢》九江在南，皆東合爲大江。

今江西德化縣大江之中多洲渚，古江水蓋於此分九派，東流復合也。

豫章郡雩都　湖漢水東至彭澤入江，行千九百八十里。

今江西瑞金縣貢江下流曰贛江，東北流至南昌縣注鄱陽湖，湖水北流至湖口縣入江。

贛　豫章水出西南，北入大江。

今江西贛縣桃江北流與貢江合[三二]。《志》文「入大江」，當作「入湖漢」。《志》以湖漢爲入江大川，不得復以豫章水爲入江大川，且贛距大江千餘里，如以豫章水爲入江大川，則當言至某縣，行若干里矣。

南壄　彭水東入湖漢[三三]。

今江西大庾縣章江東流與貢江合。

長沙國安成　廬水東至廬陵入湖漢。

今廬水出江西安福縣，東流至廬陵縣入贛江。

豫章郡宜春　南水東至新淦入湖漢[三四]。

今江西宜春縣秀江東流，至新淦縣入贛江。

建成　蜀水東至南昌入湖漢。

今江西萬載縣錦江東流，至南昌縣入贛江。

艾　修水東北至彭澤入湖漢，行六百六十里。

今修水出江西義寧州，東北流，至建昌縣入鄱陽湖。云「入湖漢」者，《志》以今鄱陽湖爲湖漢水所匯也。盱水、餘水、鄱水入湖漢皆仿此。

歷陵　傅易山、傅易川在南，古文以爲傅淺原。

今江西德安縣樟樹坳博陽水也，其水東南流入鄱陽湖。

南城　盱水西北至南昌入湖漢。

今盱水出江西廣昌縣，西北流，至南昌縣入鄱陽湖。

餘汗　餘水在北，至鄡陽入湖漢。

今餘水出江西萬年縣，北流至餘干縣入鄱陽湖[三五]。

鄱陽　鄱水西入湖漢。

今江西鄱陽縣鄱水西流與餘水合，與古異。漢時此水自入今鄱陽湖也。此水源出安徽祁門縣，東流數百里乃至鄱陽。《志》但繫於鄱陽，蓋其源在蠻夷中也。鄱水之源稍東，即漸江水之源，漸江水出蠻夷中，故疑鄱水之源亦在蠻夷中矣。

彭澤　《禹貢》彭蠡澤在西。

今鄱陽湖。

廬江郡湖陵邑　北湖在南。

今安徽太湖縣泊湖也，其水入江。

丹揚郡陵陽　桑欽言淮水出東南，北入大江。

廬江郡　廬江出陵陽東南，北入江。

淮水，蓋今安徽旌德縣梅溪河，下流曰清弋江[三六]，北流入江。廬江亦清弋江也。既於陵陽下載桑欽說，復繫於廬江郡下者，蓋以廬江郡由此水得名也。

丹揚郡宛陵　清水西北至蕪湖入江[三七]。

今安徽宣城縣水陽江西北流至蕪湖縣入江。或以此清水爲今清弋江，非也。宛陵爲今宣城縣，清弋江過其西，水陽江過其東，清弋江出旌德縣爲漢陵陽縣地，必是廬江，故知水陽江爲清水矣。

會稽郡毗陵　江在北，東入海，揚州川。

今江蘇武進縣北之大江也。既記江水至江都入海，復記此者，以備《禹貢》之三江也。

廣陵國江都　渠水首受江，北至射陽入湖。

今江蘇江都縣鹽河，蓋其故瀆也。首受江，北流至阜寧縣湖，即阜寧縣射陽湖也，湖水入海。

丹揚郡蕪湖　中江出西南，東至陽羨入海，揚州川。

蓋今安徽當塗縣塘溝河、因城湖[三八]，東爲江蘇溧陽縣胥河，又東爲宜興縣荆溪，又東爲太湖，又東爲長涇白湖，東流至常熟縣入海。但今因城湖之東有東壩，不與胥河通流，又今塘溝河西流入江。漢時則自江分出而東流，與今順逆異流也。或以吴淞江爲中江之下流，然《志》於吴縣下云南江在南，則中江不在吴縣南，而在其北可知矣。婁江在吴縣南，吴淞江更在婁江南，故知非中江也。

會稽郡吴　具區澤在西，揚州藪，古文以爲震澤。

今太湖也。

南江在南[三九]，東入海，揚州川。

今江蘇吴縣婁江東流入海。

丹揚郡石城　分江水首受江，東至餘姚入海，過郡二，行千二百里。

古江水自今安徽貴池縣分一派東出，故瀆久湮，所未詳也。蓋流入太湖，復自太湖出，則爲今江蘇吴江縣運河，南流至浙江仁和縣入錢塘江。《志》以錢塘江即爲海也。《志》文「餘姚」，當作「餘杭」。《水經注》云：江水自石城東徑臨城、安吴、寧國、故鄣、安吉注于具區。以今地考之，爲自貴池縣，東徑青陽縣、涇縣、寧國縣、浙江安吉縣入太湖，然青陽、涇、寧國、安吉四縣，每二縣之間皆有山，故清弋江、水陽江皆隨山勢而北，此水必不能越山而東，蓋此水首受大江，仍與大江並東北流，將近中江乃轉而東，與中江並流，相去不遠，同注太湖，必如此乃得通流，然無可考據，是當闕疑矣。其自太湖出爲吴江縣運河，則阮太傅説無疑義也，但今爲平水，非自太湖流入錢塘江，爲稍異耳。戴東原校《水經注》四庫本云：《漢志》「餘姚」爲「餘杭」之誤。今考此《志》，武林水、漸江水、潘水入海，皆在餘姚之西，若分江水至餘姚入海，則武林水、漸江水、潘水皆當云入分江水，不得云入海矣，戴説是也。

會稽郡錢唐　武林山，武林水所出，東入海，行八百三十里。

今浙江臨安縣北溪、南溪出天目山，合流曰霅溪，東至仁和縣通錢塘江。此水源流不及八百餘里，《志》文有誤也。或以錢塘縣西湖爲武林水[四〇]，然其水更短，故知非也。

丹揚郡黝　漸江水出南蠻夷中，東入海。

今安徽黟縣新安江東流入錢塘江。

會稽郡大末　穀水東北至錢唐入江[四一]。

今浙江龍游縣瀔溪東流，屈北流，至建德縣與新安江合。《志》文「入江」，《水經注》引作「入浙江」，當作「入漸江」也。瀔溪源出開化縣，至龍游已二百餘里，《志》但繫於大末者，蓋其源在蠻夷中也。穀水之源與漸江水源相近，故疑亦在蠻夷中。

餘暨　蕭山，潘水所出，東入海。

蓋今浙江肅山縣運河也，東北流入海。或以潘水爲浦陽江，然浦陽江源在諸暨縣南，而《志》不載此水於諸暨縣，故知非也。

上虞　柯水東入海。

今浙江上虞縣曹娥江東北流入海。

句章　渠水東入海。

今浙江慈谿縣姚江分數派，其一派曰東港，東流入海。

鄞　東南有天門水入海[四二]。

今浙江奉化縣甬江東北流入海。

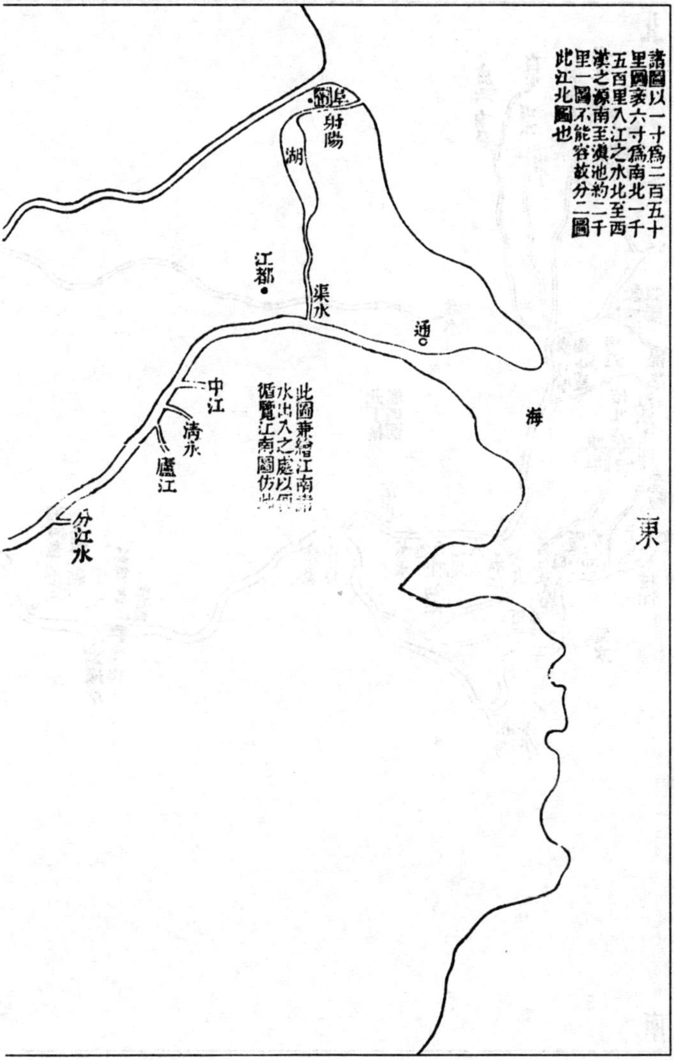

諸圖以一寸爲二百五十里圖袤六寸爲南北一千五百里入江之水北至西漢之源南至滇池約二千里一圖不能容故分二圖此江北圖也

此圖兼繪江南諸水出入之處以備循覽江南圖仿此

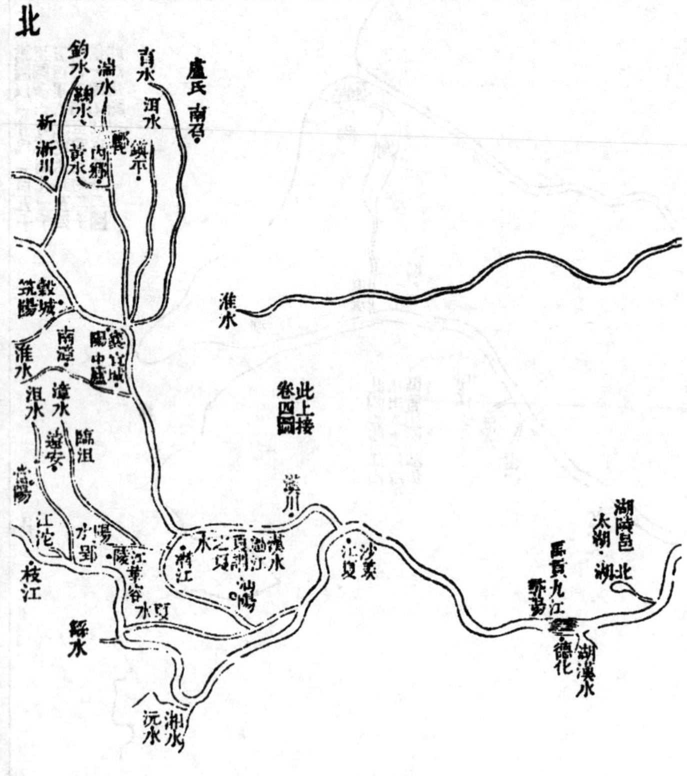
北
盧氏
南召
淯水
淯水
鈞水
湍水
淅川
鄧
穰
新野
淮水
築陽
穀城
襄陽
宜城
中盧
南漳
淮水
漳水
沮水
遠安
臨沮
當陽
江陵
枝江
此上接
卷四圖
竟陵
漢水
沔陽
沙羨
江夏
湖陵邑
太湖
湖北
九江
德化
漢水
湘水
沅水
澧水
南

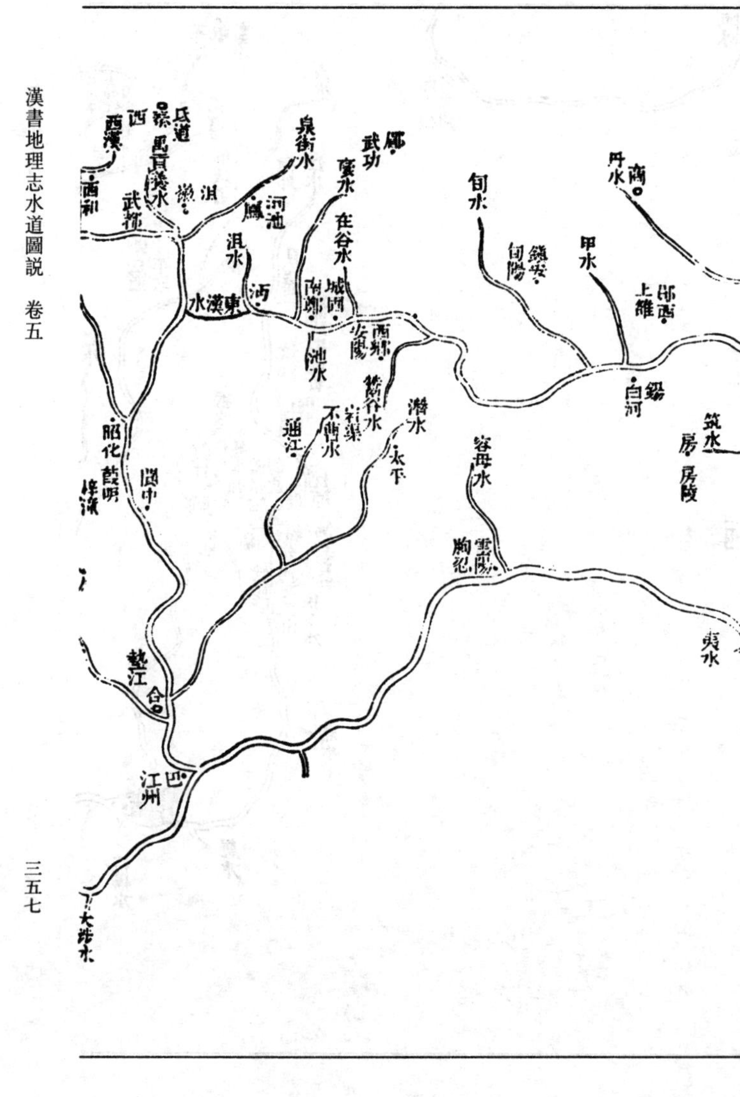

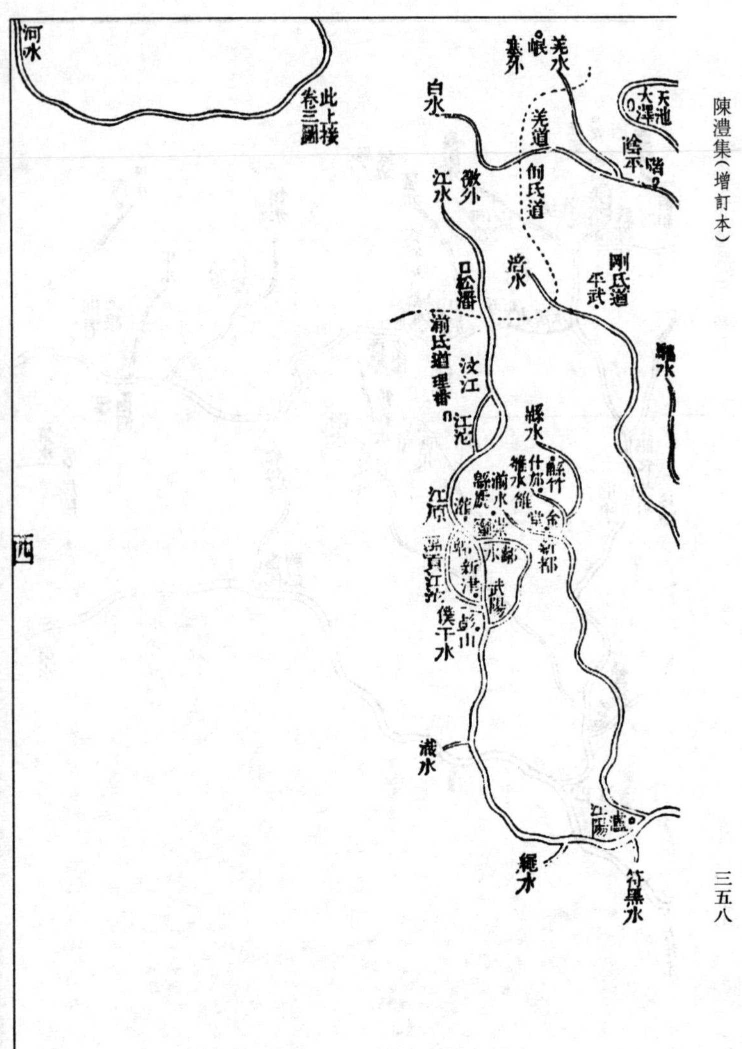
河水
此上接卷三圖
羌水
塞外
白水
羌道
江水
汶江
江沱
新都
新津
武陽
彭山
西

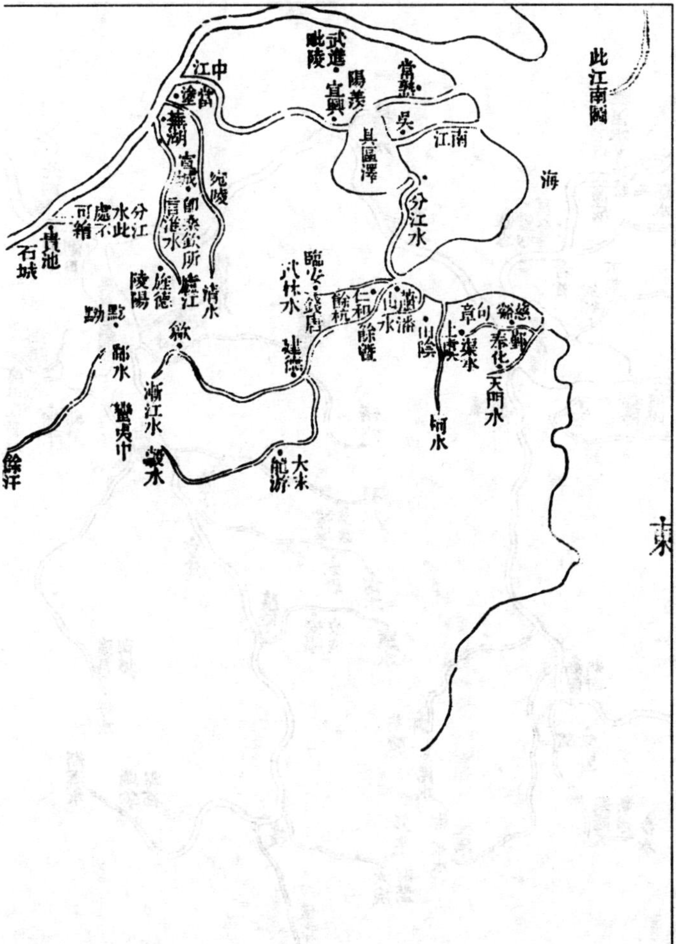
此江南圖
海
南江
常熟
吳
具區澤
分江水
武進
毗陵
陽羨
宜興
中江
當塗
蕪湖
宛陵
宣城
貴池
石城
陵陽
旌德
黟
歙
浙江水
建德
臨安
錢唐
武林水
餘杭
仁和
餘暨
山陰
上虞
句章
慈谿
鄞
奉化
天門水
柯水
大末
餘汗
東

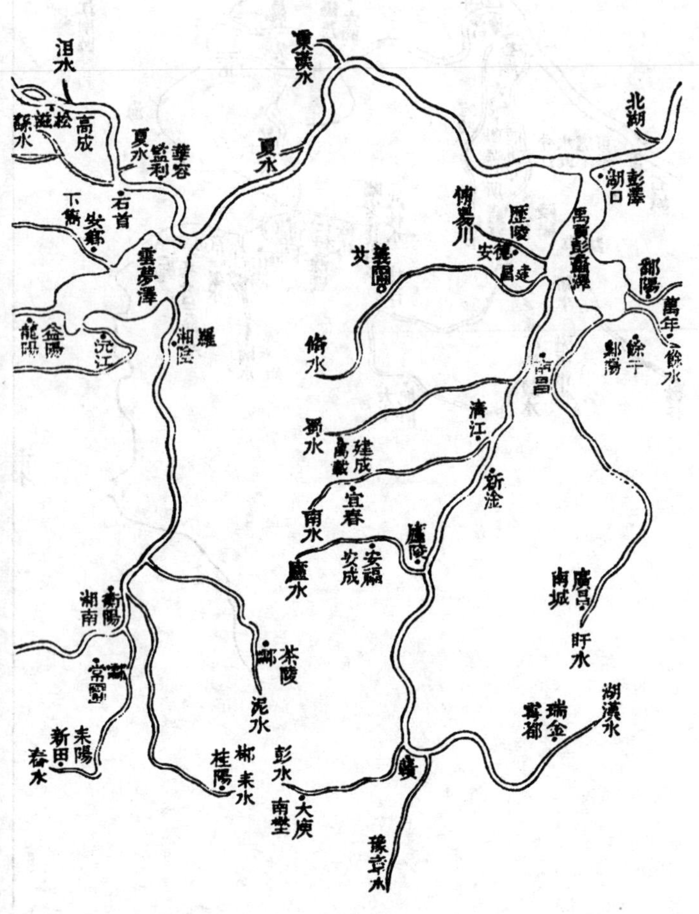
汨水
高成
夏水
監利
華容
石首
下雋
雲夢澤
益陽
龍陽
沅江
湘陰
羅
夏水
北湖
彭澤
湖口
歷陵
建昌
彭蠡澤
鄱陽
萬年
餘干
餘水
南昌
艾
脩水
清江
新淦
建成
宜春
南水
安福
安成
廬陵
廬水
廣昌
南城
盱水
湖漢水
瑞金
雩都
彭水
大庾
南埜
豫章水
桂陽
耒水
郴
茶陵
泥水
衡陽
湘南
耒陽
新田
舂水

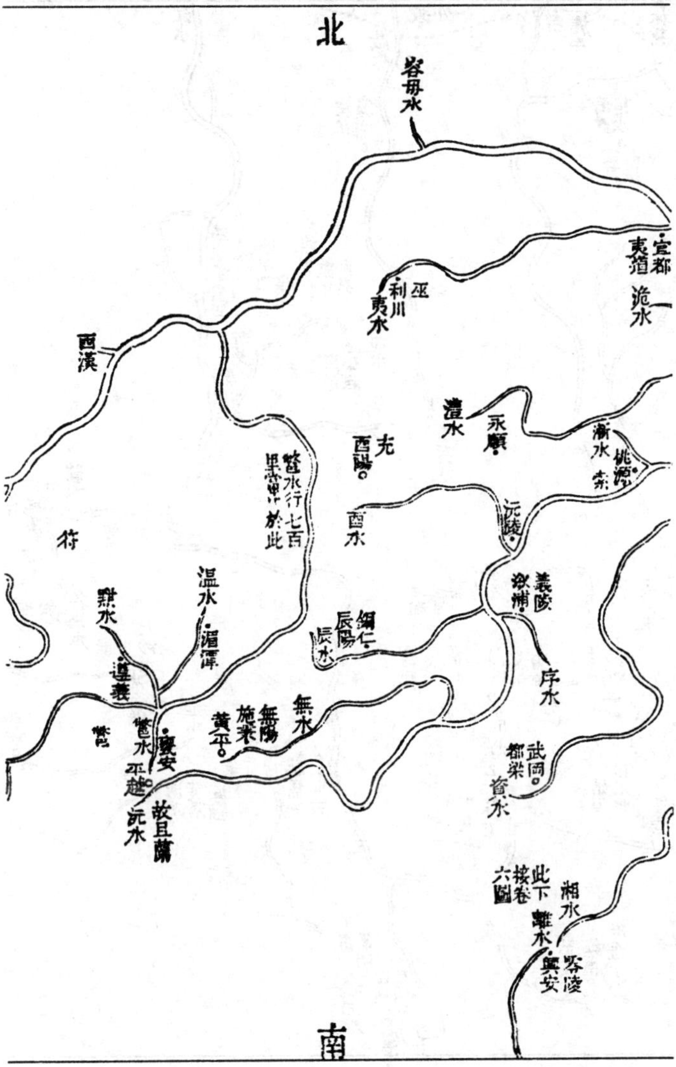

北

容毋水

宜都
夷道
沲水

巫
利川
夷水

西漢

澧水
永順

充
酉陽

漸水
桃源

沅陵

酉水

鐔水行七百
里入沅於此

符

温水
湄潭

牂水

義陵
漵浦

銅仁
辰陽
辰水

序水

遵義

無水
無陽
施秉
黄平

武岡
都梁
資水

平越
沅水
故且蘭

此下接卷六圖

湘水
離水
零陵
興安

南

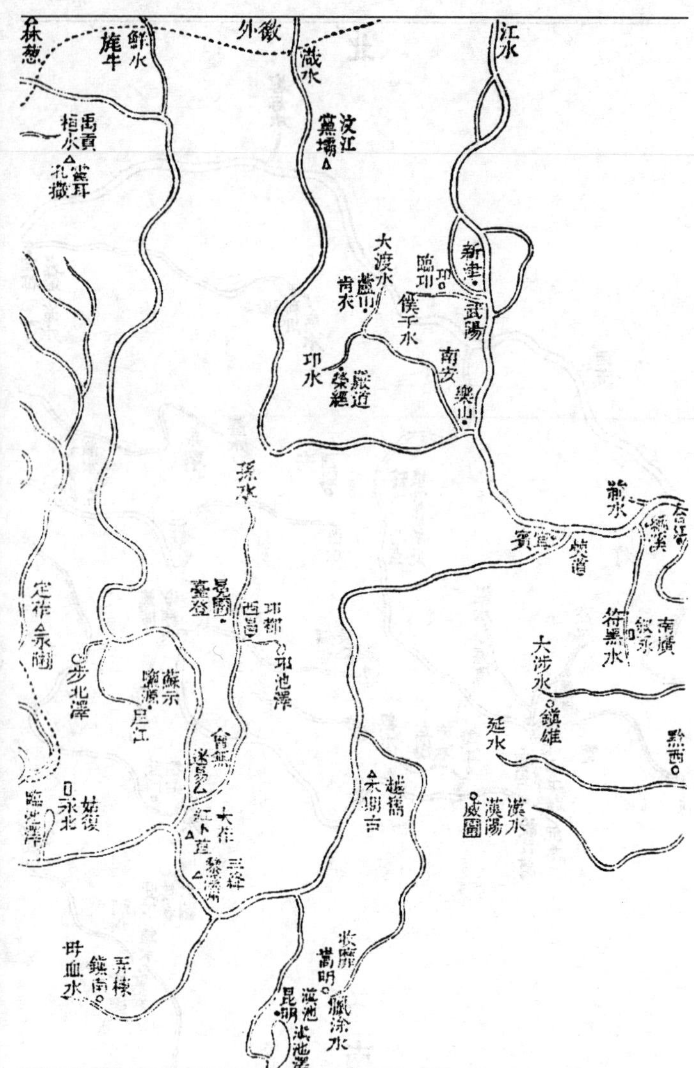

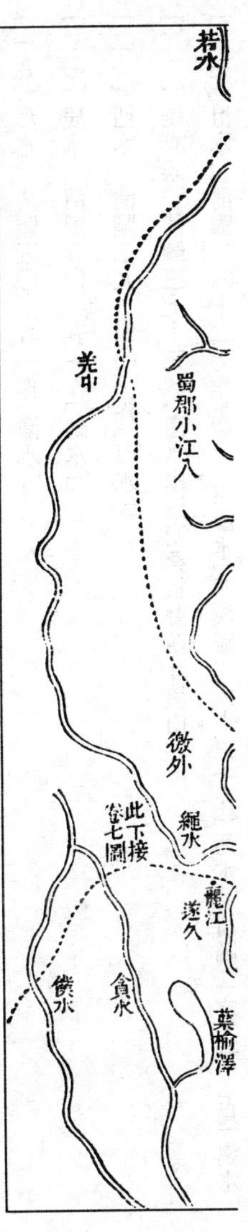

【校記】

[一] 疑有誤。桓水，也稱白水，清時白龍江。參見西漢圖二六—二七，清圖三九—四〇。

[二] 布賴楚河　清圖三九—四〇作「布壘楚河」。

[三] 疑有誤。若水之源爲齊齊爾哈納河，參見清圖五九—六〇，西漢圖二六—二七。另，鴉龍江，清圖五九—六〇作「雅龍江」。

[四] 疑有誤。步北澤在今四川鹽源彝族自治縣，參見西漢圖二六—二七。

[五] 西漢圖二六—二七以𡰥江在蘇示縣北。

[六] 收靡　西漢圖二八—二九作「牧靡」。

[七] 南山臘　西漢圖二八—二九，《漢志》校點本均作「南山臘谷」。

[八] 疑有誤。符黑水，《通檢今釋》作「今南廣河」。

[九]疑有誤。湔水，清圖四一作「白沙江」、「清白河」、「中江」。

[一〇]綿水　清圖四一作「綿陽河」。

[一一]西漢水　清圖二八—二九作「犀牛江」。

[一二]疑有誤。泉街水，即今陝西略陽縣東張家壩河、白河。參見《通檢今釋》第七十三頁、西漢圖二六—二七。

[一三]羌水　清圖二八—二九作「岷江水」。

[一四]疑有誤。潛水，清圖三九—四〇作「巴江」、「渠江」。

[一五]疑有誤。不曹水，清圖三九—四〇作「後江」、「通川江」。

[一六]疑有誤。鼈水，即今貴州遵義縣東湘江，參見《通檢今釋》第九十三頁。

[一七]疑有誤。䵝水，今貴州湄潭縣西湄江，參見《通檢今釋》第九十三頁。清圖五〇—五一作「湄潭水」。

[一八]疑有誤。温水，今貴州綏陽縣西洛安江。參見《通檢今釋》第九十三頁。

[一九]序水　清圖五〇—五一作「漵水」。

[二〇]辰水　清圖五〇—五一作「錦水」。

[二一]酉水　清圖三九—四〇仍作「酉水」。

[二二]疑有誤。清圖三七—三八，澧水出湖南桑植縣西北境山。

[二三]沮水　清圖二六—二七作黑河。東漢水，西漢圖二六—二七作「沔水」，清圖二六—二七爲「漢水」。

［二四］疑有誤。褒水，清圖二六—二七仍作「褒水」。

［二五］在乃左之訛　參見《水經注》校點本，西漢圖二六—二七亦作「左谷水」。

［二六］左谷水　清圖二六—二七作「堉水」。

［二七］鬻即涔。　參見《水經注》校點本。

［二八］疑有誤。鬻谷水，《通檢今釋》第八十八頁作今陝西城固縣南堰溝河。

［二九］疑有誤。甲水，清圖三五—三六作「夾河」。

［三〇］育水　清圖三五—三六作白河。湍水，清圖三五—三六作「湍河」（西漢圖三二—三三仍爲育水、湍水）。

［三一］清圖三五—三六，漳水仍出荆山。

［三二］疑有誤。豫章水，清圖三三—三四作「章水」。

［三三］疑有誤。彭水，清圖三五—三六作「桃江」。

［三四］南水　清圖三三—三四作「袁江」。

［三五］疑有誤。餘水，《通檢今釋》第一百零三頁作「今信江」。

［三六］清弋江　清圖一八—一九作「青弋江」。

［三七］清水　清圖一八—一九作「句溪」、「徽水」。

［三八］清圖一六—一七作「安徽長河」、「江蘇固城湖」。

［三九］南江　清圖一六—一七作「吴淞江」。

［四〇］武林水 《通檢今釋》第一百零四頁作「今浙江杭州市西澗水」。

［四一］疑有誤。穀水，清圖三一—三二作「衢江」、「東陽江」。

［四二］疑有誤。天門水，清圖三一—三二作「奉化江」、「鄞江」。

漢書地理志水道圖説　卷六

牂柯郡夜郎　豚水東至廣鬱。

今廣西凌雲縣泗河東流至百色廳[一]。

鬱林郡廣鬱　鬱水首受夜郎豚水，東至四會入海，過郡四，行四千三十里。

今廣西百色廳以東之西洋江受泗河，東流曰鬱江，曰潯江，至廣東曰西江，又東流至三水縣支分入海。

牂柯郡鐔封　温水東至廣鬱入鬱，過郡二[二]，行五百六十里。

今廣西西林縣同舍河及縣東南之西洋江也，東流至百色廳與泗河合。

益州郡銅瀨　談虜山，迷水所出[三]，東至談稾入温。

今雲南寶寧縣西洋江出縣西北境山，東流至廣西西林縣東南境與同舍河合。

牂柯郡句町　文象水東至增食入鬱。又有盧唯水、來細水、伐水。

盧唯水、來細水、伐水，蓋今雲南富土州者郎河，及所納廣西小鎮安廳、小鎮安溪、下勞村溪、那旺村水、東水、那洞水也。孰爲盧唯水，孰爲來細水，孰爲伐水，未詳。其水合，東北流入西洋江也。文象水，今廣西天保縣泓滂江，東流至上林土縣入西洋江[四]。

鬱林郡臨塵　有斤員水。

領方　斤員水入鬱[五]。

今廣西左州水及州東南之麗江也，東流至新寧州入西洋江。

臨塵　朱涯水入領方。

今廣西憑祥土州水東北流，至龍州廳曰龍江，又東北流曰麗江，至崇善縣東北境與左州水合。云「入領方」者，謂入領方斤員水也。

又有侵離水，行七百里[六]。

今越南國廣源州水也，其水入廣西上下凍土州，東南流與憑祥土州水合。

領方　又有墧水。

今廣西上思州水也，其水西北流與龍江合[七]。

增食　驩水首受牂柯東界，入朱涯水[八]，行五百七十里。

今廣西歸順州龍潭水東南流與麗江合。

武陵郡鐔成　玉山，潭水所出[九]，東至阿林入鬱，過郡二，行七百二十里。

今貴州永從縣福祿江出縣西境山，東南流，至廣西曰柳江，又南流，至桂平縣與鬱江合。此水今不止七百餘里，漢里數尤短，蓋不以今永從縣水爲上源也。

牂柯郡毋斂　剛水東至潭中入潭。

今廣西融縣水東流至縣東境入柳江[一〇]。

鬱林郡定周　[周]水首受無斂[一一]，東入潭，行七百九十里。

今廣西思恩縣龍江首受貴州荔波縣勞村江，東流入柳江。

武陵郡鐔成　康谷水南入海。

今廣西永寧州黄源水西南流分二派，其南派南流曰洛清江，又南流入柳江[一二]。《志》文「入海」，當作「入潭」。

益州郡毋棳　橋水首受橋山[一三]，東至中留入潭，過郡四，行三千一百二十里。

今廣西凌雲縣北之紅水河首受北盤江也。橋山，今雲南霑益州西北境山，北盤江所出也，紅水河東流至象州與柳江合。

勝休　河水東至毋棳入橋。

今貴州普安廳深溪河下流曰馬別河，東南流至廣西西隆州，及州北之南盤江也，東流至凌雲縣北境，與北盤江合[一四]。

俞元　池在南，橋水所出，東至毋單入温，行千九百里。

今雲南陸涼州東南湖澤，南盤江所出，西南流，屈東流，至廣西西隆州西境與馬別河合，不與同舍河合[一五]。《志》文「入温」，當作「入河」。

滇池　大澤在西。

今雲南河陽縣仙湖也，其水東流入南盤江[一六]。豚、鬱以下諸水，昔人之説多誤，以諸水所出、所至諸縣沿革多不可考故也。惟阿林爲今桂平縣，中留爲今象州灼然無疑。《志》云：潭水至阿林入鬱。毋棳，橋水至中留入潭。今柳江至桂平與鬱江合，紅水河至象州與柳江合，則鬱水爲今鬱江，潭水爲今柳江，毋棳橋水爲今紅水河無疑矣。此三水既定，則凡入此三水之水，皆可排比鉤稽而得矣。豚水爲鬱水之源，豚、温二水至廣鬱合流，而温水所受迷水出益州境，則温水必在鬱水之西。今由鬱江上泝至百色廳泗河，與西洋江於此合流，而西洋江在泗河之西，故知爲温水，而泗河爲豚水也。迷水東入温水，今西洋江上源東流與同舍河合，故知同舍河爲温水之源，而西洋江上源爲迷水也。句町縣有四水，文象水入鬱。今泓滂江與者郎河及其所納諸水，皆近在百色廳以東之西洋江，故知爲文象水。而者郎河及所納諸水，爲盧唯、來細、伐三水也。驩水與文象水同在增食縣境，今龍潭水距泓滂江甚近，故知爲驩水也。驩水入朱涯水。今龍潭水爲麗江北源，與麗江南源合，故知南源爲朱涯水也。麗江南源、龍江之上源有二水：其一憑祥州水，其一上下凍州水。《志》云「侵離水，行七百里」。今上、下凍州水來自越南廣源州，上源較長，故知爲侵離水，而憑祥州水爲朱涯水之源也。朱涯水入領方，領方有斤員水入鬱，今麗江與左州水合流入鬱江，故知左州水爲斤員水也。橋水與斤員水同在領方縣境，今上思州水距左州水甚近，故知爲墧水也。以上皆由今鬱江上泝而考定之也。入潭之水、毋棳橋水既爲紅水河矣，剛水、定周水亦東入潭，而定周水行七百餘里，今融縣水與思恩縣龍江皆東入柳江，而思恩縣龍江較長，故知爲定周水，而融縣水爲剛水也。康谷水與潭水同出鐔成，今洛清江上源黄源水與柳江但隔一山，故知爲康谷水，但洛清江南入柳江，而《志》云「南入海」，故知爲「入潭」之誤也。以上皆由今柳江上泝而考定之也。毋棳有橋水，首受橋山，而俞元復有橋水，此必兩水同出橋山，故同名橋水，且俞元橋水上源有池，今北盤江、南盤江同出霑益州西北境山，而南盤江上源有湖澤，故知北盤江爲橋山之水，南盤江爲俞元橋水也。《志》云：俞元橋水入温。今南盤江下流與同舍河雖近，而絶不通流，故知入温爲誤。《水經注》云：橋水上承俞元之南池，東流注于温。或校《漢志》者據彼以改此也。毋棳橋水之受橋山，與河水之入橋水同在毋棳縣境，今紅水河之受北盤江，與南盤江之合北盤江，同在凌雲縣北境，故知凌雲縣以西之南盤江爲河水，由此上泝得馬别河，故知爲河水之源。南盤江與馬别河合流，故知俞元橋水入温爲入河之誤也。以上皆由今紅水河上泝而考定之也。潭水之爲柳江，定周水之爲思恩縣龍江，及滇池大澤之爲仙湖，昔人之説不誤，其餘今所考定。以《志》文按之今日地圖，凡水道之長短，水流之某方與二水之相近，無不密合，且諸水定，而所出、所至諸縣沿革難考者，亦因之而可考矣。昔人之説，惟《水道提綱》以西洋江爲豚水差近之，其他舛誤者不可勝數，蓋其誤自酈道元始，酈氏所以致誤，由誤據楚將莊蹻泝沅伐夜郎，以沅水出且蘭縣，遂謂夜郎豚水徑且蘭縣，不知莊蹻所伐者，古夜郎國也；豚水所出者，漢夜郎縣也。莊蹻泝沅至且蘭，乃甫至夜郎國北境耳。《史記》、《漢書》並云西南夷夜郎最大，《後漢書》言夜郎國東接交阯，沅水之源距交阯千里而遥，是夜郎國大之證，若漢夜郎縣乃牂柯郡之一縣耳，其縣固必在故夜郎國境内，然無以見其必在北境也。以夜郎爲莊蹻所至而求豚水於沅水上源之地，遂以今紅水河爲鬱水，鬱水誤而諸水皆誤矣。

零陵郡零陵　離水東南至廣信入鬱林，行九百八十里。

今廣西興安縣桂江東南流，至蒼梧縣入潯江。《志》文「林」字衍。

合浦郡臨允　牢水北入高要入鬱[一七]，過郡三，行五百三十里。

蓋今廣東新興縣羅銀水東北流至高要縣入西江。《志》云「行五百三十里」，而此水甚短，或疑是羅定州龍水江也。

桂陽郡桂陽　匯水南至四會入鬱林，過郡二，行九百里。

匯，當作「洭」。今洭水出廣東連山廳，東南流至英德縣，及英德以南之北江也，南流至三水縣與西江合。《志》文「林」字亦衍。

臨武　秦水東南至湞陽入匯，行七百里。

今湖南臨武縣水東南流至廣東爲樂昌縣水，又東南流至曲江縣，及曲江以南之北江也，南流至英德縣與洭水合。《志》文「入匯」，當作「入洭」。

蒼梧郡猛陵　龍山，合水所出，南至布山入海。

今廣西鬱林州水出州北境山，西南流，至廣東合浦縣曰廉江，入海[一八]。自《水經》酈注已不載此水，今知爲廉江者。《水經》云：泿水至蒼梧猛陵縣爲鬱溪。此今柳江至桂平縣支津南出也。又云：鬱水東北入于鬱。此謂入鬱溪也，即今鬱江，至桂平與柳江支津合流也。然則今桂平縣爲漢猛陵縣地，桂平爲漢阿林縣，見「潭水」條下，蓋其北境爲阿林，南境爲猛陵也。鬱林州在桂平之南，亦猛陵縣地，其水南流入海者必爲廉江矣。廉江至合浦縣西境入海。合浦，漢舊縣，蓋漢時此水東南爲合浦縣地，西北爲布山縣地也。昔人以布山爲今桂平縣，或以爲貴縣，或以爲興業縣，皆誤。今無南流至桂平縣、貴縣入海之水，興業縣近鬱林州，則合水所出之地非合水入海之地也。廣西地古多没蕃，凡方志所稱故城廢縣，多不足據耳。

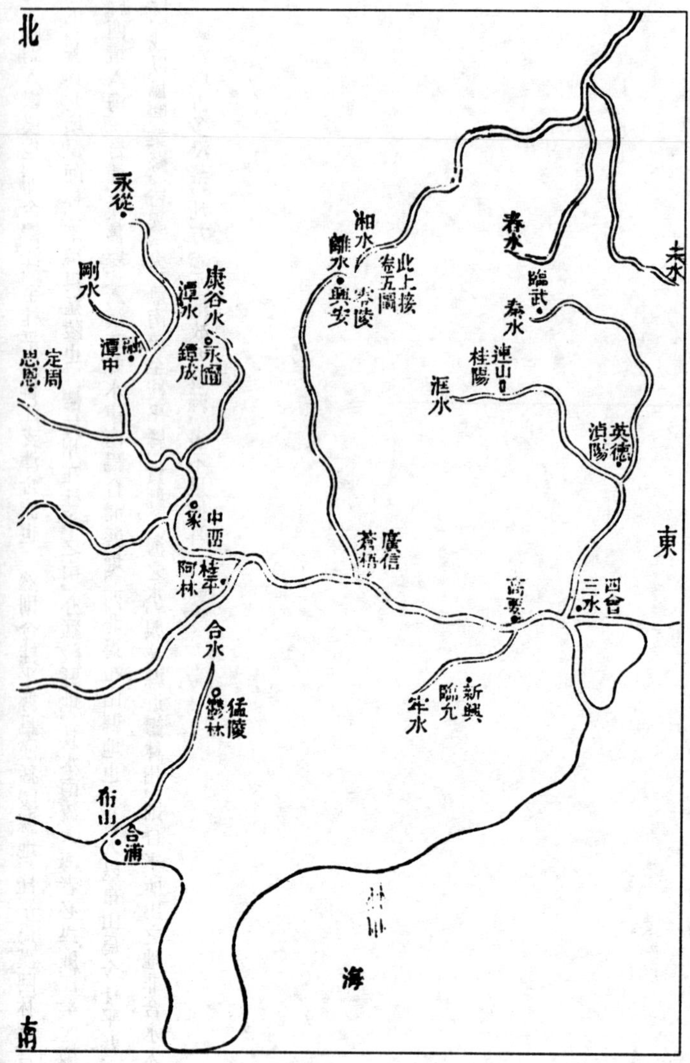
北
東
南
海
永從
剛水
潭水
康谷水
潭中
融
永豐
鐔成
定周
思恩
象
中西
桂平
阿林
合水
猛陵
鬱林
布山
合浦
湘水
離水
興安
此上接
卷五圖
零陵
蒼梧
廣信
春水
臨武
秦水
連山
桂陽
洭水
英德
湞陽
大水
高要
四會
三水
新興
臨允
牢水

陳澧集（增訂本）

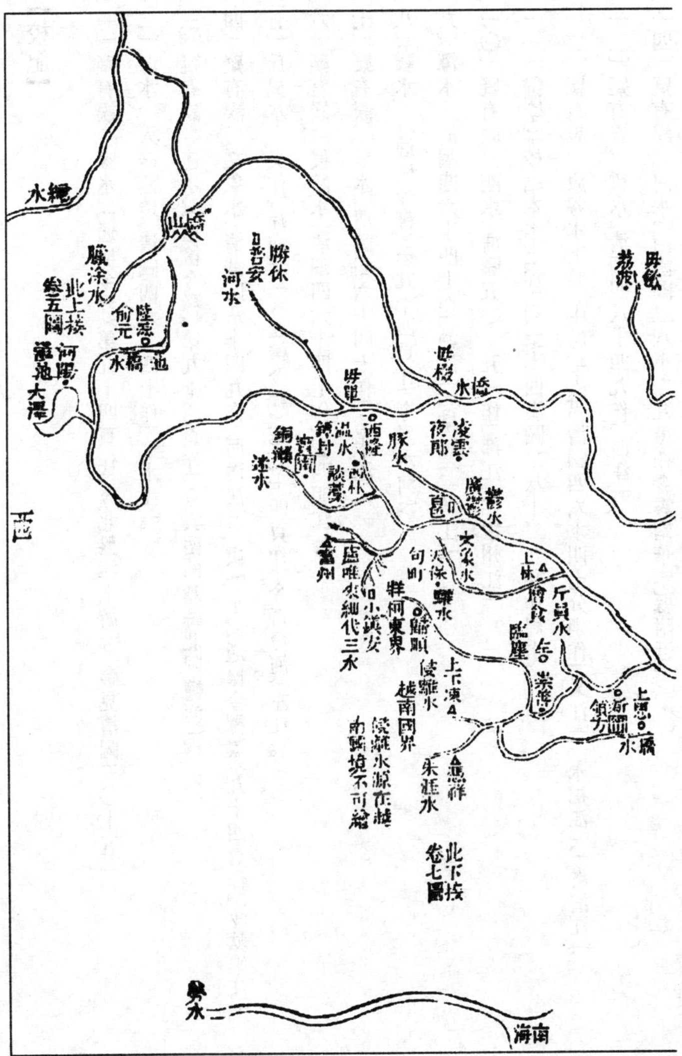

【校記】

[一] 疑有誤。豚水,《通檢今釋》第九十四頁作「今北盤江上游」。參見清圖五〇—五一。

[二] 温水　入廣西境,清圖四六—四七作「紅水江」。

[三] 疑有誤。迷水,《通檢今釋》第九十四頁作「今雲南曲靖縣北阿幢河」。

[四] 疑有誤。文象水,清圖四八—四九作「西洋江」。盧唯水,《通檢今釋》第九十四頁作「今馱娘江」。

[五] 斤員水　又作「斤南水」,《通檢今釋》第九十四頁作「今奇穹河、左江」。

[六] 疑有誤。侵離水,清圖四六—四七作「廣西明江」。

[七] 疑有誤。堉水,清圖四六—四七作「清水江」。

[八] 驩水　《通檢今釋》第九十四頁作「今黑水河」。

[九] 潭水　清圖四六—四七作「融江」、「柳江」、「黔江」。

[一〇] 疑有誤。剛水,清圖五〇—五一作「都江」、「古州江」。

[一一]《漢志》校點本水上加「周」字,西漢圖二八—二九亦作周水。

[一二] 疑有誤。康谷水上游、中游、下游,清圖四六—四七分別作「又江」、「永福江」、「洛清江」。

[一三] 疑有誤。橋水,清圖四八—四九作「曲江」。

[一四] 疑有誤。河水,西漢圖二八—二九畫在今雲南華寧縣附近。

〔一五〕疑有誤。池，清圖四八—四九作「雲南河陽縣撫仙湖」。

〔一六〕疑有誤。大澤，清圖四八—四九作「滇池」。

〔一七〕牢水　清圖四四—四五作「新江」。

〔一八〕疑有誤。合水，清圖四六—四七作「相思江」。

漢書地理志水道圖説　卷七

益州郡來唯　勞水出徼外,東至麋伶入南海[一],過郡三,行三千五百六十里。

勞水之源未詳,其下流則今雲南車里土司西北境之瀾滄江,東流曰九龍江,過南掌國,至越南國曰洮江,曰富良江,至越南東境入海[二]。

越嶲郡青蛉　僕水出徼外,東南至來惟入勞,過郡二,行千八百八十里。

今雲南維西廳瀾滄江源出西藏,東南流至車里土司西北境,其下則爲勞水也[三]。來惟即來唯也。

益州郡葉榆　貪水首受青蛉,南至邪龍入僕,行五百里。

今雲南鄧川州漾備江首受瀾滄江支水,南流至雲州入瀾滄江[四]。

越嶲郡青蛉　臨池灊在北。

今雲南劍川州東劍海也,其水入漾備江[五]。

益州郡葉榆　葉榆澤在東。

今雲南太和縣洱海也，其水入漾備江[六]。

秦臧　牛蘭山，即水所出，南至雙柏入僕，行八百二十里。

今雲南威遠廳巴景河出廳北境山，南流至廳西南境入瀾滄江[七]。葉榆澤爲今洱海，貪水爲今漾備江，皆無疑者也。貪水首受青蛉，而臨池灊在青蛉北。今漾備江首受瀾滄江支水而東，劍海水自北來會，故知爲臨池灊也。貪水南入僕，今漾備江南入瀾滄江，故知瀾滄江爲僕水也。即水亦南入僕，今巴景河亦南入瀾滄江，故知爲即水也。《水道提綱》載瀾滄江所行里數，自支分漾備江至巴景河所入約二千里，《志》言僕水行千八百里，漢時里數又較今爲短，則支分漾備江處尚屬漢徼外地，大約自大理府境以下至巴景河所入，已合漢時千八百里，其下則爲勞水矣。今瀾滄江自此以下亦更名九龍江也。《志》云勞水出徼外，則瀾滄江非勞水之源。今瀾滄江東有猛賴河西南流來會，西有康郎河東南流來會，康郎河出瀾滄江之西，當是漢徼外地。猛賴河之源與河底江相近，河底江即牂柯郡西隨麋水，西受徼外，則猛賴河所出，亦必漢徼外地，此二水不知孰爲勞水之源也。

嶲唐　周水首受徼外。又有類水，西南至不韋，行六百五十里。

牂柯郡西隨　麋水西受徼外[八]，東至麋伶入尚龍谿，過郡二，行千一百六里。

周水，今雲南南安州大廠河，首受雲南縣、蒙化廳二水[九]。類水，今雲南富民縣羊溪，西南流，至新平縣西北境，與大廠河合曰沅江[一〇]。《志》不言其入者，其合流處爲漢徼外地也。沅江南流至元江州東南境曰河底江。麋水即河底江也，東南流至越南國，蓋入洮江尚龍谿，蓋洮江受河底江處也。不言入勞者,猶河水受澗水處名鄭伯津,《志》言澗水入鄭伯津,不必言入河也。《水經》云:葉榆河東南出益州界,入牂柯郡西隨縣北爲西隨水。案西隨水即此《志》西隨麋水也。《水經》一水過兩郡,無稱出某界入某郡者,惟此立文獨異。其爲出徼外而復入,文義甚明,與此《志》「麋水西受徼外」正合。其上文云過不韋縣,即此《志》類水所至之不韋也。又其上文云益州葉榆河出其縣北界,屈從縣東北流,此今一泡江與大廠河同出而分流,東北入金沙江,《水經》此處當有脱文記一泡江之入金沙江及大廠河之分流。其下乃云過不韋縣,東南入益州界也。如今本東北流,又東南流,則今雲南無此水,其有脱文明矣。其葉榆河出葉榆縣,必與葉榆澤相近,今洱海爲漢葉榆澤,其南有雲南縣蒙化廳二水,合爲大廠河,其爲《水經》葉榆河無疑。葉榆河過不韋,則不韋必近大廠河。《志》言類水西南至不韋,今羊溪西南流,至新平縣會大廠河,故知羊溪爲類水,新平爲不韋,而大廠河爲周水也。《志》言葉榆澤在葉榆縣東,則葉榆縣爲今太和縣。《水經》言葉榆河出其縣北界,今大廠河在太和縣之南,《水經》出於漢末,蓋其時葉榆縣徙治耳。大廠河、羊溪二水既合,東南流爲河底江,即《水經》所云東南出益州界,入牂柯郡爲西隨水,亦即此《志》之西隨麋水矣。然則麋水所受即周、類二水,《志》不言者,以其在徼外,略之也。酈《注》云:不韋縣北去葉榆六百餘里,葉榆水不徑其縣,自不韋北注者,盧倉禁水耳。此不知《水經》有脱文也。又《若水篇》,酈《注》言:蘭倉水徑不韋縣與類水合[二],又與禁水合,注瀘津水。案《水經》言若水至朱提縣爲瀘江水,至僰道縣入江,此今金沙江至四川宜賓縣入江也。酈《注》所云蘭倉水、類水、禁水,今横江及所納之水也。然則所云不韋縣,今四川筠連縣也。酈《注》已誤,而近人又誤以不韋爲雲南保山縣,賴《水經》與此《志》互證,乃得明之耳。周水麋水所出徼外地,其南爲勞水所過,《志》於勞水不云入徼外,是勞水所行皆漢地,此徼外地獨在漢地之中,猶今廣西、貴州交界之苗地矣。尚龍谿無可考，今疑爲洮江受河底江處者[一二]。黎崱《安南志略》云：三帶江、歸化江水自雲南，宣化水自特磨道，陀江自撞龍，因名焉。龍州黃定宜以爲尚、撞音近，疑撞龍即尚龍是也。《讀史方輿紀要》引羅氏云：洮江即富良江上流，其北爲宣光江，南爲沱江。案此即黎崱所云「三帶江」也。洮江即歸化江，宣光江即宣化水也。黎崱言沱江自撞龍，此言沱江在洮江南，則撞龍地亦必在洮江南，蓋洮江漢時過此地，名尚龍谿，其後遂名此地爲撞龍矣。河底江入越南國以下難考，然瀾滄江在河底江之西，其下流爲洮江；宣化水在河底江之東，下流入洮江，則河底江亦必入洮江可知也。

都夢　壺水東南至麋伶入尚龍谿，過郡二，行千一百六十里。

蓋今雲南寶寧縣南境普梅河南流，入越南國曰宣化水，入洮江[一三]。《安南志略》云：宣化水自特磨道。今寶寧縣爲宋特磨道地，普梅河出其南，是其水爲越南宣化水之源也。廣西歸化州水爲牂柯東界之驩水，雲南元江州河底江爲牂柯郡西隨麋水，宣化水源出寶寧縣南境，在驩水、麋水之間，爲漢牂柯郡地，且特磨即都夢之轉音，故疑此爲壺水也。

鬱林郡　有小谿川水七，并行三千一百一十里。

蓋今越南國市球江及所納諸水也。廣西憑祥土州水即臨塵朱涯水，上下凍土州水即臨塵侵離水[一四]，與市球江但隔一山，彼二水在漢鬱林郡境，市球江亦當在鬱林郡境，故疑即此小谿川水也。

日南郡　有小水十六，并行三千一百八十里。

未詳。

西捲　水入海。

未詳。

九真郡　有小水五十二，并行八千五百六十里。

未詳。

益州郡滇池　有黑水祠。

黑水，今雲南潞江，西南流入緬甸國，其水在漢邊徼故，但於今昆明縣望祀之也。考黑水者言人人殊，今案潞江上源曰哈喇烏蘇，蒙古謂黑曰哈喇，謂水曰烏蘇，言其水黑色也，其爲古黑水無疑矣。《五經異義》云，以今漢地考之，自黑水至東海經略萬里，《禹貢》導黑水。鄭《注》云：今中國無也。合二説觀之，則漢地至黑水而盡，故班《志》不著其源流耳[一五]。

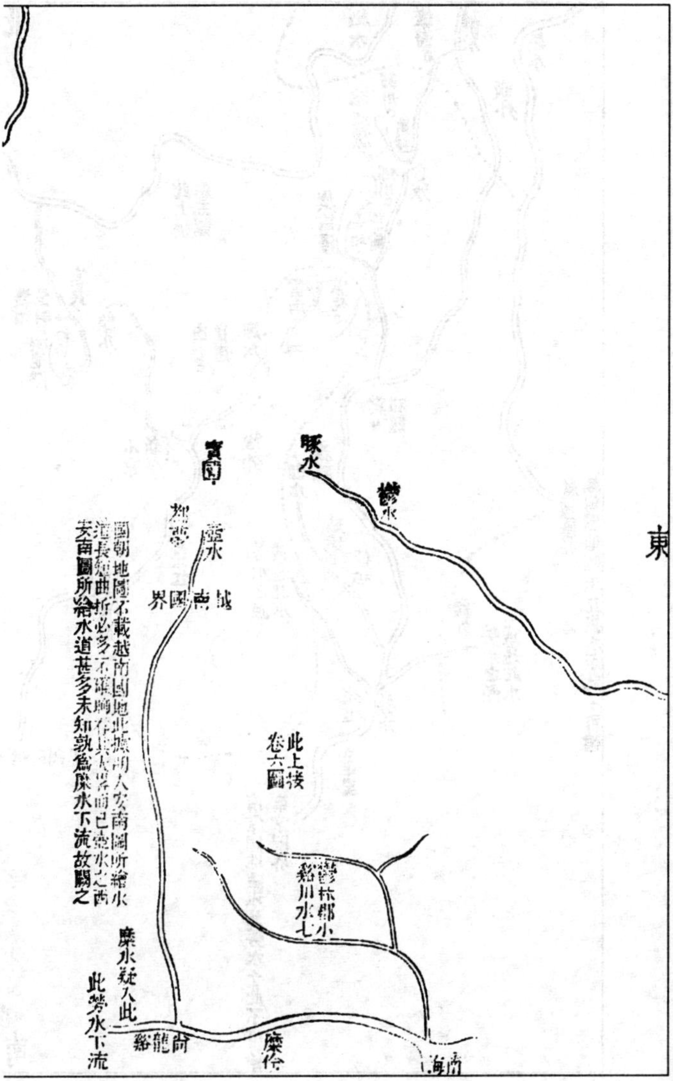

國朝地圖不載越南國地此據明人安南圖所繪水道長短曲折必多不確聊存其大略而已盤水之西安南圖所繪水道甚多未知孰為麋水下流故闕之

東
豚水
鬱水
賁古
盤水
越南國界
此上接卷六圖
鬱林郡小谿川水也
麋水疑入此
此勞水下流
西龍谿
麋伶
南海

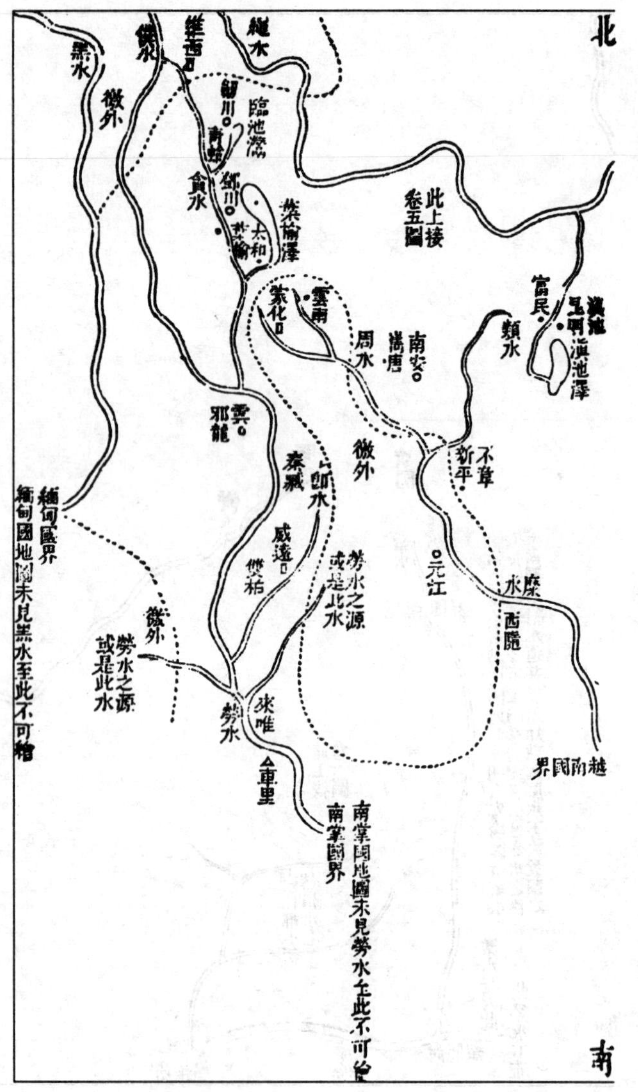
北
南
此上接卷五圖
繩水
黑水
徼外
葉榆澤
雲南
周水
南安
滇池澤
類水
富民
不韋
新平
元江
微外
靡水
西隨
越南國界
緬甸國界
緬甸國地圖未見黑水至此不可繪
勞水之源或是此水
勞水
南掌國界
南掌國地圖未見勞水至此不可繪

【校記】

[一] 麋伶　《漢志》校點本作「麋泠」。西漢圖三〇—三一作「卷泠」，下同。

[二] 疑有誤。麫水，清圖四八—四九作「把邊江」、「李仙江」、「黑江」。

[三] 疑有誤。僕水，清圖四八—四九作「禮社江」、「元江」。

[四] 疑有誤。《通檢今釋》第九十三頁，貪水作「今昆雄河」。

[五] 疑有誤。臨池灊，清圖四八—四九作「馬湖」。

[六] 清圖四八—四九，漾備江作「漾濞江」。

[七] 疑有誤。即水，清圖四八—四九作「金水河」、「九渡河」、「緑汁江」。

[八] 麋水　原作「糜水」，據《漢志》校點本、西漢圖二八—二九改，下同。

[九] 疑有誤。周水，清圖四八—四九作「潞江」。

[一〇] 疑有誤。《通檢今釋》第九十三頁，類水作「今泚江」。

[一一] 蘭倉水　一作「蘭蒼水」，見西漢圖二八—二九。

[一二] 西漢圖三〇—三一，尚龍谿畫在交趾郡都尉附近。

[一三] 疑有誤。壺水，清圖四八—四九作「盤龍河」。

[一四] 疑有誤。參見西漢圖三〇—三一、清圖四六—四七。

[一五] 黑水何指，衆説紛紜，西漢圖也未能畫出。清時期潞江，西漢圖二八—二九作「周水」。

附　考正德清胡氏禹貢圖

序

古今説《禹貢》者，未有如胡氏《錐指》之善者也。惟胡氏著書當康熙之初，《内府地圖》猶未頒布，《乾隆地圖》更遠在其後，胡氏所據皆明以前地圖，故其書甚博，而圖未精也。余既得《康熙乾隆地圖》，繪成《漢書地理志水道圖》，遂欲爲《禹貢》圖，而眼昏不能繪矣。乃爲條例，使兒子宗誼繪之，未及成而宗誼死，今補綴以成完帙，刻之，以附吾書之後焉。同治二年二月陳澧書。

考正德清胡氏禹貢圖

番禺陳宗誼孝通學

凡胡氏圖所繪地域山川未確者，以康熙、乾隆内府地圖正之。内府圖用横綫、斜綫，陽湖李氏刻本增以直綫，今用横綫、直綫，以便觀覽。

凡《禹貢》地名、山名及水源，皆據胡氏所考，書今地名以識之，水道湮變者，據胡氏所考，故道皆書今地名識之。

凡諸州以水爲界者，不必書今地名； 其無水爲界者，據胡氏所考，分界處皆書今地名識之。

凡胡氏説與鄭注及《漢書·地理志》不合者，如九江、大别之類，今仍之。其嶓冢、三江、黑水之類，則不從也。

凡胡氏説可疑者，如冀州、青州，以大遼水爲界之類，無可考證，今亦仍之。

凡胡氏所繪《職方》、《爾雅》及漢以後諸圖，今不繪； 島夷、西戎之類，亦不繪。

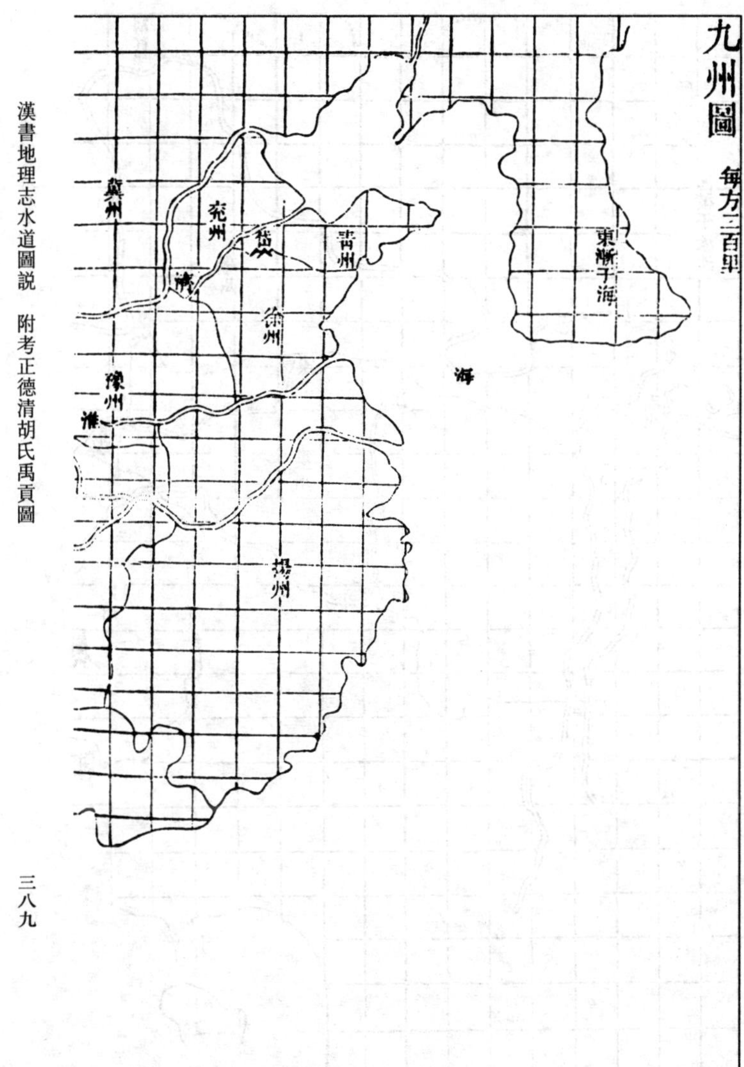
九州圖
每方三百里
東漸于海
海
冀州
兖州
青州
徐州
豫州
揚州
淮

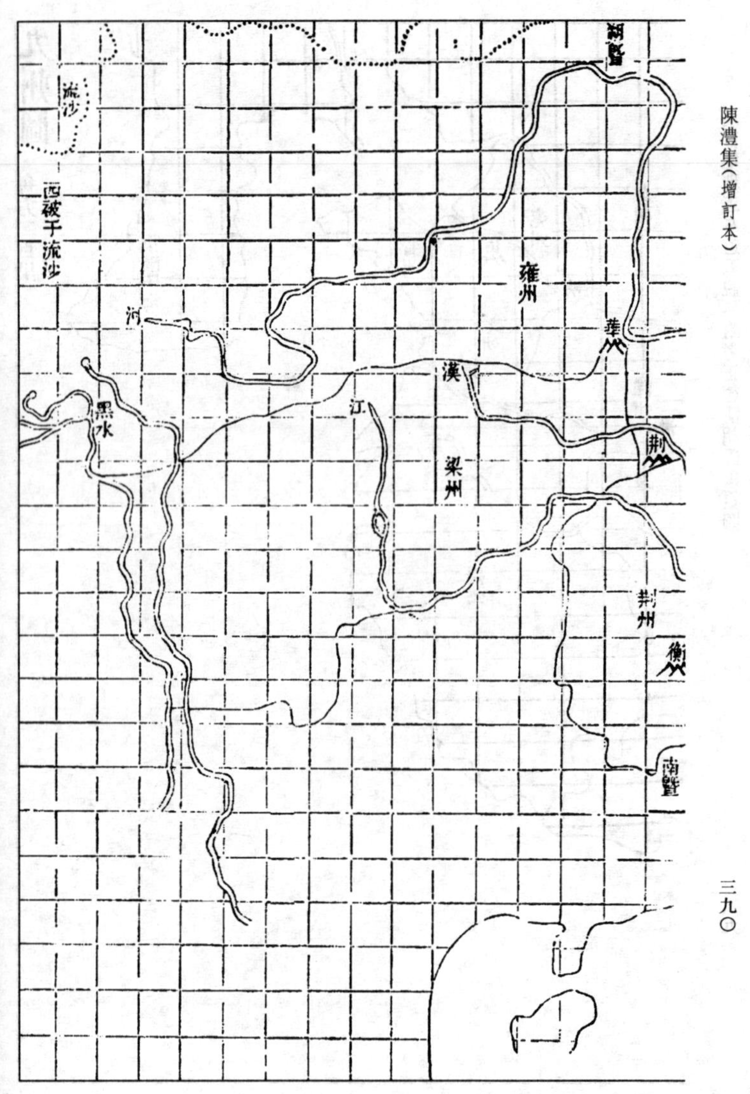

朔暨
流沙
西被于流沙
河
黑水
雍州
華
漢
江
荊
梁州
荊州
衡
南暨

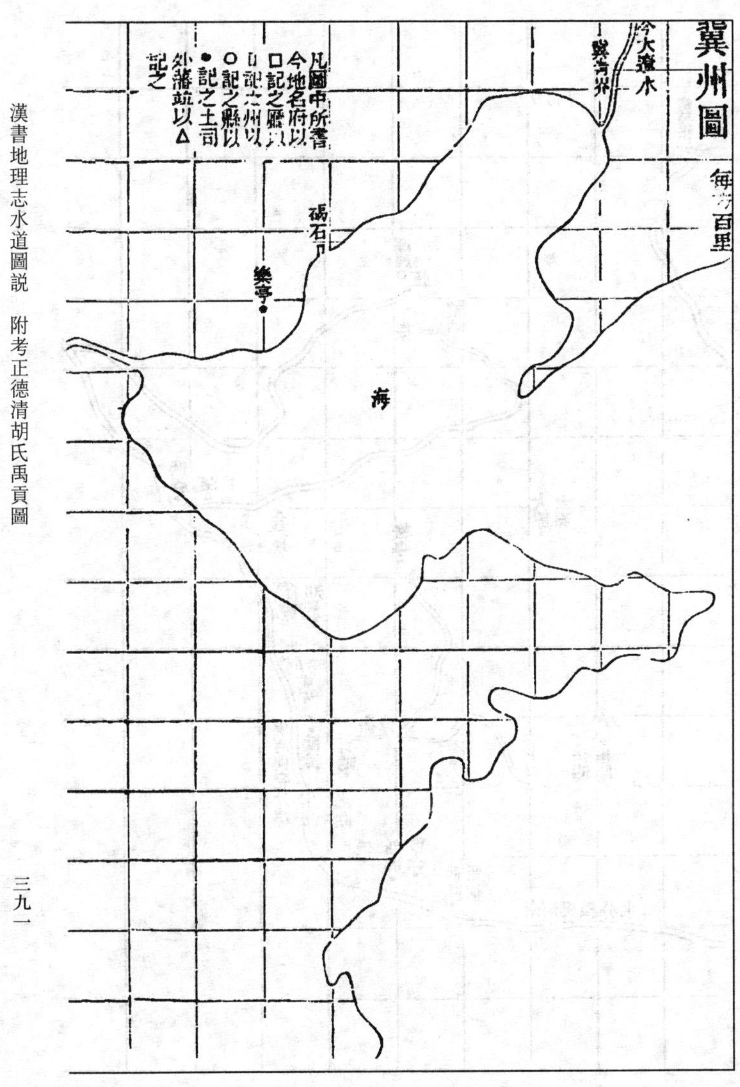
冀州圖
每方百里
今大遼水
冀青界
凡圖中所書今地名府以口記之廳以
記之州以○記之縣以●記之土司外藩並以△記之
碣石
樂亭
海

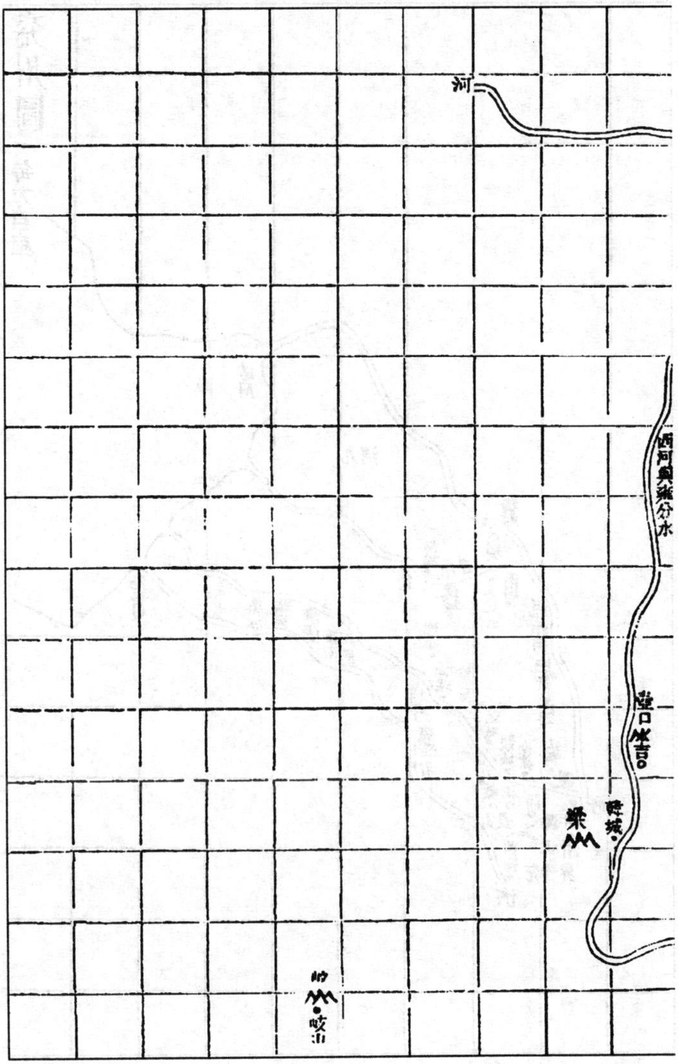

河
西河與雍分水
韓城
梁山
岐山

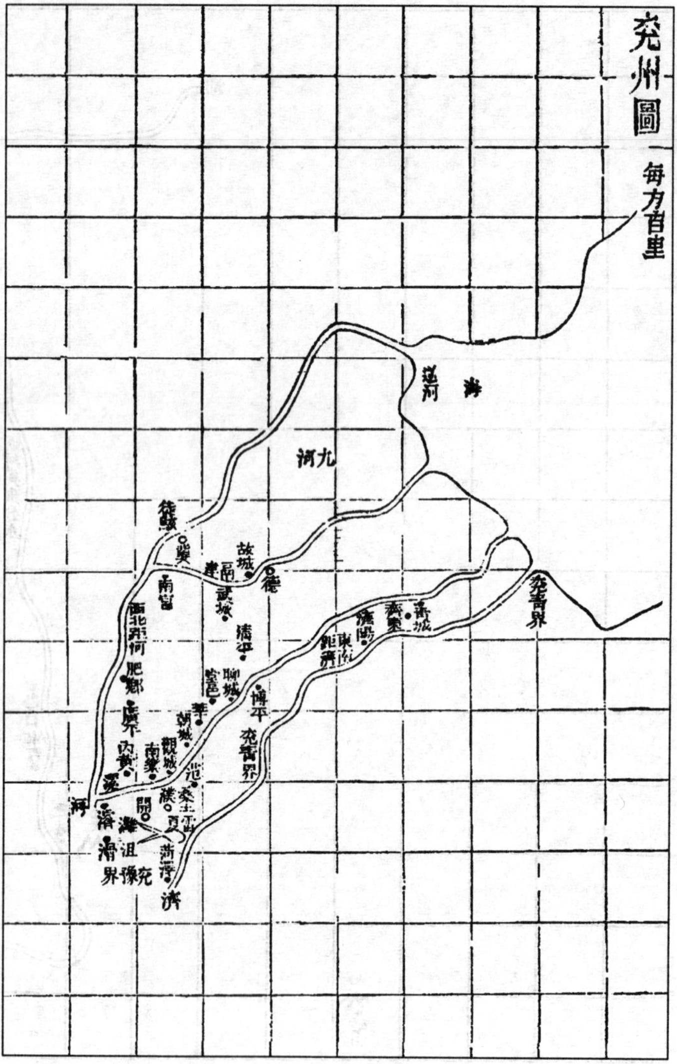

兗州圖 每方百里

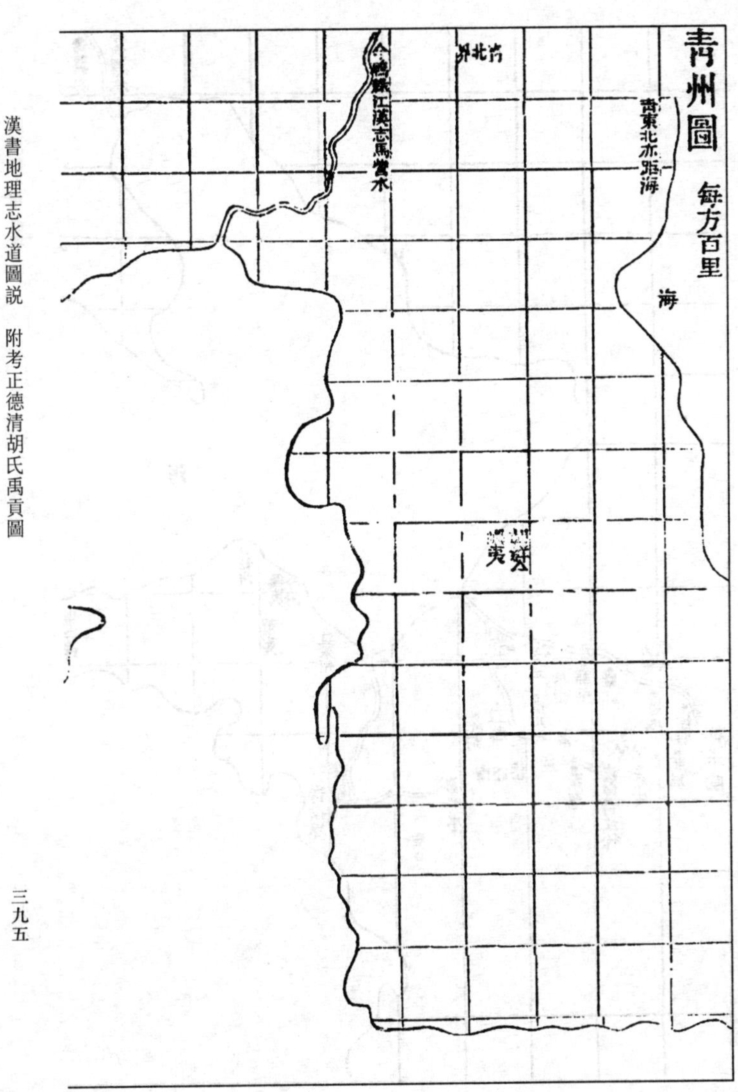
青州圖
每方百里
青東北亦距海
海
青北界
今鴨綠江漢志馬訾水

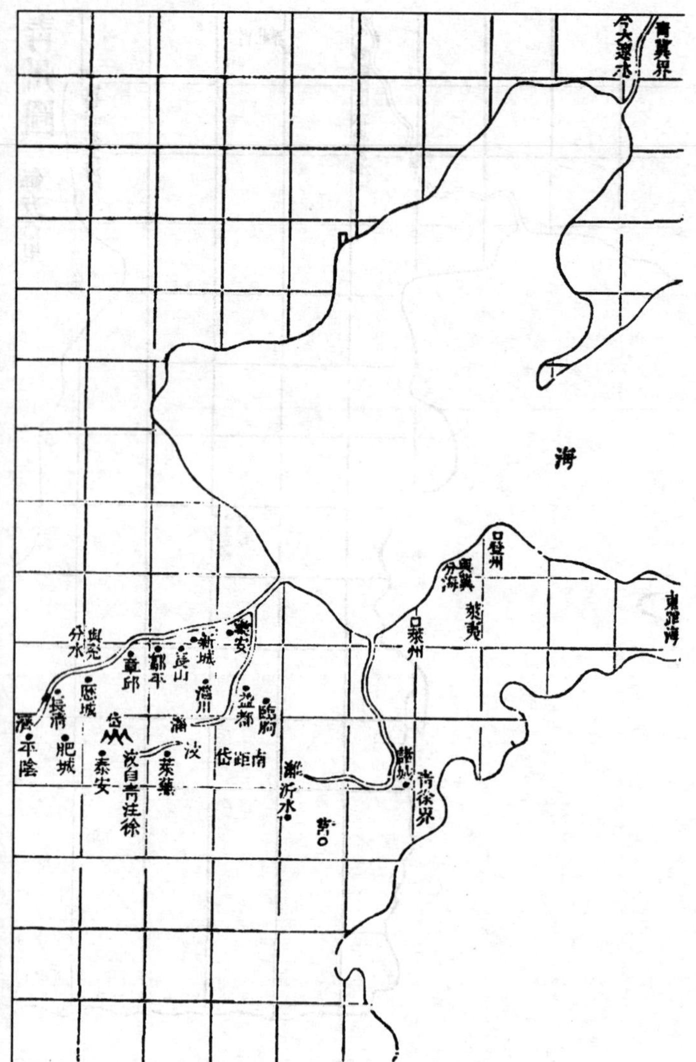
青冀界
今大遼水
海
登州
與冀分海
東萊
東距海
萊州
諸城
青徐界
沂水
莒
臨朐
益都
樂安
新城
長山
淄川
鄒平
章邱
與兖分水
歷城
長清
平陰
肥城
泰安
岱
汶自青注徐
萊蕪
汶

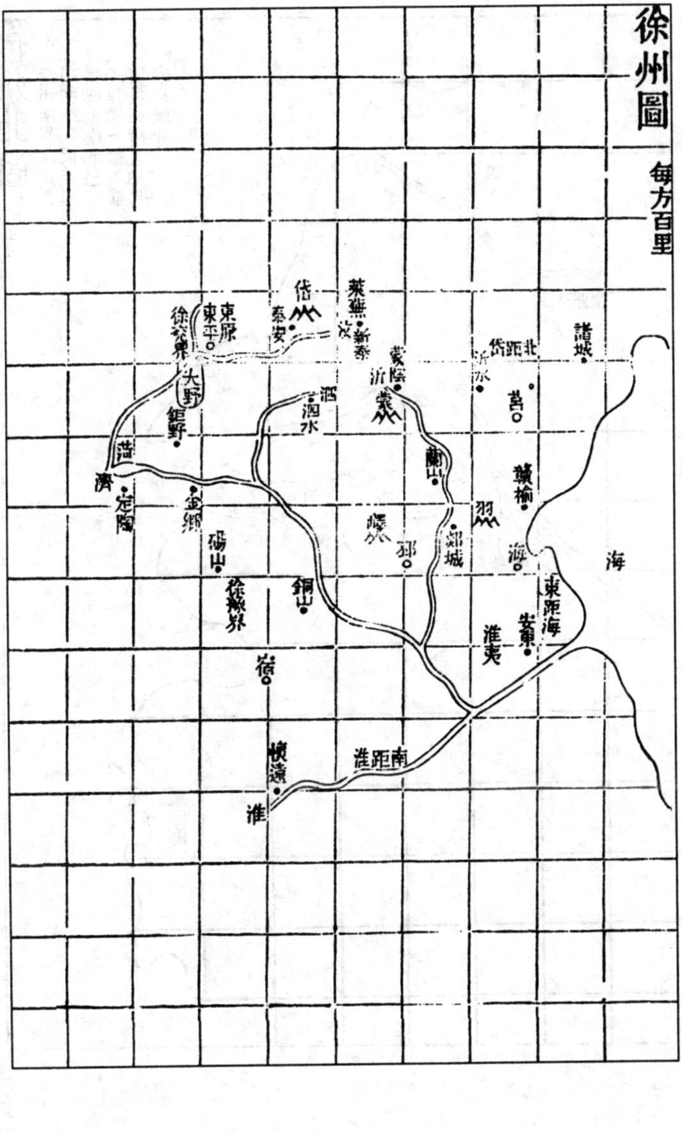

徐州圖

每方百里

岱
萊蕪
汶
新泰
泰安
東原
東平
徐兗界
大野
鉅野
菏
濟
定陶
金鄉
泗
泗水
蒙陰
沂
蒙
北距岱
沂水
諸城
莒
蘭山
贛榆
羽
嶧
郯城
邳
海
海
東距海
安東
淮夷
碭山
徐豫界
銅山
宿
懷遠
南距淮
淮

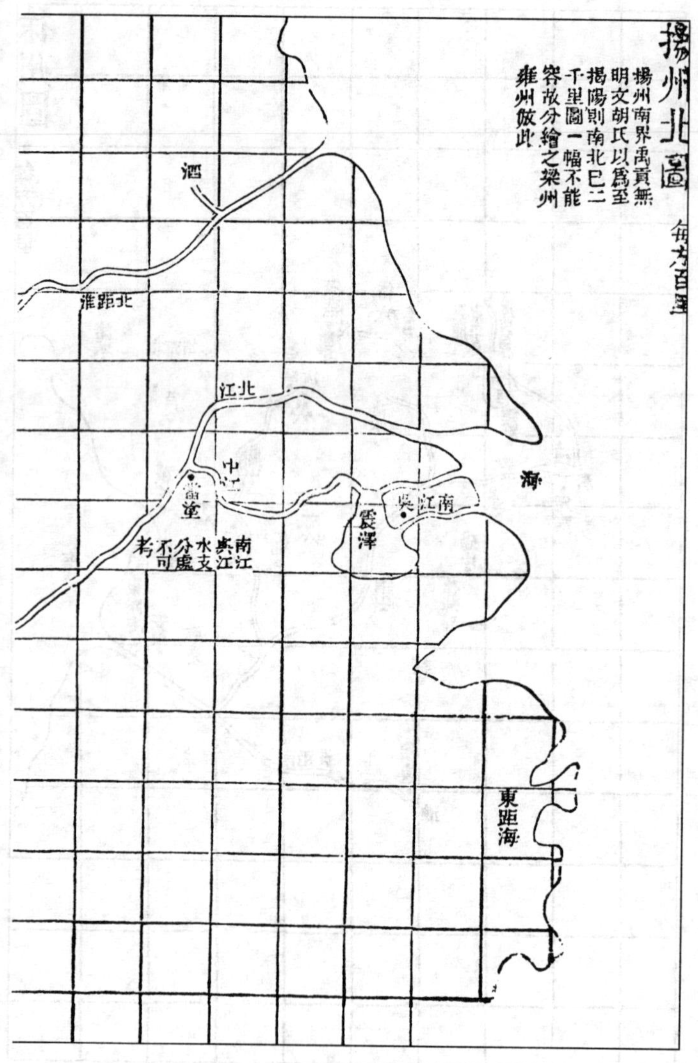
揚州北圖　每方百里
揚州南界禹貢無明文胡氏以爲至揭陽則南北已二千里圖一幅不能容故分繪之梁州雍州倣此
泗
北距淮
北江
中江
蕪湖
吳
南江
震澤
南江與水支分處不可考
海
東距海

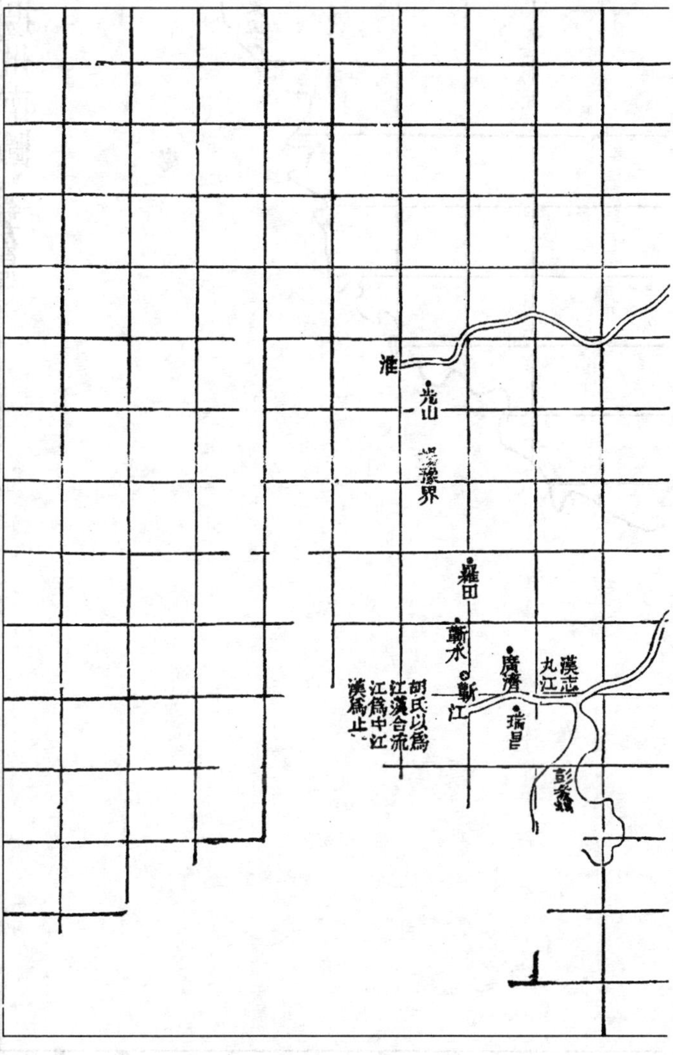

淮

光山

豫界

羅田

蘄水

蘄

江

廣濟

瑞昌

漢志九江

彭蠡

胡氏以為江漢合流江為中江漢為止

揚州南圖　每方百里

東甌海

海

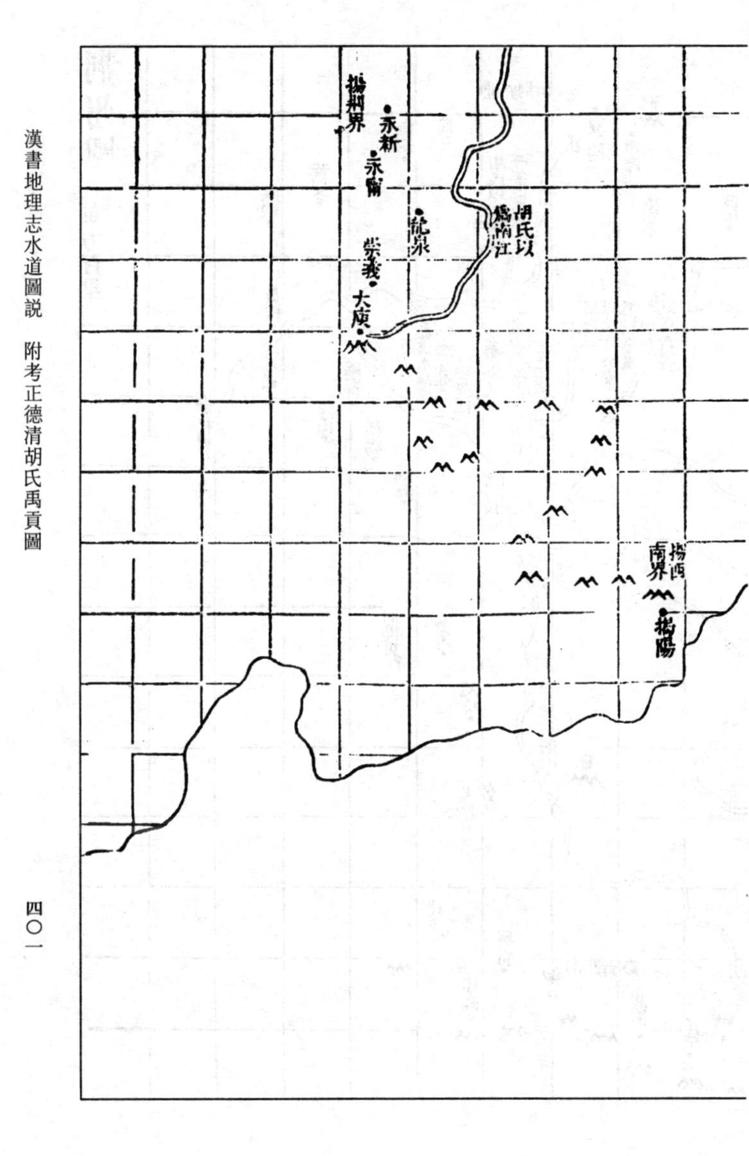
揚荆界
永新
永甯
龍泉
崇義
大庾
胡氏以爲南江
揚西南界
揭陽

荆州圖

每方百里

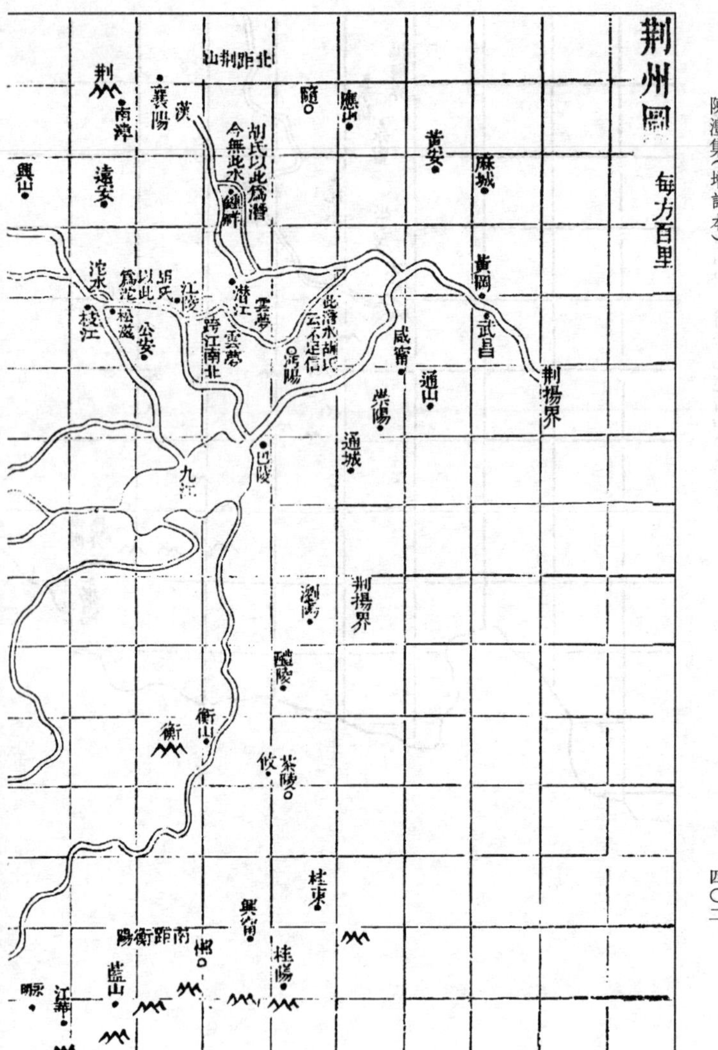
北距荆山
荆
南漳
襄陽
漢
隨
應山
黄安
麻城
興山
遠安
胡氏以此爲潛今無此水
黄岡
沱水
胡氏以此爲沱
江陵
潛江
雲夢
此潛水胡氏云不足信
武昌
枝江
松滋
公安
跨江南北
雲夢
咸寧
通山
荆揚界
巴陵
通城
九江
荆揚界
醴陵
衡
衡山
攸
茶陵
桂東
興甯
南距衡陽
桂陽
藍山
江華

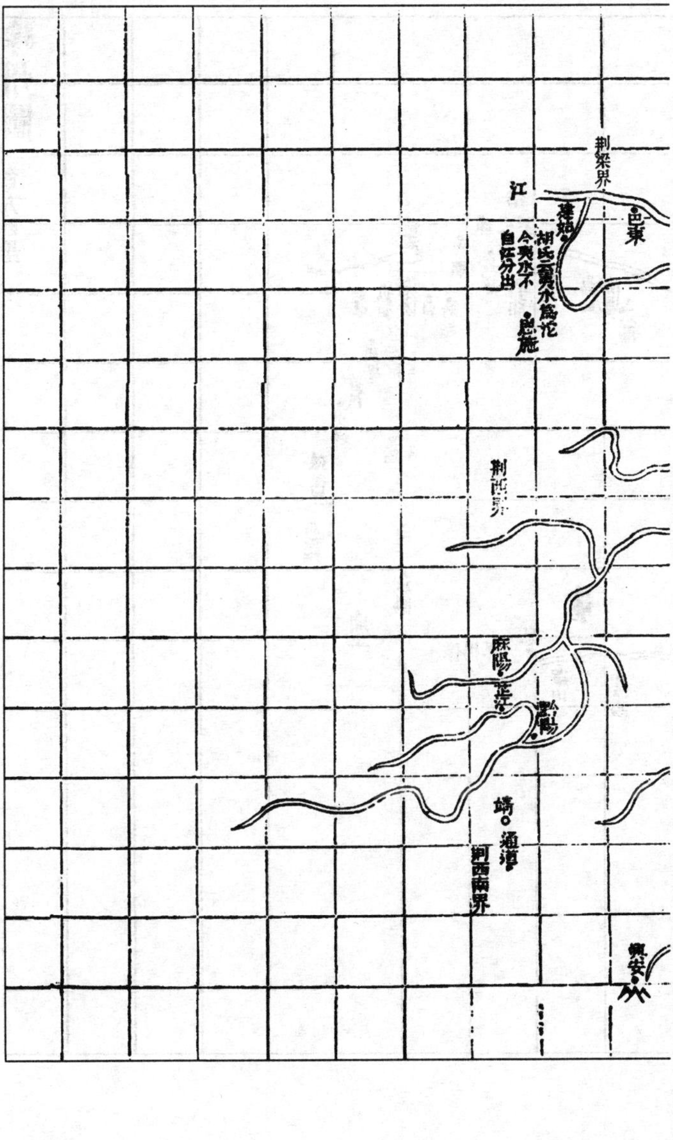
荆梁界
江
建始
巴東
胡氏云夷水爲沱
今夷水不
自江分出
恩施
麻陽
芷江
黔陽
靖
通道
荆西南界
興安

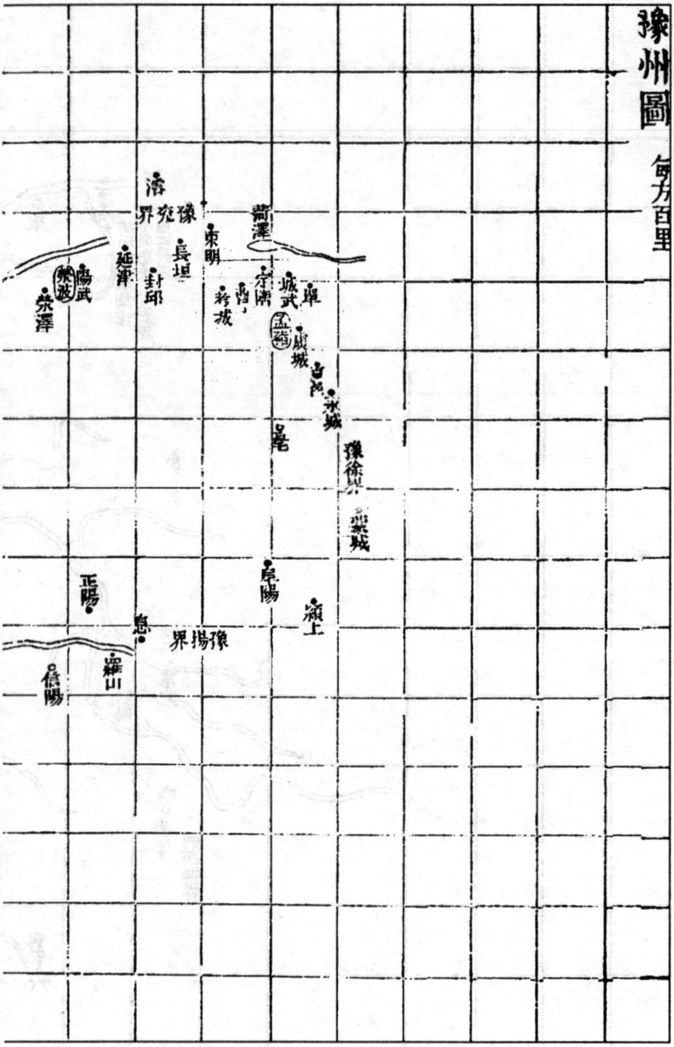

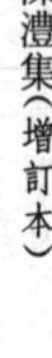

豫州圖　每方百里

菏澤
東明
豫兖界
濟
長垣
延津
封邱
陽武
滎波
滎澤
定陶
曹
城武
單
虞城
永城
亳
豫徐界
阜陽
潁上
正陽
息
豫揚界
羅山
信陽

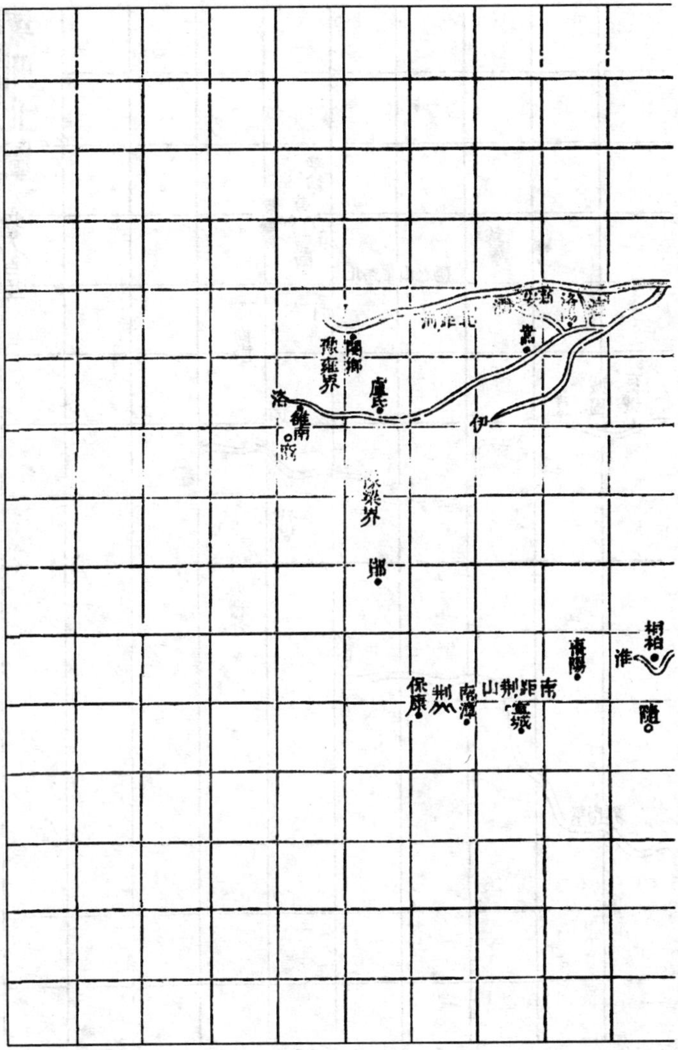

洛
伊
淮
南陽
隨

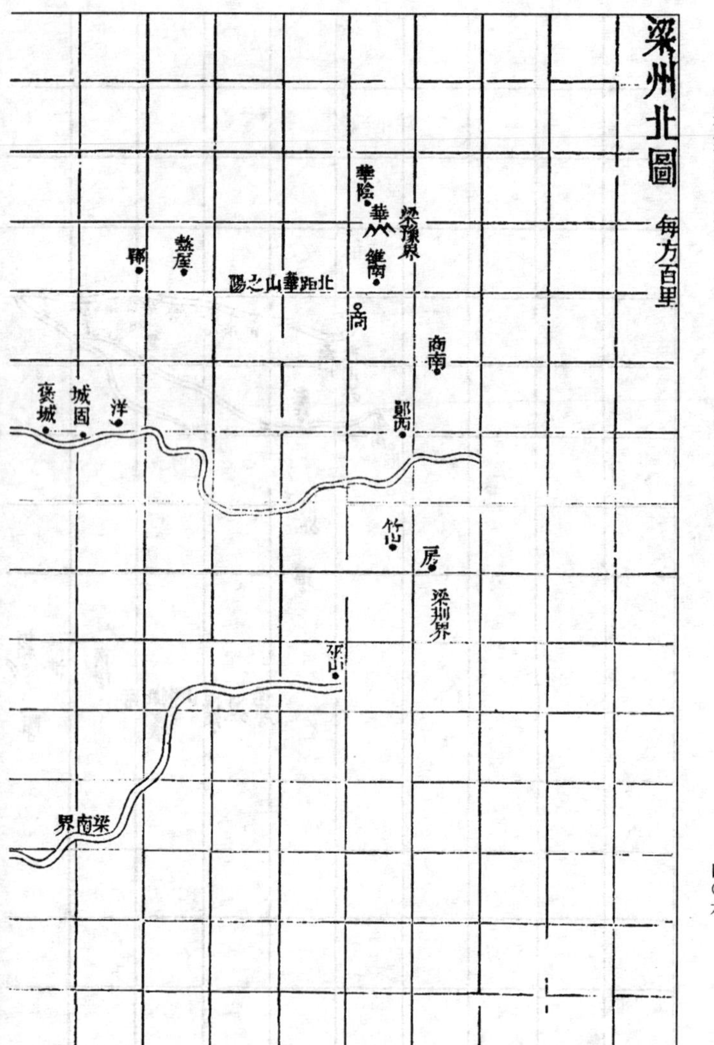
梁州北圖
每方百里
華陰
華山
梁豫界
雒南
盩厔
郿
北距華山之陽
商
商南
鄖西
竹山
房
梁荊界
褒城
城固
洋
梁南界

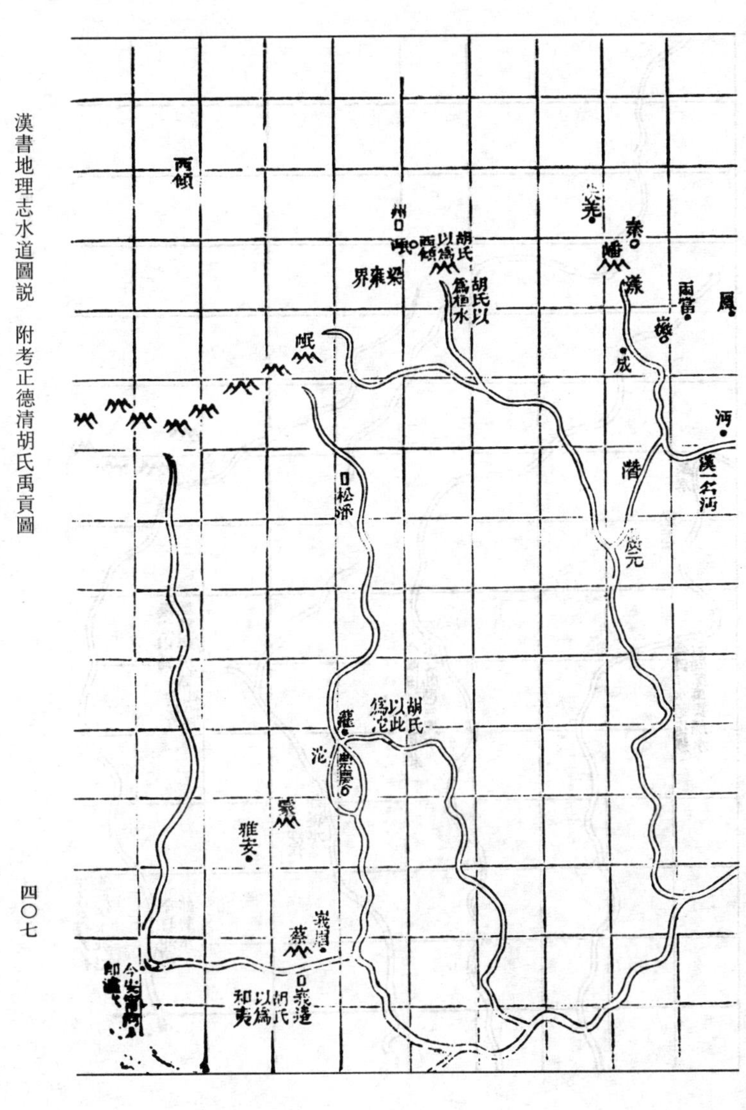
西傾
州
岷
胡氏以爲西傾
梁雍界
胡氏以爲桓水
羌
秦
嶓
漾
兩當
鳳
沔
成
潛
漢一名沔
廣元
松潘
胡氏以此爲沱
灌
沱
崇慶
蒙
雅安
蔡
胡氏以爲和夷
和夷

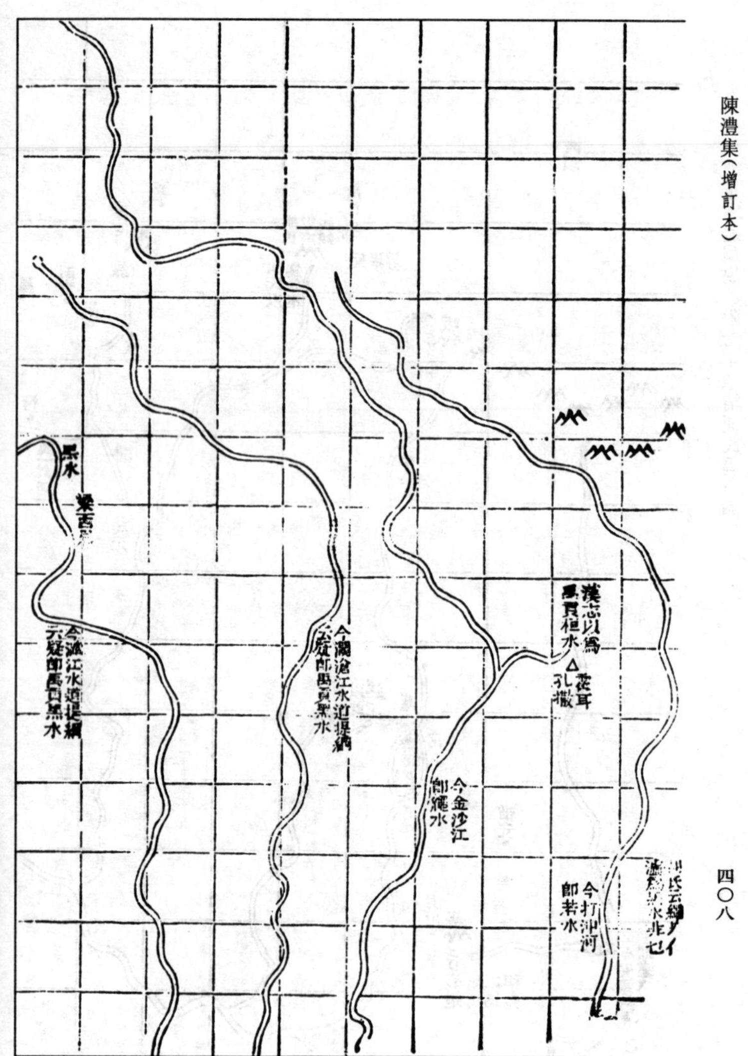
黑水
今潞江水道提綱云疑即禹貢黑水
今瀾滄江水道提綱云疑即禹貢黑水
今金沙江即繩水
漢志以爲禹貢桓水
今打沖河即若水

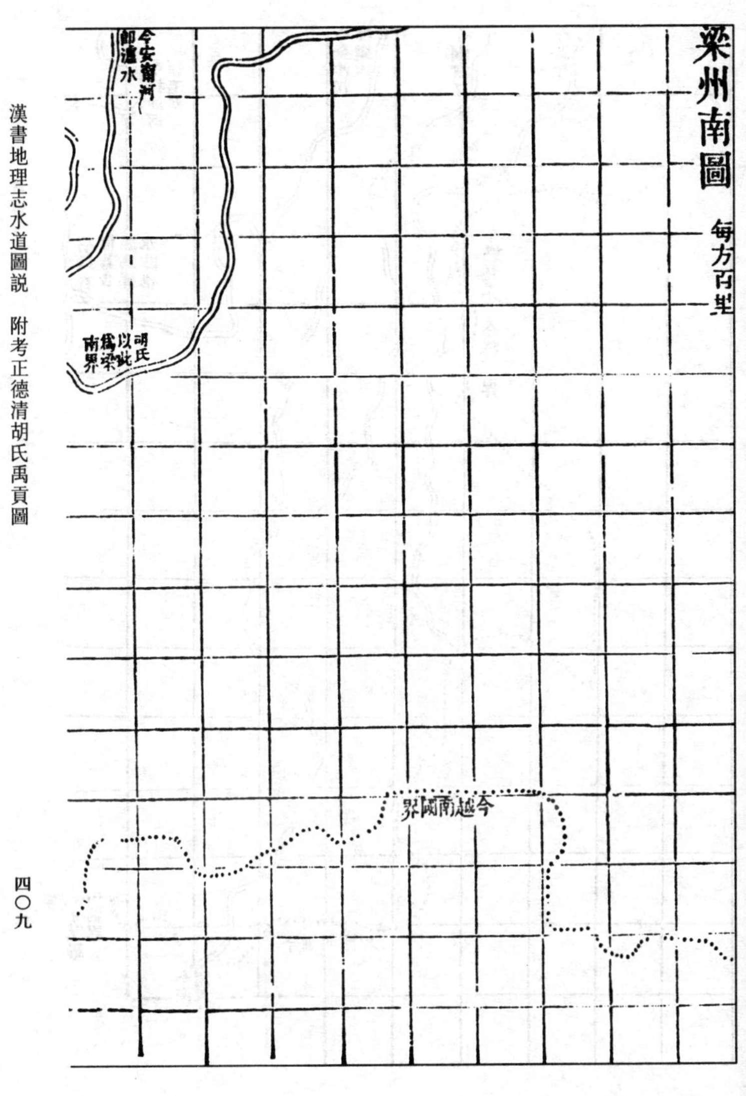
梁州南圖
每方百里
今安甯河
即瀘水
胡氏以此爲梁南界
今越南國界

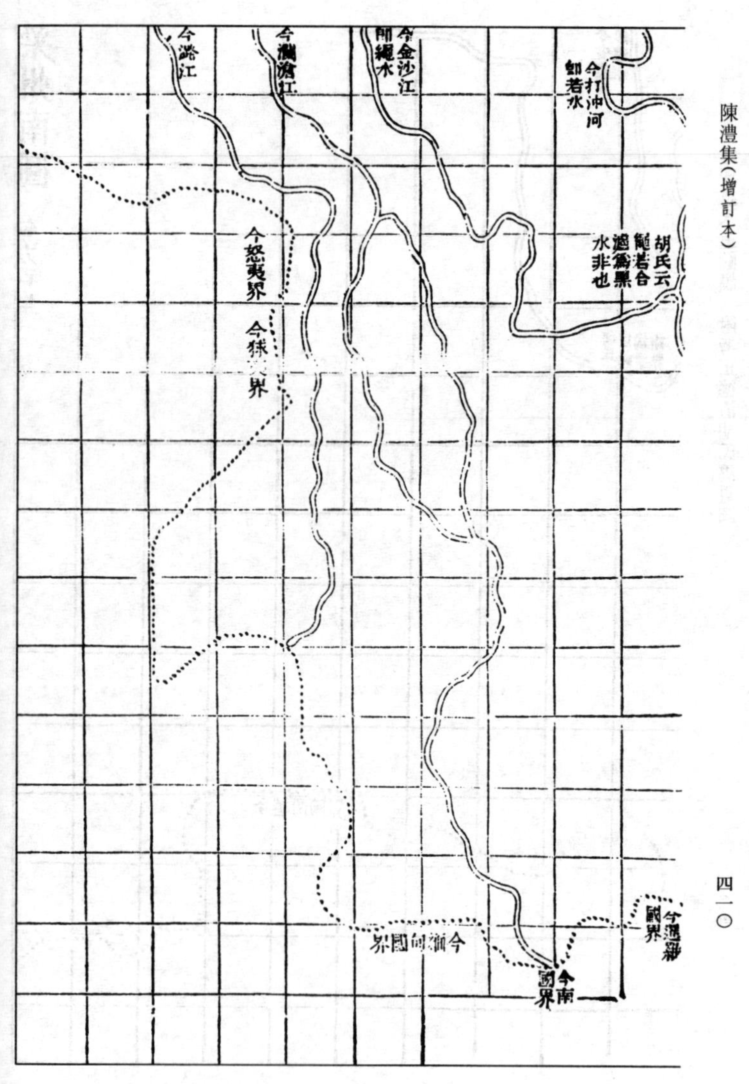
今潞江
今瀾滄江
今金沙江
即繩水
今打沖河
即若水
胡氏云
繩若合
過爲黑
水非也
今怒夷界
今猓夷界
今緬甸國界
今南
國界
今暹羅
國界

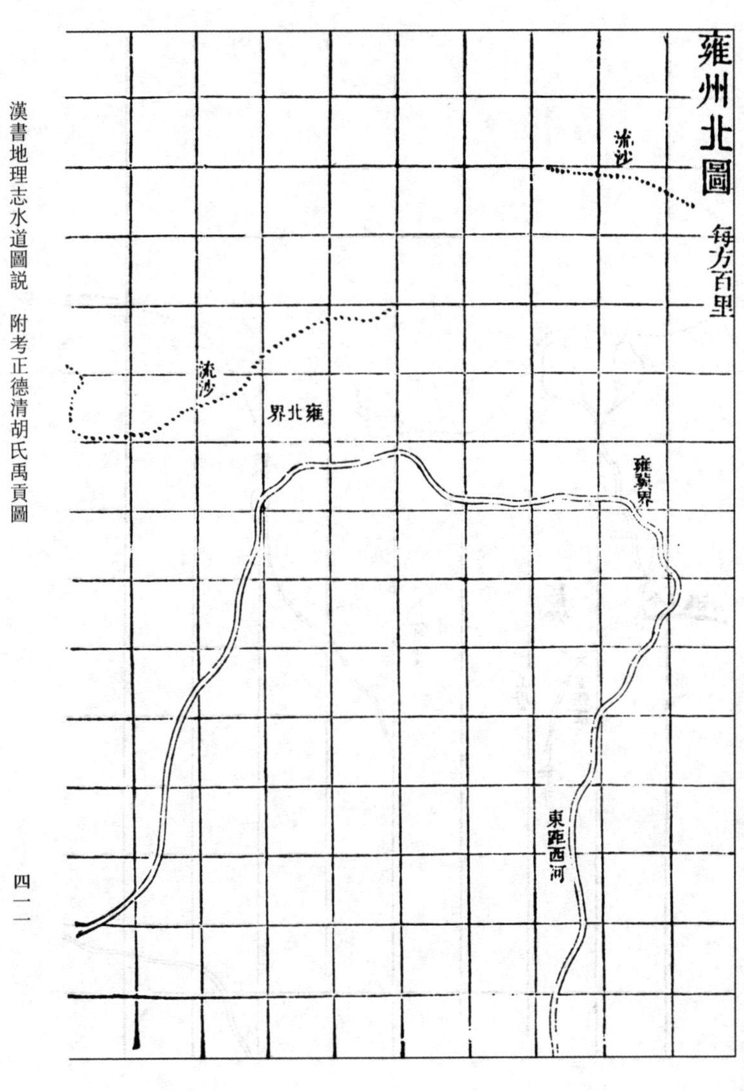
雍州北圖
每方百里
流沙
流沙
雍北界
雍冀界
東距西河

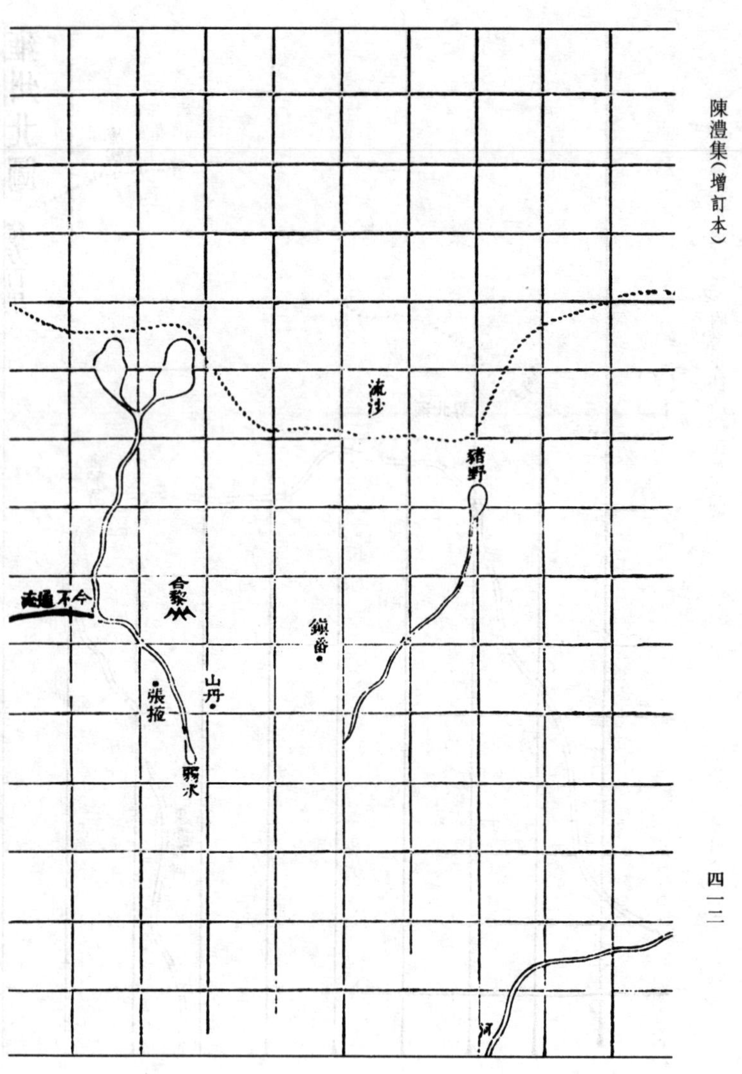

流沙
豬野
合黎
今不通流
鎭番
張掖
山丹
弱水
河

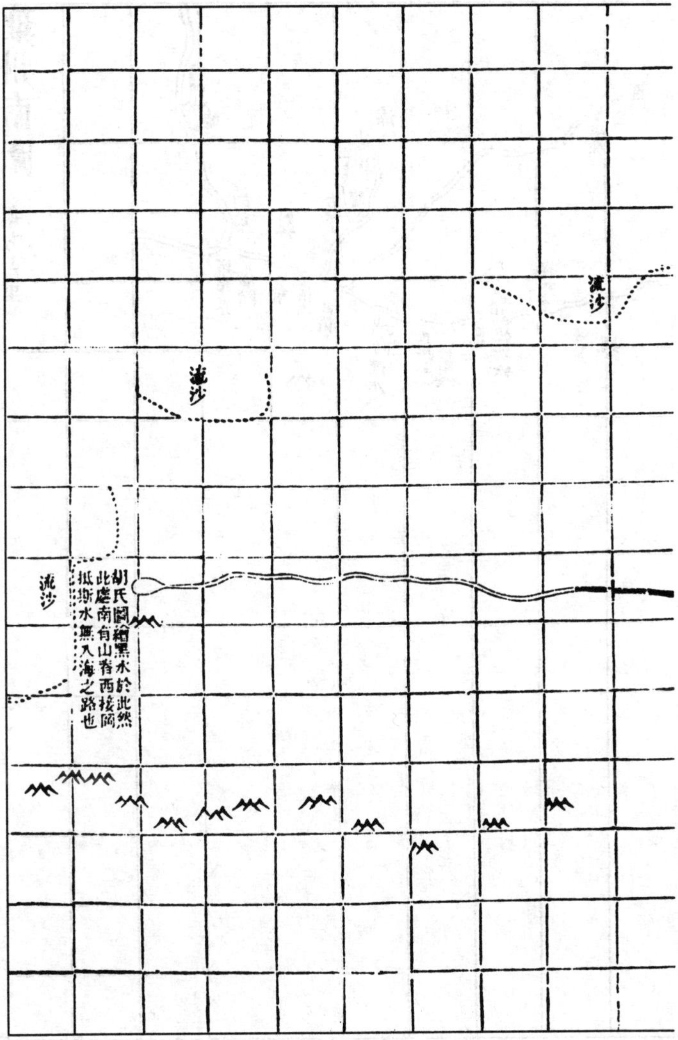

流沙

流沙

流沙

胡氏圖繪黑水於此然此處南有山脊西接隔抵斯水無入海之路也

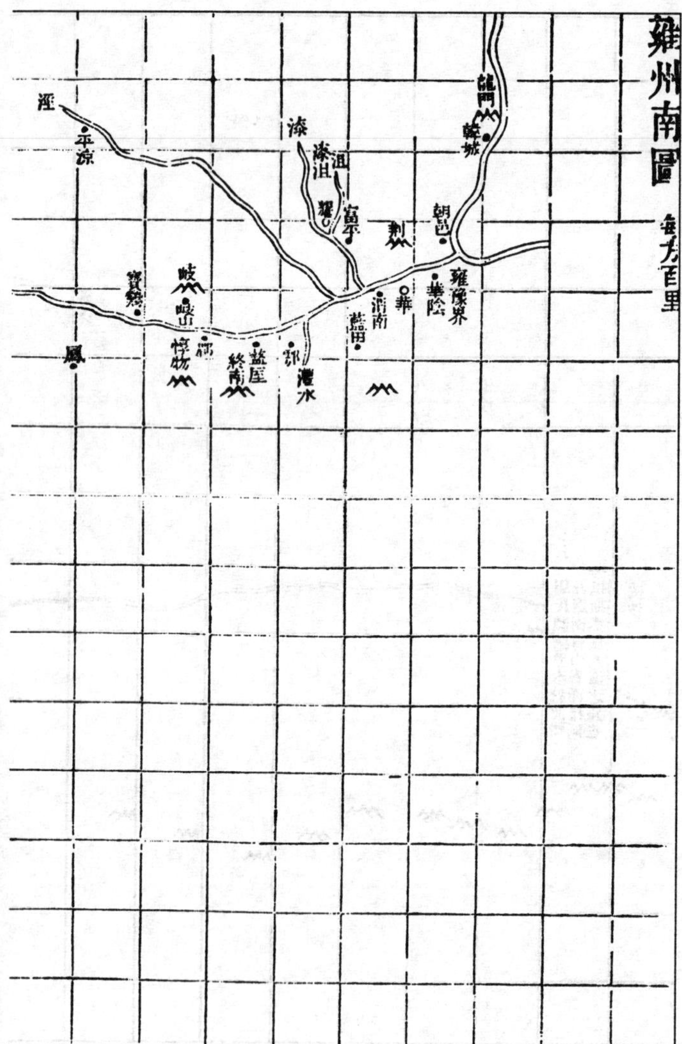
雍州南圖
每方百里
涇
平涼
漆
漆沮
沮
龍門
韓城
郃陽
富平
耀
華陰
華
渭南
藍田
鄠
澇水
盩厔
終南
郿
岐
岐山
寶雞
鳳
惇物
雍豫界

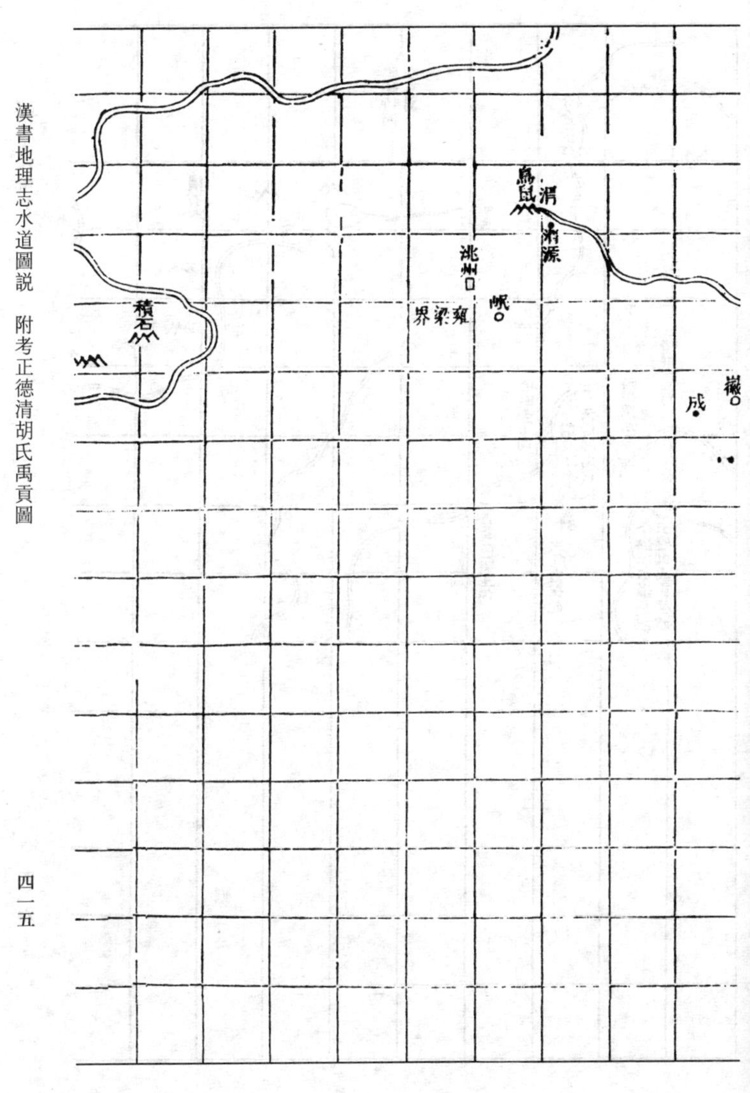
鳥鼠
渭
渭源
洮州
岷
雍梁界
積石
成

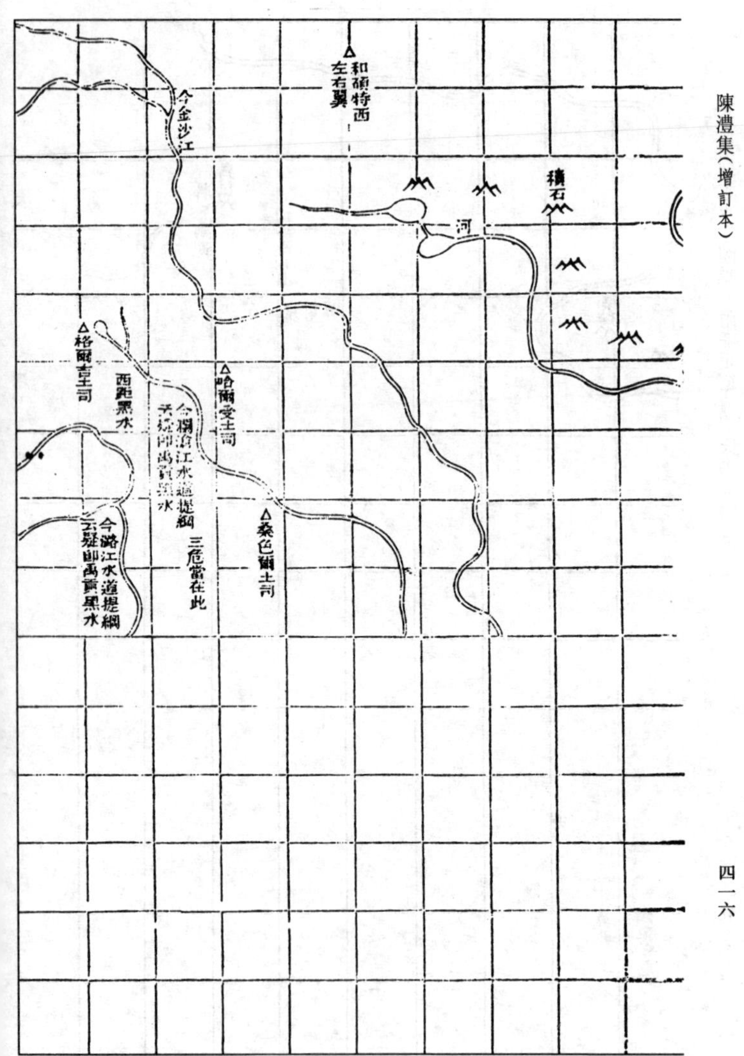

和碩特西
左右翼
今金沙江
積石
河
格爾吉土司
西距黑水
哈爾受土司
今瀾滄江水道提綱
桑色爾土司
三危當在此
今潞江水道提綱

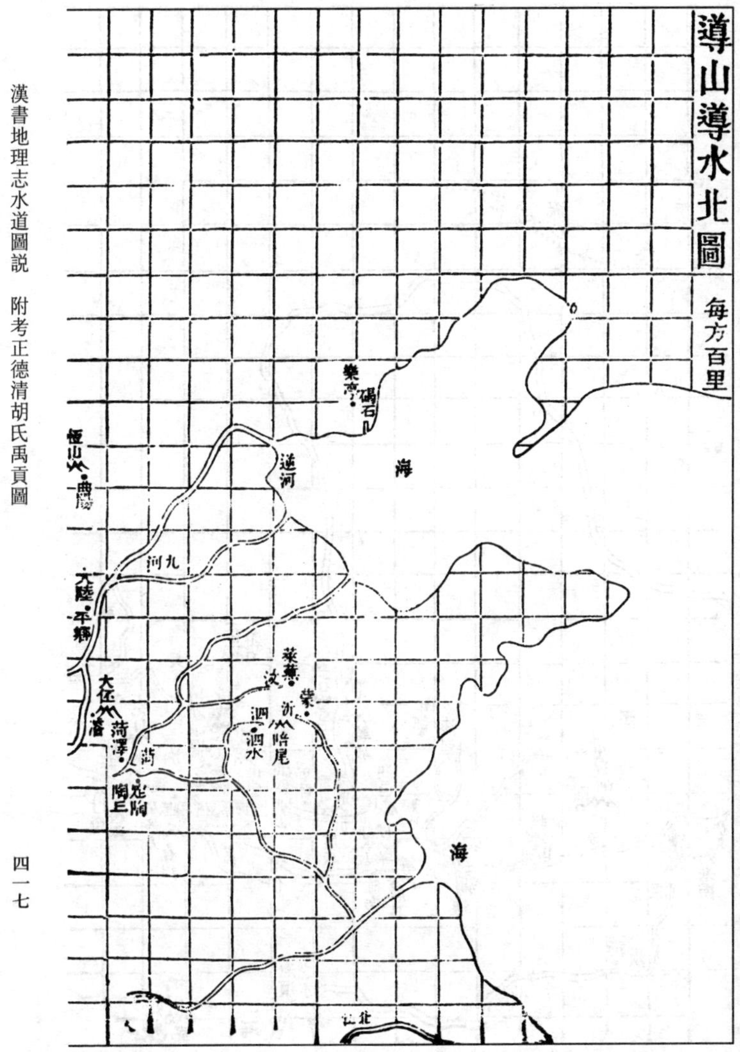
導山導水北圖
每方百里
樂亭
碣石
逆河
海
恒山
曲陽
九河
大陸
平鄉
大伾
菏澤
定陶
陶丘
萊蕪
汶
蒙
沂
泗
泗水
陪尾
海
北江

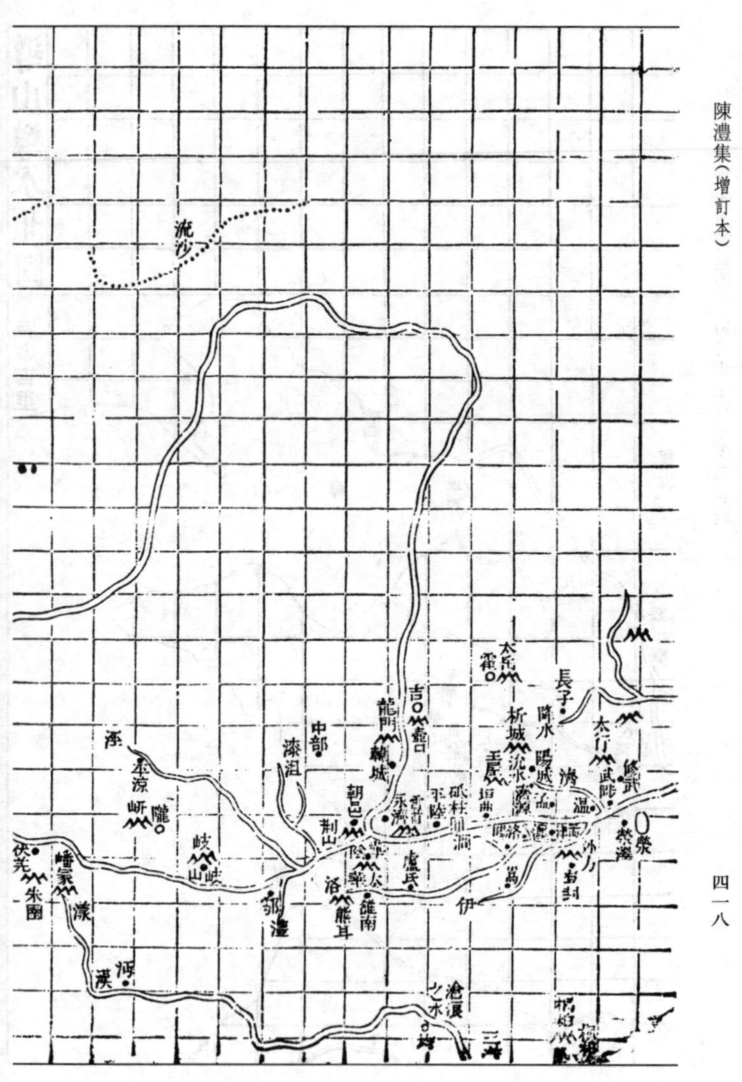

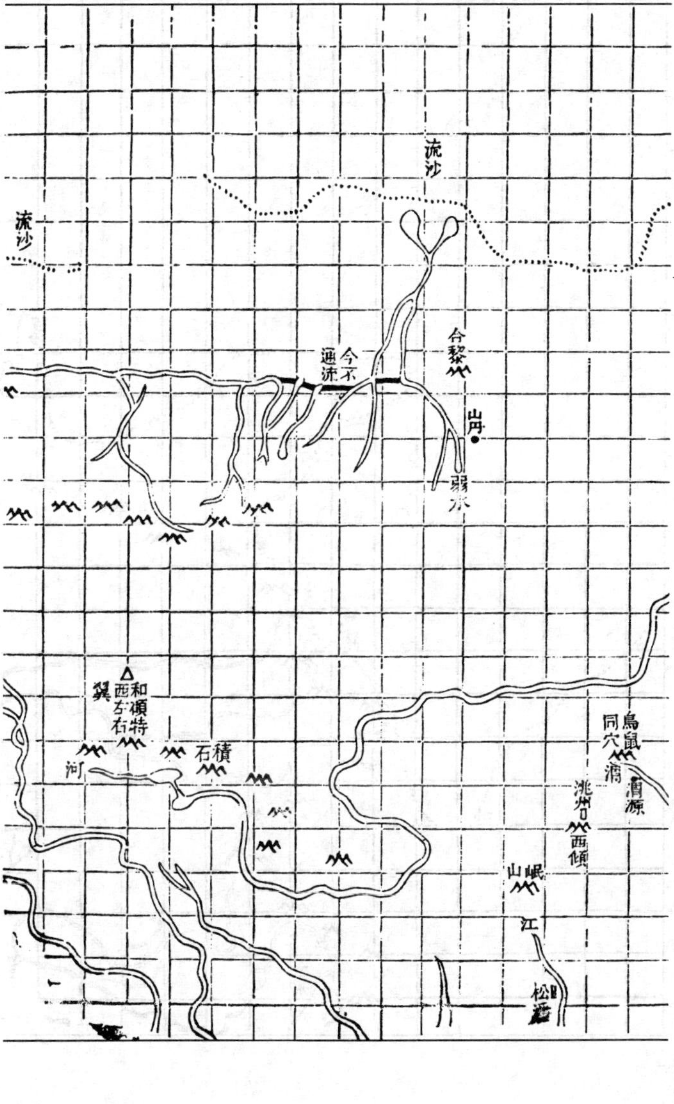

流沙
流沙
今不通流
合黎
山丹
弱水
和碩特西右翼
積石
河
鳥鼠同穴
渭
渭源
洮州
西傾
岷山
江
松潘

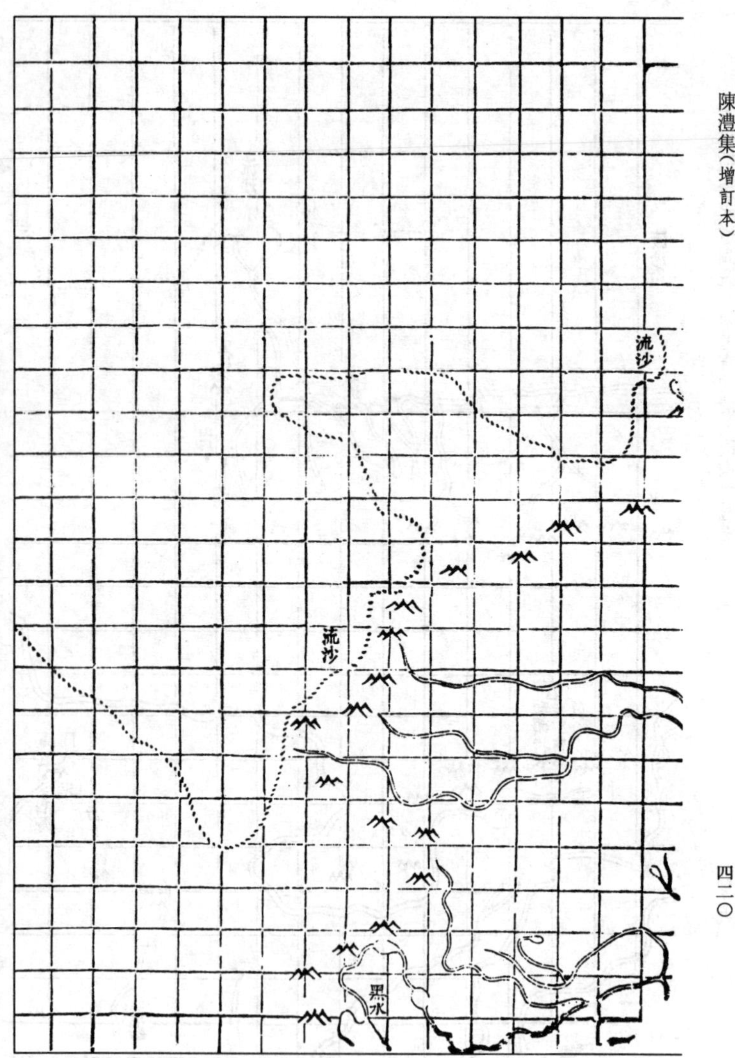
流沙
流沙
黑水

導山導水南圖

每方百里

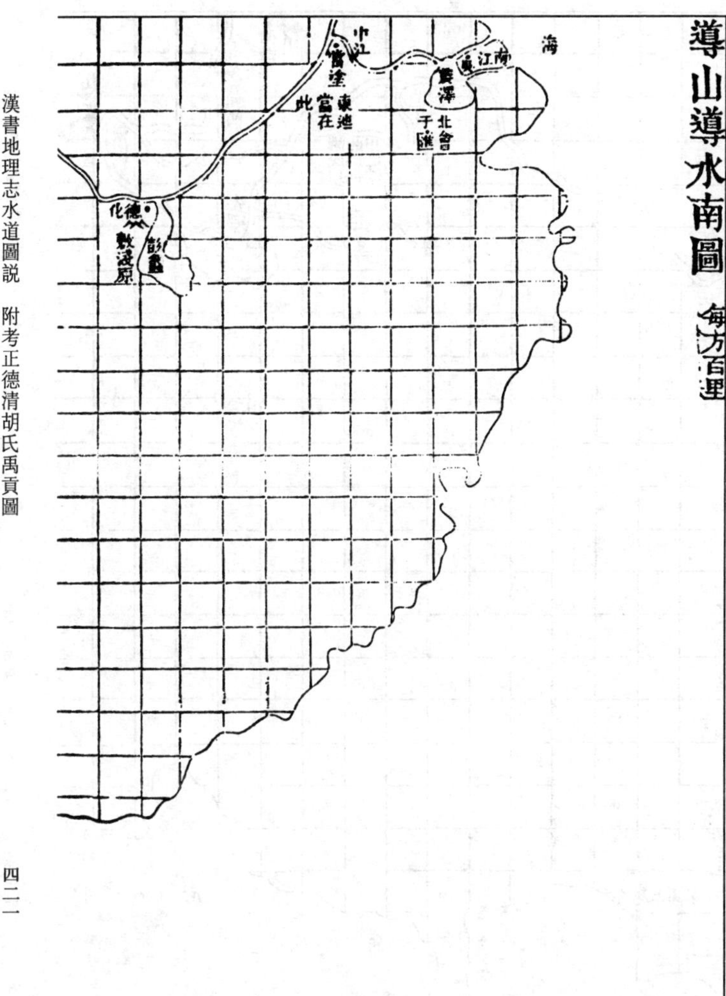

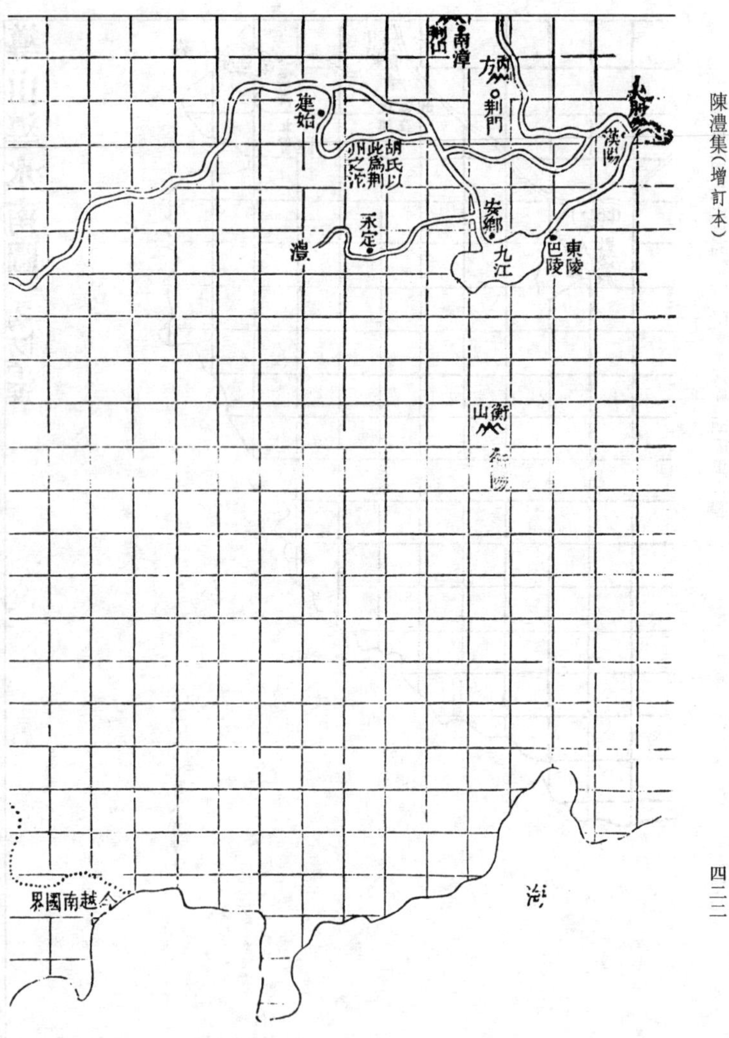
南漳
荆山
內方
荆門
大別
漢陽
建始
胡氏以此爲荆州之沱
安鄉
永定
澧
九江
巴陵
東陵
衡山
衡陽
今越南國界

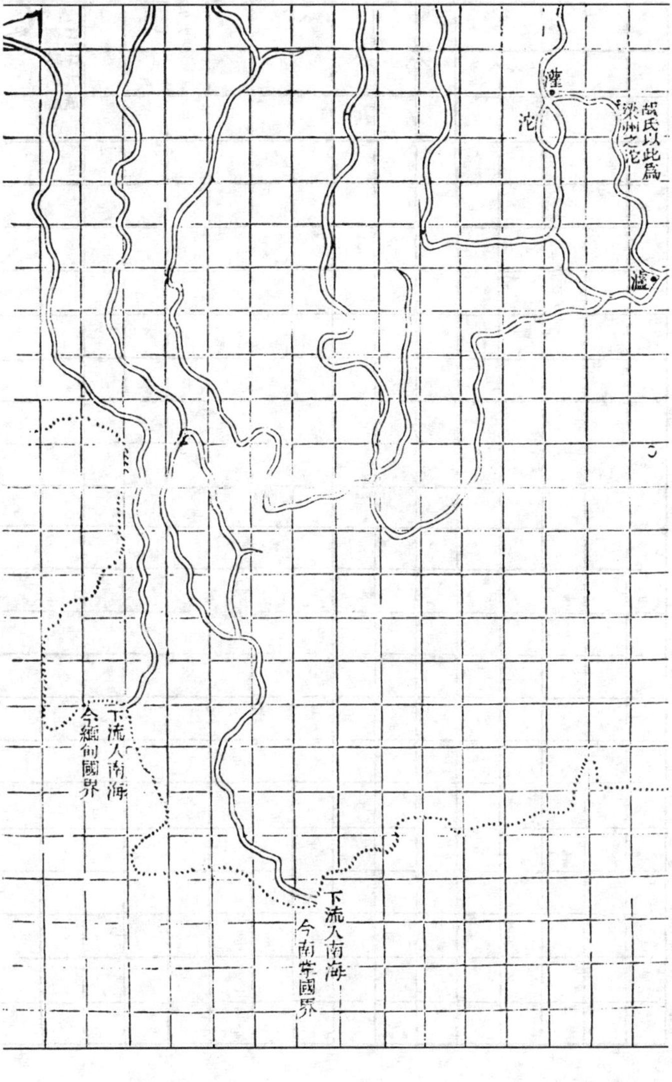

潼

沱

胡氏以此爲梁州之沱

瀘

下流入南海

今緬甸國界

下流入南海

今南掌國界

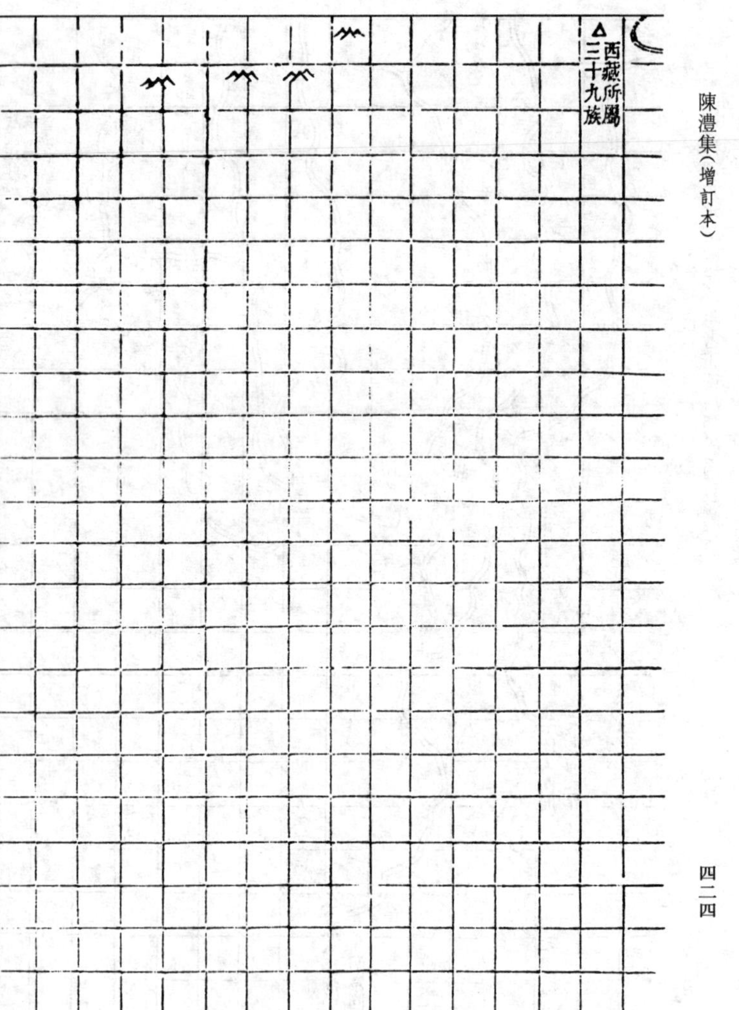

西藏所屬
三十九族

點校後記

《漢書地理志水道圖説》（以下簡稱《水道》）是陳澧有關地理學的代表作，此書一出，時人多加贊賞。迄今爲止，論及陳澧地理學的成就，無不以此書爲例，足證其影響之廣。

一

秦漢以前的地理著作，都没有以「地理」命名的。《漢書·地理志》開創了我國疆域地理志的先河，其體例一直爲歷代地理志所沿用，對以後中國地理學的發展影響很大。《漢書·地理志》以行政區劃爲綱，記述各郡（國）的建置、户口、山川、水澤、關隘、名勝等，其中記述水道二一五八條、河澤二〇個、水池七個、水渠五條，其他江河水系二二一條。所記河流，盡可能注明發源地、流經地區、流向與流程①。但是，由於時代的局限，該志也有不足之處：首先，對西漢以前的地理材料，不論記載正確與否，或者前人記載正確、後來發生了變化，作者未加鑒别，仍然照録；其次，作者對當時的地理現象實地考察少，而主要是匯總前人的地理材料，這就難免出現一些失誤。而陳澧《水道》一書，在「以今釋古」時，吸收别人的研究成果，對《漢志》水道的失誤作了匡正，如表：

表一　陳澧對《漢書·地理志》水道的匡正

編號	《漢書·地理志》	陳澧《水道》	備注
1	代郡平舒：（祁夷水）入沽	入治	
2	代郡且如：（于延水）入沽	入治	
3	上谷郡且居：（樂陽水）入海	入沽	
4	遼西郡肥如：（濡水）入海陽	至海陽入海，或「陽」字衍	
5	遼西郡絫：（揭石水、賓水）皆南入官	皆南入下官	
6	遼東郡遼陽：（大梁水）至遼陽	至遼隊	
7	遼東郡居就：（室僞水）入梁	梁上脱「大」字	

續表

編號	《漢書·地理志》	陳澧《水道》	備注
8	玄菟郡西蓋馬：（馬訾水）西北入鹽難水	西北，疑當作「西南」	
9	隴西郡臨洮：（洮水）入西	當依《水經注》引作「入河」	
10	北地郡直路：（沮水）出東，西入洛	出西，東入洛	
11	右扶風鄠：（潏水）	（澇水）	
12	京兆尹南陵：（沂水）	（滻水）	
13	弘農郡盧氏：（伊水）過郡一	過郡二	
14	上黨郡泫氏：（絶水）	（泫水）	西漢圖②二〇—二一，泫氏縣以北爲絶水，泫氏縣以南爲泫水。
15	上黨郡沾：（清漳水）至邑成入大河	至阜城入大河	

續　表

編號	《漢書·地理志》	陳澧《水道》	備　注
16	渤海郡成平：（虖池河）民曰徒駭河	或曰徒駭河	
17	河間國弓高：（虖池別河）東至平舒入海	平舒上脱「東」字	
18	真定國綿曼：（斯洨水）入河	入河，疑當作「入虖池河」	西漢圖一七作「入故漳河」
19	趙國襄國：（渠水）	（濄水）	
20	常山郡中丘：（諸水）東至張邑入濁	（諸，《説文》作渚），入濁，當依《説文》作「入濄」，「邑」字衍文	
21	常山郡元氏：（沮水）入黄河	（沮，當作泜）入寖	
22	魯國卞：（泗水）入沛	入泲渠	
23	泰山郡蓋：（洙水）西北至蓋入池水	至蓋，當作至卞，入池水，當依《水經注》引作「入泗」	

續表

編號	《漢書·地理志》	陳澧《水道》	備注
24	魯國蕃：（南梁水）入沛渠	入沸渠	
25	泰山郡：汶水出萊毋，西入濟	「汶水出萊毋，西入濟」八字是後人所加	西漢圖三六—三七作「汶水出萊毋，西南入沸」
26	泰山郡萊蕪：（甾水）東至博昌入沸	當依《禹貢正義》引作「東北至」	
27	琅玡郡箕：（維水）至昌都入海	至都昌入海	
28	琅玡郡折泉：（折泉水）至莫入淮	「莫」當作「箕」，「淮」即「維」	
29	琅玡郡横：（久台水）東南至（東武入淮）	「東南」疑誤	西漢圖三六—三七作西北至東武入維水
30	東萊郡腄：有之罘山祠，居上山，聲洋丹水所出	「居上山」三字，當作「居山上梁山」五字	聲洋丹水，西漢圖三六—三七作「聲洋水」

續表

編號	《漢書·地理志》	陳澧《水道》	備注
31	東萊郡曲成：(治水)南至沂入海	南至計斤入海	(治水，西漢圖三六—三七作沽水)
32	南陽郡平氏：(淮水)東南至淮陵入海	「淮陵」，當作「淮浦」或當作「睢陵」	淮陵，西漢圖三六—三七作「淮浦」
33	南陽郡雉：(澧水)東至鄽入汝	「鄽」，當作「郾」	
34	南陽郡舞陰：(瀙水)東至蔡入汝	「蔡」上脱「上」字	
35	山陽郡平樂：(淮水)東北至沸入泗	(「淮」，當依《水經注》引作「泡」)，「沸」，當作「沛」	
36	泰山郡南武陽：(治水)行九百四十里	此水源流不及九百里，疑有誤	
37	蜀郡臨邛：(僕千水)行五百一十里	此水不及二百里，《志》文五字誤	

續表

編號	《漢書·地理志》	陳澧《水道》	備注
38	蜀郡：(桓水)入南海	此云「入南海」，誤	
39	越嶲郡遂久：(繩水)行千四百里	「千」上當有脱字	
40	隴西郡西：(西漢水)南入廣漢白水	「南入廣漢白水」六字衍文	
41	廣漢郡甸氏道：(白水)過郡一	「一」字誤	
42	巴郡宕渠：(潛水)入江	入漢	
43	牂牁郡鄨：(鄨水)東入沅	入沅，誤	
44	犍爲郡符：(黚水)南至鄨入江	「入江」，疑當作「入延」	
45	牂牁郡且蘭：(沅水)東南至益陽入江	「東南」，當作「東北」	

續　表

編號	《漢書·地理志》	陳澧《水道》	備　注
46	武陵郡辰陽：(辰水)南入沅	南入，誤，應邵曰「東入」	
47	零陵郡零陵：(湘水)北至酃入江	「酃」，當作「羅」	
48	桂陽郡耒陽：(舂水)北至酃入湖	「入湖」，當作「入湘」	
49	桂陽郡郴：(耒水)西至湘南入湖	「入湖」，當依《水經注》引作「入湘」	
50	弘農郡盧氏：育水南至順陽入沔。又有洱水，東南至魯陽，亦入沔	「順陽」，「魯陽」，均當作「襄陽」	
51	豫章郡贛：(豫章水)北入大江	「入大江」，當作「入湖漢」	
52	丹陽郡石城：(分江水)東至餘姚入海	「餘姚」，當作「餘杭」	

續表

編號	《漢書・地理志》	陳澧《水道》	備注
53	會稽郡錢唐：（武林水）東入海，行八百三十里	此水源流不及八百餘里，《志》文有誤	
54	會稽郡大末：（谷水）入江	「入江」，《水經注》引作「入浙江」，當作「入漸江」	西漢圖三四—三五作「入浙江」
55	武陵郡鐔成：（康谷水）南入海	「入海」，當作「入潭」	
56	益州郡俞元：（橋水）入温	入河	
57	零陵郡零陵：（離水）東南至廣信入鬱林	「林」字衍	
58	桂陽郡桂陽：（匯水）南至四會入鬱林	（「匯」，當作「洭」），「林」字衍	
59	桂陽郡臨武：（秦水）入匯	入洭	
60	漁陽郡白檀：（洫水）	（濡水）	

從上表可以看出，《水道》一書，對《漢書·地理志》水道的匡正，主要有以下幾個方面：（一）水道名稱。如：①漁陽郡白檀：洫水出北蠻夷。澧云：「洫水」當作「濡水」；②趙國襄國：西山，渠水所出。澧云：「渠」，當作「湡」；③右扶風鄠：又有潏水。澧云：「潏」，當作「澇」。（二）水道流向流程。如：①北地郡直路：沮水出東，西入洛。澧云：《志》文「出東，西入洛」，當作「出西，東入洛」；②泰山郡萊蕪：原山，甾水所出，東出博昌入泲。澧云：《志》文「東至」，當依《禹貢正義》引作「東北至」；③蜀郡湔氐道：《禹貢》岷山在西徼外，東南至江都入海，過郡七，行二千六百六十里。澧云：《志》文「二千」，當依《說文繫傳》引作「七千」。（三）水道流經地名。如：①上黨郡沾：大黽谷，清漳水所出，東北至邑成入大河……。澧云：《志》文「邑成」，當作「阜城」；②泰山郡蓋：臨樂于（一作子）山，洙水所出，西北至蓋入池水。澧云：《志》文「至蓋」，當作「至卞」；③弘農郡盧氏：育水南至順陽入沔。又有洱水，東南至魯陽，亦入沔。澧云：《志》文「順陽」、「魯陽」，皆作「襄陽」。（四）水道入口處，如：①代郡且如：于延水出塞外，東至寧入沽。澧云：《志》文「入沽」，當作「入治」；②零陵郡零陵：陽海山，湘水所出，北至酃入江……。澧云：《志》、文「酃」，當作「羅」；③桂陽郡郴：耒山，耒水所出，西至湘南入湖。澧云：《志》文「入湖」，當依《水經注》引作「入湘」。

以上所列之表，我們對照譚其驤主編的《中國歷史地圖集》第二册「西漢圖」和第八册「清時期圖」，可以清楚地看出，陳澧的論證基本上是正確的。陳澧對《漢書·地理志》水道的匡正自然不止以上所述；對於《志》文中出現的錯别字、水道流經的郡數，也有匡正之處。《志》文中出現的脱文、衍文都加以指出。這也是著者善於吸收别人的研究成果使然。正如著者所説：「凡《志》文之誤，齊次風、全紹衣、趙誠夫、錢曉徵、錢獻之、王鳳喈、段若膺、王懷祖諸家所考正者，今悉採之。」③因此，可以這樣説，對《漢書·地理志》水道的匡正是著者博採衆長，汲取集體智慧的結晶。

二

「以今釋古」是《水道》一書的主要内容。從班固著《漢書》到陳澧著《水道》，經過一千多年，其間「水行平土，湮變遂多」，對所有水道進行考證，并爲之圖説，這是一件很費工夫、非常艱巨的工作。然而，著者以其堅韌不拔的毅力，鍥而不捨，用了三年時間，完成斯篇。該書對《漢志》水道的闡釋所取得的成就主要如下表：

表二　陳澧對《漢書·地理志》水道的闡釋（正確部分）

編號	《漢書·地理志》	陳澧《水道》	備注
1	羌谷水（張掖郡·觻得）	張掖河（甘肅張掖縣）	參見西漢圖二二—二三，清圖[4]二八—二九
2	休屠澤（武威郡·武威）	甘肅鎮番縣東北邊外大池	參見《通檢今釋》第一百零七頁
3	治水（雁門郡·陰館）	桑乾河（山西朔州）	參見西漢圖二〇—二一，清圖二〇—二一
4	祁夷水（代郡·平舒）	山西廣靈縣水	參見西漢圖二〇—二一，清圖二〇—二一
5	鹽澤（雁門郡·沃陽）	代哈池（山西寧遠廳）	參見西漢圖二〇—二一，清圖二〇—二一
6	諸聞澤（雁門郡·强陰）	奇兒池（山西豐鎮廳）	參見西漢圖二〇—二一，清圖二〇—二一
7	于延水（代郡·且如）	東洋河（山西天鎮縣）	參見西漢圖二〇—二一，清圖二〇—二一
8	樂陽水（陽樂水）（上谷郡·且居）	龍門水（直隸龍門縣）	參見西漢圖一八—一九，清圖七—八

續表

編號	《漢書·地理志》	陳澧《水道》	備注
9	唐就水（遼西郡·狐蘇）	小凌河（蒙古土默特右翼）	參見西漢圖一八—一九，清圖一〇—一一
10	大梁水（遼東郡·遼陽）	太子河（盛京遼陽州）	參見西漢圖一八—一九，清圖一〇—一一
11	沛水（遼東郡·番汗）	大定江（朝鮮國博川城）	參見西漢圖一八—一九，清圖一〇—一一
12	離水（金城郡·白石）	大夏河（甘肅河州）	參見西漢圖二二—二三，清圖二八—二九
13	洮水（隴西郡·臨洮）	洮水（甘肅洮州廳）	參見西漢圖二二—二三，清圖二八—二九
14	湟水（隴西郡·臨羌）	湟水（出青海東境，入甘肅西寧縣界）	參見西漢圖二二—二三，清圖二八—二九
15	浩亹水（隴西郡·浩亹）	大通河（甘肅大通縣）	參見西漢圖二二—二三，清圖二八—二九
16	烏水（安定郡·烏氏）	清水河（甘肅固原州）	參見西漢圖二二—二三，清圖二八—二九
17	荒干水（定襄郡·武皋）	黑河（山西歸化城廳）	參見西漢圖二〇—二一，清圖二〇—二一

續表

編號	《漢書·地理志》	陳澧《水道》	備注
18	原水（上郡·膚施）	無定河（陝西榆林縣）	參見西漢圖二〇—二一，清圖二六—二七
19	滻水[5]（京兆尹）	滻水（陝西藍田縣）	參見西漢圖一五—一六，清圖二六—二七
20	霸水（京兆尹）	霸水（陝西藍田縣）	參見西漢圖一五—一六，清圖二六—二七
21	雒水（弘農郡·上雒）	雒水（陝西雒南縣）	參見西漢圖一五—一六，清圖二六—二七
22	沁水（上黨郡·谷遠）	沁水（山西沁原縣）	參見西漢圖二〇—二一，清圖二〇—二一
23	蕩水（河内郡·蕩陰）	湯河（河南湯陰縣）	參見西漢圖三六—三七，清圖二四—二五
24	白渠水（魏郡·武安）	滏陽河（直隸磁州）	參見西漢圖一七，清圖七—八
25	拘澗水（魏郡·武始）	渚河（直隸邯鄲縣）	參見侯仁之《邯鄲城址的演變和城市興衰的地理背景》，載《歷史地理學的理論和實踐》

續表

編號	《漢書·地理志》	陳澧《水道》	備注
26	牛首水（趙國·邯鄲）	牛照河、沁河（直隸邯鄲縣）	參見侯仁之《邯鄲城址的演變和城市興衰的地理背景》，載《歷史地理學的理論和實踐》
27	綿曼水（太原郡·上艾）	冶河（山西平定州）	參見西漢圖二〇—二一，清圖九
28	涞水（代郡·廣昌）	拒馬河（直隸廣昌縣）	參見西漢圖二〇—二一，清圖七—八
29	篤馬河（平原郡·平原）	馬頰河（山東平原縣）	參見西漢圖三六—三七，清圖二二—二三
30	南梁水（魯國·蕃）	荆溝河（山東滕縣）	參見西漢圖三六—三七，清圖二二—二三
31	甾水（泰山郡·萊蕪）	淄河（山東淄川縣）	參見西漢圖三六—三七，清圖二二—二三
32	濁水（齊郡·廣）	北洋河（山東益都縣）	參見西漢圖三六—三七，清圖二二—二三
33	洋水（齊郡·臨朐）	瀰河（山東臨朐縣）	參見西漢圖三六—三七，清圖二二—二三

續表

編號	《漢書·地理志》	陳澧《水道》	備注
34	溉水(北海郡桑犢)	于河(山東濰縣東)	參見西漢圖三六—三七,清圖二二—二三
35	折泉水(琅玡郡·折泉)	濰水(山東莒州)	參見西漢圖三六—三七,清圖二二—二三
36	根艾水(琅玡郡·櫃)	洋河(山東膠州南境)	參見西漢圖三六—三七,清圖二二—二三
37	滍水(南陽郡·魯陽)	沙河(河南魯山縣)	參見西漢圖三二—三三,清圖二四—二五
38	昆水(南陽郡)	輝河(河南葉縣)	參見西漢圖三二—三三,清圖二四—二五
39	澧水(南陽郡·雉)	澧河(河南舞陽縣)	參見西漢圖三二—三三,清圖二四—二五
40	決水(廬江郡·雩婁)	史河(河南商城縣)	參見西漢圖三二—三三,清圖二四—二五
41	沘水(廬江郡·灊)	淠河(安徽霍山縣)	參見西漢圖三二,清圖一八—一九
42	術水(琅玡郡·東莞)	沭河(山東沂水縣)	參見西漢圖三六—三七,清圖二二—二三

續表

編號	《漢書·地理志》	陳澧《水道》	備注
43	蒙山谿大渡水(蜀郡·青衣)	青衣江(四川蘆山縣)	參見西漢圖二六—二七，清圖三九—四〇
44	繩水(越嶲郡·遂久)	金沙江(雲南麗江縣)	參見西漢圖二六—二七，清圖三九—四〇
45	臨池澤(越嶲郡·姑復)	程海(雲南永北廳)	參見西漢圖二八—二九，清圖四八—四九
46	滇池澤(益州郡·滇池)	滇池(雲南昆明縣)	參見西漢圖二八—二九，清圖四八—四九
47	涂水(益州郡·牧靡)	車洪江(雲南嵩明州)	參見西漢圖二八—二九，清圖四八—四九
48	白水(廣漢郡·甸氏道)	白水江(四川松潘廳)	參見西漢圖二六—二七，清圖三九—四〇
49	馳水(廣漢郡·梓潼)	梓潼水(四川梓潼縣)	參見西漢圖二六—二七，清圖三九—四〇
50	漢水(犍爲郡·漢陽)	三岔河(貴州威寧州)	參見西漢圖二六—二七，清圖五〇—五一
51	夷水(南郡·巫)	清江(湖北利川縣)	參見西漢圖三二—三三，清圖三五—三六

續表

編號	《漢書·地理志》	陳澧《水道》	備注
52	無水(武陵郡·無陽)	鎮陽江(貴州施秉縣)	參見西漢圖三二—三三，清圖五〇—五一
53	漸水(武陵郡·索)	漆家河(湖南桃源縣)	參見西漢圖三二—三三，清圖三七—三八
54	湘水(零陵郡·零陵)	湘水(廣西興安縣)	參見西漢圖三二—三三，清圖四六—四七
55	舂水(桂陽郡·耒陽)	舂陵水(湖南新田縣)	參見西漢圖三二—三三，清圖三七—三八
56	耒水(桂陽郡·郴)	耒水(湖南桂陽縣)	參見西漢圖三二—三三，清圖三七—三八
57	泥水(長沙國·茶陵)	洣水(湖南酃縣)	參見西漢圖三二—三三，清圖三七—三八
58	雲夢澤(南郡·華容)	洞庭湖(湖南)	參見西漢圖三二—三三，清圖三七—三八
59	池水(漢中郡·南鄭)	老渚河(陝西南鄭縣)	參見西漢圖二六—二七，清圖二六—二七
60	旬水(漢中郡·旬陽)	洵河(陝西鎮安縣)	參見西漢圖一五—一六，清圖二六—二七

續表

編號	《漢書·地理志》	陳澧《水道》	備注
61	丹水(弘農郡·上雒)	丹水(陜西商州)	參見西漢圖一五—一六，清圖二六—二七
62	筑水(漢中郡·房陵)	南河(湖北房縣)	參見西漢圖二六—二七，清圖三五—三六
63	黄水(弘農郡·析)	黄水河(河南内鄉縣)	參見西漢圖一五—一六，清圖二四—二五
64	湖漢水(豫章郡·雩都)	貢江(江西瑞金縣)	參見西漢圖三四—三五，清圖三三—三四
65	廬水(長沙國·安成)	廬水(江西安福縣)	參見西漢圖三二—三三，清圖三三—三四
66	蜀水(豫章郡·建成)	錦江(江西萬載縣)	參見西漢圖三四—三五，清圖三三—三四
67	修水(豫章郡·艾)	修水(江西義寧州)	參見西漢圖三四—三五，清圖三三—三四
68	傅易川(豫章郡·歷陵)	博陽水(江西德安縣)	參見西漢圖三四—三五，清圖三三—三四
69	鄱水(豫章郡·鄱陽)	鄱水(江西鄱陽縣)	參見西漢圖三四—三五，清圖三三—三四

續表

編號	《漢書·地理志》	陳澧《水道》	備注
70	北湖(廬江郡·湖陵邑)	泊湖(安徽太湖縣)	參見西漢圖三四—三五,清圖一八—一九
71	具區澤(會稽郡·吴)	太湖(江蘇)	參見西漢圖三四—三五,清圖一六—一七
72	柯水(會稽郡·上虞)	曹娥江(浙江上虞縣)	參見西漢圖三四—三五,清圖三一—三二
73	離水(零陵郡·零陵)	桂江(廣西興安縣)	參見西漢圖三二—三三,清圖四六—四七
74	葉榆澤(益州郡·葉榆)	洱海(雲南太和縣)	參見西漢圖二八—二九,清圖四八—四九
75	馬訾水(玄菟郡·西蓋馬)	鴨緑江(吉林南界)	參見西漢圖一八—一九,清圖一二—一三

陳澧對《漢書·地理志》水道「以今釋古」是作了一番認真考證的。他參閲了大量的古籍,《水經注》、《水道提綱》、《康熙輿地全圖》、《乾隆輿地全圖》是他經常使用的參考書; 還有《大清一統志》、《清會典》、《山海經》、《十三州志》以及各種地方志,也是他賴以考證的參考書。由於他能博觀慎取,對《漢書·地理志》水道「以今釋古」所取得的成就才會令世人矚目,而且大多經過時間的考驗,直到

今天仍然有着重要的價值。例如他對於白渠水（今滏陽河）、拘澗水（今渚河）、牛首水（今沁河）的考證，跟當代著名的歷史地理學家侯仁之教授的考證所得出的結論完全一致⑥。我們不妨看看他是怎樣考證牛首水的：（《漢書·地理志》）趙國邯鄲：堵山，牛首水所出，東入白渠。陳澧首先肯定：

今直隸邯鄲縣牛照河出紫山，下流沁河，東流入滏陽河。接着，他又進一步闡述，《水經注》謂牛照水東澄而爲渚，渚水東南流，注拘澗水。舊本下「渚」字僞作「沁」，後遂有渚河、沁河之名。然其名雖僞，而實有二水。《一統志》云：舊志渚河在邯鄲縣南，東入滏陽河。沁河在縣北，其源有二：一在縣西，曰岩嵛河；一在縣西北，曰牛照河，皆出紫山，合流入滏陽河。又云：舊志謂渚即拘澗水，沁即牛首水。今案《水經注》言牛首水東南注拘澗水，雖與此志小異，然可見拘澗在南，牛首在北。舊志之説與酈《注》合。又沁河一源名牛照河，「照」即「首」之轉音，故知牛首水即牛照河矣。此等論斷，何其正確乃爾！在這裏，著者通過對《水經注》、《大清一統志》所載資料深入分析、比較，并用語言學的知識，令人信服地得出牛首水即清時期的牛照河、下流爲沁河的結論。

三

上面説過，《漢書·地理志》記述了全國二百多條水道，面對那麼多水道，進行「以今釋古」，這絶對不是一件輕而易舉的工作，其中失誤在所難免，筆者曾把《漢書·地理志》、《水道》、《中國歷史地圖集》等書所記水道逐一對照，發現《水道》一書尚有不少問題值得探討，該書所記水道主要失誤之處如下表：

表三　陳澧對《漢書·地理志水道圖説》的闡釋（失誤部分）

編號	《漢書·地理志》	陳澧《水道圖説》	《中國歷史地圖集》等
1	氐置水（敦煌郡·龍勒）	南山水（甘肅玉門縣）	黨河（清圖二八—二九）
2	浭水（右北平郡·無終）	還鄉河（直隸豐潤縣）	梨河（清圖七—八）
3	玄水與盧水（遼西郡·肥如）	灤河與宜孫河（甘肅灤平縣）	青龍河與沙河（清圖七—八）
4	參柳水（遼西郡·柳城）	拿拉特河（蒙古土默特左翼）	今孟克河（《中國地圖冊·遼寧省》，中國地圖出版社一九九〇年版）
5	南蘇水（玄菟郡·高句驪）	黑爾蘇河（盛京昌圖廳）	蘇子河（清圖一〇—一一）
6	浿水（樂浪郡·浿水）	大同江（朝鮮國成川城）	青川江（清圖一〇—一一）
7	列水（樂浪郡·吞列）	疑即臨津江（朝鮮國内）	大同江（清圖一〇—一一）

續表

編號	《漢書·地理志》	陳澧《水道圖説》	《中國歷史地圖集》等
8	白渠水（定襄郡·武進）	烏藍木倫河（山西和林格爾廳）	《通檢今釋》謂今寶貝河
9	圜水（上郡·白土）	屈野河（陝西神木縣）	上稍兒河、禿尾河（清圖二〇—二一）
10	時水（下乘郡·博昌）	小清河（山東博興縣）	《通檢今釋》謂今烏河
11	久台水（琅玡郡·横）	福山水（山東諸城縣）	盧水河（清圖二二—二三）
12	浯水（琅玡郡·靈門）	小浯河（山東安邱縣）	大浯河（清圖二二—二三）
13	治水（泰山郡·南武陽）	巨龍河（山東費縣）	小沂水（浚河）（清圖二二—二三）
14	桓水（蜀郡）	里遼達巴罕水（四川霍耳孔撒司）	白龍江（清圖三九—四〇）
15	若水（蜀郡）	鄂宜楚爾古河（四川林葱司）	齊齊爾哈納河（清圖五九—六〇）
16	步北澤（越巂郡·定莋）	瀘枯湖（雲南永寧府）	在四川鹽源境内（西漢圖二八—二九 清圖三九—四〇）

續表

編號	《漢書·地理志》	陳澧《水道圖説》	《中國歷史地圖集》等
17	尼江（越巂郡·蘇示）	鹽井河（四川鹽源縣）	在四川西昌縣北（西漢圖二八—二九　清圖三九—四〇）
18	符黑水（犍爲郡·南廣）	納谿（四川叙永廳）	南廣水（清圖三九—四〇）
19	湔水（蜀郡·綿虒）	濛水（四川崇寧縣）	白沙江（清圖四一）
20	泉街水（武都郡·河池）	嘉陵江源（陝西鳳縣）	《通檢今釋》謂今張家壩河、白河
21	潛水（巴郡·宕渠）	渠河（四川太平縣）	巴江、渠江（清圖三九—四〇）
22	不曹水（巴郡·宕渠）	巴江（四川通江縣）	後江、通川江（清圖三九—四〇）
23	鄨水（牂牁郡·鄨）	瓮安河（貴州瓮安縣）	《通檢今釋》謂今貴州遵義縣東湘江
24	黚水（犍爲郡）	湘江（貴州遵義縣）	湄潭水（清圖五〇—五一）

續表

編號	《漢書·地理志》	陳澧《水道圖説》	《中國歷史地圖集》等
25	温水（犍爲郡）	湄潭河（貴州湄潭縣）	《通檢今釋》謂今貴州綏陽縣西洛安江
26	褒水（右扶風·武功）	黑龍江（陝西郿縣）	褒水（清圖二六—二七）
27	鬵谷水（鬵水）（漢中郡）	洋河（陝西西鄉縣）	《通檢今釋》謂今陝西城固縣南堰溝河
28	甲水（弘農郡·上雒）	吉水河（湖北鄖西縣）	夾河（清圖二六—二七）
29	豫章水（豫章郡·贛）	桃江（江西贛縣）	章水（清圖三三—三四）
30	彭水（豫章郡·南野）	章江（江西大庾縣）	桃江（清圖三三—三四）
31	谷水（會稽郡·大末）	瀫谿（浙江龍游縣）	衢江、東陽江（清圖三一—三二）
32	天門水（會稽郡·鄞）	甬江（浙江奉化縣）	奉化江、鄞江（清圖三一—三二）
33	豚水（牂牁郡·夜郎）	泗河（廣西凌云縣）	北盤河上游（清圖五〇—五一）

續表

編號	《漢書·地理志》	陳澧《水道圖説》	《中國歷史地圖集》等
34	迷水（益州郡·銅瀨）	西洋江（雲南寶寧縣）	《通檢今釋》謂今雲南曲靖縣北阿幢河
35	文象水（牂牁郡·句町）	泓滒江（廣西天保縣）	西洋江（清圖四八—四九）
36	侵離水（鬱林郡）	廣源州水（越南國境内）	廣西明江（清圖四六—四七）
37	墒水（鬱林郡·領方）	廣西上思州水	廣西清水江（清圖四六—四七）
38	剛水（牂牁郡·毋斂）	廣西融縣水	都江、古州江（清圖四六—四七）
39	康谷水（武陵郡·鐔成）	（上游）黄源水（廣西永寧州）	（上游）義江（清圖四六—四七）
40	橋水（益州郡·毋棳）	紅水河（廣西凌云縣北）	曲江（清圖四八—四九）
41	河水（益州郡·勝休）	深谿河（貴州普安廳）	西漢圖二八—二九畫在今雲南華寧縣附近（清雲南寧州附近）
42	池（益州郡·俞元）	雲南陸凉州東南湖澤	撫仙湖（清圖四八—四九）

續表

編號	《漢書·地理志》	陳澧《水道圖説》	《中國歷史地圖集》等
43	大澤（益州郡·滇池）	雲南河陽縣仙湖	滇池（清圖四八—四九）
44	合水（蒼梧郡·猛陵）	廣西鬱林州水	相思江（清圖四六—四七）
45	勞水（益州郡·來唯）	（下流爲）瀾滄江、九龍江（雲南車里司）	李仙江、黑江（清圖四八—四九）
46	僕水（越巂郡·青蛉）	瀾滄江（雲南維西廳）	禮社江、元江（清圖四八—四九）
47	貪水（益州郡·葉榆）	漾備江（雲南鄧川州）	《通檢今釋》謂今昆雄河
48	臨池灊（越巂郡·青蛉）	劍海（雲南劍川州）	馬湖（清圖四八—四九）
49	即水（益州郡·秦臧）	巴景河（雲南威遠廳）	金水河、九渡河、绿汁江（清圖四八—四九）
50	周水（益州郡·巂唐）	大敞河（雲南南安州）	潞江（清圖四八—四九）
51	類水（益州郡·巂唐）	羊谿（雲南富民縣）	《通檢今釋》謂今沘江
52	壺水（牂牁郡·都夢）	普梅河（雲南寶寧縣）	盤龍河（清圖四八—四九）

這裏,爲什麽筆者把《水道圖説》與《中國歷史地圖集》對照,换句話説,筆者何以要把《中國歷史地圖集》作爲標準,去衡量《水道圖説》的得與失呢?這是因爲,《中國歷史地圖集》是迄今爲止我國出版的一部最具權威性的全國性綜合歷史地圖集。這部圖集是我國著名歷史地理學家譚其驤教授主編、精心繪製而成。譚教授在本圖集前言這樣寫道:「從開始編繪到今天公開出版,歷時將近三十年之久,先後參與編繪製圖工作的單位有幾十個,人員踰百。」足見此圖集工程之浩大,不愧是我國歷史地圖史上的空前巨著。這部圖集出版後,受到國内外學術界極高的評價。

從表上可以看出,《水道圖説》與《中國歷史地圖集》等書相異之處還是比較多的。何以如此?筆者認爲,主要有以下幾個原因:(一)《漢書·地理志》所記水道涉及範圍廣、數量多,它所記述的不是一個地區而是全國。在我國幅員如此遼闊、水系錯綜複雜的情況下進行「釋古」,難度之大可想而知。(二)年代久遠。從東漢到清鴉片戰争時期,其間經歷了一千七八百年,在這漫長的歷史長河裏,有的水道湮没了,有的水道改道了,水道名稱的改變更是不勝枚舉,這就增加了考釋的難度。(三)考釋時間短(只有三年時間)、人員少(只有著者一人),加上圖書資料的限制,又缺少必要的野外考察。因此,出現上述的失誤,而這些失誤也必然反映在他編繪的地圖上。

編繪歷史地圖集是一項多學科的工作,需要歷史學、考古學、地理學、民族學等多方面的知識,需要各方面的力量予以支持,有財力、物力的保證,這在封建社會是不可能做到的。所以,要正確看書存在的嚴重不足，而這些不足，正是囿於當時的歷史條件，我們不能苛求前人。待《水道圖説》一書的得與失，對該書做出客觀公允的評價，既要充分肯定該書的成績，又要看到該

注釋

① 參見司徒尚紀編著《簡明中國地理學史》，廣東省地圖出版社，一九九三年版。

② 「西漢圖」是指譚其驤主編《中國歷史地圖集》第二册「西漢圖」。

③ 陳澧：《漢書地理志水道圖説》卷二。

④ 「清圖」是指譚其驤主編《中國歷史地圖集》第八册「清時期圖」；以下《通檢今釋》是指趙永復編《水經注通檢今釋》。

⑤ 原作「沂水」，誤，見西漢圖一五—一六。

⑥ 參見侯仁之《邯鄲城址的演變和城市興衰的地理背景》，載《歷史地理學的理論與實踐》，上海人民出版社，一九七九年版。

水經注西南諸水考

郭培忠　點校

點校説明

《水經注西南諸水考》以清光緒刻、廣雅書局叢書本爲底本，以中華書局一九八三年出版的《漢書·地理志》（簡稱「《漢志》校點本」）和譚其驤主編的《中國歷史地圖集》第二册《西漢圖》（簡稱「西漢圖」）和第八册《清時期圖》（簡稱「清圖」）爲主要校本，并參考趙永復編、復旦大學出版社一九八五年出版的《水經注通檢今釋》（簡稱《通檢今釋》），復旦大學歷史地理研究所《中國歷史地名辭典》編委會編、江西教育出版社一九八六年出版的《中國歷史地名辭典》（簡稱《地名辭典》），陳橋驛點校、上海古籍出版社一九九〇年出版的《水經注》（簡稱《水經注》校點本），及譚其驤主編的《中國歷史地圖集》其他各册等，點校者盡量保持原書面貌，對於參校本與底本有異者，一般出校，原書中避諱字、誤刻字，如宏（弘）、元（玄）、邦（那）等，則徑改，不出校記。

序

自《禹貢》而後，諸書言水道者，惟《漢書·地理志》，核之今日水道，無少差謬。其次則《水經》，其言浪水過番禺，東至龍川，則已誤矣。酈道元身處北朝，其注《水經》，北方諸水大致精確，至西南諸水，則幾乎無一不誤。

國初黄子鴻爲《水經注圖》，今不可見，不知其於酈氏之誤注將正之歟，若之何而爲圖也？阮太傅《浙江圖考》繪酈《注》之圖而指其誤，斯可爲善。讀酈《注》者，蓋酈君之書講水道者，固宜奉爲鴻寶，然於酈君之誤説，墨守而沿襲之，以誤後人，不可也。余固愛讀酈氏書，其北方水道，間有小差謬者不暇論。因讀《漢志》豚水、鬱水，知酈氏《温水》、《浪水》二篇注之謬，因連而及之，知《若水》、《淹水》、《沫水》、《青衣水》、《葉榆水》、《存水》諸篇之注之謬，又連及《江水》篇，自發源至若、淹二水入江以上之注之謬，條而辨之，既正以今日水道，復就酈《注》爲圖，俾覽者曉然，於其差謬而弗相沿焉。其餘未暇悉辨，此非敢攻訐古人也，不敢回護古人以貽誤後人也。爲書三卷，序而藏之。道光二十七年二月陳澧序。

目録

卷一

卷二

卷三

水經注西南諸水考　卷一

青衣水

[經]青衣水，出青衣縣西、蒙山東，與沬水合也。

《地理志》蜀郡青衣縣：「《禹貢》蒙山谿大渡水東南至南安入渽。」即此水。今雅州府青衣江，其上源則天全州碉所城水也。青衣縣，今雅州府治雅安縣也。蒙山，天全州西境諸山也。

[注]縣有蒙山，青衣水所發，東徑其縣。

碉所城水東徑雅安縣。

[注]與沬水會於越嶲郡之靈關道。

靈關道爲今滎經縣地，説見《沬水》篇。青衣江至嘉定府治樂山縣入大渡河，在滎經縣東二百餘里，如酈説，則青衣江與滎經縣金水河通，流入大渡河矣。滎經縣在雅安縣南，即今青衣江通金水河，亦當云南與沬水會也。

［注］青衣水又東。

《沫水》注言與青衣水合，自下謂之青衣水，故此云青衣水又東也。此以下所云青衣水，乃今大渡河矣。

［注］《邛水》注之水出漢嘉嚴道邛來山，東至蜀郡臨邛縣，東入青衣水。

《地理志》蜀郡嚴道：「邛來山，邛水所出，東入青衣。」今滎經縣水也，出滎經縣，至雅安縣入青衣江。酈云：此水至臨邛。《地理志》蜀郡臨邛縣有僕千水[一]，東入江。爲今邛州南河，出邛州西境，則臨邛爲今邛州也。此水東至臨邛，則非《志》之邛水。今木坪土司水出蘆山縣西，東至縣南與碉所城水合，縣東即邛州境，似酈所謂邛水矣。《漢志》嚴道爲滎經水所出，則滎經縣也。其邛來山，縣南之邛崍九折坂也。酈所云邛水，既爲木坪河，則所云「出漢嘉嚴道」者，乃土坪土司，其邛來山亦土坪西境山矣。然上云青衣水與沫水會於靈關道，爲今滎經縣南境，在邛州南二百里，此水至邛州無由入大渡河也。

［經］至犍爲南安縣入於江。

至嘉定府治樂山縣入於江。

［注］青衣水徑平鄉謂之平鄉江。《益州記》曰：平鄉江東徑峨眉山，在南安縣界，去成都南千里，然秋日清澄，望見兩山相峙如蛾眉焉。

大渡河東流過峨眉縣，峨眉山南也。青衣水先徑平鄉，後徑臨邛，見《沫水》注。此注上云邛水至臨邛入青衣水，則已徑平鄉矣。至此徑峨眉山，引《益州記》稱爲平鄉江，故追溯徑平鄉，以明平鄉江所由名，非先徑臨邛，後徑平鄉也。

[注]青衣水又東流，注於大江。

大渡河又東流，注於大江。

若　水

[經]若水出蜀郡旄牛徼外。

《地理志》同。今鴉龍江也[三]，源出西番，東南流入四川瓦述色他土司，有楚穆河西自占對土司東流來會，《經》誤。以瓦述色他土司以上之鴉龍江爲沫水，説見《沫水》篇。此《經》若水之源，則楚穆河也。楚穆河與鴉龍江合，南流過打箭爐西境，爲旄牛縣地也。

[經]東南至故關，爲若水也。

故關，未詳所在。

[注]若水東南流，鮮水注之，一名州江。

《地理志》蜀郡旄牛縣：「鮮水出徼外，南入若水。」今無南入鴉龍江之水，疑鴉龍江自占對土司以上乃《漢志》之鮮水，占對土司之北有楚穆河，東入鴉龍江，《漢志》以此爲若水之正源也。占對以上之鴉龍江，乃酈所謂繩水。説見下。則所謂若水亦以楚穆河爲正源，今無入楚穆河之水，酈傅會《漢志》耳[三]。

［注］大渡水出徼外，至旄牛道南流，入於若水。

《地理志》蜀郡青衣縣：「大渡水東南至南安入涐。」今雅州府青衣江也，出蘆山縣，至嘉定府治樂山縣南與陽江合，不入鴉龍江，如酈所言，今無此水。

［注］又徑越嶲大莋縣入繩。

《地理志》：若水「南至大莋入繩」。繩水，今金沙江也。鴉龍江至會理州西與金沙江合，則大莋者，今會理州也。酈所謂大莋在邛都縣北，則在占對土司北境矣。

［注］繩水出徼外。《山海經》曰：巴遂之山，繩水出焉，東南流，分爲二水：其一水枝流東出，徑廣柔縣，東流注於江；其一水南徑旄牛道，至大莋與若水合。自下亦通謂之爲繩水矣。

此《經》無繩水。《地理志》越嶲郡遂久縣：繩水出徼外，東至僰道入江。今金沙江也。如酈言，若水未與孫水合，先與繩水合，今無此水，蓋即指占對土司以上之鴉龍江，即《漢志》之鮮水耳。其云分爲二水，其一東出注江，則大誤也。鴉龍江與大江中隔金川河，不得有枝流越金川河而入大江也。其云一水南至大莋與若水合，自下通謂之繩水亦誤。鴉龍江與金沙河至會理州合流，自下此《經》謂之若水，《漢志》謂之繩水，酈所謂大莋在占對土司北境，鴉龍江至此未合金沙江，不得謂之繩水也。酈誤以占對以上之鴉龍江爲繩水，遂誤以此下之鴉龍江通謂之繩水耳。

［經］南過越嶲邛都縣西，直南至會無縣，淹水東南流注之。

今鴉龍江南過寧遠府治西昌縣西，直南至會理州，金沙江東南流會之。邛都，西昌縣也；會無，會理州也。淹水，金沙江也，即《漢志》之繩水也。《漢志》以繩水爲正流，若水入之，此《經》則以若水爲正流，淹水入之，賓主互易耳。

［注］縣陷爲池，今因名爲邛池，南入謂之邛河[四]，河中有蜯嶲山，有嶲水，言越此水以章休盛也。後復反叛。元鼎六年，漢兵自越嶲水伐之，以爲越嶲郡，治邛都縣。王莽遣任貴爲領戎大尹守之，更名爲集嶲也。縣，故邛都國也。越嶲水，即繩、若矣，似隨水地而更名矣。

《地理志》越嶲郡邛都縣：「有邛池澤[五]。」今西昌縣無大池澤，俟考。

［注］又有温水，冬夏常熱。

今西昌縣之熱水河也，熱水河入安寧河，當載於孫水下，此誤以熱水河爲入鴉龍江也。

［注］若水又徑會無縣，縣有駿馬河，水出縣東高山。

此會無縣即今會理州，與《經》合。駿馬河。

[注]又有孫水焉，水出臺高縣，即臺登縣也。孫水一名白沙江，南流徑邛都縣，司馬相如定西南夷，橋孫水即是水也。又南至會無入若水。

《地理志》越巂郡臺登縣：「孫水南至會無入若。」今寧遠府安寧河也，出冕寧縣漢臺登縣也，南流徑西昌縣，又南至會理州入鴉龍江。

[注]若水又南徑雲南郡之遂久縣，青蛉水入焉，水出青蛉縣西，東徑其縣下，縣以氏焉。有石猪圻，長谷中有石猪，子母數千頭，長老傳言：夷昔牧此，一朝化爲石，迄今夷人不敢往牧。貪水出焉。青蛉水又東注於繩水。

今安寧河既入鴉龍江，金沙江即自西南來會。金沙江未會以上，更無東注鴉龍江之水也。遂久爲今雲南麗江府治。青蛉爲今鶴慶州南境。見《淹水》篇。徑其地者，即金沙江，此《經》之淹水耳，且淹水自麗江府治南徑鶴慶州。青蛉水，即爲金沙江，亦當自遂久南至青蛉，不得自青蛉東至遂久也。又今無出自鶴慶州之水，不知所云貪水爲何水也。貪水不見所入。葉榆水，《注》云徑遂久縣，或此貪水即謂葉榆水歟？

[注]繩水又徑三絳縣西，又徑姑復縣，北對三絳縣，淹水注之。

鴉龍江又流徑會理州西南境，雲南大姚河自西南來注之。酈所謂淹水者，大姚河也。淹水，《經》云過姑復縣南，東入於若水。姑復縣爲雲南永北廳，在金沙江北，如酈言，則鴉龍江既會金沙江，乃徑姑復，則姑復在金沙江南矣。三絳，蓋會理州西南境。

[注]三絳，一曰小會無，故《經》曰淹至會無注若水。

《經》言若水南至會無，淹水注之。《注》既誤以淹水爲青蛉水，而以淹水又在其南，則其入若水處非會無縣，故爲此説，謂此水入若水處北對三絳，而三絳爲小會無，以彌縫之也。

[注]若水又與母血水合，水出益州郡弄棟縣東農山母血谷，北流徑三絳縣南，北入繩。

見《地理志》，今楚雄府龍川江也，源出鎮南州東，北入金沙江。弄棟，鎮南州也。

[注]繩水又東，涂水注之，水出建寧郡之牧靡縣南山，縣、山並即草以立名。山在縣東北烏句山南五百里，山生牧靡草，可以解毒，百卉方盛，鳥多誤食，烏喙中毒，必急飛往牧靡山，啄牧靡以解毒也。

涂水導源臈谷，西北流至越嶲入繩。

見《地理志》，《志》名曰臘涂水，趙氏一清以爲《志》脱「谷」字也[六]。今曲靖府車洪江也。金沙江既會龍川江，東流至東川府治西境，北流乃會車洪江，此言繩水又東，則未北流至東川府治，而云涂水注之[七]，則似今普渡河，然普渡河東北流，非西北流也。

[注]繩水又徑越嶲郡之馬湖縣，謂之馬湖江。　又左合卑水，水出卑水縣而東流[八]，注馬湖江也。

馬湖，今東川府縣治，會澤縣西南境。卑水，蓋今玉虹河、會通河二水，皆在金沙江左源，出會理州東境，金沙江徑會澤縣西南境，左合二水。卑水縣，會理州東境也，卑水當云東南流也。

[經]又東北至犍爲朱提縣西，瀘江水注之。

朱提縣，今屏山縣[九]。瀘江水，今横江也。金沙江東北至縣西，横江注之。

[注]有瀘津，東去縣八十里。

今屏山縣南小紋溪也。

[注]案永昌郡有蘭倉水，出西南博南縣，漢明帝永平十二年置。博南，山名也，縣以氏之。其水東北流，出博南山，漢武帝時通博南山道，渡蘭倉津，土地絶遠，行者苦之。蘭倉水又東北徑不韋縣，與類水合[一〇]。

今會通溪也，出屏山縣西南永善縣，東北流，又東北徑筠連縣與横江合。

[注]水出巂唐縣，漢武帝置。類水西南流，曲折又北流，東至不韋縣注蘭倉水。

《漢書·地理志》益州郡巂唐有類水，西南入不韋。巂唐，今雲南楚雄府治楚雄縣。類水，今大敝江。不韋，今南安州南境[一一]。説見《漢志水道圖》。酈所謂類水，則今横江，横江出昭通府治恩安縣，酈以爲巂唐縣也。横江西南流，曲折又北流，東至高縣西境，酈以爲不韋縣也。

[注]又東與禁水合，水自永昌縣而北徑其郡西，禁水又至北，注瀘津水。

今定川溪也，出筠連縣西南境而北徑縣西，又北與小紋溪合。

[注]又東徑不韋縣北而東北流。

小紋溪既會横江，東徑高縣北而東北流。

[經]又東北至僰道縣入於江。

僰道縣，今四川叙州治宜賓縣也。横江至宜賓縣入於江。

[注]若水至僰道縣又謂之馬湖江。繩水、瀘水、孫水、淹水、大渡水，隨決入而納通稱。是以諸書録記群水，或言入若，又言注繩，亦或言至僰道入江，正是異水沿注，通爲一津，更無别川可以當之。

鴉龍江與金沙江合流以後，《漢志》謂之繩水。《漢志》母血水、臘涂水入繩依此《經》[一二]。亦可云入若，此瀘江水入若，依《漢志》。亦可云入繩，繩水此《經》名淹水，則亦可云入淹。所謂隨決入而納通稱，惟淹、繩、若爲然，至瀘水、孫水、大渡水得納通稱，今未睹其書，俟考。

沫水

[經]沫水出廣柔徼外。

《地理志》蜀郡汶江：「涐水出徼外，南至南安東入江。」即沫水也。今四川大金川河下流曰大渡河，又下曰陽江也。汶江今茂州地，此《經》云「出廣柔徼外」，「廣柔」未詳今何地。

[經]東南過旄牛縣北。

大金川河南流，非東南流也，《經》蓋誤以瓦述色他土司以上之鴉龍江爲大渡河之源，故云「東南」矣。瓦述色他土司以上之鴉龍江東南流，如入大金川河，則過打箭爐廳北，爲漢旄牛縣地也。

[經]又東至越巂靈道縣，出蒙山南。

大金川河下流爲大渡河，南流過打箭爐廳東，又南至越巂州西北境，此《經》略之也。又屈東流滎經縣邛崍九折坂南，爲《地理志》之邛來山也。《地理志》：蒙山，青衣水所出。爲今天全州西境山，此《經》以邛來山爲蒙山者，天全州山連亘而南[一三]，至滎經縣或邛來山，亦可通稱蒙山也。

[注]沫水出岷山西，東流。

今岷山，大江所出，在松潘廳境，金川河數源並出松潘廳西諸土司境，酈云沫水出岷山西是也。但金川河南流，酈云「東流」，則非金川河，仍指瓦述色他土司以上之鴉龍江，誤與《經》同也。鴉龍江雖亦在岷山西，然相去遠矣，且鴉龍江東南流，此但云「東流」，尤誤。

[注]過漢嘉郡，南流衝一高山，山上合下開，水徑其間。山，即蒙山也。

大渡河南流徑天全州西，此蒙山當指州南之山，但云徑其間，則似水西之山，亦名蒙山矣。

[經]東北與青衣水合。

大渡河東北流，至嘉定府治西南，與青衣江合。

[注]《華陽國志》曰[一四]：　二水於漢嘉青衣縣東合爲一川，自下亦謂之爲青衣水。沫水又東徑開邦縣，故平鄉也。晉初置。沫水又東徑臨邛南而東出於江原縣也。

大渡河至嘉定府城西南與青衣江合，至城南即入大江。青衣水，《注》誤以二水會於靈關道，爲今滎經縣南境，去樂山縣二百里許，故此言合流，又徑二縣，誤與彼《注》同也。《華陽國志》言二水於青衣縣東合爲一川，青衣縣即指今樂山縣，在雅安縣之東[一五]，酈蓋緣此而誤以爲二水於青衣即合流耳。青衣水注平鄉江，東徑峨眉山開邦縣，爲故平鄉，則在今峨眉縣西，爲大渡河所徑，至臨邛縣爲今邛州，非大渡河所徑。酈於此既誤，以沫水徑臨邛，故青衣水《注》誤，以邛水至臨邛入青衣水矣。

【校記】

[一] 僕千水　原文作「僕干水」，據《漢志》校點本和西漢圖二六—二七改。

[二] 鴉龍江　清圖三九—四〇作「雅龍江」，下同。

[三] 清圖五九—六〇以齊齊爾哈納河爲正源。

[四] 原文河上脱「邛」字，據《水經注》校點本補。

［五］邛池澤　清圖四八—四九作「邛海」。

［六］《漢志》校點本、西漢圖二八—二九均作「涂水」。

［七］涂水　清圖四八—四九作「車洪江」。

［八］縣上脱「水出卑水」四字，據《水經注》校點本補。

［九］疑有誤。朱提縣，《地名辭典》第三百一十頁云「治所即今雲南昭通縣」。

［一〇］疑有誤。蘭倉水，清圖四八—四九作「瀾滄江」。

［一一］疑有誤。巂唐、類水、不韋，均見西漢圖二八—二九。類水，《通檢今釋》第九十三頁作「今泚江」。不韋，《地名辭典》第九十五頁云「治所即今雲南保山縣東北金鷄村」。

［一二］臘涂水　見上注［六］、［七］。

［一三］連亘　原作「連互」，今改。

［一四］《華陽國志》，原作《華陽國記》，據《水經注》校點本改。下同。

［一五］疑有誤。青衣縣，《地名辭典》第四百六十頁云「治所在今四川名山縣北」。

水經注西南諸水考　卷二

存水

[經]存水出犍爲郁鄢縣。

存水，今貴州獨山州龍江也[一]。《地理志》牂柯郡毋斂縣：　剛水東至潭中入潭。　即此水。　蓋獨山州北境爲郁鄢縣地，西境爲毋斂縣地，《志》與《經》各舉一縣耳。

[注]存水自縣東南流，徑牧靡縣北，又東徑且蘭縣北，而東南出也。

牧靡，見《若水》注，爲今雲南尋甸州地，此注言存水自郁鄢縣東南流，徑牧靡縣，則以爲郁鄢在尋甸州之西北矣。《温水》注云：　豚水徑且蘭縣。　所謂豚水，爲今雲南九龍河[二]；　所謂且蘭縣，爲今雲南平彝縣[三]，　此水經平彝縣北，爲今北盤江矣。

[經]東南至鬱林定周縣爲周水。

《地理志》鬱林郡定周縣：「(周)水首受毋斂，東入潭。」即此水。　今龍江下流入廣西思恩縣，蓋漢定周縣地，龍江自此以下爲周水矣[四]。

[注]存水又東徑牂柯郡之毋斂縣北，而東南與毋斂水合。

毋斂水即《經》之存水，今龍江也[五]。北盤江與南盤江合，如酈言，則北盤江東徑獨山州與龍江合矣。

[注]水首受牂柯水，東徑毋斂縣爲毋斂水，又東注於存水。

酈所謂牂柯水者，今廣西紅水河，此水首受紅水河，注於龍江。今河池州有紅盆水，出那地州，其源去紅水河不遠，蓋酈以此爲首受牂柯水，然紅盆水源不與紅水河通也。

[經]又東北至潭中縣，注於潭。

龍江至柳城縣注於柳江。

温　水

[經]温水出牂柯夜郎縣。

温水，今廣西西林縣同舍河也[六]。《地理志》牂柯郡鐔封縣有温水，鐔封縣即西林縣也。夜郎縣爲泗城府治淩雲縣，西與西林縣接界，同舍河流二縣之間，《經》與《志》各舉一縣耳。

[注]縣故夜郎侯國也，温水自縣西北流。

酈所謂温水，乃今南盤江，故下云西會大澤也。其所云夜郎縣亦誤，辨見下。南盤江出雲南霑益州，南流，非西北流也。

[注]徑談藁縣與迷水合，水西出益州郡之銅瀨縣談虜山，東徑談藁縣，右注温水。

《地理志》益州郡銅瀨縣：「談虜山，迷水所出，東至談藁入温。」迷水，今雲南寶寧縣西洋江[七]，東至西林縣南境與同舍河合。寶寧縣，漢銅瀨縣[八]；西林縣南境，漢談藁縣地也[九]。酈所謂迷水，則南盤〔江〕所受之水。蓋曲靖府治南寧縣北之磨刀溪也，出馬龍州北境；酈所謂銅瀨縣，蓋馬龍州；所謂談藁縣，蓋南寧縣也。

[注]温水又西徑昆澤縣南，又徑味縣，又西南徑滇池，池在縣西北[一〇]，又西會大澤。

南盤江南流，徑陸涼州東，屈西流，徑州南，酈所謂昆澤縣，即陸涼州也[一一]。又徑宜良縣東，蓋所謂味縣也[一二]。又西南徑澂江府治河陽縣東，即所謂滇池縣，今滇池，正在河陽縣西北也。《地理志》益州郡滇池縣：大澤在西。大澤，即今撫仙湖也[一三]。南盤江南流，而湖水自西來會之。

[注]與葉榆僕水合。

《經》無僕水。《地理志》益州郡葉榆縣：葉榆澤在東。葉榆縣，今大理府治太和縣，澤則西洱海也。又越嶲郡青蛉縣：僕水出徼外，東南至來唯入勞。僕水，今瀾滄江也[一四]。酈此

《注》言温水與僕水合，《葉榆水》注亦云與僕水同注滇池澤。所云僕水，非瀾滄江，瀾滄江不得與南盤江同注撫仙湖也。

[注]温水又東南徑牂柯之毋單縣，橋水注之，水上承俞元之南池，縣治龍池洲，周四十七里，一名河水，與邪龍分浦，後立河陽郡，治河陽縣，縣在河源洲上，又有雲平縣並在洲中。橋水東流徑毋單縣，注於温。

《地理志》益州郡勝休縣：「河水東至毋棳入橋。」又俞元縣：「池在南，橋水所出，東至毋單入温。」河水，今貴州馬別河也[一五]。橋水，今南盤江也[一六]。俞元，今陸涼州也[一七]；池者，中延澤也[一八]。入温，當作入河，謂勝休河水也。毋單，今貴州興義縣，廣西西林縣接界地也[一九]。酈以橋水與河水合而爲一，所謂橋水，則今小曲江也。南盤江既會撫仙湖，南流徑寧州東南，小曲江注之。酈所云毋單，則寧州也；所云俞元，則河西縣；所云南池，則通海湖也。小曲江不與通海湖通。《水道提綱》云：湖水泛溢，由瓜水會小曲江。《地理志》益州郡葉榆縣：「貪水首受青蛉，南至邪龍入僕。」貪水，今漾備江[二〇]，至雲州入瀾滄江，則邪龍者，雲州也。酈所云南池，既爲通海湖，而云與邪龍分浦，則邪龍在通海縣，西爲嶍峨縣、新平縣地矣。

[注]温水又東南徑興古郡之毋棳縣東，與南橋水合，水出縣之橋山，東流，梁水注之。梁水上承河水於俞元縣，而東南徑興古之勝休縣，梁水又東徑毋棳縣，左注橋水，橋水又東注於温。

《地理志》益州郡毋棳縣：「橋水首受橋山。」今廣西紅水河也[二一]。紅水河北受北盤江，其水出雲南霑益州之花山，則橋山也。北盤江至廣西泗城府治淩雲縣北境入紅水河，則漢毋棳縣地也。勝休河水爲今貴州馬别河[二二]，會南盤江，亦至淩雲縣北境，與北盤江會。故《志》言河水至毋棳入橋矣。如酈《注》言温水東南徑毋棳縣東，今南盤江既會小曲江，東南徑阿迷州，東北則毋棳爲阿迷州，其南橋水則州西南瀘江河也。其云出縣之橋山，蓋傅會《地理志》語耳。其言梁水上承河水於俞元縣，左注橋水，今無上承小曲江而左注瀘江河之水也，云左注，則梁水在橋水之南，云梁水徑勝休縣，則勝休在瀘江河之南，爲納樓恭甸土司地矣。

［注］温水又東南。

南盤江既會瀘江河，屈東北流，非東南流也，此蓋以爲南盤江通盤龍江矣。盤龍江源出阿迷州東南境。

［注］温水又東南徑律高縣南，温水東南徑梁水郡南，温水上合梁水，故自下通得梁水之稱，又東南徑鐔封縣北。

如所言，則律高縣在今蒙自縣北界，梁水郡爲今開化府治也。又《地理志》牂柯郡：温水出鐔封縣[二三]，爲今廣西西林縣。酈《注》至此乃言温水徑鐔封，其誤甚矣。如所言，鐔封當在雲南開化府治文山縣東南境[二四]。

[注]又徑來唯縣東，而僕水右出焉。

《地理志》益州郡來唯縣：「勞水出徼外，東至麋泠入南海。」越嶲郡青蛉縣：「僕水出徼外，東南至來唯入勞。」勞水，今越南國富良江[二五]。僕水，今瀾滄江[二六]，自雲南流入南掌國。來唯當在雲南西南邊境，酈所言鐔封，既在雲南開化境，温水東南流，則來唯縣在越南東北境也。其云「僕水右出」，即《葉榆水》注所謂東南絶温水也。然《葉榆水》注云與僕水同注滇池澤，即此篇温水所會之大澤爲今撫仙湖，三水自此合流，東南至越南國已數百里，即有一水右出，何由知爲僕水乎？且又不見僕水所入，殆有闕文歟？

[經]又東至鬱林廣鬱縣，爲鬱水。

《地理志》：温水東至廣鬱入鬱。又鬱林郡廣鬱：「鬱水首受夜郎豚水。」是豚水、温水皆至廣鬱，《志》以豚水爲鬱水正源，而温水入之。此《經》無豚水，而以温水爲鬱水正源，似異而實同也。温水爲今同舍河[二七]，至西林縣東南會西洋江，過百色廳有泗城府水自西北來注之，即《地理志》豚水也。廣鬱縣則百色廳也，自廳以東之西洋江則爲鬱水矣[二八]，今則以雲南寶寧縣水爲西洋江正源，古今水道，賓主互易，往往如此。

[注]温水又東。

越南國東北與廣西太平府接境，此水自越南東北而東流，則今麗江也。

[注]徑增食縣，有文象水注之，其水導源牂柯句町縣。

《地理志》牂柯郡句町縣： 文象水東至增食入鬱。今廣西泓渰江也[二九]，源出天保縣，爲漢句町縣地，東至隆安縣西北入西洋江，爲漢增食縣地也。如酈《注》所云，則文象水乃麗江所納之水，句町、增食皆在麗江所過太平府境矣。

[注]文象水、蒙水與盧唯水、來細水、伐水並自縣東，歷廣鬱至增食縣，注於鬱水也。

蒙水未詳。《地理志》句町縣： 又有盧唯水、來細水、伐水[三〇]。今不知爲何水，然既承文象水，入鬱水之下則亦西洋江所納之水，如酈《注》所云，則爲麗江所納之水，其云歷廣鬱，則廣鬱亦在太平府境也。云注於鬱水，與上文歧異，或「鬱」字爲「温」字之誤與？

[經]又東至領方縣東，與斤南水合。

即卷四十斤江水也。

[注]縣有朱涯水，出臨塵縣，東北流，驩水注之，水源上承牂柯水，東徑增食縣而下注朱涯水。朱涯又東北徑臨塵縣。

《地理志》鬱林郡臨塵縣：「朱涯水入領方。」今麗江南源龍江也。又增食縣： 驩水首受牂柯東界，入朱涯。今麗江北源歸順州水也。酈《注》雖本《地理志》，然所謂鬱水，乃今紅水河[三一]，則此亦爲紅水河所納之水。今紅水河經思恩府治北，有蘆江東北流注之，又有七首水，東南入蘆江，酈所謂朱涯水，似即蘆江；所謂驩水，似即七首水也。趙子韶曰：上言文象等歷廣鬱，至增食縣注於鬱水，此亦言驩水東徑增食縣，下注朱涯水。上增食爲太平府境，則此驩水似不得爲七首水[三二]。

[注]縣有斤員水、侵離水，並徑臨塵，東入領方縣，流注鬱水。

斤員水，今橋龍江[三三]，侵離水，今憑祥土州水[三四]。並詳卷四十。酈所言二水則紅水河所納之水也。紅水河徑思恩府治北，東流，徑遷江縣有青水江合，上林縣賓州諸水東北注之，蓋即酈所謂斤員、侵離二水矣。趙子韶曰：《水道圖》以上下凍土州水爲侵離水，蓋自越南來，與《志》言七百里合。

[經]東北入於鬱。

此鬱水而云入於鬱者，當有脱誤。《浪水》篇云：至蒼梧猛陵縣爲鬱溪。此「鬱」下疑脱「溪」字也。觀酈《注》云：鬱水即夜郎豚水。則以此鬱爲鬱水，蓋其時已脱誤矣。今鬱江過潯州府治東，東北與柳江合。

[注]鬱水，即夜郎豚水也。豚水東北流徑談藁縣，東徑牂柯郡且蘭縣，謂之牂柯水。楚將莊蹻泝沅伐夜郎，徑牂柯繫船，因名且蘭爲牂柯矣。元鼎五年，武帝伐南越，發夜郎精兵下牂柯江，同會

番禺是也。

上云温水自夜郎縣西北流徑談藁縣。此云夜郎豚水東北流徑談藁縣，是二水同出而分流。温水爲南盤江，則此豚水爲北盤江矣。然牂柯郡且蘭縣爲沅水所出，爲今貴州都匀府地，北盤江東北流徑宣威州、威寧州，又東徑水城廳，在都匀府西五百里，不得徑且蘭縣，此已誤矣。豚水下流爲鬱水[三五]，即今鬱江，廣西之左江也。如酈説，乃今紅水河，則爲廣西右江原，其所以致誤者，乃由誤以楚將莊蹻泝沅伐夜郎，謂夜郎必近沅水之源，不知莊蹻所伐者，古夜郎國也；豚水所出者，漢夜郎縣也。莊蹻泝沅至夜郎國北境，漢滅夜郎國，置郡縣，其夜郎一縣，豈必在莊蹻所至之地乎？既誤以漢夜郎縣爲近沅水，於是以豚水、鬱水移於今之北盤江、紅水河矣。惟牂柯水爲今紅水河不誤。「牂柯水」之名不見於《漢書・地理志》，酈《注》稱武帝伐南越云云，見《西南夷傳》。今紅水河下流合柳江、鬱江、桂江，入廣東爲西江，即此水也。

[注]牂柯水又東南徑毋斂縣西，毋斂水出焉。

《地理志》牂柯郡毋斂縣：「剛水東至潭中入潭。」鬱林郡定周縣：「水首受毋斂，東入潭。」今貴州獨山州水，下流爲廣西慶遠府龍江也，龍江之源不出於紅水河，酈以爲毋斂水出於牂柯水也。

[注]又東，驩水出焉。

此以爲今七首水出於紅水河也。

[注]又徑鬱林廣鬱縣爲鬱水。

《經》言：温水至廣鬱爲鬱水。而酈《注》言牂柯水徑廣鬱爲鬱水，其異如此。《經》之廣鬱，今百色廳；《注》之廣鬱，爲七首水之東境，爲今思恩府治矣。

[注]又東北徑領方縣北。

《經》及《地理志》：領方縣並爲斤員水。《經》作「斤南」。入鬱水之地爲今新寧州。酈所言斤員水爲青水江，其水至遷江縣入紅水河，則領方縣爲遷江縣，紅水河徑其北也。

[注]又東徑布山縣北。

《地理志》蒼梧郡猛陵縣：「龍山，合水所出，南至布山入海。」今廉江也[三六]，源出廣西鬱林州治，西南流，過博白縣入廣東，至廉州府治西南入海，則布山縣爲博白縣西南境也。紅水河徑來賓縣，其南直博白縣，然中隔鬱江，相距稍遠矣。

[注]又徑中留縣南與温水合。

《地理志》益州郡毋棳縣：橋水「東至中留入潭[三七]」。今紅水河東至武宣縣西北與柳江合，則中留爲今武宣也。酈所云鬱水爲紅水河，温水爲鬱江，此云鬱水徑中留縣南與温水合，則是紅水河自來賓縣東南流，不與柳江合，而南與鬱江合矣。

[注]又東入阿林縣，潭水注之。

《地理志》武陵郡鐔成縣：「玉山，潭水所出，東至阿林入鬱。」今柳江也，源出貴州永從縣東南，至廣西潯州府治桂平縣與鬱江合也。《水經》無潭水，惟《存水》篇云：至潭中縣注於潭。此謂柳城縣西之柳江也。至象州以下之柳江，則以義江爲其正源，謂之浪水，浪水即《地理志》之康谷水，《志》以康谷水入潭，潭水入鬱，如《水經》，則潭水入浪水，浪水入鬱，賓主互易，此《注》與《志》同，與《經》異也。

[注]水出武陵郡鐔成縣玉山，東流徑鬱林郡潭中縣，周水自西南來注之。潭水又東南流與剛水合，水西出牂柯毋斂縣，東至潭中縣入潭。

牂柯郡毋斂縣：「剛水東至潭中入潭。」又鬱林郡定周縣：「水首受毋斂，東入潭。」實一水也。此《注》潭水不誤，惟誤分周水與剛水爲二耳[三八]。《存水》篇注云：周水與毋斂水合，亦誤分爲二，然下流仍合，此《注》二水各入於潭而不合，亦自相歧異。

[注]潭水又徑中留縣東、阿林縣西，右入鬱水。

今柳江徑桂平縣東與鬱江合，則酈所謂中留縣者，今桂平縣也，阿林縣在其東，則今平南縣也。自此以下，酈所云鬱水乃與《地理志》合，《水經》則以爲浪水也。

[注]《地理志》曰：橋水東至中留入潭。又云：領方縣而有橋水[三九]。余診其川流，更無殊津，正是橋、温亂流，故兼通稱。作者咸言至中留入潭，潭水又得鬱之兼稱，而字當爲温，非橋水

也[四〇],蓋書字誤矣。

全氏祖望曰:《漢志》橋水,益州郡有二,鬱林郡有一,三橋水各爲源流,善長既以俞元之橋混入毋棳之橋,玆又以毋棳之橋混入領方之橋。趙氏一清曰:《漢志》鬱林郡領方縣下云:又有墧水,是「又」字不是「而」字,亦是墧字从「土」不从「木」。師古曰:墧音橋,善長即混而一之,而於下文又出嶠水,則以萌渚嶠爲名,何也?然則南橋水之名直是謬詞,豈所見有别本耶?澧按:今紅水河乃漢末毋棳橋水,酈誤以爲鬱水;今南盤江乃《漢志》俞元橋水,酈誤以爲温水;今鬱江乃《漢志》鬱水,酈誤以爲温水,於是毋棳橋水無可位置,而改爲入温,則爲今南盤江所納小水,與《漢志》行三千餘里不合矣,且如此,則橋水不得至中留,於是爲橋、温亂流通稱之説。又今紅水河先與柳江合,然後與鬱江合,酈誤以鬱水先與温水合,然後與潭水合,則橋、温雖通稱,亦不得入潭。於是又爲潭水,又得鬱兼稱之説,然此語意仍不明也。潭水縱可稱鬱,亦當言橋水入鬱,何作者咸言橋水入潭乎?當云鬱水得潭之兼稱乃通耳。然鬱水未合潭水,必不得稱潭也。《漢志》領方墧水,酈所見本即或作橋,然此水乃今麗江南源,在廣東欽州、廣西上思州接界之地,酈所謂鬱水既爲今紅水河,於是鬱水所過領方縣亦遂爲今紅水河所過之地,其所謂朱涯水、斤南水、侵離水,至領方入鬱者,既爲今紅水河南之水,更無一水可當領方橋水者,於是與毋棳橋水强合爲一,而爲更無殊津之説,又改《漢志》之文,作南有橋水矣。戴東原校官本欲伸酈説，乃改易數字，而仍不能伸也[四一]。

[注]鬱水右則留水注之[四二]，水南出布山縣，下徑中留入鬱。

此蓋今劍江也，源出北流縣南，漢布山縣地也，至藤縣入鬱江下流之潯江。藤縣在平南縣東，阿林縣既爲平南縣地，則劍江所入更在阿林之東，不得爲中留縣也。

[注]鬱水東徑阿林縣，又東徑猛陵縣，浪水注之。

《經》言浪水又東至猛陵，則柳江自雒容縣以下，《地理志》及酈《注》以爲潭水者，即《經》之浪水，乃酈於此言浪水注鬱，則有洛清江不與柳江合，而東入潯江也。

[經]斤江水出交趾龍編縣東，北至鬱林領方縣，東注於鬱。

即《温水》篇之斤南水也[四三]，今曰麗江，源出越南國廣源州，流入廣西上下凍州，又東徑龍州曰龍江，又東至新寧州注於鬱江。《地理志》鬱林郡臨塵縣有斤員水。又領方縣「斤員水入鬱」，即此水。但《志》不言出龍編，且有朱涯入之。《志》云朱涯水入領方，謂入領方斤員水也。而驩水入朱涯，則斤員水較短，當以今橋龍江爲其源，故與此《經》異耳。

[經]侵黎。

蓋今憑祥州水也，源出越南，入廣西鎮南關，東北流與龍江合。《地理志》鬱林郡臨塵「有侵離水，行七百里」，即此水。[四四]。

【校記】

［一］疑有誤。存水，《通檢今釋》第九十三頁作「今雲南宣威縣東革香河」。

［二］疑有誤。豚水，《通檢今釋》第九十四頁作「今北盤江上游」。

［三］疑有誤。且蘭縣，《地名辭典》第二百二十頁云「治所在今貴州黄平縣西南」。

［四］龍江　亦是漢代周水，參見西漢圖三〇—三一、清圖四六—四七。

［五］疑有誤。毋斂水，即清時期巴盤河，見清圖四六—四七。

［六］疑有誤。温水，清圖四六—四七，入廣西境作「紅水江」。

［七］疑有誤。迷水，《通檢今釋》第九十四頁作「今雲南曲靖縣北阿幢河」。

［八］［九］疑有誤。見西漢圖二八—二九、清圖四八—四九。

［一〇］池在縣西北，原稿作「于縣西北」，據《水經注》校點本六百七十六頁改。

［一一］疑有誤。昆澤縣，《地名辭典》第五百頁云「治所在今宜良縣東北、南盤江北岸」。

［一二］疑有誤。味縣，《地名辭典》第四百九十二頁云「治所在今雲南曲靖縣西」。

［一三］疑有誤。大澤，清圖四八—四九作「滇池」。

［一四］疑有誤。僕水，清圖四八—四九作「禮社江」、「元江」。

［一五］疑有誤。河水，西漢圖二八—二九畫在今雲南華寧縣附近。

[一六] 疑有誤。橋水，清圖四八—四九作「曲江」。

[一七] 疑有誤。俞元，《地名辭典》六百五十七頁云「治所在今雲南澄江縣境」。

[一八] 疑有誤。池，清圖四八—四九作「雲南撫仙湖」。

[一九] 疑有誤。毋單，《地名辭典》第一百五十四頁云「治所在今雲南宜良縣南」。

[二〇] 疑有誤。貪水，《通檢今釋》第九十三頁作「今昆雄河」。

[二一] 疑有誤。橋水，見校記[一六]。

[二二] 疑有誤。河水，見校記[一五]。

[二三] 《漢志》校點本作「牂柯郡鐔封：温水東至廣鬱入鬱」。

[二四] 疑有誤。《地名辭典》第九百九十頁作「鐔封縣治所在今文山縣西北」。

[二五] 疑有誤。勞水，清圖四八—四九作「把邊江」、「李仙江」、「黑江」。

[二六] 疑有誤。僕水，見校記[一四]。

[二七] 疑有誤。温水，見校記[六]。

[二八] 疑有誤。鬱水，清圖四六—四七作「右江」、「鬱江」、「龔江」、「西江」。

[二九] 疑有誤。文象水，清圖四六—四七作「西洋江」。

[三〇] 盧唯水 《通檢今釋》第九十四頁作「今馱娘江」。

[三一] 鬱水 見校記[二八]。

〔三二〕驩水　《通檢今釋》第九十四頁作「今黑水河」。

〔三三〕疑有誤。斤員水，《通檢今釋》第九十四頁作「今奇穹河」、「左江」。斤員水，又作「斤南水」，見《水經注》校點本第六百七十七頁。

〔三四〕疑有誤。侵離水，清圖四六—四七作「廣西明江」。

〔三五〕疑有誤。豚水，見校記〔二一〕；　鬱水，見校記〔二八〕。

〔三六〕疑有誤。合水，清圖四六—四七作「想思江」。

〔三七〕《水經注》校點本第六百七十八—六百七十九頁校者云：　案橋水在毋棳縣即入温，橋水小，温水大，已〔以〕下不得稱橋水。其徑領方至中留者，乃温水，非橋水也。又温水於中留入鬱，其下乃潭水入鬱，潭與鬱皆大水，《地理志》因并鬱之上流稱爲潭。故雲橋水東至中留入潭，實乃温水至中留入鬱也。

〔三八〕疑有誤。西漢圖三〇—三一，西晉圖五七—五八，剛水、周水均爲二水，非一水。

〔三九〕疑有誤。《漢志》校點本第一千六百二十八頁，「而」作「又」，「橋」作「墧」。

〔四〇〕温　原作「南」、「非」原作「南」，據《水經注》校點本六百七十八頁改。

〔四一〕參見校記〔三九〕，又西漢圖二八—二九作「毋棳橋水」，西漢圖三〇—三一作「領方墧水」。

〔四二〕鬱水右則　原作「鬱水則」，據《水經注》校點本六百七十九頁改。

〔四三〕斤南水　即斤員水，斤員水見校記〔三三〕。

〔四四〕侵離水　見校記〔三四〕。

水經注西南諸水考　卷三

淹水

［經］淹水出越嶲遂久縣徼外。

淹水，今金沙江也，源出西藏之北，過四川西境，所行皆漢徼外地，至雲南麗江縣爲漢遂久縣地。《漢書·地理志》越嶲郡遂久縣：「繩水出徼外。」即此水矣。

［經］東南至青蛉縣。

金沙江自麗江縣東南流，至鶴慶州東南境爲漢青蛉縣地。

［經］又東過姑復縣南，東入於若水。

金沙江自鶴慶州東流，過永北廳南爲漢姑復縣地，金沙江又東與鴉龍江會也。

［注］淹水徑縣之臨池澤。

酈所謂淹水，乃今大姚河，説見《若水》篇。《地理志》越嶲郡姑復縣：「臨池澤在南。」即今之程海,在永北廳南,在鶴慶州治東,大姚河不得徑程海也。酈以《漢志》姑復縣有此澤,傅會其説耳。其所謂姑復縣亦非今永北廳,説亦見《若水》篇。

[注]而東北徑雲南縣西,東北注若水。

金沙江過永北廳南境,稍向東北流,過大姚縣北境,酈所謂雲南縣,當指大姚縣東北境。

葉榆河

[經]益州葉榆河出其縣北界[二],屈從縣東北流。

此今雲南雲南縣一泡江也,出縣北界,屈從縣東北流。《經》所云葉榆縣,爲今雲南縣也。《地理志》益州郡葉榆縣: 葉榆澤在東。葉榆澤,今洱海,在大理府治太和縣東。則《志》之葉榆縣爲今太和縣,若今雲南縣,則洱海在西北矣。蓋西漢時葉榆縣爲今太和縣,至東漢移於今雲南縣也,一泡江東北流,入金沙江。此《經》之下,當有闕文,當云入淹水也。

[注]縣之東有葉榆澤,葉榆水所鍾而爲此川藪也。

云縣之東有葉榆澤,此酈據《地理志》爲説,與《經》異也。洱海在一泡江源之西北,非一泡江水所鍾,酈所謂葉榆河,乃今漾備江,故與洱海通矣。

[經]過不韋縣。

此今大廠江也，與一泡江同源而分流。此《經》之上當復有闕文，記大廠江所由支分矣。大廠江自雲南縣與一泡江分流，東南過南安州南爲漢不韋縣地也，何以明之？《地理志》益州郡嶲唐縣有周水，首受徼外。又有類水，西南入不韋。今考雲南境内惟雲南府西之羊溪西南流，則類水者，羊溪也[二]。羊溪至南安州與大廠江合，故知南安州爲不韋縣矣。《志》之周水即大廠江[三]。

[注]蓋秦始皇徙呂不韋子孫於此，故以不韋名縣，北去葉榆六百餘里葉榆水不徑其縣，自不韋北注者，盧倉禁水耳。葉榆水自縣南徑遂久縣東，又徑姑復縣西，與淹水合，又東南徑永昌邪龍縣，縣以建興三年劉禪分隸雲南[四]，於不韋縣爲東北。

酈所謂不韋縣爲今四川高縣地，説見《若水》篇。此盧倉水即《若水》篇注瀘津水所納之蘭倉水也。此言葉榆水自葉榆縣南徑遂久縣東、姑復縣西。今漾備江自太和縣南流，徑永平縣東、趙州西，則酈所謂遂久縣者，今永平縣也；姑復縣者，今蒙化廳也。然《經》言淹水出遂久縣，今金沙江去永平縣甚遠，姑復縣有臨池澤，爲今永北廳南之程海，去蒙化廳亦甚遠也，云又東南徑邪龍縣，今漾備江南入瀾滄江，非東南流也，酈蓋誤以漾備江東南通陽江矣。陽江源出蒙化廳西北境，東南徑新平縣，則所謂邪龍縣者，新平縣也。高縣在其東北千餘里，不止六百餘里，又當云不韋縣於邪龍縣爲東北，而云於不韋縣爲東北，語意亦未明也，其云與淹水合尤誤。金沙江自與鴉龍江合流入大江，如酈言，則金沙江必自漾備江之西東流，徑蒙化廳南，然後陽江得與之合也。葉榆河與淹水合，而淹水自入若水，則是陽江絶金沙江而過也。

［經］東南出益州界。

出徼外也。《地理志》不言周水所入，其云類水入不韋，至不韋入周水也，其下流則出徼外，故不言周水所入矣。益州界外，今南安州南境、元江州北境，其西有李仙江，源出蒙化廳，過景東廳、恩樂縣、鎮沅州、他郎廳，入越南國，亦雲南大川，而《地理志》不載，以其所行之地皆漢徼外故也，可以證此。《經》云：出益州界之爲徼外地矣。此地北有洱海，爲《地理志》葉榆澤；西有瀾滄江[五]，爲《地理志》青蛉僕水；東北有羊溪，爲《地理志》嶲唐類水。

［注］葉榆水自邪龍縣東南徑秦臧縣南。

陽江自蒙化廳東南流爲大廠江。酈《注》：至此乃合於《經》之葉榆河矣。大廠江徑南安州南，則酈所謂秦臧縣者南安州，而不知即《經》之不韋縣也。《地理志》益州郡秦臧：牛蘭山，即水所出，南至雙柏入僕。今巴景河也[六]，出鎮沅州，南至威遠廳西南入瀾滄江，則秦臧縣爲今鎮沅州[七]，雙柏縣爲今威遠廳西南境[八]，南安州非秦臧縣也。

［注］與僕水同注滇池澤於連然、雙柏縣也。

《地理志》越嶲郡青蛉縣：僕水出徼外，東南至來唯入勞。今瀾滄江也[九]。《水經》無僕水，《注》亦不言僕水所出，而於此云與僕水同注滇池澤，不知所云僕水爲今何水也。滇池澤即

《温水》篇注之大澤，今撫仙湖也[一〇]。撫仙湖在大廠江正東，大廠江不得東南流注之，且雙柏爲今威遠廳地，去撫仙湖遠矣。連然未詳。自此以下，悠謬不可究詰。

[注]與盤江合。盤水出律高縣東南監町山，東徑梁水郡北、賁古縣南，盤水又東徑漢興縣，盤水北入葉榆水[一一]。

今無此水。

[經]入牂柯郡西隨縣北爲西隨水，又東出進桑關。

今大廠江下流自南安州南流爲益州界外地，又東南至元江州曰河底江。西隨縣，元江州也[一二]；西隨水，河底江也。《地理志》牂柯郡西隨縣：麋水西受徼外，東至麋泠入尚龍谿。即此水也。麋水之上源即周水，以中隔徼外，故《志》但云受徼外，得此《經》乃明之也。河底江自元江州又東至虧容土司境，進桑關當在其地矣。

[注]葉榆水又東南絶温水。

此又誤之甚者。酈所謂温水者，南盤江也，葉榆水豈得絶之乎？

[經]過交趾卷泠縣北[一三]，分爲五水，絡交趾郡中，至南界複合爲三水，東入海。

今河底江出雲南境，下流入越南國富良江，至越南國東南界入海。按《越南地圖》：富良江至其國都分數支，其入海之處有白藤、安陽、多魚、太平諸海口，其分爲五，合爲三，則無由指證矣。

[注]北二水。

此《經》言巻泠縣北所分五水之近北二水也。

[注]左水。

此北二水中之一水近北者，自西而東，故以北爲左矣。

[注]又東徑龍淵縣故城南。

龍淵故城必去龍淵不遠，故左水徑其縣北，南水徑其縣故城南。

[注]又東，合北水。

即左水也。

[注]注於浪鬱。

此大誤也，越南國東南際海，其水豈得注浪鬱乎。

[注]此其一也。

謂交趾南界合爲三水之一。

[注]其次一水。

此巻泠縣北所分五水中，南三水之一水近北者也。

[注]東徑封溪縣南。

北二水之南水徑封溪縣北，此水又在其南，故徑縣南也。

[注]注於中水。

上云其次一水徑稽徐縣，溼水注之，是溼水注其次一水也，此有脱字，當云同注於中水，蓋與其次一水並注中水耳。中水者，南三水之中一水也。

[注]中水又東。

自巻泠縣而又東也。

[注]又東徑羸𨻻縣南。

其次一水徑羸𨻻縣北，此水又在其南，故徑縣南。

[注]合南水。

此南三水之一水最南者。

[注]南水又東南。

自巻泠而又東南也。

[注]對安定縣。

中水徑安定縣，此水更在其南，故對安定縣也。

[注]又東與北水合，又東注鬱，亂流而逝矣。此其三也。

謂其次一水及中水合爲二，最南一水爲三也。《經》言合爲三水，如《注》所云，北二水合爲一，南三水合爲一，是合爲二耳。但南三水内，其次一水注中水處未近海，故以爲合流，其與南一水合流則已近海，即以爲南一水自入海可矣，故無此其二之文而仍數爲三。

［注］故《經》有入海之文矣。

强《經》以從己説，誤之甚也。

沅水

［經］沅水出武陵鐔成縣北界沅水谷。

《地理志》武陵郡鐔成縣有康谷水。趙氏一清疑即沅水是也。《地理志》鐔成又有潭水。即今廣西柳江上源福禄江，過龍勝廳西，其東義江出焉，則沅水今義江也[一四]。

［經］南至鬱林潭中縣，與鄰水合。

鄰水未詳，疑即潭水也。潭中縣爲今馬平縣。見《存水》篇。義江下流曰洛清江，至馬平縣與柳江合，疑鄰水蓋柳江也。「鄰」字疑爲「潭」字之誤。

［注］水出無陽縣，縣，故鐔成也。晉義熙中改從今名[一五]，俗謂之移溪，溪水南歷潭中，注於沅水。無陽，今湖南沅州府芷江縣，其地無南入廣西之水，酈《注》誤也。

[經]又東至蒼梧猛陵縣爲鬱溪，又東至高要縣爲大水。

《地理志》猛陵縣：「合水所出。」爲今鬱林州廉江所出[一六]，鬱林州北爲桂平縣，柳江至此分一支南出，與鬱江合。柳江又東流，其支流與鬱江合而注之，此鬱溪即南出之支流也。《温水》篇云：「鬱水入於鬱。」當作「入於鬱溪」，謂鬱水入此鬱溪也。柳江既合鬱江，東流至廣東曰西江，過高要縣。

[注]鬱水自鬱林之阿林縣，東徑猛陵縣。猛陵縣在廣信之西南，王莽之猛陸也。泿水於縣左合鬱溪。

《經》言泿水爲鬱溪，《注》言泿水合鬱溪，誤以鬱溪爲鬱水矣。

[注]亂流徑廣信縣。鬱水又徑高要縣。

《經》以泿水爲正流，《注》改稱鬱水，與《地理志》合。

[經]又東至南海番禺縣西，分爲二，其一南入於海。

西江至三水縣分二支，一支東南流，至新會縣入海。

[注]鬱水分泿南注。

泿鬱合流已數百里，至此分爲二，酈以此南注者爲鬱，蓋據《地理志》，鬱水至四會入海，故云然。但《志》不載東注一支，今既兼載二支，則不得一爲泿，一爲鬱矣。

[經]其一又東過縣東，南入於海。

西江一支至廣州府治番禺縣東，南入海也。

[注]浪水東別徑番禺。

鬱以南注者爲鬱水，以此東注者爲浪水也。

[注]其一水南入者，鬱川分派，徑四會入海也。

謂自三水南注，至新會入海一支也。

[注]其一即川東別徑番禺城下。浪水又東徑懷化縣入於海。

謂自三水東別徑番禺入海一支也。

[經]其餘又東至龍川爲涅水，屈北入員水。

涅水，今廣東東江；員水，今福建汀江也[一七]。此《經》誤以東江逆流東北而上，至龍川屈北，至江西長寧縣，越縣東界山爲廣東平遠縣水，下流入汀江也。知龍川、番禺一水可通，而不知水流之順逆，知涅水與員水相距不遠，而不知中隔一山也。

[注]浪水枝津衍注，自番禺東歷增城縣，又徑博羅縣西界龍川。

誤與《經》同。

[注]員水又東南一千五百里，入南海。

汀江南下流過潮州府境爲韓江，至府治東南入海。

［注］東歷揭陽縣［一八］，王莽之南海亭，而注於海也。

【校記】

［一］疑有誤。葉榆河，《通檢今釋》第九十六頁作「今洱海源、漾濞江中下游」。

［二］疑有誤。類水，《通檢今釋》第九十三頁作「今泚江」。

［三］疑有誤。周水，清圖四八—四九作「潞江」。

［四］縣以　原作「以」，據《水經注》校點本六百九十二頁補。

［五］瀾滄江　西漢圖二八—二九作「蘭倉水」。

［六］疑有誤。即水，清圖四八—四九作「金水河」、「九渡河」、「緑汁江」。

［七］秦臧縣　《地名辭典》第六百九十頁云「治所在今雲南禄豐縣境（一説在今雲南昆明市西郊）」。

［八］疑有誤。雙柏縣，在清時期雲南南安州南，參見西漢圖二八—二九，清圖四八—四九。

［九］疑有誤。僕水，清圖四八—四九作「禮社江」、「元江」。

［一〇］疑有誤。滇池澤，清圖四八—四九作「滇池」。

［一一］盤水　清圖四八—四九作「南盤江」。

［一二］疑有誤。西隨縣，《地名辭典》第二百八十八頁云「治所在今金平縣境」。

［一三］巻　原稿作「鼀」，據《水經注》校點本第六百九十三頁改，下同。

［一四］浪水　清圖四六—四七作「義江」、「永福江」、「洛清江」。

［一五］原稿「今」下無「名」字，據《水經注》校點本第七百零六頁補。

［一六］疑有誤。合水，清圖四六—四七作「相思江」。

［一七］員水　《通檢今釋》第九十八頁作「今韓江」。

［一八］揭陽縣　原作「揭陽」，據《水經注》校點本七百一十頁補。

説山

郭培忠　點校

點校説明

《説山》乃作者稿本，係啓蒙讀物，未曾刊出。本次據稿本整理。

説山

岡底斯山者，昆侖山也，分爲二。

其一，北外幹，北至僧格喀巴布山。

又北至札克安巴山。

又北至尼莽依山。

又西北至喀楚特山。葉爾羌河出焉，東北流。

又北至喀什塔什嶺。

又東至阿喇古山。喀什噶爾河出焉，東北流。

又東北至喀克善山。烏什河出其東，而東流，與上二水合爲塔里木河，入羅布泊。那林河出其西，而西流。

又東至騰格里山，即天山也。庫車河出焉，東流入塔里木河。喀喇沙爾河出焉，東流入博期[斯]騰泊。

騰格里山，東至於鎮西。

岡底斯山之東，雅魯藏布江出焉，東流入……

自岡底斯山東至瑪爾裕穆嶺。

蘇穆丹山。

奔爾瑪岡阡山。

隆瑪爾隆佳爾山。

集古索覺克山。

穆克隆山。

桑里山。

岡阡山。

尼雅隆山。

巴普達克拉克山。

伯隆景當山。

拉布冲岡山。

達克佳爾拉松山。

沙山。

隆拉山。

通澤山。

羌札拉山。

帶裕爾山。

諾莫渾烏巴什山。其右水皆入雅魯藏布江。又有潞江之源出焉，而南流入於……

北至巴薩通拉木山，分爲二。金沙江之源出焉，而東南流。

其一爲南幹。

其一北至勒科爾烏蘭達布遜山。

錫津烏蘭托羅海山。左，戈壁，各水入金沙江。

錫津烏蘭托羅海山，分爲二。

其一爲中幹。

其一爲北幹，東北至巴顔山。左皆戈壁，各水皆爲池。

巴顔山之北，黨河之源出焉。

東至阿穆尼尼庫山。△△河出其北，而北流入於大通河。□□出其南[一]，而東南流入於黄河。

又循大通河而東至祁連山。□□河出焉。

又東至古浪縣。古浪河出焉，北流匯爲池。

△△循黄河北岸，而東北至賀蘭山，過平羅縣北，屈爲東，噶札爾山。

大青山。

綏遠城。

又東，桑乾河出焉，而東南流入……

又東循長城。

獨石口。河出焉，而東南流入於……灤河出焉，而東南流入於……

北至興安嶺。遼河之源出其右，而東南流。

又東北循遼河之左，至喀拉坎山。

托拜山。

巴爾達穆山。

勒克山。

屈而南。左水皆入松花江。右水皆入遼水。

阿登山。

烏魯里山。

長嶺。

伊爾哈雅番山。

屈而東，至長白山。鴨緑江出其南，而東南流入於渤海，松花江出其北，而北流入於……　圖們江出其東，而東流入於海。

中幹

錫津烏蘭托羅海山東出，其左水皆爲池，右水皆入金沙江。

巴顔喀喇山。

音德爾圖錫勒圖山。

巴爾布哈山。

噶達素齊老山，即積石山也。黄河源出其南，而東流入於海。

分爲二。

其一，東至阿克坦齊欽山，烏蘭德錫山。

布呼集魯肯山。

阿拉克沙爾山。其左水皆匯爲池。

又東北繞青海爲謨爾穆山。

察罕鄂博圖山。

庫德里山。

其一，東南循黄河之右，金沙江之左。

仄瑚爾巴顔喀喇山，鴉龍江出其右，而南流入……

又東，□山。大渡河之源出焉，而南流入江。

又東北爲岷山。□江源出其南，而東流入海。洮水出其北，而東北流入河。

鳥鼠山。渭水出其東，而東流入於河。

又東北爲嶓冢山。西漢水出其南，而南流入江。

又東爲秦嶺。

又南，△△山。東漢水出焉，而東流入江。其左水皆入渭，右水皆入東漢水。

又東，冢嶺山，洛水出其北，而東北流入河。

又東，□山，汝水出其北，而東南流入淮。

又分爲二。此一支。其一，東北　未審定。其一，南桐柏山，淮水出其東，而東流入海。

又東南，左水皆入淮，右水皆入江。

霍山。

揚州。

南　幹

巴薩通拉木山東南至阿克達木山，左水皆入金沙江，右水皆入潞江。

索克音里山。

△△，瀾滄江出其南，而南流入於海。

又東南。　左金沙江，右瀾滄江。　爲阿穆尼喀察穆山。

又南，僧顔巴爾都山。

鷄足山。(左水皆入金沙江，右水皆入瀾滄江)

△△山，元江之源出其南，而東南流入於海。

又南，嶍峨縣山。

分爲二。

其一東南爲南小幹。

其一東北。

霑益州花山，南北盤江出其東，下流爲□江，入於鬱。

又東，烏江出其北，而東北流入江。

又東，獨山州，□山，沅水出其北，而東北入江。　△水出其南，而東南入於……

又東，越城嶺。湘水出其北，而東北流入於江。　灕水出其南，而東南流入於鬱。

又東，都龐嶺，湟水出其南，而南入海。

又東，大庾嶺，□水出其北，而北流入於江。

又東北，□山，東江出其南，而東南入於海。　□山，□水出其南，而南流入於海。　□山，□水出其東南，而東南流入於海。

又東北，武夷山。

又東北，仙霞嶺。

又北，常山。

又北，牽山。

又北，黃山，水出其南，而東南入海。

又東北，左水皆入江，右水入太湖，湖水入海。

南小幹

嶍峨縣，□山。

東

□山。鬱水出其北，而東南流入海。其右水皆入越南國，而入於海。

又東南，出△界，入越南國。

又東入欽州界，□山。

至新會。左水皆入鬱。右水皆入海。

山水記五　初改本

嶍峨，□山，東南一支當南盤江之南，東至寶寧。

粵西江，源出其東，而南入於海。

粵西江、南盤江之間一支，東逾馱蒙江，至桂平。

又東南，出徼外。

又東入欽州界。

又東至新會，其北水皆入粵西江，南水皆入海。

山水記四

巴薩通拉木山，東南一支至□□，瀾滄江出其南而南流入海。

瀾滄江、怒江之間一支，南至鎮康土司。又南，越南國地也。

又南，當金沙江西、瀾滄江東，至雲南縣、羅次縣。元江之源出南，而東南流入海。

[其][二]

元江、瀾滄江之間一支，分爲二：其一至思茅；其一至□□土司。

又南，越南國地也。其間有把邊江，南流入越南國。

又南，至嵋峨、昆陽，□山，分二支。一支見下篇。

一支東北至霑益州花山，南盤江、北盤江出其東，會爲紅水河，東流入柳江。

又東北至威寧州，烏江出其北，而東北流入江。

烏江、金沙江之間分二支：其一東北至合江縣；其一東北至涪州。其間有赤水河，東北流入江。

又東至獨山州，沅水出其北，而東北流，注於洞庭湖，以入於江。沅[江]與烏江之間一支，至永順縣又分二支：一東至安福縣；一至澧州。其間有澧水，東流入洞庭湖。

中幹北支之北　漢時河、沛之間。

　　沂、泗之間。

中幹北支之南　泗、睢之間。

　　汝、潁、睢之間。

中幹南支之北　淮、汝之間。

中幹南支之南　無

　　湘與豫章之間。

　　沅、湘之間二支。

南幹北　烏江與沅之間

　　金沙、烏江之間二支。

　　太湖之東。

南幹□　甌江、漸江之間二支。

　　閩江、甌江之間二支。

　　韓江、閩江之間二支。

東江、韓江之間。

洭與東江之間。

灕、洭之間。

潭、灕之間。

墧、潭之間。

瀾滄、怒江之間。

元江、瀾滄之間。

墧、鬱之間。

説山支目。

外幹南北

【校記】

［一］□ 乃標點者所加，全書同。

［二］其　疑爲衍字，［］乃標點者所加。

申范

蘇森祐　點校

點校説明

《後漢書》作者南朝宋范曄於文帝元嘉二十二年冬遭誣陷謀反被慘殺，有史家認爲這是千古至冤。王鳴盛《十七史商榷》斷言范曄「不反」，引起陳澧强烈共鳴，他懷着深沉的同情和史家良知，從《宋書》、《南史》等史籍中鈎稽范曄被誣的歷史信息，進行深入剖析，揭明歷史真相。爲了范曄沉冤得雪，爲使後人不致鄙薄「大有益於世」的《後漢書》，作者傾情寫作此篇，自言「辭繁而不殺，語質而不飾」，事理之詳實深動讀者。此文收入光緒十八年菊坡精舍刊《東塾集》内，刊刻精工，即以之爲底本，參以《宋書》《南史》。全文衍誤極少，除認真進行標點外，只須改正極少數别字、誤字，如「丹陽」作「丹楊」、「籍」作「藉」之類。閲讀發現，凡《宋書》、《南史》稱范曄之名處，作者均改稱其字蔚宗，可見這位大學者的謙恭及其對范曄的敬意。

申范

序

嗚呼！千古之至冤，未有如范蔚宗者也。殺其身，殺其子侄，誣以謀反，誣以不孝，誣以内亂，舉人世之大惡，無一不備。當時之人誣之，後之史家載之，讀史者從而唾駡之，千百餘年於兹矣。

澧讀《宋書》、《南史》而疑其冤，及讀王西莊氏《十七史商榷》，言蔚宗不反，歎爲先得我心。而以其説猶未盡也，復取《宋書》、《南史》讀之，平心考核，誣妄盡出。蓋蔚宗負才嫉俗，驟蒙恩寵而不自防檢。其甥謝綜與孔熙先謀反，蔚宗知之，輕其小兒，不以上聞，遂被誣害以死。乃爲書一卷，以暢西莊氏之説，辭繁而不殺，語質而不飾，如讞大獄，不可不詳且實也。

夫三代以下，學術風俗莫如後漢，賴有范書以傳之，袁彦伯《後漢紀》不及也。其書大有益於世，而著書之人負千古之冤，安得而不申之，以告世之讀其書者哉。故是編者，所以申范蔚宗也，即所以尊《後漢書》也。惜乎吾不及見西莊氏而就正之也！同治六年四月，陳澧序。

是書初成，或見之，曰：「史言墨迹，則符檄書疏，雖非蔚宗所造，必有其手自治定者。」此定讞至緊要處。此處無實據，則冤雪矣。竊謂觀「具陳本末」數言，則非蔚宗墨迹顯然。如有手自治定，又何能辨此墨迹即前湛之所呈？其檄文以湛之與曄爲首，故文帝示之耳。《魏書》《島夷傳》言「蔚宗謀殺義隆」，蓋亦依約《宋書》。《通鑑》則詳采傳文，又於墨迹上增一「曄」字，則蔚宗之冤真不白矣。此先生之書所由作也。門人廖廷相識。

申　范

《宋書·文帝本紀》

元嘉二十二年十二月乙未，太子詹事范蔚宗[一]謀反，及黨與皆伏誅。《南史》同。

當改云：「丹楊[二]尹徐湛之、員外散騎侍郎孔熙先等謀反，熙先與黨與伏誅，殺太子詹事范蔚宗，赦湛之。」

范蔚宗間孔熙先、謝綜謀反，不以上聞，而言彭城王義康釁蹟彰著，請正大逆之罰。宋文帝不納，何尚之遂誣害，以爲賊首而誅之，并誅其子侄。

《宋書·范蔚宗傳》

范曄字蔚宗，順陽人，車騎將軍泰少子也。母如厠産之，額爲塼所傷故以塼爲小字。

此傳立意醜詆蔚宗，故首載此事。當時人多有小字，即如彭城王義康小字車子，劉湛小字班虎，徐湛之小字仙童，何不載於其傳首邪？且太任溲於豕牢而生文王，見《國語・晉語》。蔚宗生於厠，又何足爲醜邪？

出繼從伯弘之，《南史》有「後」字。襲封武興縣五等侯。少好學，博涉經史，《南史》無此四字。善爲文章，能隸書，曉音律。年十七，州辟主簿，不就。高祖相國掾，彭城王義康冠軍參軍，隨府轉右軍參軍，入補尚書外兵郎，出爲荊州別駕從事史。尋召以上四十八字《南史》無。爲祕書丞，父憂去職。服終，《南史》作「闋」。爲征南大將軍檀道濟司馬，領新蔡太守。道濟北征，曄憚行，辭以腳疾，上不許，使由水道統載器仗部伍。軍還，爲司徒從事中郎。以上三十三字《南史》無。頃之遷此三字《南史》作「後遷」尚書吏部郎。

元嘉元年[三]冬，《南史》無「冬」字。彭城太妃薨，將葬，祖夕，僚故並集東府。曄弟廣淵，時爲司徒祭酒，其日在直。以上十四字《南史》無。曄與司徒左西屬王深宿廣淵許，此四字《南史》作「及弟司徒祭酒廣」七字。夜中酣飲，開北牖聽挽歌爲樂。義康大怒，《南史》「義康」上有「彭城王」三字。左遷曄宣城太守。《南史》無「曄」字。

太妃將葬，而舊僚飲酒，何罪邪？挽歌不許人聽，則何必歌邪？《檀弓》云：「子夏問諸夫子，曰：『居君之母與妻之喪，居處言語飲食衎爾。』」鄭注云：「衎爾，自得貌。爲小君惻隱不能至。」酣飲，聽挽歌，衎爾自得而已，江左放誕之風有遠過於此者。義康驕貴，妄肆其怒也。

不得志，乃删衆家《後漢書》爲一家之作。

謂《後漢書》爲不得志而作，亦不然也。《後漢書》絶無憤激之語，沈休文强坐以「不得志」三字，以爲謀反張本耳。《南史》又增二語云：「至於屈伸榮辱之際，未嘗不致意焉。」則又因沈休文所謂「不得志」者而傅會之也。王西莊曰：「沈約史才遠遜蔚宗，爲其傳，不極推崇，似猶有忌心。」又曰：「《後漢書》貴德義，抑勢利，進處士，黜奸雄，論儒學則深美康成，褒黨錮則推崇李、杜，宰相多無述，而特表逸民，公卿不見采，而推尊獨行。立言若是，其人可知，犯上作亂必不爲也。」澧案：《後漢書·周章傳》云：「殤帝崩，鄧太后立安帝，衆心不附，章密謀立平原王，事覺，章自殺。」蔚宗論之曰：「周章身非負圖之託，德乏萬夫之望，主無絶天之亹，地有既安之埶，而創慮於難圖，希功於理絶，不已悖乎！如令君器易以下議，即斗筲必能叨天業，則狂夫豎臣亦自奮矣。孟軻有言曰：『有伊尹之心則可，無伊尹之心則篡矣。』於戲，方來之人戒之哉！」蔚宗以周章垂戒方來，諄切如此。西莊謂蔚宗必不爲，豈不愈可信哉！

在郡數年，遷長沙王義欣鎮軍長史，加寧朔將軍。兄暠爲宜都太守，嫡母隨暠在官。十六年，母亡，報之以疾，曄不時奔赴。及行，又攜妓妾自隨，爲御史中丞劉損所奏，太祖愛其才，不罪也。

嫡母亡，而兄報之以疾，非恐其哀痛迫切，何以如此？既不知母亡，則雖不獨身星奔，本無罪也。劉損奏彈之，蓋誤以爲奔喪，不知其兄報以疾也。

服闋，爲始興王濬後軍長史，領南下邳太守。及濬爲揚州，未親政事，悉以委曄。尋遷左衛將軍、太子詹事。曄長不滿七尺，肥黑，秃眉鬚。

此欲詆蔚宗貌陋耳。貌陋，何足爲病邪？子思性無鬚眉，見《孔叢子》。豈可以病子思邪？且此與上句「遷左衛將軍太子詹事」，下句「善彈琵琶」，皆不相屬。蓋徒欲醜詆，遂不顧文法也。

善彈琵琶，能爲新聲。上欲聞之，屢諷以微旨，曄僞若不曉，終不肯爲上彈。上嘗宴飲歡適，謂曄曰：「我欲歌，卿可彈。」曄乃奉旨。上歌既畢，曄亦止弦。

王西莊曰：「其耿介如此。」

初，魯國孔熙先博學有縱横才志，文史星算，無不兼善。爲員外散騎侍郎，不爲時所知，久不得調。初，熙先父默之爲廣州刺史，以贓貨得罪下廷尉，大將軍彭城王義康保持之，故得免。及義康被黜，熙先密懷報效，欲要朝廷大臣，未知誰可動者，以曄意志不滿，欲引之。

何以云蔚宗意志不滿邪？《何尚之傳》云：「劉湛誅時，左衛將軍范曄任參機密。上曰：『始誅劉湛等，方欲超昇後進。』」《徐湛之傳》云：「劉湛伏誅，殷景仁卒，太祖委任沈演之、庾炳之、范曄等。」《沈演之傳》云：「以後軍將軍范曄爲左衛將軍，與演之對掌禁旅，同參機密。詔曰：『侍中領右衛將軍演之，清業貞審，器思沈濟，左衛將軍曄，才應通敏，理懷清要，美彰出内，誠亮在公，能克懋厥猷，樹績所莅。演之可中領軍，曄可太子詹事。』」蔚宗方以後進超昇委任，優詔褒美如此，而云「意志不滿」，豈不誣乎！且沈休文載此詔於《演之傳》，而《蔚宗傳》無一語及之，蓋蔚宗有善可稱則深没之，不知其與蔚宗何讐，而爲此也。

而熙先素不爲曄所重，無因進説。曄外甥謝綜，雅爲曄所知，熙先嘗經相識，乃傾身事綜，與之結厚。熙先籍嶺南遺財，家甚富足，始與綜諸弟共博，故爲拙行，以物輸之。綜等諸年少，既屢得物，遂日夕往來，情意稍款。綜乃引熙先與曄爲數，曄又與戲，熙先故爲不敵，前後輸曄物甚多。曄既利其財寶，又愛其文藝，熙先素有詞辯，盡心事之，曄遂相與異常，申莫逆之好。始以微言動曄，曄不回，熙先乃極詞譬説。曄素有閨庭論議，朝野所知，故門胄雖華，而國家不與姻娶。熙先因以此激之，曰：「丈人若謂朝廷相待厚者，何故不與丈人婚？爲是門户不得邪？人作犬豕相遇，而丈人欲爲之死，不亦惑乎？」曄默然不答，其意乃定。

王西莊曰：「江左門户高於蔚宗者多，豈皆連婚帝室者，而蔚宗獨以此爲怨？亦非情理。蔚宗始則執意不回，終則默然不答，其不從顯然，反謂其謀逆之意遂定，非誣之邪？」澧謂此段皆曖昧不明之語，其謂蔚宗與孔熙先賭博，利其財寶，鄙陋之語，不值一噱。所云「閨庭論議，朝野共知」，尤爲誣巇。蔚宗獄中與甥侄書云：「平生行己，猶應可尋。」若閨庭有論議，其能誑甥侄邪？蔚宗之孫魯連爲吴興昭公主外孫，則是蔚宗之子娶天子之外孫女，非連姻帝室邪？且下文云「爲上所知待」，而此云「作犬豕相遇」，相去三十餘字而矛盾至此邪？

時曄與沈演之並爲上所知待，每被見多同。曄若先至，必待演之俱入；演之先至，嘗獨被引，曄又以此爲怨。

欲誣以謀反，必先誣以怨望。然方超昇知待，無可怨望，不得已以此事誣之。然此小事，雖褊心之人，亦未必遂怨，即小怨，亦何至謀反邪？王西莊曰：「蔚宗未必以此爲怨，而沈演之則正是忌蔚宗才，妬蔚宗寵而殺之者。」見《宋書·演之傳》。澧案：《演之傳》云：「曄與演之對掌禁旅，同參機密。曄懷逆謀，演之覺其有異，言之太祖。曄尋事發，伏誅。」此沈演之譖害蔚宗之實據也。此事如載於《蔚宗傳》，則讀史者知蔚宗之死，由於演之之譖害。乃沈休文則載此事於《演之傳》，而於《蔚宗傳》則深没其文，使讀者不知蔚宗之死由於演之也。何其巧邪！

曄累經義康府佐，見待素厚。及宣城之授，意好乖離。綜爲義康大將軍記室參軍，隨鎮豫章。綜還，申義康意於曄，求解晚隙，復敦往好。曄既有逆謀，欲探時旨，乃言於上曰：「臣歷觀前史，二漢故事，諸蕃王政以訞詛幸災，便正大逆之罰。況義康奸心釁迹，彰著遐邇，而至今無恙，臣竊惑焉。且大梗常存，將重階亂，骨肉之際，人所難言。臣受恩深重，故冒犯披露。」上不納。

此蔚宗不反鐵案也。蔚宗請正義康大逆之罰，所謂「解晚隙，敦往好」，必不然矣。乃謂「既有逆謀，欲探時旨」，不通之甚！蔚宗言義康：奸釁彰著，至今無恙，將重階亂，危言悚聽如此，此必欲速殺之者。「欲探時旨」，當以微辭嘗試，何乃作此言乎？倘文帝納其言，立誅義康，豈不自敗其逆謀邪？自古未聞謀逆而先自請殺其所奉之人者也。且所謂「探時旨」者何也？探得文帝欲殺義康則不反，不殺則反邪？蔚宗勸殺義康，即蔚宗之不反明矣；探得文帝欲殺義康則反，不殺則不反邪？則文帝既不納矣，不殺義康矣，蔚宗之不反又明矣。試起沈休文而問之，二者將何辭以對？蓋蔚宗知熙先等謀反事，故勸文帝速殺義康以絶之也。

熙先素善天文，云：「太祖必以非道晏駕，當由骨肉相殘。江州應出天子。」以爲義康當之。綜父述亦爲義康所遇，綜弟約又爲義康女夫，故太祖使綜隨從南上，既爲熙先所獎説，亦有酬報之心。廣州人周靈甫有家兵部曲，熙先以六十萬錢與之，使於廣州合兵。靈甫一去不反。大將軍府史仲承祖，義康舊所信念，屢銜命下都，亦潛結腹心，規有異志。聞熙先有誠，密相結納。丹陽尹徐湛之，素爲義康所愛，雖爲舅甥，恩過子弟，承祖因此結事湛之，告以密計。承祖南下，申義康意於蕭思話及曄，云：「本欲與蕭結婚，恨始意不果。與范本情不薄，中間相失，傍人爲之耳。」

上文云「孔熙先極辭譬説，蔚宗謀反乃定」，又云「謝綜申義康意於蔚宗，求解晚隙」，此云「仲承祖申義康意於蔚宗」，此三事孰先孰後？如孔熙先之譬説在前邪，則蔚宗已定謀反，歸心於義康矣，更有何隙當解，何意當申邪？若謝綜、仲承祖解隙申意在前邪，則孔熙先説蔚宗，不煩言而合矣，何必待極辭譬説，且以犬豕激之邪？處處矛盾如此。蓋徒欲多造誣詞，而不知虛造愈多，則牴牾愈多耳。且《蕭思話傳》絶無事發詰責之事，又何也？

有法略道人，先爲義康所供養，粗被知待；　又有王國寺法静尼亦出入義康家内，皆感激舊恩，規相拯拔，並與熙先往來。使法略罷道，本姓孫，改名景玄，以爲臧質寧遠參軍。熙先善於治病，兼能診脈，法静尼妹夫許耀領隊在臺，宿衛殿省。嘗有病，因法静尼就熙先乞治，爲合湯一劑，耀疾即損。耀自往酬謝，因成周旋。熙先以耀膽幹可施，深相待結，因告逆謀，耀許爲内應。豫章胡遵世，藩之子也，與法略甚款，亦密相酬和。法静尼南上，熙先遣婢採藻隨之，付以牋書，陳説圖讖。法静還，義康餉熙先銅匕、銅鑷、袍段、綦奩[四]等物。熙先慮事泄，酖採藻，殺之。湛之又謂曄等：「臧質見與異常，歲内當還，已報質，悉攜門生義故，其亦當解人此旨，故應得健兒數百。質與蕭思話款密，當仗要之，二人並受大將軍眷遇，必無異同。思話三州義故衆力亦不減質。郡中文武，及合諸處偵邏，亦當不減千人。不憂兵力不足，但當勿失機耳。」乃略相署置：湛之爲撫軍將軍、揚州刺史，曄中軍將軍、南徐州刺史，熙先左衛將軍，其餘皆有選擬。凡素所不善及不附義康者，又有别簿，並入死目。

太子詹事、中軍將軍同是第三品，蔚宗已爲左衛將軍，掌禁旅，參機密，遷太子詹事矣，豈肯貪爲中軍將軍、南徐州刺史而謀逆邪？蔚宗云：「一階兩級，自然必至，如何以滅族易此？」以理而察，不容有此，辨之已明。

熙先使弟休先爲檄文，曰：「夫休否相乘，道無恒泰，狂狡肆逆，明哲是殛，故小白有一匡之勳，重耳有翼載[五]之德。自景平肇始，皇室多故。大行皇帝天誕英姿，聰明叡哲，拔自藩國，嗣位統天，憂勞萬機，垂心庶務，是以邦內安逸，四海同風。而比年以來，奸豎亂政，刑罰乖淫，陰陽違舛，致使釁起蕭墻，危禍萃集。賊臣趙伯符積怨含毒，遂縱奸凶，肆兵犯蹕，禍流儲宰，崇樹非類，傾墜皇基。罪百浞、殪，過十玄、莽，開闢以來，未聞斯比。率士叨心[六]，華夷泣血，咸懷亡身之誠，同思糜軀之報。湛之、曄與行中領軍蕭思話、行護軍將軍臧質、行左衛將軍孔熙先、建威將軍孔休先，忠貫白日，誠著幽顯，義痛其心，事傷其目，投命奮戈，萬殞莫顧，即日斬伯符首，及其黨與。雖豺狼即戮，王道惟新，而普天無主，群萌莫繼[七]。彭城王體自高祖，聖明在躬，德格天地，勳溢區宇，世路威夷，勿用南服，龍潛鳳棲，於兹六稔，蒼生飢德，億兆渴化，豈唯東征有《鴟鴞》之歌，陝西有勿翦之思哉？靈祇告徵祥之應，讖記表帝者之符，上答天心，下愜民望，正位辰極，非王而誰？今遣行護軍將軍臧質等，賫皇帝璽綬，星馳奉迎。百官備禮，駱驛繼進。並命群帥，鎮戍有常。若干撓義徒，有犯無貸。昔年使反，湛之奉賜手敕，逆誡禍亂，預睹斯萌，令宣示朝賢，共拯危溺，無斷謀事，失於後機，遂使聖躬濫酷，大變奄集。哀恨崩裂，撫心摧哽，不知何地，可以厝身，輒督厲厓頓，死而後已。」熙先以既爲大事，宜須義康意旨，曄乃作義康與湛之書，宣示同黨曰：「吾凡人短才，生長富貴，任情用己，有過不聞，與物無恒，喜怒違實，致使小人多怨，士類不歸。禍敗已成，猶不覺悟，退加尋省，方知自招，刻肌刻骨，何所復補！然至於盡心奉上，誠貫幽顯，拳拳謹慎，惟恐不及，乃可恃寵驕盈，實不敢故爲欺罔也。豈苞藏逆心，以招灰滅，所以推誠自信，不復防護異同，率意信心，不顧萬物議論，遂致讒巧潛構，衆惡歸集。甲奸險好利，負吾事深；乙凶愚不齒，扇長無賴；丙、丁趨走小子，唯知諂進，伺求長短，同造虛説，致令禍陷骨肉，誅戮無辜。凡在過釁，竟有何徵，而刑罰所加，同之元惡，傷和枉理，感徹天地。吾雖幽逼日苦，命在漏刻，義慨之士，時有音信。每知天文人事，及外間物情，土崩瓦解，必在朝夕。是爲釁起群賢，濫延國家，夙夜憤踊，心腹交戰。朝之君子及士庶白黑懷義秉理者，寧可不識時運之會而坐待横流邪？除君側之惡，非唯一代，况此等狂亂罪骫終古所無，加之翦戮易於摧朽邪。可以吾意宣示衆賢，若能同心奮發，族裂逆黨，豈非功均創業，重造宋室乎！但兵兇戰危，或致侵濫，若有一豪犯順，誅及九族。處分之要，委之群賢，皆當謹奉朝廷，動止聞啓。往日嫌怨，一時豁然，然後吾當謝罪北闕，就戮有司。苟安社稷，瞑目無恨。勉之，勉之！」

休先檄文已不佳，義康與湛之書尤劣，而以爲蔚宗之筆，但有目者皆能辨其僞矣，沈休文不能辨邪？《南史》則以檄與書皆休先所作，且皆删其文不載，其識高於休文遠矣。徐湛之、仲承祖、法略道人等謀反事，皆當載於《義康傳》，或載於《湛之傳》，而沈休文載於《蔚宗傳》，以明其爲賊首也。

二十二年九月，征北將軍衡陽王義季、右將軍南平王鑠出鎮，上於武帳岡祖道，曄等期以其日爲亂，而差互不得發。

徐湛之、孔熙先等謀反，其期以此日爲亂否，不可知，此但云「差互不得發」，而不言其故。《南史》則增數語，云「許曜侍上，扣刀以目曄，曄不敢視，俄而坐散。」按：此以差互之故亦歸之蔚宗，此必別有所本。既有所本，則亦當時誣詆之語。沈休文未必不見其説，而但含糊言之。曰「差互不得發」，蓋以如《南史》之説，則是弑逆之事不成，轉由於蔚宗，其罪可以末減也。抑或頗覺其誣詆，不可事事皆歸於蔚宗，不如以含糊了之歟？

於十一月，徐湛之上表曰：「臣與范曄，本無素舊，中忝門下，與之鄰省，屢來見就，故漸成周旋。比年以來，意態轉見，傾動險忌，富貴情深，自謂任遇未高，遂生怨望。非唯攻伐朝士，譏謗聖時，乃上議朝廷，下及藩輔，驅扇同異，恣口肆心，如此之事，已具上簡。近員外散騎侍郎孔熙先，忽令大將軍府吏仲承祖騰曄及謝綜等意，欲收合不逞，規有所建。以臣昔蒙義康接盼，又去歲群小爲臣妄生風塵，謂必兼懼[八]，深見勸誘，兼云人情樂亂，機不可失，讖緯天文，並有徵驗。曄尋自來，復具陳此，並説臣論議轉惡，全身爲難。即以啓聞，被敕使相酬引，究其情狀。於是悉出檄書、選事及同惡人名、手墨翰迹，謹封上呈，凶悖之甚，古今罕比。由臣闇於交士，聞此逆謀，臨啓震惶，荒情無措。」

此表云范蔚宗怨望譏謗，如此之事已具上簡，是湛之先有一簡也。又云「孔熙先令仲承祖騰蔚宗及謝綜等意，蔚宗尋自來具陳，即以啓聞」，是簡後復有一啓也。其簡但言蔚宗怨望譏謗，不言謀反，其啓則言謀反矣。啓聞之後，被敕使相酬引，乃上此表，封呈檄書、選事及同惡人名也。湛之又有第二表，見《湛之傳》，云：「范曄等謀逆，湛之始與之同，後發其事，所陳多不盡，爲曄等款辭所連，乃詣廷尉歸罪。上慰遣，令還郡。湛之上表曰：『賊臣范曄、孔熙先等連結謀逆，備於鞠對伏。尋仲承祖始達熙先等意，便極言奸狀。而臣兒女近情，不識大體，上聞之初，不務指斥，及群凶收擒，各有所列。曄等口辭，多見誣謗；承祖醜言，紛紜特甚，乃云臣與義康宿有密契，在省之言，期以爲定；熙先縣指必同，以誑於曄，即臣誘引之辭，以爲始謀之證。伏自探省，亦復有由，昔義康南出之始，敕臣入相伴慰，晨夕覲對，經踰旬日。逆圖成謀，雖無顯然，懟容異意，頗形言旨。遺臣利刃，期以際會。又令申情范曄，釋中間之憾，致懷蕭思話，恨婚意未申。又昔蒙眷顧，不容自絶，音翰信命，時相往來。或言少意多、旨深文淺，辭色之間，往往難測。至於法静所傳，及熙先等謀，知實不早，見關之日，便即以聞。奸謀所染，忠孝頓闕，士類未明其心，群庶謂之同惡，朝野側目，衆議沸騰。專信讐隙之辭，不復稍相申理，誠以負戾灰滅，貽惡方來，貪及視息。少自披訴，冀幽誠丹款，儻或昭然，乞蒙寮放，伏待鈇鑕。』上優詔不許。」按：此表言仲承祖以湛之與義康有密契，列爲始謀，湛之亦自認義康南出之始，遺以利刃，期以際會，其爲始謀無可置辯。至於朝野側目，衆議沸騰，乃竟脱然無罪，且蒙優詔慰遣，殊出情理之外，非有奥援，必不能如此。當時何尚之、沈演之方用事，非尚之、演之援之而誰？《尚之傳》云「察曄意趣非常，以白太祖」，《演之傳》云「覺曄有異，言之太祖」，而湛之之箇亦云「曄意態轉見」，三人之言如出一口，非尚之、演之指使爲之邪？文帝素愛蔚宗，尚之、演之猶不能傾之，若不加以謀反之實事，則湛之之箇但云「怨望譏謗」，猶無益也。故以己之謀反移之於蔚宗，使尚之、演之得以去其忌而明其先見，此尚之等所以力爲之援而脱其罪也。謝綜既是蔚宗之甥，蔚宗又愛熙先文藝，以熙先及綜之謀牽連蔚宗甚易，熙先等年少官卑，則誣蔚宗爲首又甚易。且文帝素愛蔚宗，若不誣以爲首，或蒙寬宥，如蕭思話矣。王西莊云：「熙先主謀，乃稱爲蔚宗等，湛之告狀，亦稱賊臣范蔚宗，真不可解。」澧今得而解之矣。史家據其誣辭，以蔚宗爲首，遂以諸人謀反之事盡載於《蔚宗傳》中，且湛之兩表，一載於《蔚宗傳》，一載於《湛之傳》，尤非史法，特以前表告蔚宗謀反，載之《蔚宗傳》，以明其罪狀，後表湛之自訴，載之《湛之傳》，以明其可免罪耳。沈休文與蔚宗何怨，與湛之何恩，何必如此？此必當時史官承何尚之等授意爲之，沈休文仍之而不改也。湛之自言「奸謀所染，忠孝頓闕，士類未明其心，群庶謂之同惡，專言釁隙之辭，不復稍相申理，負戾灰滅，貽惡方來」，湛之安得爲此言？當移爲蔚宗訟冤於千古耳。

詔曰：「湛之表如此，良可駭惋。曄素無行檢，少負瑕釁，但以才藝可施，故收其所長，頻加榮爵，遂參清顯。而險利之性，有過谿壑，不識恩遇，猶懷怨憤。每存容養，冀能悛革，不謂同惡相濟，狂悖至此。便可收掩，依法窮詰。」其夜，先呼曄及朝臣集華林東閣[九]，止於客省。先已於外收綜及熙先兄弟，並皆款服。於時上在延賢堂，遣使問曄曰：「以卿粗有文翰，故相任擢，名爵期懷，於例非少。亦知卿意難厭滿，正是無理怨望，驅扇朋黨而已，云何乃有異謀？」曄倉卒怖懼，不即首款。上重遣問曰：「卿與謝綜、徐湛之、孔熙先謀逆，並已答款，猶尚未死，徵據見存，何不依實？」曄對曰：「今宗室磐石，蕃嶽張跱，設使竊發僥倖，方鎮便來討伐，幾何而不誅夷。且臣位任過重，一階兩級，自然必至，如何以滅族易此？古人云：『左手據天下之圖，右手刎其喉，愚夫不爲。』臣雖泥下[一〇]，朝廷許其粗有所及，以理而察，臣不容有此。」上復遣問曰：「熙先近在華林門外，欲面辨之乎？」曄辭窮，乃曰：「熙先苟誣引臣，臣當如何！」熙先聞曄不服，笑謂殿中將軍沈邵之曰：「凡諸處分，符檄書疏，皆范曄所造及治定，云何於今方作如此抵蹋邪？」

蔚宗對重遣問之語，字字確實，無可駁詰，真不容有此也。檄文乃熙先使其弟休先所爲，而熙先乃云「符檄書疏，皆蔚宗所造」，此誣引之明證也。王西莊曰：「《宋書》猶詳載蔚宗自辯語，《南史》並此刪之，則蔚宗冤竟不白矣。」

上示以墨迹，曄乃具陳本末，曰：「久欲上聞，逆謀未著，又冀其事消弭，故推遷至今。負國罪重，分甘誅戮。」

此何人墨迹邪？如蔚宗墨迹，則豈有自書墨迹而自欲上聞者邪？謂是蔚宗墨迹既不通，謂是他人墨迹，又不能罪蔚宗，故但稱墨迹而不言其人，誣枉之言，自不能不如此耳。且「久欲上聞」云云，亦只史家所述，不知蔚宗所陳果如此否也？《南史》刪去此數語。

其夜，上使尚書僕射何尚之視之，問曰：「卿事何得至此？」曄曰：「君謂是何？」尚之曰：「卿自應解。」曄曰：「外人傳庾尚書見憎，計與之無惡。謀逆之事，聞孔熙先説此，輕其小兒，不以經意。今忽受責，方覺爲罪。君方以道佐世，使天下無冤，弟就死之後，猶望君照此心也。」

此一段所叙問答獨真。《南史》刪之，謬甚。蔚宗既具陳久聞逆謀，分甘誅戮，則其獄已定。文帝猶必使何尚之視而問之，然則是夜文帝猶疑之也。尚之云「卿事何得至此」者，言何至被人告以謀反也。蔚宗云「君謂是何」者，言君謂是何人所誣也。尚之云「卿自應解」者，謂蔚宗自知其人也。若蔚宗實謀反，則尚之何乃爲此言邪？蔚宗云「外人傳庾尚書見憎，計與之無惡」，庾炳之知蔚宗謀反，自當上聞，豈論有惡無惡，見憎不見憎邪？因見憎而至此，其爲誣陷又明矣，然則蔚宗終未款服也。王西莊曰：「《徐湛之傳》云：『劉湛伏誅，殷景仁卒，太祖委任沈演之、庾炳之、范蔚宗等』，然則争權妬寵，炳之傾害蔚宗，事所必有。」澧謂西莊之説是也。然觀下文，蔚宗臨刑，云「寄語何僕射，鬼若有靈，自當相報」，而不云「寄語庾尚書」，則蔚宗知爲何尚之誣害，但對尚之乞命，故不直斥之而云庾尚書耳。其謂尚之「使天下無冤，死後猶望照此心」，然則冤死明矣。此等語史家所記，既深惡蔚宗，但有改竄使重，必無改竄使輕者也。至云「謀逆之事，聞孔熙先説此，輕其小兒，不以經意」，此數語亦近真。上文云「綜等年少，熙先素不爲蔚宗所重」，以爲一小兒，何能反逆，特妄言耳，故不上聞。蔚宗請正義康大逆之罰，且云「釁迹彰著」，即是上聞矣，但未言孔熙先、謝綜耳。此則蔚宗之實情耳。其云「今忽受責，方覺爲罪」，可見蔚宗前者竟不覺也，尚之覆奏，不知其如何誣陷，故「明日，仗士送蔚宗付廷尉，入獄」矣。

明日，仗士送曄付廷尉，入獄，問徐丹陽所在，然後知爲湛之所發。

文帝重遣問，云「卿與謝綜、徐湛之、孔熙先謀逆，並已答款」，故蔚宗以爲湛之必入獄也。而湛之不入獄，故知爲湛之所告也。

熙先望風吐款，辭氣不撓，上奇其才，遣人慰勞之，曰：「以卿之才，而滯於集書省，理應有異志。此乃我負卿也。」又詰責前吏部尚書何尚之曰：「使孔熙先年將三十作散騎郎，那不作賊！」熙先於獄中上書曰：「囚小人猖狂，識無遠概，徒狥意氣之小感，感，疑是「憾」字。不料逆順之大方。與第二弟休先首爲奸謀，干犯國憲，甖膾脯醢，無補尤戾。陛下大明含弘，量苞天海，録其一介之節，猥垂優逮之詔。恩非望始，没有遺榮，終古以來，未有斯比。夫盜馬絶纓之臣，懷璧投書之士，其行至賤，其過至微，由識不世之恩，以盡軀命之報，卒能立功齊、魏，致勳秦、楚。囚雖身陷禍逆，名節俱喪，然少也忼慨，竊慕烈士之遺[一二]，但墜崖之木，事絶升躋，覆盤之水，理乖收汲。方當身膏鈇鉞，詒誡方來，若使魂而有靈，結草無遠。然區區丹抱，不負夙心，貪及視息，少得申暢。自惟性愛群書，心解數術，智之所周，力之所至，莫不窮攬，究其幽微。考論既往，誠多審驗。謹略陳所知，條牒如故別狀，願且勿遺棄，存之中書。若因死之後，或可追存，庶九泉之下，少塞釁責。」所陳並天文占候，讖上有骨肉相殘之禍，其言深切。

此亦不當載於《蔚宗傳》，《南史》刪熙先獄中上書，得之。

曄在獄，與綜及熙先異處，乃稱疾求移考堂，欲近綜等。見聽，與綜等果隔壁[一二]。遙問綜曰：「始被收時，疑誰所告？」綜云：「不知。」曄曰：「乃是徐童。」童，徐湛之小名仙童也。

此可見蔚宗不意爲徐湛之所告，以其素無嫌隙也。蔚宗但知何僕射、庾尚書耳。此又可見湛之之告，非出於湛之也。

在獄爲詩曰：「禍福本無兆，性命歸有極。必至定前期，誰能延一息。在生已可知，來緣懵無識。好醜共一邱，何足異狂直。豈論東陵上，寧辨首山側。雖無嵇生琴，庶同夏侯色。寄言生存子，此路行復即。」

此即所謂「鬼若有靈，自當相報」也。

曄本意謂入獄便死，而上窮治其獄，遂經二旬，曄更有生望。獄吏因戲之曰：「外傳詹事或當長繫。」曄聞之驚喜。

此段之上《南史》有云：「上有白團扇甚佳，送曄，令書出詩賦美句。曄受旨，援筆而書曰：『去白日之炤炤，襲長夜之悠悠。』上循覽悽然。」文帝愛蔚宗之才，不信其謀反，至此時猶然，故欲窮治其獄也。窮治而蔚宗更有生望，其爲被誣明矣。外人知其被誣，故傳説或當長繫也。乃又加以「獄吏戲之」四字，亦史筆之巧也。窮治二句，而蔚宗之冤卒無以上達。哀哉！

綜、熙先笑之曰：「詹事當前共疇事時[一三]，無不攘袂瞋目。及在西池射堂上，躍馬顧盼，自以爲一世之雄。而今擾攘紛紜，畏死乃爾。設令今時賜以性命，人臣圖主，何顏可以生存？」何謂疇事？若指蔚宗平日論事，則攘袂瞋目，自以爲一世之雄，固宜有之；若謂謀逆之事，則詭祕之不暇，所謂「攘袂瞋目」、「躍馬顧盼」者又妄矣。

曄謂衛獄將曰：「惜哉，薶如此人！」將曰：「不忠之人，亦何足惜。」曄曰：「大將言是也。」此蔚宗冤憤，無可告訴，聊呼衛獄將而告之，真可哀也。「大將言是也」，憤極之辭，而史家以爲折服之語也。

將出市，曄最在前，於獄門顧謂綜曰：「今日次第，當以位邪？」綜曰：「賊帥爲先。」在道語笑，初無暫止。至市，問綜曰：「時欲至未？」綜曰：「勢不復久。」曄既食，又苦勸綜，綜曰：「此異病篤，何事强飯？」曄家人悉至市，監刑職司問：「須相見不？」曄問綜曰：「家人以來，幸得相見，將不蹔别？」綜曰：「别與不别，亦何所存？來必當號泣，正足亂人意。」曄曰：「號泣何關人？向見道邊親故相瞻望，亦殊勝不見。吾意故欲相見。」於是呼前。曄妻先下撫其子，回駡曄曰：「君不爲百歲阿家，不感天子恩遇，身死固不足塞罪，奈何枉殺子孫！」曄乾笑云罪至而已。曄所生母泣曰：「主上念汝無極，汝曾不能感恩，又不念我老，今日奈何？」仍以手擊曄頸及頰。曄顏色不怍。妻云：「罪人，阿家莫念。」妹及妓妾來別，曄悲涕流漣，綜曰：「舅殊不同夏侯色。」曄收淚而止。綜母以子、弟自蹈逆亂，獨不出視。曄語綜曰：「姊今不來，勝人多也。」曄轉醉，子藹亦醉，取地土及果皮以擲曄，呼曄爲別駕數十聲。曄問曰：「汝恚我耶？」藹曰：「今日何緣復恚？但父子同死，不能不悲耳。」

此載蔚宗出市臨刑時語，覼縷數百言，諸史中，伏誅之人多矣，從未見如此者。當時冤憤之狀，衆人皆見，不能掩沒，忌之者乃改頭換面，爲愚癡之狀，轉藉以證成罪狀，沈休文遂據以作傳。然細讀之，則仍冤憤勃然也。所述蔚宗母、妻之語，且駡之、擊之，以爲母、妻皆謂其真謀逆也。謝綜真謀逆者，猶云「家人來必當號泣」，即蔚宗真謀逆，其母、妻斷無不號泣而但駡之、擊之者。且其妻云「罪人，阿家莫念」，婦人有此大義滅親者邪？蔚宗母、妻大義既滅親，則如謝綜母以綜自蹈逆亂，不出視矣，又何必來邪？蔚宗乾笑不怍，謂其不念其母、妻，毫無人心者也。云妹來而加以妓妾，其語尤巧，即所謂「閨庭論議」也。子藹取土擲之，呼爲別駕，謂其子不以爲父也。改頭換面之技，不過如此耳。細讀之，則母、妻皆冤憤之詞，不敢言天子信讒，濫殺無罪，但謂蔚宗上有老母，且受天子恩遇，足明其無逆謀也。蔚宗對母、妻不悲涕，忍其悲涕耳。若以爲不念母、妻，則上文明言「家人已來，幸得相見」，不又矛盾邪？對妹悲涕，對妓妾亦悲涕，豈必以妹等於妓妾邪？子藹取土而擲，悲之極也，明言非恚，不能不悲，豈無禮不認其父邪？述之愈詳，愈見其冤，改換愈巧，愈形其誣也。

曄常謂死者神滅，欲著無鬼論，至是與徐湛之書，云「當相從[一四]地下」，其謬亂如此。

蔚宗爲徐湛之誣告，故恨極而爲此言。「相從」，《南史》作「相訟」，語意尤顯。史家於此無可措辭，則據其平日論著，與之駁難。其人方伏斧質，何駁難之有！迂妄可笑如此。

又語人：「寄語何僕射，天下決無佛鬼，若有靈，自當相報。」

蔚宗知爲何尚之讒害，故臨死恨極，欲爲厲鬼以報讐。觀此三語，蔚宗之冤明白無疑矣。王西莊曰：「尚之亦正是與群小朋比而陷蔚宗者。亦見《宋書·尚之傳》。」澧案：《尚之傳》云：尚之爲丹陽尹，劉湛欲領丹陽，乃徙尚之爲祠部尚書，領國子祭酒，尚之甚不平。湛誅，遷吏部尚書，時左衛將軍范曄任參機密，尚之察其意趣異常，白太祖，宜出爲廣州，若在内釁成，不得不加以鈇鉞。上曰：「始誅劉湛等，方欲超昇後進。曄事迹未彰，便豫相黜斥，萬方將謂卿等不能容才，以我爲信受讒説。」曄後謀反伏誅，上嘉其先見。又《庾炳之傳》云：「太祖欲出炳之爲丹陽，以問尚之，尚之答曰：『臣昔啓范曄，當時亦懼犯觸之尤。』」此皆何尚之讒害蔚宗實據也。此尤當載於《蔚宗傳》，沈休文則又載於《尚之》、《炳之傳》，而《蔚宗傳》深没其文。若非蔚宗有「寄語何僕射之語」，則讀《蔚宗傳》終篇，絶無何尚之讒害之迹，可謂巧矣。觀《尚之傳》所云，則劉湛見殺，尚之亦有力焉。《庾炳之傳》所載尚之譏炳之幾至二千言，文帝優容炳之，而尚之争之不已，竟免炳之官，蓋素以讒説忌才爲事者。及元兇弑立，尚之進位司空，領尚書令。此其從逆之罪，不知當加鈇鉞否也？

收曄家，樂器服玩，並皆珍麗，妓妾亦盛飾，母住止單陋，唯有一廚盛樵薪，弟子冬無被，叔父單布衣。

蔚宗死後，猶種種誣毁如此。何尚之等深嫉蔚宗，何所不可誣毁邪？富貴家老婦人，性好儉嗇者多矣，豈可遽以爲其子不孝邪？楊鐵厓《樂府》有《樵薪母》一首云：「樵薪母，悖逆兒，豔妻光妓肉成帷。悖逆兒，善文史，反書抵蹋將誰理，悖臣逆子兩當死。擊頸教，教曷施，妓妾語，涕漣洏，夏侯同色果誰欺。」史家誣毁之語，後世信之，著之詩文，不可勝數。此《申范》之書所以不可不作也。

曄及子藹、遥、叔蔓，孔熙先及弟休先、景先、思先，熙先子桂甫，桂甫子白民，謝綜及弟約，仲承祖，許耀，諸所連及，並伏誅。曄時年四十八，曄兄弟子父已亡者及謝綜弟緯徙廣州，藹子魯連，吴興昭公主外孫，請全生命，亦得遠徙。世祖即位，得還。

叔蔓，不知是蔚宗子之名，抑蔚宗叔名蔓也。兄弟子父已亡者徙廣州，然則父在亦被殺也，而又不載其名，此沈休文作史疏略也。魯連遠徙得還，蔚宗尚有一孫，冤極之中亦有天幸耳。

曄性精微有思致，觸類多善，衣裳器服，莫不增損制度，世人皆法學之。撰《和香方》，其序之曰：「麝本多忌，過分必害；沉實易和，盈斤無傷；零藿虚燥，詹唐黏濕；甘松、蘇合、安息、鬱金、㮈多、和羅之屬，並被珍於外國，無取於中土。又棗膏昏鈍，甲煎淺俗，非唯無助於馨烈，乃當彌增於尤疾也。」此序所言，悉以比類明士[一五]：「麝本多忌」比庾炳之，「零藿虚燥」比何尚之，「詹唐黏濕」比沈演之，「棗膏昏鈍」比羊玄保，「甲煎淺俗」比徐湛之，「甘松、蘇合」比慧琳道人，「沉實易和」以自比也。

王西莊曰：「序《香方》，一時朝貴咸加刺譏，想平日恃才傲物，憎疾者多共相傾陷。」澧謂蔚宗此序，比類諸人與否，不可知，然當時相傳以爲比類，則蔚宗與諸人有隙久矣，故徐湛之之簡有云「攻伐朝士」也。

曄獄中與諸甥侄書以自序，曰：「吾狂釁覆滅，豈復可言，汝等皆當以罪人棄之。然生平行己在懷，猶應可尋。至於能不，意中所解，汝等或不悉知。吾少懶學問，晚成人，年三十許，政始有向耳。自爾以來，轉爲心化，推老將至者，亦當未已也。往往有微解，言乃不能自盡。爲性不尋注書，心氣惡，小苦思，便憒悶[一六]，口機又不調利，以此無談功。至於所通解處，皆自得之於胸懷耳。文章轉進，但才少思難，所以每於操筆，其所成篇，殆無全稱者。常耻作文士。文患其事盡於形，情急於藻，義牽其旨，韻移其意。雖時有能者，大較多不免此累，政可類工巧圖繢，竟無得也。常謂情志所託，故當以意爲主，以文傳意。以意爲主，則其旨必見；以文傳意，則其詞不流。然後抽其芬芳，振其金石耳。此中情性旨趣，千條百品，屈曲有成理。自謂頗識其數，嘗爲人言，多不能賞，意或異故也。性別宫商，識清濁，斯自然也。觀古今文人，多不全了此處，縱有會此者，不必從根本中來。言之皆有實證，非爲空談。年少中，謝莊最有其分，手筆差易，文不拘韻故也。吾思乃無定方，特能濟難適輕重，所稟之分，猶當未盡。但多公家之言，少於事外遠致，以此爲恨，亦由無意於文名故也。本未關史書，政恒覺其不可解耳。既造《後漢》，轉得統緒，詳觀古今著述及評論，殆少可意者。班氏最有高名，既任情無例，不可甲乙辨。後贊於理近無所得，唯志可推耳。博贍不可及之，整理未必愧也。吾雜傳論，皆有精意深旨，既有裁味，故約其詞句。至於《循吏》以下及《六夷》諸序論，筆勢縱放，實天下之奇作。其中合者，往往不減於《過秦》篇。嘗共比方班氏所作，非但不愧之而已。欲遍作諸志，前漢所有者悉令備。雖事不必多，且使見文得盡。又欲因事就卷内發論，以正一代得失，意復未果。贊自是吾文之傑思，殆無一字空設，奇變不窮，同含異體，乃自不知所以稱之。此書行，故應有賞音者。紀、傳例爲舉其大略耳，諸細意甚多。自古體大而思精，未有此也。恐世人不能盡之，多貴古賤今，所以稱情狂言耳。吾於音樂，聽功不及自揮，但所精非雅聲，爲可恨。然至於一絶處，亦復何異邪。其中體趣，言之不盡，弦外之意，虚響之音，不知所從而來。雖少許處，而旨態無極。亦嘗以授人，士庶中未有一毫似者。此永不傳矣。吾書雖小小有意，筆勢不快，餘竟不成就，每愧此名。曄《自序》並實，故存之[一七]。」

狂釁者，自言疏狂，與何尚之等有釁也。平生行己可尋，則必無謀反之事，尤必無「閨庭論議」也。沈休文云「自序並實」，則凡誣衊之言皆不實也。休文此言可爲蔚宗雪冤矣。此乃良心不能滅盡也。

史臣曰：　古之人云：「利令智昏。」甚矣，利害之相傾！劉湛識用才能，實包經國之略，豈不知移弟爲臣，則君臣之道用，變兄成主，則兄弟之義殊乎？而義康數懷奸計，苟相崇説，與夫推長戟而犯魏闕，亦何以異哉。

沈休文既以《蔚宗傳》與《劉湛》同卷，而其論則但譏劉湛，不斥蔚宗，是何體裁邪？《南史》之論則曰：「蔚宗藝用，有過人之美，迹其行事，何利害之相傾。」則拾沈休文之唾餘耳。

【校記】

[一] 范蔚宗　《宋書》中華書局點校本（下稱「中華本」）作「范曄」，蓋引者改稱字以表敬也。

[二] 丹楊　當爲「丹陽」。中華本《徐湛之傳》：「湛之遷冠軍參軍，丹陽尹。」

[三] 元年　中華本作「九年」。

[四] 綦奩　中華本作「棊奩」。

〔五〕翼載　中華本作「翼戴」。

〔六〕叨心　中華本作「叩心」。

〔七〕莫繼　中華本作「莫係」。

〔八〕兼懼　中華本作「嫌懼」。

〔九〕東閣　中華本作「東閤」。

〔一〇〕泥下　中華本作「凡下」。

〔一一〕遺　中華本下有「風」字。

〔一二〕果隔壁　中華本「果」下有「得」字。

〔一三〕當前　中華本作「嘗」。

〔一四〕相從　中華本作「相訟」。

〔一五〕明士　中華本作「朝士」。

〔一六〕憒悶　中華本作「憒悶」。

〔一七〕曄《自序》並實，故存之。中華本爲傳語，非自序中語。

毛本梁書校議

蘇森祐　點校

點校説明

陳澧《自記》（稿本）云：「咸豐五年讀《梁書》……」南海黄任恒得作者所讀《梁書》（三册，汲古閣本），隨編摘録眉批并據行間旁乙、鈎勒之意釐爲一卷，以宋蜀大字本、明余有丁刊本、乾隆武英殿本再加互勘，夾注校語。書中既有校字，又有對史實之評論，故取名《毛本梁書校議》。此書收入《信古閣小叢書》，此次整理對原文及黄氏校語并加標點，改正個别誤字，以中華書局點校本《梁書》校對引文，并出校記附於書後，以供讀者參考。

毛本梁書校議

卷一《武帝紀》上獸視其間，以觀天下。代化則竭誠本朝，時亂則爲國翦暴。

「獸」字改「虎」，「代化」二字改「世治」[一]。任恒案：宋蜀大字本、明余有丁校刊南監本俱與毛本同。乾隆武英殿本則已改正。蓋唐高祖之祖名虎，太宗名世民，高宗名治，姚思廉撰史遵例避諱，故以「獸」字、「代」字、「化」字代之也。

內是馳兩空函定一州矣。

「內」字旁乙[二]。任恒案：蜀本、余本、殿本俱與毛本同，疑係衍文。

彼朱必能信，徒貽我醜聲。

「朱」字改「未」[三]。任恒案：蜀本、余本、殿本俱不誤。

卷二《武帝紀》中長兼侍中范雲爲散騎常侍、吏部尚書。

「長」字旁乙[四]。任恒案：蜀本、余本、殿本同作「長」。

令遐邇知禁，圄犴稍虛。

「令」字改「今」[五]。任恒案：余本、殿本同誤，蜀本不誤。

凡犴獄之所，可遣法官近侍，遞録曰徒。

「曰」字改「囚」[六]。

卷三《武帝紀》下并不得挾以松讐而相報復。

「松」字改「私」[七]。任恒案：以上蜀本、余本、殿本均不誤。

卷四《簡文帝紀》既醉寢，偉乃出儁進王囊[八]。

「王」字改「土」。任恒案：蜀本作「既醉寢，王偉、彭儁進土囊」。余本、殿本與毛本同。但「土」字俱不誤。

卷五《元帝紀》況三農務業，尚看天桃敷水；四人有令，猶及落杏飛花。

「令」字改「今」[九]。任恒案：蜀本、余本同誤，殿本不誤。

州冤本毒，無地容身。

「州」字旁乙[一〇]。任恒案：蜀本、余本、殿本同作「州」。

使居民助運水石。

「水」字改「木」[一一]。任恒案：蜀本、余本、殿本同作「水」。

卷七《太宗王皇后傳》徽還，復爲度支尚書。

「徽」字改「徵」[一二]。任恒案：蜀本、余本、殿本俱不誤。

《高祖阮修容傳》死葬江陵瓦官寺父[一三]。

「父」字旁乙。任恒案：蜀本、余本、殿本俱無「父」字。

卷八《昭明太子傳》未嘗禪糾一人。

「禪」字改「彈」[一四]。任恒案：蜀本、余本、殿本俱不誤。

卷十《蕭穎達傳》遂復申兹文二，追彼十二[一五]。

兩「二」字皆旁乙。任恒案：蜀本、余本、殿本上二字同，下二字作「一」。

《鄧元起傳》若寇賊侵淫，方須僕討。

「僕」字改「撲」[一六]。任恒案：蜀本、余本作「樸」，殿本已改「撲」。

卷十三《沈約傳》興宗嘗謂其諸子曰：「沈記室人倫師表，宜善事之。」

評云：「興宗誤矣，沈記室豈足當此。」

君明於上，臣忠於下，豈復有人方更同公作賊。

評云：「約亦知此是作賊也。」

兢鄙夫之易失，懼寵禄之難持。　長太息其何言，羌愧心之非一。

評云：「鄙夫句及篇末愧心句，皆非虚語。」

貴則景、魏、蕭、曹，親則梁武、周旦。

「景」字改「丙」[一七]。任恒案：蜀本、余本、殿本亦作「景」。錢大昕《廿二史考異》云：「景魏，謂丙吉、魏相也。思廉避唐諱改。」

卷十四《江淹傳》伏七首以殞身。

「七」字改「匕」[一八]。任恒案：蜀本、余本不誤，殿本同誤。

《任昉傳》朱穆昌言而示紹。

「紹」字改「絶」[一九]。任恒案：蜀本、余本同誤。殿本不誤。

卷十五《謝朏傳》假使魏早依唐虞故事，亦當三讓爾高。

「爾」字改「彌」[二〇]。任恒案：蜀本、余本、殿本均不誤。

謝朏之於宋代，蓋忠義者歟？當齊建武之世，拂衣止足，永元多難，確然獨善，其疏、蔣之流乎。洎高祖龍興，旁求物色，角巾來仕，首陟台司，極出處之致矣。

評云：「若當永明之世，拂衣止足，則誠忠義者也。當云隳出處之致矣。」

卷十七《張齊傳》義兵至，外圍漸急，齊日造玉珍國，陰與定計。

「玉」字改「王」[二一]。任恒案：蜀本、余本、殿本俱不誤。

王珍國、申胄、徐元瑜、李居士，齊末咸爲列將，擁彊兵，或面縛請罪，或斬關獻捷，其能後服，馬仙琕而已。仁義何常，蹈之則爲君子，信哉！

評云：「仁義云云，不知其何所指。」

卷二十一《王瞻傳》每飲或亮日，而精神益朗贍。

「亮」字改「竟」[二二]。任恒案：余本、殿本不誤，蜀本作「彌」。

《王峻傳》峻曰：「臣太祖是謝仁祖外孫。」

評云：「謂曾祖爲太祖，惟見於此。」

《王暕子訓傳》訓美容儀，善進上。

「上」字改「止」[二三]。任恒案：蜀本、余本、殿本俱不誤。

《柳惲傳》少有志行。

評云：「下云貴公子，則此當叙家世。」

卷二十四《蕭景傳》十一年，微右衛將軍。

「微」字改「徵」[二四]。

《蕭昱傳》設祭莫於郡庭者四百餘人。

「莫」字改「奠」[二五]。任恒案：以上蜀本、余本、殿本均不誤。

卷二十六《蕭琛傳》文字多如龍舉之例，非隸非篆。

「舉」字、「例」字皆旁乙[二六]。任恒案：蜀本、余本、殿本俱與毛本同。考唐韋續《五十六種書》云：「太昊獲景龍之瑞，始作龍書。」又云：「龍爪書，晉王右軍所作，形如龍爪也。」説見陳思《書苑菁華》卷三。此史云「龍舉」，疑亦一種書名，故下著一「例」字也。

音通元年，徵爲宗正卿。

「音」字改「普」[二七]。

《陸杲傳》少好學，工書盡。

「盡」字改「畫」[二八]。任恒案：以上蜀本、余本、殿本俱不誤。

卷二十七《殷鈞傳》自鈞在伍，郡境無復瘧疾。

「伍」字旁乙[二九]。任恒案：余本作「位」，殿本作「任」，蜀本與毛本同。

《陸襄傳》號士願元年，署置官屬。

「士」字改「上」[三〇]。任恒案：蜀本、余本、殿本均不誤。又蜀本「號」作「疏」。

卷三十《顧協傳》少時將娉嫁舅息女。

「嫁」字旁乙[三一]。任恒案：余本「娉嫁」作「娉娉」，殿本無「嫁」字，蜀本與毛本同。

《鮑泉傳》又夢泉著朱文而行水上。

「文」字改「衣」[三二]。

卷三十一《袁昂傳》自承麾旆屈止，莫不膝袒軍門。

「屈」字改「屈」[三三]。任恒案：以上蜀本、余本、殿本均不誤。

袁千里命屬崩離，身逢厄季，雖獨夫喪德，臣志不移；及抗疏高祖，無虧忠節，斯亦存夷、叔之風矣。終爲梁室台鼎，何其美焉。

評云：「何其美焉，蓋微詞也。」

卷三十三《王僧孺傳》昔季叟入秦，梁生適越。

「季」字改「李」[三四]。任恒案：蜀本、余本、殿本亦作「季」，惟歐陽詢《藝文類聚》二十六引作「李」，蓋史文指老子出關事，作「季」者非。

變爲丹赭，充彼春薪。

「春」字改「舂」[三五]。任恒案：蜀本、余本、殿本俱不誤。

《劉孝綽傳》先聖以「衆惡之，必監焉；衆好之，必監焉」。

評云：「改『察』爲『監』，蓋避諱也。」黄本驥《避諱録》二云：「宣帝名詧，《劉孝綽傳》『察』作『監』，蓋唐姚思廉仍《梁史》舊文，未及改正。其論有姚察之名，則直書作『察』。」任恒案：黄氏與此説正同。

卷三十四《張緬弟綰傳》三年，遷吏部尚書。宫賊陷，綰出奔。

「賊」字改「城」[三六]。任恒案：蜀本、余本、殿本俱不誤。

卷三十五《蕭子恪傳》江左以來，代謝必相誅戮，此是傷於和氣，所以國祚例不靈長。

評云：「以生金進巴陵王，亦非梁武本意。」

　齊業之初，亦是甘苦共嘗，腹心在我。

「在」字改「任」[三七]。任恒案：蜀本、余本、殿本亦作「在」。

《蕭子雲傳》惟用五經爲本，其次《爾雅》、《周易》、《尚書》、《大戴禮》，即是經誥之流，愚意亦取兼用。

評云：「《周易》、《尚書》下並有脱字。」任恒案：《周易》下疑脱「子夏傳」三字，《尚書》下疑脱「大傳」二字。蓋子夏《易傳》、《尚書大傳》與《爾雅》、《大戴禮》同類。

　答故云：「臣昔不能拔賞，隨世所貴。」

「故」字改「敕」[三八]。

　卷三十六《孔休源傳》不期忽覲清顔，頓祕鄙吝。

「祕」字改「祛」[三九]。任恒案：以上蜀本、余本、殿本均不誤。

　揚州刺史臨川王宏薨，高祖與群臣議王代居州任者久之。

「王代」二字，上下鈎勒[四〇]。任恒案：蜀本、余本、殿本與毛本同。

　卷三十七《謝舉傳論》逮乎江右，此道彌扇。

「右」字改「左」[四一]。任恒案：蜀本、余本、殿本均不誤。

卷三十八《賀琛傳》今古妓之夫，無有等秩。

「古」字旁乙[四二]。任恒案：蜀本、余本、殿本俱作「言」。

爲歡止在俄頃。

「俄」字下墨釘改「頃」[四三]。任恒案：蜀本、余本、殿本皆作「頃」。

天監之初，思之已甚。

「思」字旁乙，「之」字改「乏」[四四]。任恒案：蜀本、余本、殿本均與毛本同。

卿云「吹毛求疵」，復是何人所吹之疵？「擘肌分理」，復是何人乎？事及「深刻」「繩逐」，並復是誰？

「乎」字旁乙，「事」字斷句[四五]。任恒案：蜀本、余本、殿本同誤。此上下文疑有脱字。

佇聞重奏，當後省覽。

「後」字改「復」[四六]。任恒案：蜀本、余本、殿本與毛本同。

卷四十一《蕭介兄洽傳》妻子不免譏寒。

「譏」字改「飢」[四七]。任恒案：蜀本、余本、殿本皆不誤。

《劉潛傳》潛字孝儀，秘書監孝綽弟也。孝綽常曰「三筆六詩」，三即孝儀，六孝威也。孝儀服闋，仍補洗馬。第二兄孝能早卒。第五弟孝勝，歷官邵陵王法曹。第七弟孝先，武陵王法曹。

評云：「《梁書》多書字，此則本傳亦書字，與書他人字者又不同，尤非史法。」任恒案：劉潛兄弟或皆以字行，故本傳特書其字。《孝綽傳》云：「劉孝綽字孝綽，本名冉。」觀此可以推知至孝能、孝勝、孝威、孝先，不書其本名者，或已失傳無考也。

卷四十二《臧盾傳》惟盾與散騎郎裴之禮嶷然自者，高祖甚嘉焉。

「者」字改「若」[四八]。任恒案：蜀本、余本、殿本皆不誤。

弟《厥傳》百姓謂之臧獸。

「獸」字改「虎」[四九]。任恒案：蜀本、余本與毛本同，殿本已改「虎」。

卷四十三《韋粲傳》即二宮危逼，猾寇滔天。

「危」字下墨釘改「逼」[五〇]。

諸將各有據守，今粲頓青塘。

「今」字改「令」[五一]。任恒案：以上蜀本、余本、殿本均不誤。

《江子一傳》高祖怒亦殆，乃釋之。

「殆」之旁乙[五二]。任恒案：余本、殿本作「止」字，蜀本與毛本同。

卷四十四《建平王大球傳》初，侯景圖京城。

「圖」字改「圍」[五三]。

《忠壯世子方等傳》姓愛林泉。

「姓」字改「性」[五四]。

人生處世，如白騎過隙耳。

「騎」字改「駒」[五五]。任恒案：以上蜀本、余本、殿本均不誤。

卷四十五《王僧辯傳》僧辯瞿弘，乃謬答曰。

「弘」字旁乙[五六]。任恒案：蜀本、余本、殿本俱作「然」。

後敘

余近得《梁書》三册，汲古閣刻本，闕卷四十六以下一册。行間有圈點，眉上有標識，皆不知其用意所存。書中文字，確知其誤者，徑改之；疑而未定者，旁乙之；上下倒置者，鈎勒之。至史事之是非得失，更加評論於上方，朱筆燦然，古香古色，審其字蹟，蓋番禺陳東塾先生之所校也。考先生有《自記》一卷稿本，未刊。云：咸豐五年十月，讀《梁書》。六年正月，讀《陳書》。時先生四十六歲，兩月間全書卒業，精細異常，其心力之閎通，詎非有加人之量者哉！

二十年來，先生藏書已多散出，丁卯廣州□□之劫，殃及先生遺宅，所有經籍版片，全化燼灰，此書先落人間，藉獲保存，誠不幸中之大幸矣。世人於《梁書》既少撰著，即有撰著，亦少流傳。先生之校此書，雖匪周詳，然碩果僅存，亦讀《梁書》者之所不可少也。爰隨編摘録，釐爲一卷，復以宋蜀大字本、明余有丁刊本、乾隆武英殿校本互爲複勘，異者少而同者多，因歎先生讀書思誤，獨具性靈，固非後學所能企及者矣。或曰：「安知先生非據各本對勘乎？」余曰：「先生若據各本對勘，則必與各本盡同，且不必疑而旁乙。今有同，有異，有旁乙，可知出自先生之自悟矣。」此書校字而兼論史，余故名之曰《校議》云。

壬申中秋前三日，南海黄任恒。

【校記】

〔一〕「獸」字改「虎」、「代化」二字改「世治」，中華書局點校本（下稱中華本）同。

〔二〕「内」字旁乙，中華本「内」斷於上句。

〔三〕「朱」字改「未」，中華本作「未」。

〔四〕「長」字旁乙，中華本仍作「長」。

〔五〕「令」字改「今」，中華本作「今」。

〔六〕「曰」字改「因」，中華本作「因」。

〔七〕「松」字改「私」，中華本作「私」。

〔八〕既醉寢偉乃出僞進王囊，中華本作「既醉寢王偉彭僞進土囊」。

〔九〕「今」字改「令」，中華本作「令」。

〔一〇〕「州」字旁乙，中華本仍作「州」。

〔一一〕「水」字改「木」，中華本校勘記：「『水』疑爲『木』字之訛。」

〔一二〕「徽」字改「徵」，中華本作「徵」。

〔一三〕死葬江陵瓦官寺父，中華本作「歸葬江寧縣通望山」。

[一四]「禪」字改「彈」，中華本作「彈」。

[一五]遂復申茲文二追彼十二，中華本「十二」作「十一」。

[一六]「僕」字改「撲」，中華本作「撲」。

[一七]「景」字改「丙」，中華本作「丙」。

[一八]「七」字改「匕」，中華本作「匕」。

[一九]「紹」字改「絶」，中華本作「絶」。

[二〇]「爾」字改「彌」，中華本作「彌」。

[二一]「玉」字改「王」，中華本作「王」。

[二二]「亮」字改「竟」，中華本作「竟」。

[二三]「上」字改「止」，中華本作「止」。

[二四]「微」字改「徵」，中華本作「徵」。

[二五]「莫」字改「奠」，中華本作「奠」。

[二六]「舉」字、「例」字皆旁乙，中華本「舉」、「例」二字保留。

[二七]「音」字改「普」，中華本作「普」。

[二八]「盡」字改「畫」，中華本作「畫」。

[二九]「伍」字旁乙，中華本作「任」。

[三〇]「土」字改「上」，中華本作「上」。

[三一]「嫁」字旁乙，中華本無「嫁」字。

[三二]「文」字改「衣」，中華本「朱文」作「依文」。

[三三]「屈」字改「屆」，中華本作「屆」。

[三四]「季」字改「李」，中華本作「李」。

[三五]「春」字改「舂」，中華本作「舂」。

[三六]「賊」字改「城」，中華本作「城」。

[三七]「在」字改「任」，中華本作「在」。

[三八]「故」字改「敕」，中華本作「敕」。

[三九]「祕」字改「祛」，中華本作「祛」。

[四〇]「王代」二字上下鉤勒，中華本「王代」作「代王」。

[四一]「右」字改「左」，中華本作「左」。

[四二]「古」字旁乙，中華本作「畜」。

[四三]「俄」字下墨釘改「頃」，中華本作「頃」。

[四四]「思」字旁乙「之」字改「乏」，中華本「思之」仍作「思之」。

[四五]「乎」字旁乙「事」字斷句，中華本「乎」仍作「乎」，「事」斷於下句。

［四六］「後」字改「復」，中華本作「復」。
［四七］「譏」字改「飢」，中華本作「飢」。
［四八］「者」字改「若」，中華本作「若」。
［四九］「獸」字改「虎」，中華本作「虎」。
［五〇］「危」字下墨釘改「逼」，中華本作「逼」。
［五一］「今」字改「令」，中華本作「令」。
［五二］「殆」字旁乙，中華本作「止」。
［五三］「圖」字改「圍」，中華本作「圍」。
［五四］「姓」字改「性」，中華本作「性」。
［五五］「騎」字改「駒」，中華本作「駒」。
［五六］「弘」字旁乙，中華本作「然」。

朱子語類日鈔

梁守中　點校

點校説明

《朱子語類日鈔》爲陳澧閱讀《朱子語類》的摘鈔本。據陳澧自序稱，《朱子語類》一書乃其中年以後所讀。讀時「以《語類》繁博，擇其切要，標識卷端，冀可尋其門徑」。後由其子宗誼鈔爲一帙。逾年其子死，陳澧「乃檢取所鈔，增損排類，分爲五卷」，即今所見之《朱子語類日鈔》。

《朱子語類》共一百四十卷，綜合了各家記載的朱熹問答語録，可稱詳備。這些語録，内容繁博，有談四書五經的，有談理氣、知行等哲學專題的，有談周、程、張、邵以及老子、釋氏等專人的，有談歷史、政治、文學等内容的，也有談個人的治學方法的，從中可見朱熹的哲學思想及學術見解。

陳澧《朱子語類日鈔》五卷，乃從卷帙浩繁的《朱子語類》中摘鈔而成，内容比較集中在讀書治學和個人修養方面。其中，前二卷比較側重談如何讀書治學，後三卷比較側重談如何進行個人修養。五卷中雖各有側重，但却又是彼此相容的。

陳澧《朱子語類日鈔》五卷，完成於咸豐十一年（一八六一）十月。本點校本以光緒二十六年（一九〇〇）廣雅書局刊本爲底本，以光緒六年（一八八〇）賀瑞麟校刻的《朱子語類》參校。卷中所引朱子語録，均以引號標出，所引各條朱子之語，中間若有省略，則從省略處分爲前後兩部分，用兩對引號分别標明。校記附於全書之末。

朱子語類日鈔序

朱子之學，衰絶近百年矣。澧早年涉獵世學，不知讀朱子書，中年以後始讀之。以《語類》繁博，擇其切要，標識卷端，冀可尋其門徑。亡兒宗誼鈔爲一帙。是時方避夷亂，寓居横沙。逾年宗誼死，乃檢取所鈔，增損排類，分爲五卷。嘗考《四庫存目》鈔朱子語者凡十餘家，《提要》皆頗貶抑。蓋道學風氣盛時，或依附以沽名，或争辯以求勝，故無取焉。

近時風氣不復有此。惟元和顧千里鈔《語類》爲一編，名曰《遯翁苦口》，然聞其名未見其書，蓋成書而未刻。澧爲此編，初亦不欲示人也。嗚呼，兵燹流離之際，獨以舉世所不談之學，父子相與講誦於空江寂寞之濱，其迂拙可哂矣！其子又短命而死，暮年屯蹇，又可悲矣！近年頗有著書，然其成不成，正不可知。此編簡約，今以付刻，冀有因此而讀朱子之書、爲朱子之學者，則吾將釋悲而爲喜也。

咸豐十一年十月番禺陳澧謹序

目録

朱子語類日鈔　卷一

「爲學之道，聖賢教人，説得甚分曉。大抵學者讀書，務要窮究。」「道問學是大事，要識得道理去做人。」卷十

「學者須是立志。今人所以悠悠者，只是把學問不曾做一件事看，遇事則且胡亂恁地打過了。此只是志不立。」卷八

「若曰我之志，只是要做個好人，識些道理便休。宜乎工夫不進，日夕漸漸消靡。今須思量天之所以與我者，必須是光明正大，必不應只如此而止，就自家性分上儘做得去，不到聖賢地位不休。如此立志，自是歇不住，自是儘有工夫可做。」卷一百十八

「如今學者誰不爲學？只是不可謂之『志於學』。如果能『志於學』，則自住不得」。卷二十三

「夫一陰一陽相對。志纔立，則已在陽處立；雖時失脚入陰，然一覺悟，則又在於陽。」卷一百十八

「只據而今當地頭立定脚做去，補填前日欠闕，栽種後來根株[二]。如二十歲覺悟，便從二十歲

立定脚力做去；三十歲覺悟，便從三十歲立定脚力做去。縱待八九十歲覺悟，也當據見定劄住硬寨做去。」卷七

「大抵爲學，須是自家發憤振作，鼓勇做去；直是要到一日須見一日之效，一月須見一月之效。諸公若要做，便從今日做去。」卷一百十三

「學者做工夫，只今便要做去。斷以不疑，鬼神避之。『需者，事之賊也』。」卷八

「如人喫飯，是自家肚飢，定是要喫。又如人做家主，要錢使，在外面百方做計，一錢也要將歸。這是爲甚如此？只爲自家身上事。若如此爲學，如何會無所得？」卷一百二十

「凡人謂以多事廢讀書，或曰氣質不如人者，皆是不責志而已。若有志時，那問他事多？那問他氣質不美？曰事多質不美者，此言雖若未是太過，然即此可見其無志，甘於自暴自棄，過孰大焉！真個做工夫人，便自不説此話。」卷一百十八

「人多言爲事所奪，有妨講學。此爲『不能使船嫌溪曲』者也。遇富貴，就富貴上做工夫；遇貧賤，就貧賤上做工夫。」卷八

或言在家衮衮，但不敢忘書册，亦覺未免間斷。曰：「只是無志。若説家事，又如何汩没得自家？」卷一百二十一

或以科舉作館廢學自咎者。曰：「不然，只是志不立，不曾做工夫爾。」卷十三

有言貧困不得專意問學者。曰：「不干事。世間豈有無事底人？但十二時看那個時閑，一時閑便做一時工夫，一刻閑便做一刻工夫。積累久自然別。」卷一百二十一

胡叔器患精神短。曰：「若精神少，也只是做去。不成道我精神少便不做。」卷一百二十

「又有一般人説此事難理會，只恁地做人自得，讓與他們自理會。如人交易，情願批退帳，待別人典買。今人情願批退學問底多。」卷一百二十一

「公等每日只是閑用心，問閑事，説閑話底時節多，問緊要事，究竟自己底事時節少。若是真個做工夫底人，他自是無閑工夫説閑話問閑事。」卷一百二十一

「聖賢説得極分明。夫子説了，孟子恐後世不識，又説向裏。後之學者，依舊不把做事，更説甚閑話。」卷一百十八

「且人一日間，此心是起多少私意起多少計較，都不會略略回心轉意去看，把聖賢思量，不知是在天地間做甚麼也！」卷一百十七

「要須反己深自體察，有個火急痛切處，方是入得門户。若只如此悠悠，定是閑過日月。向後無得力處，莫相怪也。」卷一百十八

「若如諸公悠悠，是要如何？光陰易過，一日減一日，一歲無一歲，只見老大忽然死著，思量來這是甚則劇，恁地悠悠過了。」卷一百二十一

或曰某人讀書，只是摘奇巧爲文章，以求富貴耳！曰：「恁地工夫也只做得那不好底文章，定無氣魄，所以他文字皆困苦。某小年見上一輩，未説如何，個個有氣魄，敢擔當做事。而今人個個都恁地衰，無氣魄，也是氣運使然。而今秀才便有些氣魄，少年被做那時文都銷磨盡了，所以都無精采，做事不成。」卷一百三十二

或謂此等人亦緣科第高，要做官職，牽引得如此。曰：「只是自家無志。若是有志底，自然牽引他不得。蓋他氣力大，如大魚相似，看是甚網都迸裂出去。才被這些子引動，便是元無氣力底人。」卷一百三十

「士人先要分別科舉與讀書兩件孰輕孰重。若讀書上有七分志，科舉上有三分，猶自可；若科舉七分，讀書三分，將來必被他勝却。況此志全是科舉，所以到老全使不著。」卷十三

「專一做舉業工夫，不待不得後枉了氣力，便使能竭力去做，又得到狀元時，亦自輸却這邊工夫了。」卷十三

南安黄謙，父命之入郡學習舉業，而徑來見先生。先生曰：「既是父要公習舉業，何不入郡學？日則習舉業，夜則看此書，自不相妨。」卷十三

「以舉業爲妨實學，不知曾妨飲食否？只是無志也。」卷十三

「這下人全不讀書。莫説道教他讀別書，只是要緊如六經、《漢書》、《唐書》、諸子，也須著讀始

得。又不是大段值錢了，不能得他讀只問人借將來讀也得。如何一向只去讀時文？如何擔當個秀才名目在身己上？既做秀才，未説道要他理會甚麽高深道理，也須知得古聖賢所以垂世立教之意是如何？古今盛衰存亡治亂事體是如何？從古來人物議論是如何？這許多眼前底都全不識，如何做士人？」卷一百二十一

朱子語類日鈔　卷二

「天下無書不是合讀底，無事不是合做底。若一個書不讀，這裏便缺此一書之理；一件事不做，這裏便缺此一事之理。」卷一百十七

「今人只辦得十日讀書，下著頭不與閑事，管取便别。莫説十日，只讀得一日，便有功驗。人若辦得十來年讀書，世間甚書讀不了？」卷十一

「讀其他書不如讀《論語》最要，蓋其中無所不有。」卷一百二十

「如《論語》所載，皆是事親、取友、居鄉黨，目下便用得者，所言皆對著學者即今實事。」卷一百十七

「今讀《論語》，且熟讀《學而》一篇；若明得一篇，其餘自然易曉。」卷二十

「若每章翻來覆去看得分明，若看十章，敢道便有長進。」卷二十一

「初學固是要看《大學》、《論》、《孟》。若讀得《大學》一書透徹，其他書都不費力，觸處便見。」喟然歎者久之，曰：「自有這個道理，説與人不信。」卷十九

倪曰：「自幼既失小學之序，願授《大學》。」曰：「授《大學》甚好，也須把小學書看，只消旬日工夫。」卷一百十八　游倪

「孟子之書，明白親切，無甚可疑者。只要日日熟讀，須教他在吾肚中先千百轉，便自然純熟。」卷十九

問所觀書。璘以讀《告子篇》對。曰：「古人『興於詩』，『詩可以興』。又曰：『雖無文王，猶興。』人須要奮發興起必爲之心，爲學方有端緒。古人以《詩》吟詠起發善心，今既不能曉古詩，某以爲《告子篇》諸段讀之可以興發人善心者，故勸人讀之。」卷一百十八　滕璘

「看文字，且先看明白易曉者。此語是某發出來，諸公可記取。」卷八十三

「讀書之法，須是用工去看。先一書費許多工夫，後則無許多矣。始初一書費十分工夫，後一書費八九分，後則費六七分，又後則費四五分矣。」卷十

「讀書須立下硬寨[三]，定要通得這一書，方看第二書。若此書既曉未得我，寧死也不看那個。如此立志，方成工夫。」卷一百十六

「人做工課，若不專一，東看西看，則此心先已散漫了，如何看得道理出？須是看《論語》，專只看《論語》；看《孟子》，專只看《孟子》。讀這一章，更不看後章；讀這一句，更不得看後句；這一字理會未得，更不得看下字。如此，則專一而功可成。若所看不一，泛濫無統，雖卒歲窮年，無有透徹

之期。某舊時看文字，只是守此拙法，以至於今。思之只有此法，更無他法。」卷十一

「這個貪多不得。讀得這一篇，恨不得常熟讀此篇，如無那第二篇方好。而今只是貪多，讀第一篇了，便要讀第二篇；讀第二篇了，便要讀第三篇。恁地不成讀書！此便是大不敬！此句厲聲説須是殺了那走作底心，方可讀書。」卷八十

問林恭甫看《論語》至何處。曰：「至《述而》。」曰：「莫要恁地快，這個使急不得。須是緩緩理會，須是逐一章去搜索。候這一章透徹後，却理會第二章，久後通貫，却事事會看。如喫飯樣，喫了一口，又喫一口，喫得滋味後，方解生精血。若只恁地吞下去，則不濟事。」卷十九

問：「《論語》近讀得如何？昨日所讀底，今日再讀，見得如何？」幹曰：「尚看未熟。」曰：「這也使急不得，也不可慢。所謂急不得者，功效不可急；所謂不可慢者，工夫不可慢。」卷十九　黄幹

「大凡看文字，少看熟讀，一也；不要鑽研立説，但要反覆體驗，二也；埋頭理會，不要求效，三也。三者，學者當守此。」卷十

「讀書不可貪多，常使自家力量有餘。」「今學者不忖自己力量去觀書，恐自家照管他不過。」卷十

又問：「讀書宜以何爲法？」曰：「須少看。」卷一百十八

「讀書，小作課程，大施功力。如會讀得二百字，只讀得一百字，却於百字中猛施工夫，理會子細，讀誦教熟。如此，不會記性人自記得；無識性人亦理會得。若泛泛然貪多，只是無益耳。」卷十

「書只貴讀，讀多自然曉。今即思量得，寫在紙上底，也不濟事，終非我有，只貴乎讀。這個不知如何，自然心與氣合，舒暢發越，自是記得牢[三]。縱饒熟看過，心裏思量過，也不如讀。讀來讀去，少間曉不得底，自然曉得；已曉得者，越有滋味。若是讀不熟，都没這般滋味。而今未説讀得注，且只熟讀正經，行住坐卧，心常在此，自然曉得。嘗思之，讀便是學。夫子説『學而不思則罔，思而不學則殆』，學便是讀。讀了又思，思了又讀，自然有意。」卷十

「書也只是熟讀，常記在心頭便得。雖孔子教人，也只是『學而時習之』，若不去時習，則人都不奈你何。只是孔門弟子編集，把這個作第一件。若能『時習』，將次自曉得；十分難曉底也解曉得。」卷二十

一學者患記文字不起。先生曰：「只是不熟。不曾玩味入心，但守得册子上言語，所以見册子時記得，纔放下便忘了。若使自家實得他那意思，如何會忘？」卷一百二十一

「讀書如煉丹，初時烈火鍛煞，然後漸漸慢火養。又如煮物，初時烈火煮了，却須慢火養。讀書初勤敏著力，子細窮究，後來却須緩緩温尋，反復玩味，道理自出。又不得貪多欲速，直須要熟，工夫自熟中出。」卷一百十四

「看此一章，便須反覆讀誦，逐句逐節，互相發明。如此三二十過，而曰不曉其義者，吾不信也。」卷五十二

「讀書須讀到不忍捨處，方是見得真味。若讀之數過，略曉其義即厭之，欲別求書看，則是於此一卷書，猶未得趣也。」卷一百四

「書讀到無可看處，恰好看。」卷一百十六

「既識得了，須更讀百十遍，使與自家相乳入，便說得也響」。卷十

「讀書切不可自謂理會得了。便理會得，且只做理會不得。某見說不會底，便有長進；不長進者，多是自謂已理會得了底。」卷一百二十

「大抵爲學，雖有聰明之資，必須做遲鈍工夫始得。既是遲鈍之資，却做聰明底樣工夫，如何得？」卷八

「某如今看來，惟是聰明底人難讀書，難理會道理。蓋緣他先自有許多一副當，聖賢意思自是難入。」卷一百三十九

「今學者看文字，不必自立說，只記得前賢與諸家說便得。而今看自家如何說，終是不如前賢。」卷一百二十一

「某嘗說文字不難看，只是讀者心自嶢崎了，看不出。若大著意思反復熟看，那正當道理自湧出來。不要將那小意智私見識去間亂他，如此無緣看得出。」卷一百二十一

「大凡看書，須只就他本文看教直截，切忌如此支離蔓衍，拖脚拖尾，不濟得事。聖賢說話，那一

句不直截，如利刃削成相似？雖以孔子之語，渾然温厚，然他那句語，更是斬截。若如公説一句，更用數十字去包他，則聖賢何不逐句上更添幾字，教他分曉？」卷一百二十一

林士謙初見，問仁智自得處。曰：「仁者得其爲仁，智者得其爲智，豈仁智之外更有自得？公此問不成問。且去將《論語》從『學而時習』讀起，《孟子》將『梁惠王』讀起，《大學》從『大學之道，在明明德』讀起，《中庸》從『天命之謂性』讀起。某之法是如此。不可只摘中間一兩句來理會，意脈不相貫。」卷一百二十

「某自潭州來，其他盡不曾説得，只不住地説得一個教人子細讀書。」卷十

「所謂涵泳者，只是子細讀書之異名也。」卷一百十六

先生問時舉觀書如何。時舉自言常苦於粗率，無精密之功，不知病根何在。曰：「不要討甚病根，但知道粗率便是病，在這上便更加仔細便了。今學者亦多來求病根，某向他説頭痛灸頭脚痛灸脚。病在這上，只治這上便了，更別討甚病根也？」卷一百十四　潘時舉

「爲學讀書，須是耐煩，細意去理會，切不可粗心。若曰何必讀書，自有個捷徑法，便是誤人底深坑也。未見道理時，恰如數重物色包裹在裏許，無緣可以便見得。須是今日去了一重，又見得一重；明日又去了一重，又見得一重。去盡皮，方見肉；去盡肉，方見骨；去盡骨，方見髓。使粗心大氣不得。」卷十

「曉得文義是一重，識得意思好處是一重。若只是曉得外面一重，不識得他好底意思，此是一件大病。」卷一百十四

或人請諸經之疑。先生既答之，復曰：「今雖盡與人説公盡曉得〔四〕不於自家心地上做工夫，亦不濟事！」卷一百二十一

「須要思量聖人之言，是説個甚麽，要將何用。若只讀過便休，何必讀！」卷十一

「如今讀書，須是加沈潛之功，將義理去澆灌胸腹，漸漸盪滌去那許多淺近鄙陋之見，方會見識高明。」卷一百四

「讀書不可只專就紙上求義理，須反來就自家身上以手自指推究。」卷十一

或問讀書工夫。曰：「這事如今似難説。如世上一等人説道，不須就書册上理會，此固是不得。然一向只就書册上理會，不曾體認著自家身己，也不濟事。如説仁義禮智，曾認得自家如何是仁？自家如何是義？如何是禮？如何是智？須是著身己體認得。如讀『學而時習之』，自家曾如何學？自家曾如何習？『不亦説乎』，曾見得如何是説？須恁地認，始得。若只逐段解過去，解得了便休，也不濟事。」卷十一

「『默而識之』、『學不厭』、『教不倦』，今學者須是將此三句時時省察：我還能默識否？我學還不厭否？我教還不倦否？如此乃好。」卷三十四

「大凡讀書，須是要自家日用躬行處著力方可。且如『居處恭，執事敬，與人忠，雖之夷狄，不可棄也』，與那『言忠信，行篤敬，雖蠻貊之邦行矣；言不忠信，行不篤敬，雖州里行乎哉？』此二事須是日日粘放心頭，不可有些虧欠處。此最是爲人日下急切處，切宜體之。」卷四十三

「世俗之學，所以與聖賢不同者，亦不難見。聖賢直是真個去做，説『正心』，直要心正；説『誠意』，直要意誠，『修身齊家』皆非空言。今之學者，説『正心』，但將『正心』吟詠一餉[五]，説『誠意』，又將『誠意』吟詠一餉[六]，説『修身』，又將聖賢許多説『修身』處諷誦而已。或掇拾言語，綴緝時文。如此爲學，却於自家身上有何交涉？」卷八

「見説『毋不敬』，便定定著『毋不敬』始得。見説『思無邪』，便定定著『思無邪』始得。書上説『毋不敬』，自家口讀『毋不敬』，身心自恁地怠慢放肆；《詩》上説『思無邪』，自家口讀『思無邪』，心裏却胡思亂想：這不是讀書。」卷一百十四

「程子言：『有讀了後全然無事者，有得一二句喜者。』到這一二句喜處，便是入頭處。如此讀將去，將久自解踏著他關捩了，倏然悟時，聖賢格言自是句句好。須知道那一句有契於心，著實理會得那一句透。如此推來推去，方解有得。」卷八十一

「大凡爲學，最切要處在吾心身，其次便是做事，此是的實緊切處。又那裏見得如此？須是聖人之言。今之學者，須是把聖人之言來窮究，見得身心要如此，做事要如此。天下自有一個道理，若大

路然；聖人之言，便是那引路底。」卷一百二十

「讀書便是做事。凡做事，有是有非，有得有失。善處事者，不過稱量其輕重耳！讀書而講究其義理，判別其是非，臨事即此理。」卷十一

「看來如今學者之病，多是個好名。且如讀書却不去子細考究義理，教極分明，只是纔看過便了，只道自家已看得甚麽文字了，都不思量於身上濟得甚事。這個只是做名聲，其實又做得甚麽名聲？下梢只得人説他已看得甚文字了。若恁地也是枉了一生！」卷一百二十一

江文卿博識群書，因感先生之教，自咎云：「某五十年前，枉費許多工夫，記許多文字。」曰：「也不妨。如今若理會得這要緊處，那許多都有用。如七年十載積疊得柴了，如今方點火燒。」卷一百二十

朱子語類日鈔　卷三

「入道之門，是將自家身己入那道理中去，漸漸相親，久之，與己爲一。而今人，道理在這裏，自家身在外面，全不曾相干涉。」卷一百二十一

「今只是要理會道理。若理會得一分，便有一分受用；理會得二分，便有二分受用。理會得一寸便是一寸，一尺便是一尺。漸漸理會去便多[七]」。卷九

「只是眼前切近起居、飲食、君臣、父子、兄弟、夫婦、朋友處，便是這道理。只就近處行到熟處，見得自高。」卷十八

「看道理須要就那大處看，便前面開闊；不要就壁角裏，地步窄，一步便觸，無處去了。而今且要看天理、人欲、義利、公私，分別得明，將自家日用底，與他勘驗，須漸漸有見處，前頭漸漸開闊。那個大壇場，不去上面做，不去上面行，只管在壁角裏，縱理會得一句，只是一句透，道理小了。」卷一百十七

「若真個看得這一件道理透，入得這個門路，以之推他道理，也只一般。只是公等不曾通得這個

門路，每日只是在門外走，所以都無入頭處，都不濟事。」卷一百二十一

「若恁地看文字，終不見得道理，終不濟事，徒然費了時光。須是勇猛向前，匹馬單槍，做將去，看如何，只管怕個甚麼！」卷一百二十[八]

「某與人説學問，止是説得大概，要人自去下工。譬如寶藏一般，其中至寶之物，何所不有？某止能指與人説，此處有寶。若不下工夫自去討，終是不濟事。」卷一百十六

「講論自是講論，須是將來自體驗。説一段過又一段，何補？某向來從師，一日説話，晚頭如温書一般，須子細看過；有疑，則明日又問。」又曰：「體驗是自心裏暗自講量一次。」卷一百十九

問：「前日承教，令於日用間體認仁義禮知意思。且如朋友皆異鄉人，一日會聚，思意便自相親，這可見得愛之理形見處；同門中或有做不好底事，或有不好底人，便使人惡之，這可見得羞惡之理形見處；每時升堂，尊卑序齒，秩然有序而不亂，這可見得恭敬之理形見處；聽先生教誨，而能辨別得真是真非，這可見得是非之理形見處。凡此四端，時時體認，不使少有間斷，便是所謂擴充之意否？」曰：「如此看得好，這便是尋得路，踏著了。」卷五十三

「要知天之與我者，只如孟子説『無惻隱之心，非人也；無羞惡之心，非人也；無是非之心，非人也；無辭遜之心，非人也』。今人非無惻隱、羞惡、是非、辭遜發見處，只是不省察了。若於日用間試省察此四端者，分明迸贊出來；就此便操存涵養將去，便是下手處。」卷一百十八

「痛理會一番，如血戰相似，然後涵養將去。」「未能識得，涵養個甚？」卷九

「今日用功，且當以格物爲事。不曰窮理却説格物者，要得就事物上看，教道理分明。見得是處，便斷然行將去，不要遲疑。將此逐日做一段工夫，勿令作輟，夫是之謂集義。」卷一百十三

「某數日來，因思聖人所以説個『格物』字，工夫盡在這裏。今人却是無這工夫，所以見識皆低[九]。」卷一百三十

「格物，須真見得決定是如此。爲子豈不知是要孝？爲臣豈不知是要忠？人皆知得是如此。然須當真見得子決定是合當孝，臣決定是合當忠，決定如此做始得。」卷十五

問：「格物工夫未到得貫通，亦未害否？」曰：「這是甚説話！而今學者所以學，便須是到聖賢地位，不到不肯休方是。但用工做向前去，但見前路茫茫地白，莫問程途，少間自能到。如何先立一個不解做得便休底規模放這裏了？如何做事？且下手要做十分，到了只做得五六分；下手做五六分，到了只做得三四分；下手做三四分，便無了。」卷十五

「豈有學聖人之書，爲市井之行，這個窮得個甚道理？而今説格物窮理，須是見得個道理親切了，未解便能脱然去其舊習。其始，且見得個道理如此，那事不是，亦不敢爲；其次見得分曉，則不肯爲；又其次，見得親切則不爲之，而舊習都忘之矣。」卷十五

「如今且要分别是非，是底直是是，非底直是非，少間做出便會是。若依稀底也唤作是便了，下

稍只是非。須是要做第一等人。若決是要做第一等人，若才力不逮，也只做得第四五等人。今合下便要做第四五等人，説道就他才地如此，下梢成甚麽物事？」卷八十四

「某嘗謂，凡事都分做兩邊，是底放一邊，非底放一邊。是底是天理，非底是人欲；是即守而勿失，非即去而勿留。此治一身之法也。治一家則分别一家之是非，治一邑則分别一邑之邪正。推而一州一路，以至天下，莫不皆然。此直上直下之道。」卷一百三十二

「看來别無道理，只有個是非。若不理會得是非分明，便不成人；若見得是非，方做得人。這個是處，便是人立脚底地盤。向前去，雖然更有裏面子細處，要知大源頭只在這裏。且要理會這個，教明白始得。這個是處便即是道，便是所謂『天命之謂性，率性之謂道』。萬物萬事之所以流行，只是這個做得是，便合道理；纔不是，便不合道理。所謂學問，也只在這裏。所以《大學》要先格物致知。一件物事，固當十分好，若有七分好，二分不好，也要分明。這個道理，直是要分明，細入於毫髮，更無些子夾雜。」卷一百三十

「所謂道，不須别去尋討，只是這個道理。非是别有一個道，被我忽然看見攫拏得來，方是見道。只是如日用底道理，恁地是，恁地不是，事事理會得個是處，便是道也。」卷十三

「天下事須論一個是不是後，却又論其中節與不中節。」卷一百三十二

「如初間看善惡如隔一牆，只管看來，漸漸見得善惡如隔一壁。看得隔一壁底，已自勝似初看隔

一牆底了，然更看得又如隔一幅紙。這善惡只是争些子，這裏看得直是透！善底端的是善，惡底端的是惡，略無些小疑似。《大學》只要論個知與不知，知得切與不切。」卷一百七

「道理要見得真，須是表裏首末極其透徹，無有不盡，真見得是如此，决然不可移易始得。不可只窺見一班半點，便以爲是。」卷一百十七

因建陽士人來請問，先生曰：「公們如此做工夫，大故費日子。覺得今年只似去年，前日只是今日，都無昌大發越底意思。這物事須教看得精透後，一日千里始得。而今都泛泛在那皮毛上理會，都不曾抓著那癢處，濟得甚事？」卷一百二十一

「讀書看義理，須是開豁胸次，令磊落明快恁地憂愁作甚底？亦不可先責效。才責效，便見有憂愁底意思只管如此，胸中結聚一餅子不散，須是胸中寬閑始得。而今且放置閑事，不要閑思量，只專心去玩味義理，便會心精，心精便會熟。」卷一百十五

「若不見得入頭處，緊也不可，慢也不得。若識得些路頭，須是莫斷了；若斷了，便不成。待得再新整頓起來，費多少力。如雞抱卵，看來抱得有甚暖氣[一〇]？只被他常常恁地抱得成。若把湯去盪，便死了，若抱才住，便冷了。然而實是見得入頭處也，自不解住了，自要做去，他自得些滋味了。如喫果子相似，未識滋味時，喫也得，不消喫也得；到識滋味了，要住自住不得。」卷八

昌父言：「學者工夫多間斷。」曰：「『聖賢教人，只是要救一個間斷。』」卷一百二十一　昌父趙蕃字

「問學如登塔，逐一層登將去。上面一層，雖不問人，亦自見得。若不去實踏過，却懸空妄想，便和最下底一層不曾理會得。〔一二〕」卷十三

「爲學正如推車子相似，才用力推得動了，便自轉將去，更不費力。故《論語》首章只説個『學而時習之不亦説乎』，便言其效驗者。蓋學至『説』處，則自不容已矣。」卷三十一

「這一邊道理熟，那一邊俗見之類自破。」卷十三

「纔明理後，氣質自然變化，病痛都自不見了。」卷一百十八

「若理會得透徹，到臨事時一一有用處。而今人多是閑時不喫緊理會，及到臨事時又不肯下心推究道理，只説且放過一次亦不妨。只是安於淺陋，所以不能長進，終於無成。」卷十五

「今人未有所見時，直情做去，都不見得。一有所見始覺所爲多有寒心處。」卷十三

「今世文人才士，開口便説國家利害，把筆便述時政得失，終濟得甚事？只是講明義理，以淑人心，使世間識義理之人多，則何患政治之不舉耶？」卷十三

朱子語類日鈔　卷四

「所謂『存心』者，或讀書以求義理，或分別是非以求至當之歸。只那所求之心，便是已存之心，何俟塊然以處而後爲存耶？」卷一百十五

「人常讀書，庶幾可以管攝此心，使之常存。橫渠有言：『書所以維持此心，一時放下，則一時德性有懈。其何可廢？』」卷十一

問：「節昔以觀書爲致知之方，今又見得是養心之法。」曰：「一舉兩得。這邊又存得心，這邊理又到。」節復問：「心在文字，則非僻之心自入不得？」先生應。卷一百十五　甘節

「把捉之說，固是自用著力，然又以枯槁無滋味，卒急不易著力。須平日多讀書，講明道理，以涵養灌培，使此心常與理相入，久後自熟，方見得力處。」卷一百十八

「大凡人心，若勤緊收拾，莫令放寬縱逐物，安有不得其正者？若真個提得緊，雖半月見驗可也。」卷一百十三

「固不免有散緩時，但才覺便收斂將來，漸漸做去。但得收斂時節多、散緩之時少，便是長進

處。」卷一百十三

「今且要收斂此心，常提撕省察。且如坐間説時事，逐人説幾件，若只管説，有甚是處？便截斷了，提撕此心，令在此。」卷一百十三

「人若於日間閑言語，省得一兩句，閑人客省見得一兩人，也濟事。若渾身都在鬧場中，如何讀得書？」卷一百十六

或説事多。曰：「世事無時是了，且揀大段無甚緊要底事不要做，又逐旋就小者又揀出無緊要底不要做。」卷十三

「大凡一等事固不可避，避事不是工夫。又有一等人情底事，得遣退時且遣退，無時是了，不要摟攬。凡可以省得底事，省亦不妨，應接亦只是不奈何。有合當住不得底事，此却要思量處置、裏面都是有個理。」卷一百十八

「今雖説主静，然亦非棄事物以求静。既爲人，自然用事君親，交朋友，撫妻子，御僮僕。不成捐棄了，只閉門静坐，事物之來，且曰：『候我存養？』又不可只茫茫隨他事物中走。二者須有個思量倒斷始得。」卷十二

「如何去討静得？有事時須著應。且如早間起來，有許多事，不成説事多撓亂人，我且去静坐？不是如此。無事時固是敬，有事時敬便在事上。且如早間人客來相見，自家須著接他。接他時，敬

便在交接處。少間又有人客來，自家又用接他。若自朝至暮，人客來不已，自家須盡著接他。不成不接他？無此理。接他時，敬便隨著在這裏。人客去後，敬亦是如此。若厭人客多了心煩，此却是自撓亂其心，非所謂敬也。所以程子説『學問到專一時方好。』蓋專一則有事無事皆是如此。」卷一百十八

「當静坐涵養時，正要體察思繹道理，只此便是涵養。不是説唤醒提撕，將道理去却那邪思妄念。只自家思量道理時，自然邪念不作。」卷十二

「何以窒慾？伊川曰『思』。此莫是言慾心一萌，當思禮義以勝之否？」曰：「然。」又問：「思與敬如何？」曰：「人於敬上未有用力處，且自思入，庶幾有個巴攬處，『思』之一字，於學者最有力。」卷九十七

或問：「人之思慮，有邪有正，若是大段邪僻之思，却容易制；惟是許多無頭面不緊要之思慮，不知何以制之？」曰：「此亦無他，只是覺得不當思慮底便莫要思，便從脚下做將去。久久純熟，自然無此等思慮矣。」卷一百十三

楊子順問：「涵養須用敬。涵養甚難，心中一起一滅，如何得主一？」曰：「人心如何教他不思？如周公思兼三王，以施四事，豈是無思？但不出於私則可。」曰：「某多被思慮紛擾，思這一事，又牽走那事去，雖知得亦自難止。」曰：「既知得不是，便當絶斷了。」卷九十五

問：「何謂主一？」曰：「無適之謂一[一二]，只是不走作。」又問：「思其所當思，如何？」曰：「却不妨。但不可胡思，且只得思一件事。如思此一事，又别思一件事，便不可。」卷九十六

問「主一」。曰：「做這一事，且做這一事。做了這一事，却做那一事。今人做這一事未了，又要做那一事，心下千頭萬緒。」卷九十六

或云：「主一之謂敬，敬莫只是主一？」曰：「主一又是敬字注解。要之，事無小無大，常令自家精神思慮盡在此。遇事時如此，無事時也如此。」卷十二

「『敬』字，不可只把做一個『敬』字説過，須於日用間體認是如何。此心常卓然公正，無有私意，便是敬；有些子計較，有些子放慢意思，便是不敬。故曰『敬以直内』，要得無些子偏邪。」卷四十四

「敬却不是將來做一個事。今人多先安一個『敬』字在這裏，如何做得？敬只是提起這心，莫教放散，恁地則心便自明。這裏便窮理格物，見得當如此便是，不當如此便不是。既是了，便行將去。」卷一百十五

「敬非别是一事，常唤醒此心便是。人每日只鶻鶻突突過了，心都不曾收拾得在裏面。」卷六

或問：「主敬只存之於心，少寬四體亦無害否？」曰：「心無不敬，則四體自然收斂，不待十分著意安排，而四體自然舒適；著意安排，則難久而生病矣！」卷十二

「今之言敬者，乃皆裝點外事，不知直截於心上求功，遂覺累墜不快活。不若眼下於求放心處有

功，則尤省力也。但此事甚易，只如此提醒，莫令昏昧，一二日便可見效，且易而省力。只在念不念之間耳，何難而不爲？」卷十二

「敬，有死敬，有活敬。若只守著主一之敬，遇事不濟之以義，辨其是非，則不活。」卷十二

「敬不是閉眼默坐便爲敬，須是隨事致敬，要有行程去處。如今且未論齊家、治國、平天下，只截自格物、致知、誠意、正心、修身爲説，此行程也。方其當格物時，便敬以格之；當誠意時，便敬以誠之；以至正心修身以後，節節常要惺覺執持，令此心常在，方是能持敬[一三]。」卷十三

「今之言持敬者，只是説敬，非是持敬。」卷十三

「如説持敬，便須入隻脚在裏面做，不可只作説話看了。」卷一百二十

或問：「持敬患不能久，當如何下工夫？」曰：「某舊時亦曾如此思量。要得一個直截道理，元來都無他法，只是習得熟，熟則自久。」卷十二

「初學於敬不能無間斷。只是才覺間斷，便提起此心。只是覺處，便是接續。某要得人只就讀書上體認義理。日間常讀書，則此心不走作。或只去事物中衮，則此心易得汩没。知得如此，便就讀書上體認義理，便可喚轉來。」卷十一

「只要常提醒此心，心才在這裏。外面許多病痛，自然不見。」卷一百十四

「此心自不用大段拘束他。他既在這裏，又要向那裏討他？要知只是争個醒與睡著耳！人若醒

時，耳目聰明，應事接物便自然無差錯處。若被私欲引去，便一似睡著相似，只更與他喚醒，才醒，又便無事矣。」卷一百十四

「學者常用提省此心，使如日之升，則群邪自息。他本自光明廣大，自家只著些子力，去提省照管他便了。不要苦著力，著力則反不是。」卷十二

「前日侍坐，深有得於先生『醒』之一字。」曰：「若長醒在這裏，更須看惻隱、羞惡、是非、恭敬之心所發處始得。當一念慮之發，不知是屬惻隱耶？羞惡、是非、恭敬耶？須是見得分明，方有受用處。」卷五十九

「便是物欲昏蔽之極，也無時不醒覺。只是醒覺了，自放過去，不曾存得耳！」卷十七

「人昏時便是不明；纔知那昏時，便是明也。」卷十二

「纔思要得善，便是善。」卷十七

朱子語類日鈔 卷五

「人只有個天理人欲，此勝則彼退，彼勝則此退，無中立不進退之理。凡人不進便退也。譬如劉、項，相拒於滎陽、成皋間，彼進得一步，則此退一步，此進一步，則彼退一步。初學則要牢劄定脚與他捱，捱得一毫去，則逐旋捱將去。此心莫退，終須有勝時。勝時甚氣象！」卷十三

問：「每常遇事時也，分明知得理之是非，這是天理，那是人欲。然到做處，又却爲人欲引去。及至做了，又却悔。此是如何？」曰：「此便是無克己工夫。這樣處極要與他掃除打疊。如一條大路，又有一條小路，自家也知得合行大路，然被小路有個物事引著，不知不覺走從小路去。及至前面荆棘蕪穢，又却生悔。此便是天理人欲交戰之機，須是遇事時，便與克下，不得苟且放過。」卷一百十九

「當良心與私欲交戰時，須是在我大段著力與他戰，不可輸與他。只是殺賊一般，一次殺不退，只管殺，殺數次時，須被殺退了。私欲一次勝他不得，但教真個知得他不好了，立定脚根，只管硬地自行從好路去；待得熟時，私意自住不得。」因舉濂溪説：「果而確，無難焉。須是果敢，勝得私欲，

方確然守得這道理不遷變。」問：「有何道理可助這個果？」曰：「别無道理助得，只是自著力戰退他。」卷二十四

問去私欲氣稟之累。曰：「只得逐旋戰退去。若要合下便做一次排遣，無此理，亦不濟得事。須是當事時子細思量，認得道理分明，自然勝得他。次第這邊分明了，那邊自然容著他不得。如今只窮理爲上。」又問：「客氣暴怒害事爲多，不知是物欲耶？氣稟耶？」曰：「氣稟物欲，亦自相連著。且如人稟得性急，於事上所欲必急。舉此一端，可以類推。」又曰：「氣稟物欲，生來便有。要無不得，只逐旋自去理會消磨，大要只是觀得理分明，便勝得他。」卷十八

問：「天理真個難明，己私真個難克，望有以教之。」先生罵曰：「公不去用力，只管説道是難。孟子曰：『道若大路然，豈難知哉？人病不求耳！』往往公亦知得這個道理好。纔下手，見未有入頭處，便説道是難而不肯用力，所以空過了許多月日。可惜！可惜！公若用力久，亦自有個入頭處，何患其難？」卷一百十九

「蓋天理在人，亘萬古而不泯。恁甚如何蔽錮，而天理常自若，無時不自私意中發出，但人不自覺。正如明珠大貝，混雜沙礫中，零零星星，逐時出來。但只於這個道理發見處，當下認取，簇合零星，漸成片段。到得自家好底意思日長月益，則天理自然純固；向之所謂私欲者，自然消靡退散，久之不復萌動矣。若專務克治私欲而不能充長善端，則吾心所謂私欲者，日相鬭敵，縱一時按伏得

下，又當復作矣。」卷一百十七

「只才整頓起處，便是天理，無別天理。但常常整頓起[一四]，思慮自一。」卷一百二十

「誤了一事，必須知悔，只這知悔處便是天理。」卷一百十七

「人自心若一毫私意未盡，皆足以敗事。如上有一點黑，下便有一撲黑。上有一毫差，下便有尋丈差。今若見得十分透徹，待下梢遇事轉移[一五]，也只做得五六分。若今便只就第四五著理會，下梢如何？」卷十三

問：「私意竊發，隨即鋤治，雖去枝葉，本根更在，感物又發。如何？」曰：「只得如此。所以曾子『戰戰兢兢，如臨深淵，如履薄冰』。」卷一百十四

或問顏子「克己復禮」。曰：「公且未要理會顏子如何『克己復禮』，且要理會自家身己如何須著『克己復禮』。這也有時須曾思量到這裏：顏子如何苦死要『克己復禮』[一六]？自家如何不要『克己復禮』？如今說時也自說得儘通，只是不曾關自家事。也有被別人只管說，說來說去，無奈何去『克己』，少間又忘了。這裏須思量：顏子如何心肯意肯要『克己復禮』？自家因何不心肯意肯去『克己復禮』？這處須有病根，先要理會這路頭，方好理會所以克之之方。須是識得這病處，須是見得些小功名利達真個是輕，『克己復禮』事真個是重，真個是不恁地不得。」卷四十一

「今人只爭個『勿』字。常記胡侍郎云：我與顏子只爭一個『勿』字。顏子非禮便勿視，我非禮

亦視，所以不及顏子。」卷四十一

「自欺是個半知半不知底人。知道善，我所當爲，却又不十分去爲善；知道惡，不可作，却又是自家所愛，舍他不得。這便是自欺。」卷十六

「而今説自欺，未説到與人説時，方謂之自欺。只是自家知得善好，要爲善，然心中却覺得微有些没緊要底意思，便是自欺，便是虚僞不實矣。」卷十六

「只争個知與不知，争個知得切與不切。且如人要做好事，到得見不好事也似乎可做；方要做好事，又似乎有個做不好事底心從後面牽轉去。這只是知不切。」卷九

「大凡意不誠，分明是吾之賊。我要上，他牽下來；我要前，他拖教去後。此最學者所宜察。」卷六十九

「人有一正念，自是分曉。又從旁别生一小念，漸漸放闊去，不可不察。」卷一百四

先之問：「心有所好樂，則不得其正？」曰：「心在這一事，不可又夾帶那一事。若自家喜這一項事了，更有一事來，便須放了前一項，只平心就後一項理會，不可又夾帶前喜之之心在這裏。有件喜事，不可因怒心來，忘了所當喜處；有件怒事，不可因喜事來便忘了怒。且如人合當行大門出[一七]，却又有些回避底心夾帶在裏面却要行便門出。雖然行向大門出，念念只有個行便門底心在這裏，少刻或自拗向便門去。學者到這裏，須是便打殺那要向便門底心，心如何不會端正？」卷十六

先之黃卓字

「欲知知之真不真，意之誠不誠，只看做不做如何。真個如此做底，便是知至意誠。」卷十五

「如今要緊只是將口讀底便做身行底，說出底便是心存底。」卷一百十四

「而今學者閑時都會說道理當如何，只是臨事時依前只是他那本來底面目出來，都不如那閑時所說者。」卷九十三

「大抵事只有一個是非，是非既定，却揀一個是處行將去。必欲回互得人人道好，豈有此理？然事之是非，久却自定。時下須是在我者無慊，仰不愧，俯不怍。別人道好道惡，管他！」卷一百十三

「某之講學，所以異於科舉之文，正是要切己行之。若只恁地說過，依舊不濟事。若實是把做工夫，只是『敬以直內，義以方外』八個字，一生用之不窮。」卷六十九[一八]

因言：「孟子於義利間辯得毫釐不差，見一事來，便劈做兩片便分個是與不是。這便是集義處。義是一柄刀相似，才見事到面前，便與他割制了。」卷五十六

「義如利刀相似，胸中許多勞勞攘攘，到此一齊割斷了。」卷六

「須於日用間，令所謂義了然明白。」卷十三

「學者做切己工夫，要得不差，先須辨義利所在。如思一事，非特財利、利欲，只每處求自家安利處便是，推此便不可入堯舜之道[一九]。切須勤勤提省，察之於纖微毫忽之間，不得放過。如此便不

會錯用工夫[二〇]。」卷一百十三

器之問：「義利之分臨事如何辨？」曰：「此須是工夫到，義理精，方曉然。未能至此，且據眼前占取義一邊，放令分數多，占得過，這下來縱錯亦少。」卷十三　器之陳植字

「學者不於富貴貧賤上立定，則是入門便差了也。」卷十三

「學者常常以『志士不忘在溝壑』爲念，則道義重，而計較死生之心輕矣。況衣食至微末事，不得未必死，亦何用犯義犯分，役心役志，營營以求之耶？某觀今人，因不能咬菜根而至於違其本心者，衆矣，可不戒哉！」卷十三

【校記】

[一] 根株　賀校本作「合做底」。

[二] 須　底本作「既」，據賀校本改。

[三] 是　底本作「見」，據賀校本改。

[四] 人　賀校本作「公」，義不及「人」允妥。

[五][六] 餉　賀校本作「晌」。

[七] 「去」字原缺，據賀校本補。

〔八〕卷一百二十　原誤作「卷一百二十八」，據賀校本改。

〔九〕却　賀校本作「都」，義不及「却」允妥。

〔一〇〕「得」字原缺，據賀校本補。

〔一一〕「一」字賀校本無。

〔一二〕「一」字底本原缺，據賀校本補。

〔一三〕「持」字底本原缺，據賀校本補。

〔一四〕「頓」字原缺，據賀校本補。

〔一五〕待　底本誤作「侍」，據賀校本改。

〔一六〕苦　賀校本作「若」，義不及「苦」允妥。

〔一七〕「行」字原缺，據賀校本補。

〔一八〕卷六十九　原誤作「卷九十六」，據賀校本改。

〔一九〕此　底本誤作「些」，據賀校本改。

〔二〇〕「便」字原缺，據賀校本補。

肇慶府修志章程

黄國聲　標點

標點説明

《肇慶府修志章程》，爲陳澧應署理肇慶知府五福之請所擬的修志大綱。全文始載於金武祥《粟香室四筆》中，文前有金氏述其始末云：「五嚮亭太守權肇慶，擬延陳蘭甫京卿修府志。京卿函覆太守，言新見湖廣《寶慶府志》，乃鄧湘皋廣文所纂，最爲精善，取其一二入所擬章程内云云。其所擬章程十四條，語雖淺近，皆切要之言，爰備録於左。」此後，光緒二十六年廣州新寧明善社刊刻《陳氏三種》，其中一種即此章程。一九三四年，南海黄任恒刻《信古閣小叢書》，收此章程，所據似即《粟香室四筆》之文。陳澧後人陳之邁收集家藏編爲《東塾續集》，録入此文，雖缺了幾條夾注，而無傷文義。

綜觀各本，文字全同，今即以《粟香室四筆》所載爲底本，加以標點。

肇慶府修志章程

一、修志之事。擬分三節，一曰述舊，二曰增新，三曰删正。述舊者，鈔録通志、舊府志、各縣志，無稍遺漏，乃合纂以成一編，名曰底本，此述舊也。增新者，鈔録案牘，鈔録群書，鈔録採訪册，無稍删改，乃分類增入底本内，於是名之曰長編。仿司馬温公修《通鑑》，先爲長編也。然後加以删正。凡虚妄者，削去之；冗蔓者，翦截之；鄙俚者，修飾之；訛誤者，訂正之；或長編排纂錯亂者，移易之。則成新志矣。

一、編底本之事。衆人分閲諸志書，某人閲通志，某人閲舊府志，某人閲各縣志，書多者數人閲一種書，少者一人閲數種。俱用紅筆，每一段勾勒起止，以付鈔寫者，每段鈔爲一葉。鈔寫之紙，先刻一格板以紅色印之，有直行無横格，其每葉板心魚尾之下，囑鈔寫者寫據某志書某卷鈔録字樣。每鈔志書一種畢，釘爲幾本，交回原閲之人，用紅筆於每葉上方標寫此葉應入之門目。用木戳印之，尤齊整。各志書俱鈔畢，標門目畢，一齊拆開，依門目分開編排次第，有一段而重見者，不必抽去，以俟删訂。如此則成底本矣。

舊府志、各縣志必須全鈔，阮通志只鈔肇府事。仍要全部查閲，恐有肇府事在各府卷内者，亦必勾勒發鈔。

一、鈔録案牘之事。依阮通志門目查閲府署及各縣署案牘，發交鈔寫者每段鈔爲一葉。仍用紅格紙寫，其魚尾下寫據某署案卷鈔録字樣。鈔畢，釘成書本，交回原閲之人，每葉上方用紅筆標寫門目。用木戳尤便。俟將來拆開，增入底本各門内。

一、鈔録群書之事。凡阮通志所采之書今已無存者如郝通志、黄通志之類。不必訪求，但訪求今日所有之書，聚於志局，請衆人分閲。凡有肇府事，夾以紙籤，寫明自某行某某字起，鈔至某行某某字止，以付鈔寫者，亦每段鈔爲一葉。亦用紅格紙鈔，其魚尾之下寫據某書第幾卷鈔録。鈔畢，釘成書本，交回原閲之人，每葉上方標寫門目。用木戳尤便。俟將來拆開，增入底本各門内。

一、鈔録採訪册之事。凡採訪者有册交局，以一二人專管之，用紅筆勾勒分段，付鈔寫者。每段鈔爲一葉。仍用紅格紙鈔，其魚尾下寫據採訪册。鈔畢，釘成書本，交回原閲之人，每葉上方標寫門目。用木戳尤便。俟將來拆開，增入底本各門内。

一、採訪之事，爲修志之至要，必須堪勝纂修之人，然後堪勝採訪。兹擬於舉定纂修採訪人數時，齊集志局，將阮通志公同披閲，講究十餘日，公同開列應採事物門類。其詞寧俗毋雅，使見者能解。開列已定，刻板、刷印、採訪者各執一紙，亦以分散各處。

凡衆人撰一書，每至各不相顧，牴牾、重複、遺漏諸病迭出，須衆人心目如一人，乃能精善。故擬公同講究十餘日，欲使歸於一也。

一、此時修志，最關緊要者，近日土客一案，必須採訪者秉公以記其事，分纂者斟酌以著於編，没其真不可也，增其怨尤不可也。

一、坐局收掌之事。凡採訪册及各處書籍、碑版送局，設簿按日登記，仍於書面碑側貼紙，標寫某年某月某處送到，以便將來送還本處。

一、修志之體例，略仿阮通志。昔阮文達公修通志時，遍選各志書，以謝中丞啓昆所修《廣西通志》爲最佳，故《廣東通志》仿其體例。嗣後各府、縣修志，多依阮通志體例。今修《肇慶府志》，亦宜依阮通志體例。其有應變通者，再議。

一、阮通志以訓典爲首，然所載者已不盡係廣東之事，頗爲失於限斷。嗣後各府、縣志多相沿襲，尤非一府一縣之事。考古之志書，如景定《建康志》、咸淳《臨安志》之類，皆無此一門。近時湖南《寶慶府志》則以詔諭與祭祀禮節名曰公典，置於卷首，不入卷數，亦委曲將就之法。今擬將肇府所有宸翰恭録爲第一卷，而凡詔諭不專係肇府者，皆不載。否則如《寶慶志》之法，不入卷數亦可。學宫祭丁禮節及從祀牌位，天下皆同，志書載之，最爲無謂。《寶慶志》別之曰公典，最確矣。

一、阮通志前事一門，載至明末而止。但明裔僭號之事，《肇府志》不可不載，當據《明史》及《御批通鑑輯覽》而不採私家著述，則無可議矣。

一、阮通志以物産入輿地之内，頗覺未善。肇慶物産以硯石爲最，此甲於天下者，尤與他物不同。若以硯石入輿地内，實爲不類，兹擬分物産爲一門，硯石又爲一門。

一、阮通志有金石一門，通省之大，尚有古碑版可以著録，近日修縣志者，亦爲金石一門，乃至無可著録，殊爲寒儉。應删去此一門，凡有碑刻，俱載於其本處，如詩文之例可矣。

一、繪地圖之事最難，南海現修縣志，用鄒徵君之法繪圖，精確無匹。番禺亦欲仿而行之，但一縣猶易，一府則難，當再緩商耳。

跋

纂修地志，雖不如國史之謹嚴，而才、學、識三長缺一，亦不能臻乎美善，其成功則固同也。然三長備矣，苟無善法以裁之，則亦如古錦在前，不知所製，猶有美中不足之嫌。故志雖微而法不可不講，况其法之善者哉！余既以《新會修志條例》印諸小叢書中，兹復取《肇慶修志章程》校印以行，亦集思廣益之意也。道光間，權肇慶府五嚮亭太守擬延陳蘭甫先生修志，先生復書撰此章程與之。見金武祥《粟香四筆》中。考《肇慶府志》始修於道光癸未，越十年而書成，卷首無此章程，又無五太守及先生署名，或者五太守去職而先生未就聘歟？觀其所言，述舊以成底本，增新以成長編，删正以成新志，凡此三法，不獨修志者所當遵行，即撰輯大小各書，亦爲一舉萬全之善法，言雖淺近，閲者幸毋忽焉。

甲戌八月晦日，南海黄任恒識。

〔清〕林伯桐　初編
〔清〕陳澧　續編
周康燮　補編

學海堂志

黄國聲　點校

學海堂志

點校説明

《學海堂志》不分卷，道光十九年林伯桐編撰。林爲學海堂早期學長，於該堂創建發展，均有參預，故所記詳悉。至同治五年，陳澧在原志基礎上，將道光十九年後的變遷及新增事項作爲續編，附繫相應條下。近人周康燮又在陳續本上補入新輯得的資料，一九六四年由香港亞東學社影印出版。今即據此本點校。

學海堂圖

圖說

學海堂全圖說

學海堂在廣州城北粤秀山中，山脈自白雲山蜿蜒入城，至此聳拔三十餘丈，爲省會之鎮。闢堂於此，繚以周垣，廣若干丈，袤若干丈。堂中遠眺，海門可見。堂階南出，循西下行，折而東有石磴，迆南至於外垣，其中百竿一碧，三伏時不知暑也。自堂皇南望，則見竹杪。堂後爲啓秀山房，居山之前，故名。堂東石磴坡陀，梅花夾道，西達於山房。其東最高處有亭，曰至山，山顛與亭相接矣。粤秀山一名玉山，蓋王山之譌。本如屏然。而堂在半山，群峯環繞，堂後垣外稍東，即越王臺故址，唐韓文公所云「樂奏武王臺」者。又東北，鎮海樓在焉，五層雄峙，與至山亭遥望。堂之西，亦有磴道可抵山房，樹陰草色間，以石爲几席，遊者得憩[一]。此山多南漢遺蹟，東則歌舞岡，半山則呼鸞道，嘉時令節，都人來遊。案《番禺志》，東有大樹園，今廢。而堂東隔壁即龍王廟，亭臺花木，皆可旁眺。堂南有室三間，東一室藏書，西二室司閽所處。堂之外門西向，與文瀾閣外門相對，中間石徑即可登山。由石徑南行，東出即藏書室，牖前竹木之中，自有石砌，南下以達於通衢。

學海堂

堂在周垣之中，三楹九架，東西南三面深廊環繞，兩旁别有畫欄，其北餘地連接土山，若爲山房前導者。堂階木棉甚高，花時如繡。堂中北墉之東，尊藏儀徵公小像石刻。北墉之西，嵌蒼山洱海圖，大理石畫也。西序刊石者，爲《學海堂集序》，公教士綱領節目，隱栝於此。堂南爲門者三，門兩旁翼以短垣，其上窗櫺駢疊，内外洞然。東西墻窗櫺各一而加敞，皆湘簾静護，塵土不侵。堂前一望，則萬户炊煙，魚鱗層湧，花塔峙於西，琵琶洲塔峙於東，珠江如帶，獅子洋、虎頭門隱約可數。每當緑陰藻夏，長日如年，山雨欲來，催詩入聽，登堂坐久，人人有觀於海之意云。

啓秀山房

山房爲三楹七架，三面深廊，一如堂式。其後即粤秀山顛，地勢既高，所見逾遠，掩扉開卷，遊屐無喧，白雲初出，時鳥有聲，清風乍來，翛然入室。階前大湖方石案一，明瑩如玉，可供數人嘯咏其間。春秋佳日，草色花香，透入簾幕。至若金波穆穆，玉露瀼瀼，静佇移時，不異湖中泛月。

至山亭

亭在東北隅，亭後至於山椒。亭前俯視一切，兩旁曲欄，列坐可以遠眺望，於仜月尤宜。亭本圓式，隱如荷蓋，亭亭獨立，别有會心。後因亭小山高，上雨旁風，漸多蠹朽，爰於戊子夏月以白石易之，改圓爲方，則徑一圍四，稍廓於舊址矣。

竹徑 附

竹徑在堂階之下，石磴偶通，别一境界，此君所在，籜龍相依，人行其中，衣裾皆緑。雜花生樹，路轉愈深，南垣之陰，平畦如罫，山雨蕩沃，挂溜騰虚，急流并下，泙湃有聲。説者謂於此稍濬小池，既以瀉山水，亦可養芙蕖菱芰之屬，於點綴不無小助。案：此山舊有越井岡，《番禺志》言有水一泓，雖極旱不竭。今遺迹已湮，亦宜於此彌縫其缺矣。

續

阮太傅祠

同治二年，以啓秀山房奉儀徵公神位，榜於門曰阮太傅祠。

此君亭

竹徑之南，增構小亭，學使戴文節公題之曰「此君亭」。

新建啓秀山房

外門之内，舊有藏書之室，夷寇毁之。寇退，拓地建屋，以藏書板，遂移「啓秀山房」之名以名之。

離經辨志之齋

新建山房東壁外，隙地數弓，坡陀而下，架木以平之，搆一書齋，同治四年冬落成。會有專門課業之舉，各習一書，先明句讀，此《學記》所謂「離經辨志」也，故以名之。

玉山泉

粤秀山無水，汲於山下，陟降爲勞。同治二年，鑿井於此君亭東，深三十尺，乃得泉。設轆轤於井上，可用汲矣。

目録

山堂築成在甲申冬，學長理課始丙戌秋，此後事體日增，規條漸備。又有前後小異必當變通者，皆不可無記。而堂中未設鈔胥，脱稿之後，往復鈎稽，日月遂積，黽勉裒録，略得成編。其有闕遺，以俟來者。道光戊戌秋孟，林伯桐謹識。

月亭先生撰此志，今將三十年矣。中更兵燹，復有前後小異，不可以不記，輒爲續之。其不必續者，不贅也。同治丙寅季夏，陳澧謹識。

文檄

《記》曰：「凡學，官先事，士先志。」條教號令，所以集事，即所以育才也。是以創修講舍，文翁有言，獎訓諸生，虞溥有誥，於以一心志，昭勸懲，風流令行，如草斯偃，迨化成俗美，在上者之功炳焉。繼長增高，有待於後，纂言述事，不忘其初也。志文檄。

宫保督憲阮爲飭遵事：照得本部堂建學海堂爲課通省舉、貢、生、監經解詩古之所，其堂内事宜，應行酌定，以垂久遠。除將章程札發廣州府轉發外，合就鈔録札知學海堂。札到即便遵照辦理，此札。

學海堂章程

一、管理學海堂，本部堂酌派出學長吴蘭修、趙均、林伯桐、曾釗、徐榮、熊景星、馬福安、吴應逵共八人，同司課事。其有出仕等事，再由七人公舉補額。永不設立山長，亦不允薦山長。

一、每歲分爲四課，由學長出經解、文筆、古今詩題，限日截卷，評定甲乙，分别散給膏火。

學長如有擬程,可以刻集,但不給膏火。

一、向來發榜不分等第,今由學長辦理,應酌定等第及膏火數目,但須查明經費之數,量入爲出。

一、收卷編列字號,給與收票。發榜之日,每名下注明「取經解」、「取賦」、「取詩」字樣。

一、課卷可備選刻者,另鈔一册,由學長收存。俟可以成集之日,照《學海堂初集》例選改發刻。

一、學海堂數年膏火,皆本部堂給發,但一無經費,難以垂久。現有番禺縣八塘海心沙坦二十三頃四十畝零,黄應中等每年納租。除完納錢糧外,實銀四百五十七兩零。又鎮涌海心沙坦二頃三十七畝零,潘文典等每年納租一百十八兩零,俱歸入堂中作爲經費。

一、前曾發銀三百兩交文瀾書院生息,以爲司堂工食。現在本部堂又發銀三千七百兩,并前三百爲四千兩,仍按月生息,以增經費。

一、堂側添建小閣,庋藏書板,及將來刻集。工價均在經費節存内動支。

道光六年六月十四日

宫保督憲阮爲學海堂事:　照得堂中經費先經本部堂發銀生息,并據藩司議撥沙坦鋪地佃租爲膏火費用在案。該司仍不時嚴催,該縣隨時解司,毋得少有拖欠。至學海堂前經議定每季支銀，此時經費較前爲多，所有八學長潤筆銀每年每人加爲叁拾陸兩，共二百八十八兩。堂中膏火，每季加爲貳百兩。合并札知。札到即便遵照辦理，此札。

道光六年六月十七日

宫保督憲盧札學海堂學長知悉：照得學海堂增設課業諸生，現經札諭該學長遵辦外，所有應行事宜，開列於左：

一、學長等公舉諸生，務取志在實學不鶩聲氣之士，尤宜心地淳良，品行端潔。

一、課業諸生各因性之所近，自擇一書肄習，隨課呈交學長，考覈甲乙，定以超等若干名，特等若干名。其功課惰廢者，即行扣除。

一、現議課業諸生，本部堂責成學長盡心教導，應令該生等於學長八人中擇師而從，謁見請業，庶獲先路之導。至諸生寒素居多，儘可無庸執贄，學長等身爲鄉里矜式，成就後進，教育英才，知其必樂於從事也。

一、諸生等有喜爲浮艷誨淫之詞者，無庸舉列。其曾攻刀筆者，亦勿列入。至鴉片煙久干例禁，凡在士林，諒俱自愛，萬一有犯此者，亦勿列入。謹按：向來公舉學長，固推文學，尤重鄉評。至專課肄業生，既設堂中公議，選定生徒已極嚴，擬補學長當倍慎。嗣後保舉學長，先求素行無玷，然後論其人才，永不改更，以符舊約。附記。

一、課業諸生，每届季課俱令各就所長，交出課卷，不許曠闕。

一、向例每届季課以學長二人承辦，所以均勞逸也。至擬定題目，自應八人公商，以期盡善。向來史筆題或題跋古書，或考覈掌故，仍以經史爲主，期爲有用之文。賦或擬古賦，或出新題，俱用漢魏六朝唐人諸體。詩題不用試帖，以場屋之文，士子無不肄習也。均應遵照舊章，以勸古學。此後每季出題，應令學長公集山堂會商，是日應備飯食，即於公項内支銷。

道光十四年六月

續

署撫憲郭札：照得本署部院檢閲《學海堂志》刊刻。盧前部堂增設課業諸生，頒給日程簿，各擇一書肄業，所以成就後進，講求顓門之學，爲法甚美，徒以膏火經費無出，至今曠不舉行。本署部院思遠紹盧前部堂之美意，酌擇才品清優士子入學海堂肄業，先將應行事宜酌定，由該學長等核議具報。

一、盧前部堂頒發「日程」，有句讀、評校、抄録、著述四項工夫，應令肄業諸生每日讀書用紅筆挨次點句，毋得漏略淩亂，以杜浮躁。至於評校、抄録、著述三項，視乎其人學問淺深，凡爲句讀工夫者，不限以兼三項。爲三項工夫者，必限以兼句讀。期使學問風氣，益臻篤實。

一、肄業諸生課程，每年四季由學長評定高下。

一、肄業諸生定以三年爲期，期滿復行舉報更换，以期後來之秀，接踵相望。

同治四年十月二十一日

補 光緒十三年，張文襄公督粤，以會集交課之期，向按四季，爲期較疏，改爲每月一次。除正月不會外，每年十一次，遇閏多會一次，以期課程有稽，講習無間。《張文襄公全集》卷九十四

《札三司增設學海堂生額並增修課舍》

建　置

晏處闔廬，思帡幪之功；周行四方，見津梁之力。物不答施，造化所以爲大也。雖然，前所未聞，有開必先，誰爲後來，視已成事。苟非深知謀始者之勞，遂可善守而勿失，未之有也。志《建置》。

築　堂

吾粵教人見於史傳者，唐韓文公爲著。考粵士自漢議郎陳氏始以治《易》、《春秋》顯，董正少通《毛詩》、《三傳》，知名公府，風流所漸被，篤修之士伏處海濱，未嘗廢學。古之司牧築室作人，啓迪宏奬，相望於後先。至以通經服古、實事求是，專設爲教者，則向未有。

儀徵公於嘉慶丁丑持節督粵，迨辛巳，政通人和久矣，始設經古之課，不專一題，俾得所近，不速其期，俾盡所長。既以粵士爲可教，遂闢學海堂，初擬於前明南園舊址，略覺湫隘；又擬於城西文瀾書院，以地少風景；最後擬於河南海幢寺旁，亦嫌近市。相視久之，遂定於粵秀山，枕城面海，因樹開門，荆榛則薙之，古木則培之。公於政暇，躬親指畫，經始甲申之秋，閲一時而蕆事。行禮講業，具得所依，高下自然，曲折有意。自是以來，結童入塾，下邑横經，或聞風而聿來，或遊觀而不舍，蒸蒸然多所興起矣。

設學長

此課之設，首勸經史，而詩賦備具。應課者各有所長，司課者宜兼衆力，是以丙戌之秋，設立學長八人，同理課事，俾各悉心力以俟大吏裁定而昭布焉。互相補苴，宜無鹵莽，各經論辨，自可持平。其中因事辭出，即由七人公舉補充，鄉評當採，舊章可由，必不致輕議更張，荒經蔑古。語曰：合二十五人之力，力如彭祖。其立法之意爲至深遠也。

儀徵公諭云：學長責任與山長無異，惟此課既勸通經，兼該衆體，非可獨理。而山長不能多設，且課舉業者各書院已大備，士子皆知講習，此堂專勉實學，必須八學長各用所長，協力啓導，庶望人才日起。永不設立山長，與各書院事體不同也。

頒鈐記

堂中向未設鈐記，所有課期啓事、請領經費俱於學長中現任教職或兼書院監院有鈐記者借用，未可爲常。道光十七年奉鄧制府祁中丞頒發「學海堂學長」鈐記一顆，由管課學長收管，按季流交。自此堂中治事、申文，不假外索，常有憑信矣。

本堂向來請事於大憲俱用申文，若因事文移各州縣，俱用平行。

續

設祠祀

儀徵公既没，同人議建祠以祀，而山堂周垣以内無其地，惟啓秀山房氣象崇深，於祠祀爲宜，乃奉神牌於其中，改題爲阮太傅祠。每歲春祭以正月二十日，秋祭以八月二十日，其品物禮節仿照名宦祠禮：帛一，羊一，豕一，籩四，豆四，尊一，爵三，行三叩禮。

補　光緒十三年，張文襄公督粵，以屋宇頗少，向來每值會課，學長課生一時咸集，山堂一所，不能兼容，今復增課生，自須增築課舍。勘得堂東山麓尚有隙地，可以造屋數楹，以爲課舍。並將舊屋敝漏者，量爲修治，門内外酌增棚廊，以蔽風雨。所需工料銀兩，即在釐務局變價充公項下撥用，委署虎門同知王存善、試用同知王秉恩會同監修。《張文襄公全集》卷九十四《札三司增設學海堂生額增修課舍》

事宜

般之制器，方圓隨施，而誨於人者，不偭規矩。甄之相馬，驪黄莫論，而傳其説者，必齊力毫。無他，法外有意，非智者不能，堅明約束，則衆人易守，不愆不忘，如農有畔，亦可久之道也。志《事宜》。

一、前奉儀徵公設立學長，諭以出題評卷爲要，至一切經費支發，事關勸學，亦須學長公辦。嗣奉撫、督、學三大憲親加考課，學長等承諭擬題閲卷，各有攸司，其一切事宜，則輪流料理。每年四課，每課兩學長經管，周而復始，以專責成。

一、每季孟月初旬，即由管課學長知會，齊集堂中，公擬題目。每題加倍擬備，定期請題，輪赴撫、督、學三署，呈憲裁定，周而復始。即因事展期，亦不過中旬，必要請題。俟發出題目，即行刊刷，粘貼學海堂及各學長寓所，隨便分給，俾遠近周知。

一、每發題紙，注明某月某日在學海堂收卷。届期辰初起收，酉正截收。即日將各卷收回管課學長寓所，逐卷核明，封固備繳。向來交卷無期，在遠處者不便。後公議，發題之後，不得過一月以外，定期兩日收完。

一、收卷設號簿,每卷給票爲憑。先將卷票與號簿合寫字號,蓋用鈐口圖章。收卷後,每卷之背仍照簿編號稽查。

一、收卷彙繳後,倘發出公閲,即日管課學長將各卷分派,約期彙齊。或發出已在午後,亦不過次日,必要分派。

一、分閲課卷畢,依期公集堂中,彙齊互閲,各無異議,即列擬取名單存查,仍封固俟送。如所閲有擬選刻者,各列選單,彙交管課處核定,以待發榜後鈔存備刻。

一、分閲課卷彙齊後,擬取之卷送進憲署裁定。其未取之卷,另爲一函,隨同全繳,以備綜核。

一、課榜、課卷發出,即着司堂鈔存取録名册,又鈔榜一張,并原榜一齊粘貼。原榜貼學海堂右廊山墻,鈔榜另貼。如發出各卷自有次第,并未給榜者,即照發出次第,寫榜兩張,照常分貼。

一、貼榜之時,於榜内另紙標明某月某日在學海堂發給膏火。如經費尚未發出,亦另紙寫明:現在請領經費未發,一俟發出,即定期分給。届期在堂中憑卷票發給。

一、請領經費由郡守申藩伯,展轉發給,未免需時,每季孟月,管課學長即宜備文申領。

一、每逢孟月中旬,計前課各事已竣,應由上手管課學長約期交代。倘前課榜尚未發,即將應給膏火銀截留備用,其餘各款一面流交。或因事展期,亦不過仲月初澣。

一、每課交代,俱用木箱,内有交代備查册及經費總簿,由接管之學長照數查點。如有未備,即向上手問明下落，注於册内，以交代爲盤查，可期經久。

一、每年收支小賬，自有經費總簿[二]，各自列明，隨課流交。至偶有非常支用不在每年常款内者，如刊書之類。其經手辦理之學長自行設簿詳列，以便日後查對。

一、堂中公集之日，必查明各事物應料理者存記，兼到文瀾閣因便稽查。凡地方有應修補，器具有宜更置，一切事體亦可即日定議，以便早辦。并飭知兩處工役，常要整潔地方。

一、學長非輪當管課，只須擬題閲卷，其請題繳卷等事俱由管課學長核辦。惟遇事體緊要，或向來未辦過者，隨時知會集議。

經費

物不備不足以集事，賞不昭不足以作人，然則勸學興化，固宜謀及經費矣。儀徵公以實學造士，自辛巳春至丙戌夏，所有學海堂膏火俱捐廉發給。迨移節滇黔，爰籌畫在官，無礙田地租息撥充公用，其徵收掌之於官，請領動支皆有成式。復以堂費浩繁，捐白金四千兩發商生息，爲之協濟，公私相維，鉤稽至密，歲時申報，纖悉無遺。後之人按籍可知，謹守勿失，自足經久而行遠也。志《經費》。

官租

南海、番禺兩縣署徵收，申解藩庫，隨時給發辦課支用。

南海縣屬河清鎮涌鄉前土名海心坦，一頃三十餘畝，潘文典等承佃，每年納官租銀壹百壹拾捌兩零。查此係初報之數，後經列憲核實，此款每年納官租銀壹百玖拾肆兩玖錢肆分柒厘。省城雞欄白地建造鋪屋，張鳳儀承佃，每年租銀肆拾兩。

省城靖海門外官地建鋪，分别上、中、下租數，共鋪五十一間，每年租銀叁百叁拾玖兩捌錢叁分肆厘。

番禺縣屬土名八塘海心沙并大刀沙溢坦，二十三頃四十畝零三分，黄應中等承佃，每年納官租銀肆百伍拾柒兩貳錢零壹厘。查此係墾户黄應中等報承，每年除納升科錢糧銀壹拾兩零捌錢叁分玖厘外，另輸官租銀如上數。

以上四項租，每年共收銀壹千兩零叁拾壹兩玖錢捌分貳厘。

息　銀

發商生息銀紋銀叁千兩，洋銀壹千兩。共肆千兩，每月每兩壹分行息，每年應收息銀肆百捌拾兩。

此項前於道光六年六月儀徵公捐銀肆千兩，發出文瀾書院董事四家生息，每月每兩息銀壹分二厘。後因各家交息不能一概，有礙支發，於道光十六年奉鄧制府祁中丞提回此項，改發南海、番禺、佛山、河南各典商生息，每月每兩息銀壹分。每年定期以五月初一日及十一月初一日送到學海堂查收、支發，以期經久。

以上各租息每年共收銀壹千伍百壹拾壹兩玖錢捌分貳厘。

請領

每年分四季辦課，孟月即具文請領經費，先申廣州府署，由府轉申藩署發出。後仍由府行文發給，取具堂中印領，申繳存案。

支用

每年學長脩金每人叁拾陸兩，學長八人，每年共支銀貳百捌拾捌兩。

每課給膏火銀貳百兩，每年四課，共支膏火銀捌百兩。

每課雜用刊題紙銀伍錢，紙筆銀貳錢，席銀貳兩，寫榜銀叁錢伍分，鈔卷銀叁錢伍分，收卷發膏火給書手銀柒錢，長班工食銀叁錢伍分。共銀肆兩肆錢伍分，每年四課，共支雜用銀壹拾柒兩捌錢正。道光十四年，奉督憲盧諭：每課擬題，應公集山堂會商，照支席金貳兩；每年四課，共支銀捌兩。

每年支書辦飯食銀陸兩壹錢貳分。

每年支辦報銷册銀貳兩。

學海堂司堂一名，工食銀叁兩。看門一名，工食銀貳兩。香油銀伍錢陸分。每月共支工食香油銀伍兩伍錢陸分，每年共支銀陸拾陸兩柒錢貳分。逢閏月多支銀伍兩伍錢陸分。

每年清明支香燭銀柒錢貳分，中元支香燭銀柒錢貳分，支鋤頭、水桶、苕帚等銀柒錢貳分，度歲支司堂年賞銀柒錢貳分。以上每年共支銀貳兩捌錢捌分。

文瀾閣司香一名，工食銀叁兩。看門一名，工食銀貳兩。香油銀伍錢陸分。每月共支工食香油銀伍兩伍錢陸分，每年共支銀陸拾陸兩柒錢貳分。逢閏月多支銀伍兩伍錢陸分。

每年度歲支門燈花紅銀陸錢，支司香年賞銀陸錢。以上每年共支銀壹兩貳錢。

以上各款，每年共支銀壹千貳百伍拾玖兩肆錢肆分，逢閏月之年，另多支堂閣工食香油銀。共應支銀壹千貳百柒拾兩零伍錢陸分。

以上俱係每年支用一定之款，此外尚有刊刷書籍、修整地方、補置器具各用未能預定者，隨事具文請於經費内動支發給。

新支

道光十四年冬奉督憲盧新設專課肄業生拾名，每名每月給膏火銀貳兩，每年共應支銀貳百肆拾兩。此款膏火僅支發一次，該生等現有專經肄習、著述成書，每年繳到學長覈定者，惟因經費未足，不能請領，暫行停支。俟將來經費有餘，即當請領支發。

以上常新款共應支銀壹千伍百壹拾兩零伍錢陸分。

報銷

每年春月核算上年領出支用各數，詳細開造清册，一色五本，申詳廣府署、糧憲署、藩憲署、撫憲署、督憲署。俱係年清年款，存案備查。

續

田租

發當商生息本銀四千兩，兵燹之後，當商乞繳還。同治二年二月，軍需局有查抄章昇耀家産麥村田五十八畝二分、坑口田四畝，共六十二畝二分，召變充餉。學長公議：將昔時發商本銀二千兩承領，軍需局給有執照，其税載在番禺縣狀元十五圖另甲、西塱三圖五甲。每年共納條銀二兩四錢九分四釐、色米七斗零七合，閏年條銀二兩五錢五分五釐。現批與佃人麥培之、鄧世和、麥景欣承耕，每年令佃人於租銀内先支出應納糧銀前往縣署輸納外，乃交租銀一百四十二兩，正月十五日、七月十五日兩次交收。

同治二年九月，又將昔時發商本銀一千九百五十兩買受陶堯階、陶文園等田二十九畝二分一釐八毫，土名司馬涌，餘銀五十兩爲中人及税契之用。移文南海縣税契開户。其税載在南海縣大圍堡付下圖另甲，每年納條銀一兩零九分四厘、色米五斗四升四合。閏年條銀一兩一錢三分一厘。現批與佃人何太溪承耕，每年租銀一百三十兩，正月十五日、七月十五日兩次交收。此田錢糧由本堂往納。

義倉撥項

昔時收當商息銀每年四百八十兩，後將本銀領買田地，每年共收租銀二百七十二兩，較前收息銀短絀頗多，無可籌補。同治元年，督憲勞札惠濟義倉：每年所收田租，撥銀二百四十兩，交學海堂添補經費。

加獎

同治三年，王學使溎捐銀五百兩爲加獎之用。學長將此項發商生息，每季息銀十兩，爲上取加獎。

同治五年，郭中丞設專課生，本擬捐廉爲膏火，學長竊議以爲非經久之計，稟請令番禺縣屬士名八塘海心沙并大刀沙佃人，每年納官租四百五十七兩外，再增租四百五十七兩，交學長兑收，爲專課諸生膏火之用。奉中丞批准，藩憲行縣飭佃人遵照。佃人具稟，情願每年如數增租，交學長兑收。

新支

同治五年，設專課生十名，并議定將來增設八名，共十八名。每季分别上取十名，每名膏火銀六兩；次取八名，每名膏火銀五兩，共一百兩。每年共應支銀四百兩。沙田增租四百五十七兩，除支膏火銀四百兩，餘五十七兩，爲紙筆、飯食、長班工食、補置器皿之用。每年詳細造册報銷。

補　光緒十三年新增專課生十名，每年共應給膏火銀二百兩，按季發給。其學長及原設新增之專課生、附課生，每月會課飯食比照向章，核計每一次需銀二十兩，均在善後局息款項下按季撥給。《張文襄公全集》卷九十四《札三司增設學海堂生額並增修課舍》

題名

學長名目，自昔有之，受官於朝，專教於學。今所設立，但師其意，雖無官守，亦有責成。砥行論文，相觀而善，前修匪懈，後起方來，書於簡端，用以交儆。志《題名》。

趙　均　順德人。嘉慶戊辰恩科副榜貢生。歷署羅定州學正，惠州府豐順縣、潮州府揭陽、饒平縣儒學教諭。

吴應逵　鶴山人。乾隆乙卯科舉人。

林伯桐　番禺人。嘉慶辛酉科舉人。肇慶府德慶州學正。

吴蘭修　嘉應人。嘉慶戊辰恩科舉人。高州府信宜縣儒學教諭銜管訓導事，粤秀、羊城書院監院。

曾　釗　南海人。道光乙酉科選拔貢生。廉州府合浦縣儒學教諭，調欽州學正。議敘即用知縣加知州銜。

馬福安　順德人。嘉慶己卯科舉人。道光己丑科進士，翰林院庶吉士。四川犍爲縣知縣，福建沙縣知縣，升安徽六安州知州。

熊景星　南海人。嘉慶丙子科舉人。肇慶府開建縣儒學教諭銜管訓導事。

徐　榮　漢軍人。嘉慶丙子科舉人。直隸正定府藁城縣儒學教諭。道光丙申恩科進士。浙江即用縣知縣，洊升杭州府知府。署杭嘉湖道，升授福建汀漳龍道。奏留防堵，殉難安徽，奉旨交部從優議恤。

以上八人，俱道光六年初設。

張　杓　番禺人。嘉慶戊辰恩科舉人。潮州府揭陽縣儒學教諭。道光七年正月補。

張維屏　番禺人。嘉慶甲子科舉人，道光壬午恩科進士。湖北松滋、黄梅、廣濟縣知縣。署襄陽府同知，江西袁州府同知。湖北壬午、乙酉兩科同考試官，江西壬辰科同考試官。道光九年七月補。

黄子高　番禺人。道光己丑科優行貢生。道光十年三月補。

謝念功　南海人。道光壬午科舉人。道光十二年正月補。

儀克中　番禺人。道光壬辰科舉人。道光十四年三月補。

侯　康　番禺人。道光甲午科優行貢生，乙未恩科舉人。道光十七年二月補。

張維屏　署江西南康府，請假歸里，道光十八年三月復補。

譚　瑩　南海人。道光辛卯恩科優行貢生，甲辰恩科舉人。高州府化州儒學教諭銜管訓導事。歷署肇慶府儒學教授，韶州府曲江縣、惠州府博羅縣儒學教諭，嘉應直隸州儒學訓導。越華、端溪、粵秀書院監院。欽加内閣中書銜。道光十八年三月補。

黄培芳　香山人。嘉慶甲子科副榜貢生。武英殿校録。韶州府乳源縣學教諭，調瓊州府陵水縣學教諭，俸滿即升知縣。仍借補肇慶府學訓導。越華、羊城書院監院。候選國子監典簿，欽加内閣中書銜。道光十八年七月補。

梁廷枏　順德人。道光甲午科副榜貢生。由就職州判改就教職，選潮州府澄海縣儒學教諭銜管訓導事。越華、粵秀書院監院。欽加内閣中書銜。道光二十年正月補。

陳　澧　番禺人。道光壬辰科舉人。惠州府河源縣儒學教諭銜，管訓導事。道光二十年十月補。

楊榮緒　番禺人。原名榮。道光乙未恩科舉人，咸豐癸丑恩科進士，欽點翰林院庶吉士。道光二十五年正月補。

金錫齡　番禺人。道光乙未恩科舉人。咸豐三年十一月補。

鄒伯奇　南海人。縣學生員。咸豐七年正月補。

李能定　番禺人。道光丁酉科舉人。咸豐八年十一月補。

沈世良　番禺人。附貢生。韶州府學訓導。咸豐八年十一月補。

陳良玉　漢軍人。道光丁酉科舉人。咸豐九年十一月補。現官通州學正。

朱次琦　南海人。道光己亥科舉人，丁未科進士。山西襄陵縣知縣。咸豐九年十一月補。

陳　璞　番禺人。道光辛亥恩科舉人。同知銜江西安福縣知縣。咸豐十一年二月補。

李光廷　番禺人。道光己酉科拔貢，辛亥恩科舉人，壬子科進士。吏部稽勳司主事，升稽勳司員外郎。同治二年二月補。

周寅清　順德人。道光乙未恩科順天鄉試舉人，甲辰科進士。歷任山東城武、高密、臨淄、昌樂縣知縣，寧海州知州。山東己酉、乙卯兩科同考試官。同治二年二月補。

李徵霨　原名鳴韶，南海人。道光辛卯恩科副榜貢生，壬辰科舉人。肇慶府高要縣儒學教諭。同治九年正月補。

陳良玉　由直隸通州學正任内開缺回籍。同治十年十月復補。

樊　封　漢軍人。同治癸酉科欽賜副榜貢生。光緒元年三月補。

何如銓　南海人。光緒乙亥恩科舉人。光緒二年六月補。

許其光　番禺人。道光丙午科舉人，庚戌科榜眼，翰林院編修。廣西儘先補用道，欽加二品頂戴。光緒三年十月補。

陶福祥　番禺人。光緒丙子科舉人。光緒五年七月補。

譚宗浚　南海人。咸豐辛酉科舉人，同治甲戌科榜眼，侍讀銜，翰林院編修。四川學政。光緒六年十月補。

廖廷相　南海人。同治庚午科舉人，光緒丙子恩科進士，翰林院編修。光緒七年十月補。

陳　瀚　南海人。同治庚午科舉人。光緒七年十二月補。

黎維樅　南海人。廩貢生。候選訓導。越華書院監院。光緒八年四月補。

高學燿　番禺人。附貢生。光緒八年四月補。

張其翽　嘉應人。道光甲午科舉人。知府銜補用直隸州知州，陝西富平縣知縣。光緒十一年六月補。

林國賡　番禺人。光緒乙酉科優貢。八旗官學教習。戊子科舉人。光緒十二年十二月補。

林國贊　番禺人。光緒乙酉科舉人，己丑科進士。刑部直隸司主事。光緒十四年六月補。

補

黃紹昌　香山人。光緒乙酉科舉人。光緒十二年補。

丁仁長　番禺人。光緒癸未科進士，欽點庶吉士，翰林院侍讀。光緒二十三年補。

周汝鈞　番禺人。光緒壬辰科進士。刑部主事。光緒二十四年補。

漆葆熙　番禺人。光緒辛卯科舉人。光緒年間補。

楊裕芬　南海人。光緒甲午科進士。户部主事。光緒年間補。

劉昌齡　番禺人。同治丁卯增貢。光緒初年補。

姚　筠　番禺人。同治癸酉科舉人。光緒年間補。

吴道鎔　番禺人。光緒庚辰科進士。光緒年間補。

范公詒　番禺人。光緒辛卯優貢。光緒年間補。

韓貞元　旗人。光緒年間補。以上據容肇祖《學海堂考》（原載《嶺南學報》）

課業

前賢讀書，首重師法，旁搜遠紹，不離乎宗，所得有淺深，所業無蕪廢，士風日厚，職是居多。顧江都下帷，轉相傳授，昌黎退食，請業滿堂，蹤迹稍殊，興起無異，學問公器，有志竟成，善學者多，千里猶一室也。志《課業》。

儀徵公曰：多士或習《經》、《傳》，尋疏義於宋齊；或解文字，考故訓於《倉》、《雅》；或析道理，守晦庵之正傳；或討史志，求深寧之家法；或且規矩漢、晉，熟精蕭《選》；師法唐、宋，各得詩筆。節録《學海堂集序》

宫保盧制府諭云：前者宫保儀徵相國師以經史訓迪多士，教澤既洽，一紀於兹。宜令學長於所課諸生中，舉其尤異，教以顓門。治經必始箋、疏，讀史宜録漢、魏，各因資性所宜，聽擇一書專習，或先句讀，或加評校，或鈔録精要，或著述發明。學長稽其密疏，正其歸趣。

又諭云：課業諸生於《十三經注疏》、《史記》、《漢書》、《後漢書》、《三國志》、《文選》、杜詩、《昌黎先生集》、《朱子大全集》自擇一書肄習，即於所頒日程簿首行注明習某書，以後按日作課，填注簿内。

公舉專課肄業生十名

陳　澧　番禺舉人。

張其翽　嘉應舉人。

吴文起　鶴山副貢。

朱次琦　南海附生。

李能定　番禺附生,已於鄉試中式。

侯　度　番禺附生,已於鄉試中式。

吴　俜　鶴山廪生。

潘繼李　南海。已補廪生。

金錫齡　番禺。已由附生應鄉試中式。

許玉彬　番禺。

宫保盧制府批:　查核此次保送課業生徒,該學長慎重遴選,各舉所知,自係素樹芳聲,蔚爲時彦,甫肯登諸薦牘,副我渴懷,著遵前札事由,准其在堂課業。夫子政論文,志在師聖;　稚圭勸學,句必宗經。善作者貴乎善成,本部堂爲仰紹師承之舉,有體者施於有用,爾多士當勉爲成德之才,諸學長咸有訓迪之責者也。其益思所以勖之。

續

郭中丞諭云：盧前部堂設課業諸生，各擇一書肄習。本署部院仍照盧前部堂所定章程，於所治經史專集之外，加增數學一門，仍以十人爲率，將來再行推廣。

公舉專課肄業生十名

桂文熾　廣州府學增生。習《史記》。

潘乃成　南海學附生。習《毛詩》。

梁以瑭　南海學附生。習《昌黎集》。

孔繼藩　南海學附生。習《算經十書》。

高學燿　番禺學附生。習《禮記》。

陳慶修　番禺學附生。習《周禮》。

崔顔問　番禺學附生。習《朱子大全集》。

王國瑞　番禺學附生。習《爾雅》。

周　果　順德學廪生，候選訓導。習《儀禮》。

伍學藻　順德學廪生。習《春秋左傳》。

補　續又增生童額十名。見《張文襄公全集》卷九十四《札三司增設學海堂生額並增修課舍》。同治七年,學長周寅清等以學海堂沙田租項增加經費稍有贏餘,稟準總督瑞麟增改專課肄業生名額二十名,每季每人膏火銀五兩。又舉附課二十人以備充補。(《學海堂考》頁二十)

光緒十三年,張文襄公特再籌款,增設專課生十名,仍令各學長於舉、貢、生、監中擇尤舉薦,稟請充補。連前專課生,共二十名。同見張集卷九十四。

又其附課生原有二十名,一并增設十名,以備遞補。其續增之生童十名,應撥作童生專課,所習之業與各生一律評定甲乙,但論學業,不論科名。同見張集卷九十四。

補　同治八年專課肄業生二十名

梁金韜　南海人。同治六年舉人。治《韓昌黎集》。

黃鶴年　未詳。

黃灣熙　未詳。

葉官桃　南海人。廩生。

劉昌齡　番禺人。貢生。

鄭　權　番禺人。廩生。

程家瑨　番禺人。光緒元年舉人。

陳翰藻　番禺人。

鄧維森　南海人。

潘應鐘　未詳。

廖廷相　南海人。同治九年舉人，光緒二年翰林。治《禮記》。

陳維岳　番禺人。光緒三年進士。

黄　濤　番禺人。附生。

崔其湛　番禺人。光緒二年舉人。

陳爲煥　順德人。光緒六年進士。

馬貞榆　順德人。廪生。

何藜青　南海人。生員。

陳玉森　未詳。

黎永椿　番禺人。生員。

林事賢　番禺人。

補同治十一年專課肄業生二十名

陳　瀚　南海人。同治九年舉人。

朱衢尊　南海人。同治九年舉人。

周鸞飛　未詳。

黎維樅　南海人。

梁信修　南海人。縣學生。

桂壇　南海人。光緒五年舉人。

黄瑞書　番禺人。

陶福祥　番禺人。光緒二年舉人。

沈葆和　番禺人。生員。

林國賡　番禺人。光緒十八年進士。

周福年　番禺人。生員。

周森　番禺人。生員。

梁于渭　番禺人。光緒十一年順天舉人,十五年進士。

許焜　花縣人。光緒十五年舉人。

饒軫　嘉應人。光緒十八年進士。

鄒仲庸　南海人。

柯兆鵬　南海人。

廖廷福　南海人。

陳昌沅　番禺人。

湯金鑄　花縣人。

補　光緒元年專課肄業生二十名

劉文照　南海人。同治三年舉人。

冼寶榦　南海人。同治十二年舉人，光緒九年進士。

石德芬　原名炳樞，番禺人。同治十二年舉人。

林國贊　番禺人。光緒十五年進士。

關　繼　南海人。生員。專習數學。

梁樹棉　未詳。

楊繼芬　南海人。增生。

柯兆翔　南海人。

蘇志偉　南海人。

崔顔發　番禺人。貢生。

溙葆熙　番禺人。光緒十七年舉人。

龍師矩　未詳。

吴　鑑　新會人。優貢。

邱雲鶴　高要人。

王定鐖　未詳。

彭學存　未詳。

羅照滄　南海人。

鄒達泉　南海人。

于式枚　廣西賀縣人。光緒六年進士。

黄映奎　香山人。生員。

補　光緒四年專課肄業生二十名

葉紉蘭　南海人。光緒二年舉人。

劉學修　番禺人。光緒五年舉人。

蔡尚鋆　未詳。

梁辰熙　南海人。生員。

何躍龍　南海人。生員。

章　琮　番禺人。增生。

沈　桐　番禺人。光緒二十一年進士。

周汝鈞　番禺人。十八年進士。

黄紹昌　香山人。光緒十一年舉人。

周士濬　未詳。

温仲和　嘉應人。光緒十四年順天舉人，十五年翰林。

徐受廉　廣州駐防漢軍正黄旗人。光緒十二年翰林。

劉安科　廣州駐防漢軍旗人。十二年進士。

郭兆煇　未詳。

鄒鏡瀾　南海人。

桂廷鈖　南海人。

黎宗獻　未詳。

陳樹鏞　新會人。

陳百斯　番禺人。

吴壽全　順德人。

補　光緒七年專課肄業生二十名

陳伯陶　東莞人。光緒十八年進士，廷試一甲第三名。
楊裕芬　南海人。光緒十四年解元，二十年進士。
程友琦　南海人。光緒二十年進士。
陳燮梅　未詳。
潘樹芬　未詳。
汪兆銓　番禺人。光緒十一年舉人。海陽縣教諭。
崔篡規　未詳。
任世熙　番禺人。生員。
李肇沅　順德人。生員。
單熙融　增城人。舉人。
李定梁　未詳。
胡禮恭　未詳。
梁禄階　未詳。
陳慶材　番禺人。

吴家緯　番禺人。

范公詒　番禺人。光緒十七年優貢。

高名瀈　番禺人。生員。

盧乃潼　順德人。光緒十一年舉人。諮議局副議長。

羅春榆　未詳。

伍曰寬　順德人。

補　光緒十年專課肄業生二十名

張百祥　番禺人。光緒五年舉人。

張其淦　東莞人。光緒十八年進士。

朱　瓊　花縣人。

陳國政　未詳。

廖昇照　未詳。

陳穎畬　未詳。

張文澧　番禺人。生員。

汪兆鏞　番禺人。光緒十五年舉人。

俞煥辰　番禺人。生員。

沈　湘　番禺人。

朱　珩　花縣人。光緒二十一年進士。

吕湛恩　番禺人。生員。

韓貞元　廣州駐防旗人。

何端撰　未詳。

譚　澍　未詳。

康有濟　南海人。

區省吾　番禺人。

沈廷碩　番禺人。生員。

章福基　番禺人。諸生。

劉冕卿　番禺人。生員。

補　光緒十三年專課肄業生二十名

徐　鑄　番禺人。光緒十一年舉人。

康有霖　南海人。

衛榮湝　番禺人。

陶炳熙　番禺人。

史久徵　番禺人。生員。

譚駿謀　香山人。光緒十七年舉人。

柯有儀　新會人。

楊其琛　未詳。

劉敬昭　南海人。

霍勉經　南海人。

楊瀚芬　南海人。

顧　朔　番禺人。生員。

沈錫球　番禺人。生員。

徐士烜　未詳。

林象鑾　番禺人。生員。

高名虞　番禺人。光緒十七年副貢。

王　棟　番禺人。光緒十五年舉人。

蔡伯慈　未詳。

何麟章　香山人。生員。

黄瀛奎　香山人。

補　光緒十四年增設專課肄業生十名

曾文玉　新會人。進士。官工部主事。

歐陽鼐　順德人。光緒三十年進士。

邵　墉　南海人。

朱　淇　未詳。

黄敬義　未詳。

陳景華　香山人。光緒十四年舉人。

譚　鑣　新會人。

陳慶龢　番禺人。光緒十七年副貢。

洪景楠　番禺人。光緒十八年進士。

凌鶴書　番禺人。光緒十五年舉人。

補　光緒十六年專課肄業生二十名

蘇逢聖　順德人。光緒十四年舉人。

（原缺）

劉燨芬　香山人。

談　亮　順德人。光緒十七年舉人。

周培忠　未詳。

傅維森　番禺人。光緒十七年解元，二十一年進士。

范公譽　番禺人。

金耀翔　番禺人。諸生。

李文綱　番禺人。生員。

許鼎新　番禺人。生員。

俞恩榮　番禺人。廪貢生。

陳桂植　番禺人。

陳其鼒　未詳。

潘彭壽　南海人。

譚元璪　駐廣州旗人。

沈藻清　番禺人。生員。

馬衍奇　番禺人。生員。

陳寶嵩　未詳。

蔡受采　順德人。生員。習天文算學。

李知學　順德人。

補　光緒十七年增設專課肄業生十名

談　泉　原名道泉，新會人。

陳昭常　新會人。光緒二十年進士。

黄紹勷　南海人。廩生。

馮　愈　南海人。附生。

桂　坫　南海人。光緒二十年翰林。

鍾梓良　番禺人。光緒廿四年歲貢。

張德瀛　番禺人。光緒十七年舉人。

盧寶彝　順德人。光緒二十三年拔貢。

蘇志侃　未詳。

呂澤恩　未詳。

補　光緒十九年專課肄業生二十名

柳　芬　番禺人。廪貢生。

羅汝楠　南海人。後派遊學日本。

王寶善　未詳。

呂穎思　未詳。

桂　坡　南海人。

沈福田　番禺人。生員。

周慎濳　番禺人。舉人。

崔樹芬　未詳。

崔浚榮　番禺人。光緒二十七年舉人。

金敬燿　番禺人。

史久鑑　番禺人。生員。

范公謨　番禺人。光緒十九年舉人。

鄭廷杰　新會人。

張燏煌　新會人。

利鵬飛　南海人。廩生。

陳衍緒　番禺人。

黄　棟　番禺人。監生。

黄昭聲　未詳。

梁振藻　順德人。生員。

王之桂　東莞人。生員。

補　光緒二十年增設專課生十名

黎國廉　順德人。光緒十九年舉人。

黄綸書　未詳。

平　遠　廣州駐防鑲藍旗滿洲人。光緒二十三年拔貢。

陳其敬　未詳。

何炳忠　未詳。

温　霽　順德人。貢生。

鄧家讓　三水人。副貢。

鍾守瀛　未詳。

梁元楷　番禺人。光緒二十七年舉人。

邱鍾麒　番禺人。

補　光緒二十二年專課肄業生二十名

龔其華　南海人。光緒十九年舉人。

歐賡祥　香山人。光緒十四年順天舉人。

邱作津　未詳。

譚祖任　南海人。優貢。

陳金韜　番禺人。

陳國照　未詳。

譚祖楷　未詳。

吕達英　未詳。

陳桂杰　未詳。

俞炳章　番禺人。

沈溥霖　番禺人。

俞成章　番禺人。
梁　琮　新會人。
朱秋青　未詳。
林懋康　未詳。
何宗驥　未詳。
韓銘勳　旗人。
馬衍熙　番禺人。
吴鸞章　番禺人。
方燿垣　番禺人。

補　光緒二十三年增設專課肄業十名

黄廷策　南海人。
陳昌灝　番禺人。
陳受同　廣州駐防漢軍白旗人。
鄭道鎔　三水人。
王啓祥　番禺人。

吴遠基　未詳。

柳龍驤　番禺人。

范公讜　番禺人。光緒二十六年優貢。

李慶旒　香山人。

蘇啓心　未詳。

（以上據《學海堂考》）

經板

自剞劂肇啓，載籍方滋，其間切要者亦可指數。毋昭裔少時欲借《文選》，竟不可得，及後貴顯，梓以流傳，至今稱美。至於經訓菑畬，不特浩如煙海，而搜羅甄録，非有精深卓絶之識，博厚悠久之志，亦未必克底於成也。我朝經學極盛，一家之書，輒軼前載，聞聲相思，欲購無所。而前代空談流弊，士或溺於所聞，冥行踟躕，去道逾遠。儀徵公審定師承，啓發鴻寶，爰刊《皇清經解》一千四百卷，存板於堂，將使山陬海澨，皆得聞海内大師之緒言，而寒畯有志，無難快睹。其闡揚古訓，是爲山淵，衣被士林，豈徒廣厦乎哉！志《經板》。

儀徵公初發章程有云：將來於堂側添建小閣，庋藏書板。迨《經解》將次刊竣，堂中召工估計，以書板既多且重，閣内必須寬展，木料必須長大，而堂側地面亦須培高，乃便於因勢加築。工費浩繁，公議附近有文瀾閣係本處紳士奉公命特建以奉文昌祀事者，閣下三楹，地方乾潔，暫於兩旁設架藏板，亦不偪仄。遂詳議章程，庋藏於此，俟經費漸有餘裕，再議請領在堂側築閣也。

藏板章程

一、經解板共一百零九架，每架編列字號，標明板片若干。

一、兩架疊陳，兩疊互倚，使房中仍有餘地，以便通行，隨時查核。

一、每架脚俱用厚甆碗盛之，碗中貯石灰，以防蟻蛀。碗下用厚紅磚墊之，以避潮氣。

一、藏板房門鎖鑰，由值課學長收管，按季流交。

一、書坊有願刷印者，先具領到堂，交納板租，然後定期開工。其板片甚多，不能搬遠，該匠人等每早到文瀾閣下刷印，薄暮散歸。不作夜工，以昭慎重。

一、每次刷印《經解》，多則一綑，六十部。少亦半綑。三十部。每刷一部，納板租銀壹兩，以備每次修補板片及小修藏書房舍、隨時整理書架各雜費。另自交守閣、守堂。茶資，每一部貳錢肆分。每次發板、收板，及每日工匠往來，俱要守閣等照料一切也。

一、每逢刷印，守閣等到學長處領出鑰匙，每發板片不過十架，收回舊板，再發新板。每次照字號點明板數，不得有誤。

一、印書之時，學長中偶欲印一部者，亦照納板租，照給茶資，以歸畫一。即雇該書坊匠人刷印。至堂中並無刷印《經解》發出外者，其守閣、守堂等既得書坊茶資，不許私雇匠人與書坊並刷。

一、所收板租，設立總簿注明某年月日某書坊刷印《經解》若干部，納板租若干，某學長收入存貯。每次印書畢，即要雇匠將各書板逐片洗刷晾乾，然後收藏。每次俱有應修補之板片，即時修補。或房門、窗板、竹簾及各書架有當修理者，隨時雇人修理。如有工費稍大、不能即辦者，必須存記，俟冬月公集商辦。凡有關經板之費用及一切無著之款，俱於板租内支出。至年底通計支銷之外，或偶有所存，亦要酌定買有用之書，藏於山堂。其經手收支者，自列清款目，俾得周知可也。

續　咸豐七年，夷寇據粤秀山，學長等以山堂多藏書板，募有能取出者厚賞之。有通事某甲取出，然缺失者大半矣，乃以舟載至城西之泌冲，庋於鄒氏祠堂。勞制府聞之。捐銀七百兩，補刻《皇清經解》，諸官紳亦捐資助成之，共銀七千兩，未及兩年而工畢。時文瀾閣已圮，庋板於惠濟倉。先是，山堂外門之内有藏書之屋，夷寇毁其書，屋亦摧壞。乃即其址拓而大之，增築山坡與舊址平，高其外垣，爲室三間，以藏《經解》板，《揅經室集》、《學海堂初集》、《二集》板亦有缺，皆補完之。三集選定未刻，其稿在督署内，亂後有得之者，以歸於山堂，遂并刻而藏之。

補　《學海堂三集》，咸豐九年刻成。嗣後督、撫、學使考校如舊，歲月既久，卷帙遂多，陳蘭甫先生選爲四集，未成而歿。光緒十二年，金齡錫等編成付梓。見《學海堂四集·金齡錫序》。同治間刻《三通》、見《中國叢書綜録》總目政書類。《續通典》、《皇朝通典》、《四庫全書總目提要》同治七年刻（見《書目答問補正》），板藏學海堂（見容肇祖《學海堂考》）。《經典釋文》。同治十年刻，粤秀山文瀾閣藏板。光緒間又刻《兩漢紀》、見《中國叢書綜録》總目編年類。《學海堂叢刻》一名《啓秀山房叢書》共二函。及《學海堂志》等凡若干種，書板并藏之。書目另詳附表如後。

藏書

博觀前載，心知其意，則强立不返矣。顧名山所藏，覯止匪易，前人白鹿洞書許人借讀，近則崑山顧氏介休書堂公之同人，芳臭氣澤，興起良多，虚往實歸，引翼勿替，其視深藏篋笥、終飽蠹者，爲何如也。雖然，物無常聚，而不私一人，苟非置籍勾稽，或有負而走者，則亦雲煙之過眼耳。藏書各種，有儀徵公所授者，有大吏所頒者，有同人所貽者，有學長所購者，藏弆有籍，出入有規，以待堂中之士善讀而有得焉，洵快事也。志《藏書》。

藏書規條

一、堂中藏書册二本，其一流交，其一存堂，如續有所藏，隨時著録。

一、藏書凡若干箱，常日封鎖，其鑰匙隨課流交，管課學長隨時省視。

一、藏書每本首尾兩頁，俱蓋用「學海堂藏書」圖記。

一、設借書册九本，其一存堂，八學長各分貯一本。

一、學長如借讀藏書，先在分貯之借書册自注某時借讀某書，凡若干本，約以某時交回，分送現管課兩學長，各照鈔入分貯册内，仍於存堂之借書册照式注明，然後借出。遇公集之日，當衆説知，後來交回，亦由現管課者核明書無缺少污損，方可收入於各册注銷。倘屆期未交，現管課者須問明何故，即詳記於存堂之册，俾得周知。

一、借書如有遺失，係借者自行購補。如有點污損失，自行洗刷修好，方可交回。每逢公集，核實妥藏，庶可經久。

續

夷寇亂後，藏書蕩然無存。同治五年，郭中丞入都，留贈百金，學長固讓，不獲命，乃購《通志堂經解》藏於山房，與好學之士共讀之。異時增貯群書，此爲嚆矢矣。

石刻 木榜楹帖附

金石文字，嗜古者癖焉。後之視今，猶今之視昔。自來殘碑斷碣，未必皆有可觀，多閱歲時，則著録務盡。至於題目佳境，文字具存，日相摩挲，不復存録，幾於貴耳而賤目矣。堂中留題石鐫木刻，不專一體，後宜有考，裒集成編。志《石刻》。

外門石額

學海堂陰文横列，楷書，字徑七寸餘。

堂中木扁儀徵公書，高一尺九寸，廣七尺。懸於堂之中棟。

學海堂陰文横列，小篆，字徑一尺一寸。

西序石刻端溪石，高一尺零五分，凡四幅，共廣二尺五寸，幅二十五行，行八字。

學海堂集序陰文順列，楷書，字徑七分。

北墉之東石刻端石，高三尺四寸七分，廣一尺八寸五分，厚□寸□分。

儀徵公像

題額在像之上方。

阮芸臺先生象陰文横列，小篆，字徑三寸。

題記在像之右

道光八年四月，學海堂弟子鶴山吴應逵，番禺林伯桐、張杓，嘉應吴蘭修，漢軍徐榮，南海熊景星、曾釗，順德馬福安橅刻。

阮夫子象立於堂中，志師承也。蘭修篆額並記。陰文順列，楷書，字徑五分。

北墉之東石畫大理石，畫高二尺零五分，廣二尺三寸七分，厚八分。

蒼山洱海圖石畫上方之右，刻此五字，陰文横列。八分書。

題詞在石畫右之上方，凡四行，行八字，陰文順列，楷書。

蒼山雨脚，洱海雲頭，群峯直立，滄波不流。仙人東海，遠不可求，此即蓬萊，此即瀛洲。後刻圖章，方六分，陰文。

題記石畫，四圍用端石護之，外又用木護之。記歲月於下方端石，凡三十三行，行二字。

相國儀徵公自滇寄此石屏，山光海色，咫尺萬里，洵奇觀也。嵌諸壁間，與堂并壽。道光十五年四月，受經弟子林伯桐、張杓、吴蘭修、曾釗、熊景星、黄子高、謝念功、儀克中謹記。陰文横列，小篆。

　　磚文四隅壁上皆有，磚高□寸□分，廣□寸□分，厚□寸□分。

學海堂宜永昌陽文順列，小篆。

阮宫保建學海堂陽文順列，小篆。

　　堂中東楹帖東壁近南，木刻，陰文楷書。續　今移於阮太傅祠内。

公羊傳經，司馬記史；　雲臺宫保師撰句。

白虎德論，雕龍文心。受業博羅何南鈺謹書。續　儀徵晏端書補書。亂後扁聯皆不存，其有拓本者，重刻之；無拓本者，補書之。

　　堂中西楹帖西壁近南，木刻，陰文楷書。儀徵公撰。續　今重刻，移於前楹。

此地攬獅海珠江之勝；　道光四年。

其人遊儒林文苑之間。　番禺劉彬華書。

　　北墉楹帖木刻，陰文小篆。續　今移於至山亭。

繹史誦經，思在古昔；

登高極遠，顯於今時。

　　今相國儀徵阮公持節兩粵時，創建學海堂，課諸生經、史、詩、古文詞。後十年，廷楨來繼其任，登堂仰止，輒集嶧山碑字，題其前楹。道光十有六年太歲在柔兆涒灘，仲夏之月，江寧後學鄧廷楨書。續　金錫齡重摹碑字。

北墉楹帖木刻，陰文楷書。

學貫九流，匯此地人文法海；　道光六年仲秋，果亭成格題。續　今重刻。

秀開百粤，看群賢事業名山。

堂南門前楹帖木刻，陰文楷書。續　今重刻，移於阮太傅祠前楹。

智水仁山，在此堂宇；　道光四年嘉平月，潞河白鎔題。

經神學海，發爲文章。

山房木扁陰文横列，楷書，字徑七寸。懸於山房之中棟。續　今移於藏書板之室。

啓秀山房　道光五年仲春，金竹翟錦觀書　續　陳澧補書。

山房楹帖木刻，陰文楷書。　續　今移於此君亭。

實事求是，道光四年嘉平月，夏修恕書　續　陳璞補書。

空谷傳聲。

堂北小亭木扁陰文横列，楷書。

至山亭　道光四年，鐵橋李澐書。　續　譚瑩補書。

續

堂南小亭木扁

此君亭　戴熙書。鄒伯奇補書。

書齋木扁

離經辨志同治五年四月，郭嵩燾書。

桂林石刻拓本横幅，高□尺□寸□分，廣□丈□尺□寸□分，用木架張於堂北墉正中。

《論語·子張問從政章》凡十五行，行十三字，楷書，字徑□寸□分。

跋凡二行，楷書。

右《論語·問政》一章，廣漢張公栻嘗大書於桂林郡之治事聽。桐廬詹宫儀之欲其傳之廣也，命鑱諸巖石(此行四十字)，俾凡臨民者皆得目擊心存，力行無倦，庶不負聖人之訓。淳熙甲辰冬長至日，郡文學長沙陳邕謹題(此行三十九字)。

雅集

君子之學，息焉遊焉，從於舞雩，未忘講習，陳經庚子，當得獻酬。自有宇宙，即有此山，促膝一堂，無負佳日，永懷千古，有美弗諼，當魚鳥相親，花木成列，人生而静，會心不在遠也。築堂以來，歲有小集，講禮於斯，會友於斯，來日無涯，宜詳時序。志《雅集》。

每年春孟，同人團拜於堂，仰止師承，如親提命。因定於正月二十日期會，儀徵公壽日也。四方之賓，一國之望，淵源漸被，介祉偕來，堂中翹楚，少長咸集，日景方長，衣冠氣盛，春光明麗，四坐同歡，開歲雅遊，斯爲首路。

花朝上巳，堂中人士，遊者如雲，春課彙卷，多於展上巳日。擬定卷後，稍有餘閑，木棉遍山，垂楊夾路，花光鳥語，依依可人，聯袂清遊，欣然欲賦。

盛夏溽暑，肉山如蒸，堂中有期，曝書一集。清曉登山，陳書就日，各攜所業，從容討論。山似太古，日如小年，荔子傳觴，荷葉包飯。縹囊緗帙，可以鎮心，藏弆既周，晚凉斯發，徘徊樹陰，不覺月出矣。

拜在五經，則禮以義起，志存私淑，則經尊傳親，漢北海鄭君，固六籍之津梁，百家之山斗也。七月五日，是爲生朝，同人有約，即於堂中修釋菜之儀。與此會者，凡若而人，坐無雜賓，人懷奉手，或則作記，或者賦詩，亦以志一時也。

中秋前後，月色如晝，相約爲坐月之遊。不設燈檠，爝火未光也。不及俗事，只談風月也。有坐論者，有行吟者，隨意所如。倦則假寐，焚香瀹茗，動輒徹宵。當萬籟俱寂，一輪最高，翛翛然，飄飄然，固知隨月讀書，前人興復不淺。

重陽寒食，虛度非宜，堂中此時，遊者坌至。同人秋集，不必依期，有菊即重陽也。霜氣在葉，草痕微芳，展宋玉之賦，誦泉明之詩，不出户庭而攜壺翠微，惟此堂爲然。

長至日近，梅花大開，冬課彙卷，適當其際。公事既畢，遂登山亭，賞奇析疑，抗言高論，滿身香雪，不見纖塵，歲寒之盟，年年如是。

草木

遺愛既多，甘棠載詠，儒者所居，書帶方滋，草木依人，尤幸得地。堂本因山，舊有衆卉，長松鼓濤，木棉舒錦。得名最早，咸在此堂。他如禺陽之竹，嶺上之梅，介節素心，不遠伊邇，極命草木，亦雅故之資也。志《草木》。

木棉在羊城者，粤秀山爲最。此堂初築，雜樹輒删，惟木棉皆培以土。堂前數株，東西分列，春時遍山多此花，朱英四照，如臨風舒錦矣。《正字通》謂嶺南木棉即攀枝之類，《本草綱目》謂交廣木棉，其花如山茶，結實如拳，實中有綿。《南史》所謂古貝花。即吉貝。按唐李琮詩「衣裁木上棉」，則木棉實可爲布，而廣州木棉不用以織，但以作裀褥。花開則遠近來觀，花落則老稚拾取，以其可用耳。近人詩如王阮亭「斜日紅棉作絮飛」、杭堇浦「一路吹紅上驛樓」，或遊山目擊，或對花寫生矣。

松樹在此堂者，亦山中舊物。梅嶺松素有名，而粤秀松濤特傳志乘，蓋城中一峯秀出，境地既高，凉颸入松，聲響遠徹，陶隱居特愛松風，有以也。雨雪同音，寒温一色，堂中有此，爲耐久朋。

柏有大有小，堂中柏皆高出，與松相等。性既後彫，木中有香，而本質最樸，是悃愊無華者。粤人以柏爲吉祥，凡其所在，采擷殆遍，惟山堂深静，猶能葆其真云。

榕樹廣州所在多有，堂中古榕不知其年，蓋榕多子，鳥銜而飛，偶遺於地，得水則活。又其樹條風飄，著土遇雨，即生枝幹開張，根柢深透，然非高廣平遠之處，亦未足盡其奇。《南方草木狀》謂其幹拳曲不可爲器，燒之無焰，不可爲薪，故久而無傷。按：此即漆園書中以不材全其天年之意。然榕最能蔭，觸熱有行，逭暑無所，得此不啻廣厦。取其子飼魚，可以倍肥，取其鬚入藥，亦能固齒，曝其細枝以爲火炬，雖大風雨不滅。且貫四時而柯葉如常，其中通，其外古，不倚沃灌之煩，惟賴天地之養，故其生近於自然，蓋山堂大隱之木歟？

梅有數種，以山梅爲佳。大庾嶺頭衝寒欲放者，皆是也。而白雲山梅花，大有一邱一壑之意。此堂初種梅，多自白雲深處移來，久已成陰，歲歲霜中能作花矣。

竹有阮俞竹，峽山佳種也。白雲蒲澗多此竹，其色净緑，與他竹不同。堂前竹徑一帶，無非此君。山堂多大木古樹，盤錯奇偉，此則枝枝各出，美秀而文，瞻彼有斐，號多君子，雖不能至，物猶如此。

雞冠花凡有數色，而赤者尤佳。《學圃餘疏》謂須矮脚者種磚石砌中，以堂中觀之，正不必然。此花或栽於土山，或供於孳盆，未嘗託處卑下，而花時一色鮮新，翹然秀峙，亦堂花之自立者。

月季花一曰月貴花，又曰長春花，亦草本也。堂中之花，四時略具，或者朝華，或者夕秀，賴有此以集虚而補闕焉。山氣既暖，逐月早開，四時不變。士貴有常行，當先有恒心，觀於山堂，此花尤信。

典守

備物致用，各有主名，文教攸存，慎守斯貴。器非求舊，言各有當耳。户樞不蠹，民生在勤，嚴其筦鑰，詳其册籍，既可屢省，亦使司閽者寡過也。挈瓶之智，先民有言。志《典守》。

堂中器物，有册籍二本，一本流交，一本存堂。每遇公集之日，司堂繳册，以備查點。

堂門條規，設立粉牌二件，一懸頭門，一懸藏書室，俾司堂守門等觸目即見，易於遵守。

守門條規

一、堂中常設兩人照料，如有事外出，必要一出一留。若兩人俱有事，即要通知文瀾閣，必有人到堂代理，方可同時外出。倘無人可託，仍須留一守堂。

一、此地觀瞻所屬，每日俱要灑掃潔浄，自頭門至至山亭，每早晚俱要細心巡看，如器物草木有應料理者，及早設法料理。

一、堂内及啓秀山房，除辦公日開門外，餘日俱要關鎖，不得偶誤。

一、花木不得私自移動,要留心培護,隨時芟去蔓草,掃去殘葉枯枝,除去蟲絲蛛網。或遇久晴及盛暑,早晚宜加澆灌。

一、此堂係士林講業雅遊之所,凡有雅人來此,不許阻擋。至於短衣或赤脚者,可令在門外觀望。倘有粗言惡氣,或形迹可疑者,不許放入。

一、堂中事體,該守堂等熟習,始便於照料,必須親身供役,常川在堂住宿,不得暗换别人頂替。如果有緊要家事,准其親到管課學長處告假,立限依期銷假,不得以託人代役爲名,私行遠去。

一、堂中不許有鴉片氣,如守堂有食鴉片烟或藏鴉片烟器物者,即要退出。又不許賭博,如有賭博者,即要退出。

一、守堂等每月支給工食,必要量入爲出,不許向外人揭借錢銀及賒取各物。如有此等,即要退出。

一、堂中常要整齊嚴肅,不許争鬥諠譁,尤不許歇留閑雜之人。即守堂偶有親舊暫住三五日,亦要親到管課學長處報明。若是尋常來往者,隨來隨去,勿無故逗遛。

一、守堂等不得借人寄頓繁雜粗重等物,即如猫、狗之類,或不得已而養,亦要設法藏好,無礙遊覽方可。

一、守堂等不得隨便粘貼各字紙，亦不得將尋常物件隨便雜陳，其門前圍墻，應同一體，以肅觀瞻。

一、所設鋤頭、汲桶各物，每年給銀修補完好，務須件件足用，不得有名無實。清明、中元所給香燭衣紙銀，俱要遵辦足數，不得虛冒。

一、堂外各圍墻及樹木，三五日内必要周圍巡看一次，不得虛應故事。將有大雨，山水順流而下，必要預先設法消導，水不停滯，自無損壞。

一、堂外東頭石級，每日出入必經，如見石有浮動，灰路離開，即當買灰補好，不得疏失。

一、偶然修整地方，製造什物，守堂等俱要每日催趲稽查，務使工勤料實，不得一切諉之各匠。

一、存貯器物，俱有册記，每逢堂中辦公之日，俱要彙繳，以便查點。

文瀾閣 附

文瀾閣在粤秀山東西適中，高若干丈，以奉文昌及魁星神位，道光丙戌紳民公建，儀徵公捐廉以成之者也。閣外東、西、南三方環拱，閣後一山，隱然相隨，於以鍾靈毓秀，興起人文。祀事餘閑，憑欄遠眺，清徹無翳，迥非他處所有也。閣上下皆爲三楹，四面複道，互通往來，亦上下如一。閣前白石爲砌，深一丈餘，高若干尺。南有迴廊三所，中藏器物。西備庖湢，東則司閽所居。外門東向，與學海堂外門相望也。碑石凡三：一爲建閣碑記，一爲捐金姓名，而章程一碑，大書深刻，立於閣下簷前，升階即見，可以久而不忘也。此閣之建，工費不貲，僅得觀成，而祀産未備。現在司香等工食，皆由學海堂經費支發。且地勢高敞，修葺綦勞，將使垣墉宗桷，歷久不渝，祭器祭田，舉無缺典，是所望於後之君子矣。

文瀾閣章程碑

一、閣内恭祀文昌帝君，闔省文風所繫，紳士管理，永遠不雇僧道司祝。

一、司祝務須誠實之人，許自雇一伙工，連司祝共貳人。閣上點長明燈，地方打掃整潔，不許攜帶婦女居住，不許藏宿閑人，如違斥逐。若貯違禁貨物、窩藏匪人、一切鴉片賭博等事，定即送究不貸。

一、閣上下前廊，不租書館公館，以昭肅潔。

道光九年己丑四月二十日公立

守門條規

一、閣内常設兩人照料，如有事外出，必要一出一留。若兩人俱有事，即要着落妥人，暫時代守。倘無人可託，斷不得同時俱出。

一、閣上尊嚴之地，不特閑雜物件不許停頓，即如香燭亦須料理妥帖，不可隨便安置。

一、閣之上下地方，每日俱要灑掃潔净。閣外各圍墻、界址、樹木，於三五日内必須周圍巡看一次，不得虛應故事。

一、此地係士林敬祀之所，凡有衣冠拜神及雅人來遊，俱不得阻門。至於短衣或赤脚者，可令在門外觀望。倘有粗言惡氣，或形迹可疑者，不必放入。

一、閣下存貯經解及各書板，最爲緊要，守護照料，係守閣者專責。每月必要領鑰匙，開房門周圍巡看，拂去蟲絲蛛網，掃地潔净，即時鎖門，不得有名無實。

一、閣中印書之時，守閣者必要留心照料。其工匠人等俱在南邊廊房，早來晚去，不作夜工，不得住宿，不許有喫鴉片、賭博、争鬥等事。其閣下正廳，亦不得任工匠等雜處。倘借貯紙料，亦要諄屬安置妥帖，不得隨便雜陳。其正廳既開門，則檯椅常要拂拭整潔，以肅觀瞻。

一、每印經解各書，某日發板，某日收板，俱要依期，不得隨便多發，亦不得過期不收，以昭慎重。

一、閣内必須熟人，始便於照應，守閣人等務宜親身供役，常川在閣，不得暗換別人頂替。如果有緊要家事，准其到學海堂學長處告假，立限依期銷假，不得以託人代役爲名，私行遠去。

一、閣内不許有鴉片氣，如守閣人等有食鴉片烟及收藏鴉片烟器物者，即要退出。又不許有賭博，如有賭博者，即要退出。

一、守閣等每月支給工食，必要量入爲出，不許向外人揭借錢銀及賒取各物，如有此等，即要退出。

一、地方要整齊潔浄，不許歇留閑雜人等，即守閣偶有親舊暫住數日，亦要到學海堂學長處報明。若是尋常來往者，隨來隨去，勿無故住歇。

一、此地不得借人寄頓繁雜粗重等物，即如雞、狗之類，偶然要養，亦須設法藏好，無礙觀瞻方可。

一、閣外小亭，本爲竪碑之地，今守門等暫設茶居，必須潔净爲要，務宜照應堂閣門面，不許歇留雜人，不得妄行搭蓋，亦不許有吃鴉片煙、賭博、争鬥，以及揭人銀兩、賒借各物等弊。如有此等，惟守門等是問。

一、每年學海堂四課，要隨時協同守堂等通融伺候，不分畛域。每遇堂中辦公之日，閣下正廳檯椅要拂拭整潔，以備到此稽查一切。

一、自頭門至閣上、閣後、閣旁，每早晚俱要細心巡看，如器物有應料理者，及早設法料理。將有大雨，恐或山水流下，必要及早設法消導，勿致臨時壅塞誤事。

一、不許添設神位以及隨便粘貼各字紙，亦不得將尋常物件隨便雜陳。其門外圍墻，應同一體，以肅觀瞻。

一、閣內係文教之地，倘有雜色人等及婦女褻瀆到拜神者，勸令別往。

續

咸豐七年，夷炮擊文瀾閣，斷一石柱，閣之一隅已傾。同治元年七月朔颶風，閣乃盡圮，其舊材露積於地，雨淋日炙，朽腐將盡矣。六年已重修。

附録　學海堂所刻書書目

皇清經解一千四百卷續刊八卷

左傳杜解補正三卷［清］顧炎武撰
音論一卷［清］顧炎武撰
易音三卷［清］顧炎武撰
詩本音十卷［清］顧炎武撰
日知録二卷［清］顧炎武撰
四書釋地一卷續一卷又續一卷三續一卷［清］閻若璩撰
孟子生卒年月考一卷［清］閻若璩撰
潛邱劄記二卷［清］閻若璩撰
禹貢錐指二十卷例略圖一卷［清］胡　渭撰
學禮質疑二卷［清］萬斯大撰
學春秋隨筆十卷［清］萬斯大撰
毛詩稽古編三十卷［清］陳啓源撰
仲氏易三十卷［清］毛奇齡撰
春秋毛氏傳三十六卷［清］毛奇齡撰
春秋簡書刊誤二卷［清］毛奇齡撰
春秋屬辭比事記四卷［清］毛奇齡撰
經問十四卷補一卷［清］毛奇齡撰

論語稽求篇七卷[清]毛奇齡撰

四書賸言四卷補二卷[清]毛奇齡撰

詩説三卷附録一卷[清]惠周惕撰

湛園札記一卷[清]姜宸英撰

經義雜記十卷[清]臧琳撰

解春集二卷[清]馮景撰

尚書地理今釋一卷[清]蔣廷錫撰

易説六卷[清]惠士奇撰

禮説十四卷[清]惠士奇撰

春秋説十五卷[清]惠士奇撰

白田草堂存稿一卷[清]王懋竑撰

周禮疑義舉要七卷[清]江永撰

深衣考誤一卷[清]江永撰

春秋地理考實四卷[清]江永撰

群經補義五卷[清]江永撰

鄉黨圖考十卷[清]江永撰

儀禮章句十七卷[清]吴廷華撰

觀象授時十四卷[清]秦蕙田撰

經史問答七卷[清]全祖望撰

質疑一卷[清]杭世駿撰

注疏考證六卷[清]齊召南撰

尚書考證一卷

禮記注疏考證一卷

春秋左傳注疏考證二卷

春秋公羊傳注疏考證一卷

春秋穀梁傳注疏考證一卷

周官禄田考三卷[清]沈彤撰

尚書小疏一卷[清]沈彤撰

儀禮小疏八卷[清]沈彤撰

果堂集一卷[清]沈彤撰

周易述二十一卷［清］惠　棟撰

古文尚書考二卷［清］惠　棟撰

春秋左傳補註六卷［清］惠　棟撰

九經古義十六卷［清］惠　棟撰

春秋正辭十一卷　春秋舉例一卷　春秋要指一卷［清］莊存與撰

鍾山札記一卷［清］盧文弨撰

龍城札記一卷［清］盧文弨撰

尚書集註音疏十三卷　尚書經師系表一卷［清］江　聲撰

尚書後案三十一卷［清］王鳴盛撰

周禮軍賦説四卷［清］王鳴盛撰

十駕齋養新録三卷　餘録一卷［清］錢大昕撰

潛研堂文集六卷［清］錢大昕撰

四書考異三十六卷［清］翟　灝撰

尚書釋天六卷［清］盛百二撰

讀書脞録二卷續編二卷［清］孫志祖撰

弁服釋例八卷［清］任大椿撰

釋繒一卷［清］任大椿撰

爾雅正義二十卷［清］邵晉涵撰

宗法小記一卷［清］程瑶田撰

儀禮喪服足徵記十卷［清］程瑶田撰

釋宫小記一卷［清］程瑶田撰

考工創物小記四卷［清］程瑶田撰

磬折古義一卷［清］程瑶田撰

溝洫疆理小記一卷［清］程瑶田撰

禹貢三江考三卷［清］程瑶田撰

水地小記一卷［清］程瑶田撰

解字小記一卷［清］程瑶田撰

聲律小記一卷［清］程瑶田撰

九穀考四卷［清］程瑶田撰

釋草小記一卷［清］程瑶田撰

釋蟲小記一卷［清］程瑶田撰

禮箋三卷［清］金　榜撰

毛鄭詩考正四卷［清］戴　震撰

詩經補註二卷［清］戴　震撰

考工記圖二卷［清］戴　震撰

東原集二卷［清］戴　震撰

古文尚書撰異三十三卷［清］段玉裁撰

毛詩故訓傳三十卷［清］段玉裁訂

詩經小學四卷［清］段玉裁撰

周禮漢讀考六卷［清］段玉裁撰

儀禮漢讀考一卷［清］段玉裁撰

説文解字注十五卷［清］段玉裁撰

六書音均表五卷［清］段玉裁撰

經韻樓集六卷［清］段玉裁撰

廣雅疏證十卷［清］王念孫撰

讀書雜志二卷［清］王念孫撰

春秋公羊通義十一卷敘一卷［清］孔廣森撰

禮學卮言六卷［清］孔廣森撰

大戴禮記補注十三卷［清］孔廣森撰

經學卮言六卷［清］孔廣森撰

溉亭述古録二卷［清］錢　塘撰

群經識小八卷［清］李　惇撰

讀經考異八卷［清］武　億撰

尚書今古文注疏三十九卷［清］孫星衍撰

問字堂集一卷［清］孫星衍撰

儀禮釋官九卷［清］胡匡衷撰

禮經釋例十三卷［清］凌廷堪撰

校禮堂文集一卷［清］凌廷堪撰
劉氏遺書一卷［清］劉台拱撰
述學二卷［清］汪　中撰
經義知新録一卷［清］汪　中撰
大戴禮正誤一卷［清］汪　中撰
曾子注釋四卷［清］阮　元撰
十三經注疏校勘記二百四十八卷［清］阮　元撰
周易校勘記九卷略例校勘記一卷釋文校勘一卷
尚書校勘記二十卷釋文校勘記二卷
毛詩校勘記七卷釋文校勘記三卷
周禮校勘記十二卷釋文校勘記二卷
儀禮校勘記十七卷釋文校勘記一卷
禮記校勘記六十三卷釋文校勘記四卷
春秋左傳校勘記三十六卷釋文校勘記六卷
春秋公羊傳校勘記十一卷釋文校勘記一卷
春秋穀梁校勘記十二卷釋文校勘記一卷
論語校勘記十卷釋文校勘記一卷
孝經校勘記三卷釋文校勘記一卷
爾雅校勘記六卷釋文校勘記二卷
孟子校勘記十四卷音義校勘記二卷
車制圖考一卷［清］阮　元撰
積古齋鐘鼎彝器款識二卷［清］阮　元撰
疇人傳九卷［清］阮　元撰
揅經室集七卷［清］阮　元撰
撫本禮記鄭注考異二卷［清］張敦仁撰
易章句十二卷［清］焦　循撰
易通釋二十卷［清］焦　循撰
易圖略八卷［清］焦　循撰

孟子正義三十卷〔清〕焦　循撰
周易補疏二卷〔清〕焦　循撰
尚書補疏二卷〔清〕焦　循撰
毛詩補疏五卷〔清〕焦　循撰
禮記補疏三卷〔清〕焦　循撰
春秋左傳補疏五卷〔清〕焦　循撰
論語補疏三卷〔清〕焦　循撰
周易述補四卷〔清〕江　藩撰
拜經日記八卷〔清〕臧　庸撰
拜經文集一卷〔清〕臧　庸撰
瞥記一卷〔清〕梁玉繩撰
經義述聞二十八卷〔清〕王引之撰
經傳釋詞十卷〔清〕王引之撰
周易虞氏義九卷〔清〕張惠言撰
周易虞氏消息二卷〔清〕張惠言撰
虞氏易禮二卷〔清〕張惠言撰
周易鄭氏二卷〔清〕張惠言撰
周易荀氏九家義一卷〔清〕張惠言撰
易義别録十四卷〔清〕張惠言撰
五經異義疏證三卷〔清〕陳壽祺撰
左海經辨二卷〔清〕陳壽祺撰
左海文集二卷〔清〕陳壽祺撰
鑑止水齋集二卷〔清〕許宗彦撰
爾雅義疏十九卷〔清〕郝懿行撰
春秋左傳補注三卷〔清〕馬宗璉撰
春秋公羊經何氏釋例十卷〔清〕劉逢禄撰
公羊何氏解詁箋一卷〔清〕劉逢禄撰
發墨守評一卷〔清〕劉逢禄撰
穀梁廢疾申何二卷〔清〕劉逢禄撰
左氏春秋考證二卷〔清〕劉逢禄撰

箴膏肓評一卷〔清〕劉逢禄撰

論語述何二卷〔清〕劉逢禄撰

燕寢考三卷〔清〕胡培翬撰

研六室雜著一卷〔清〕胡培翬撰

春秋異文箋十三卷〔清〕趙　坦撰

寶甓齋札記一卷〔清〕趙　坦撰

寶甓齋文集一卷〔清〕趙　坦撰

夏小正疏義附釋音異字記四卷〔清〕洪震煊撰

秋槎雜記一卷〔清〕劉履恂撰

吾亦廬稿四卷〔清〕崔應榴撰

論語偶記一卷〔清〕方觀旭撰

經書算學天文考一卷〔清〕陳懋齡撰

四書釋地辨證二卷〔清〕宋翔鳳撰

毛詩紬義二十四卷〔清〕李黼平撰

公羊禮説一卷〔清〕凌　曙撰

禮説四卷〔清〕凌　曙撰

孝經義疏一卷〔清〕阮　福撰

經傳考證八卷〔清〕朱　彬撰

甓齋遺稿一卷〔清〕劉玉麐撰

説緯一卷〔清〕王　崧撰

經義叢鈔三十卷〔清〕嚴　杰輯

右一千四百卷，雕刻繁博，集清初諸儒經解大觀，書成於道光九年。督糧道夏修恕序云：《皇清經解》之刻，乃聚本朝解經之書以繼《十三經注疏》之迹也。自《十三經注疏》成，而唐宋解經諸家大義多括於其中。此後李鼎祚書及宋元以來經解，則有康熙時通志堂之刻。我大清開國以來，御纂諸經爲之啓發，由此經學昌明，軼於前代。有證注疏之失者，有發注疏之未發者，亦有與古今人各執一説以待後人折衷者。國初如顧亭林、閻百詩、毛西河諸家之書，已收入《四庫全書》，乾隆以來，惠定宇、戴東原等書，亦已久行宇內。惟未能如通志堂總匯成書，久之恐有散佚。道光初，宫保總督阮公立學海堂於嶺南，以課士子之願學者，苦不能備觀各書，於是宫保盡出所藏，選其應刻者付之梓人，以惠士人，委修恕總司其事。六年夏，移節滇黔，修恕校勘剞劂，四載始竣，計書一百八十餘種，庋板於學海堂側之文瀾閣，以廣印行，不但嶺南以此爲注疏後之大觀，實事求是，即各省儒林亦同此披覽，益見平寶精詳矣。

咸豐七年，夷寇據粤秀山，書板缺失大半。嗣由總督勞崇光、諸官紳捐資補刻，訖咸豐十一年而書成，世稱庚申補刻本是也。并爲後序云：

右部千四百卷，書百八十餘種，人七十餘家，前廣帥阮文達相國所刊《皇清經解》也。考據之學，至本朝而精，故撰著之書，至本朝而盛，文達公備出原書，刊爲總部，厥費鉅矣，厥功偉矣。板藏學海堂中，咸豐七年，毀於兵燹。後二年，崇光晉督兩廣，搜之灰燼，完者十之四，殘者十之六，戎馬倥傯，公私竭蹶，勢固卒卒不暇，念此鉅書頓成缺典，此亦帥兹土之憾也，乃與同志捐貲補刊之，以卷計者凡數百，以頁計者凡數千，鳩工閲一歲而書完。書已有前序，故謹爲後序，志其歲月於此。文達領一代儒林，此書備一代經説，其爲體例宜精，惜公於道光六年移節，而書至道光九年告成，諸多出其門人嚴厚民上舍之手，率爲編録删節，去取或乖旨趣，《廣雅疏證》、《説文解字》及諸歷學、算學之書，雖經學所不少可而與經解不必相附，其末《經義叢鈔》尤非經解專書，濫厠其間，殊失其類。第此係補刊，不比重刊，更定之則不得爲原本矣，故附著其説而不變其例。

補刻既竣，又續刊《石經考異》六種，殿其末。

國朝石經考異一卷［清］馮登府撰

漢石經考異一卷［清］馮登府撰

魏石經考異一卷［清］馮登府撰

唐石經考異一卷［清］馮登府撰

蜀石經考異一卷［清］馮登府撰

北宋石經考異一卷［清］馮登府撰

三家詩異文疏證二卷［清］馮登府撰

右八卷，咸豐十一年續刻。

揅經室集六十三卷［清］阮　元撰

一集十四卷，二集八卷，三集五卷，四集二卷。詩十一卷，續集十一卷，再續集七卷，外集五卷。同治年間據文選樓重刻本。

學海堂四集九十卷　學海堂師生等合撰

初集道光四年刊，十五卷附一卷。二集道光十八年刊，廿二卷。三集咸豐九年刊，廿四卷。四集光緒十二年刊，廿八卷。

通典二百卷［唐］杜　佑撰

通志二百卷［宋］鄭　樵撰

文獻通考三百四十八卷［元］馬端臨撰

右三通七百四十八卷，同治年間刊。《中國叢書綜録》總目政書類著録。

續通典一百四十四卷　乾隆三十二年敕撰

皇朝通典一百卷　乾隆三十二年敕撰

四庫全書總目提要二百卷

四庫簡明目録二十卷

右四種，同治七年廣州局刻，分見《書目答問補正》史部政書類及書目類。板藏學海堂，見《學海堂考》。

經典釋文三十卷［唐］陸德明釋文

同治十六年雕，粤秀山文瀾閣藏板。

前漢紀三十卷［漢］荀　悦撰

後漢紀三十卷［晉］袁　宏撰

兩漢紀校記二卷［清］陳　璞撰

右光緒二年刻本，見《中國叢書綜録》總目史部編年類。

學海堂叢刻一名啓秀山房叢書　學海堂師生撰

石畫記五卷［清］阮　元撰叢刻之一

供冀小言一卷［清］林伯桐撰叢刻之二

聽松廬詩略二卷［清］張維屏撰　叢刻之三

續三十五舉一卷［清］黄子高撰叢刻之四

讀律提綱一卷［清］楊榮緒撰叢刻之五

桐花閣詞鈔一卷　吴蘭修撰　陳良玉輯　叢刻之六

右第一函，光緒三年刻。《中國叢書綜録》總目著録。每一書後有『羊城内西湖街富文齋承印』等字樣。

周禮注疏小箋五卷［清］曾　釗撰叢刻之七

面城樓集鈔四卷［清］曾　釗撰　［清］陳　璞編　叢刻之八

磨甋齋文存一卷［清］張　杓撰叢刻之九

止齋文鈔二卷［清］馬福安撰叢刻之十

樂志堂文略二卷［清］譚　瑩撰叢刻之十一

是汝師齋遺詩一卷［清］朱次琦撰叢刻之十二

右第二函，光緒十二年刻。《中國叢書綜録》總目著録。並有姚詩雅《景石齋詞略》一卷，今見本闕。

劍光樓集五卷［清］儀克中撰

光緒八年刻，上册詞鈔，下册詩鈔、文鈔。

嶺南集八卷［清］杭世駿撰

光緒七年冬重刊，伍學藻題耑。

廣博物志五十卷［明］董斯張撰光緒五年刊。

南海百詠一卷［宋］方信孺撰

南海百詠續編四卷［清］樊　封撰

右兩種，光緒八年重刊，蓋有廣州鎔經鑄史齋印行之朱印條戳。

三國志裴注述二卷［清］林國贊撰

光緒十七年刊，鐫有「學海堂叢刻」等字。

史論四卷［明］張　溥撰

光緒十八年刊本。

史目表一卷〔清〕洪飴孫撰

光緒十九年啓秀山房刊。

紀文達公文集十六卷 詩集十六卷〔清〕紀 昀撰

國朝嶺南文鈔十八卷〔清〕陳在謙輯

北漢字義二卷補遺一卷〔宋〕陳 淳撰

知足齋詩文集三十二卷〔清〕朱 珪撰

廣駢體文鈔十七卷〔清〕陳 均輯

西漢會要七十卷〔宋〕徐天麟撰

東漢會要四十卷〔宋〕徐天麟撰

右七種，據《學海堂考》。

春秋大事表五十卷 輿圖一卷附録一卷〔清〕顧棟高撰

據《書目答問補正》經部春秋總義類

通藝録三十卷〔清〕程瑶田撰

據《書目答問》經部諸經總義類。按是書自刻本爲四十三卷，今采三十卷（見同上引書）。

學海堂志一卷〔清〕林伯桐初編〔清〕陳　澧續編

光緒年間刊本。

【校記】

〔一〕憩　原誤作「憇」，今改。

〔二〕簿　原誤作「部」，據前後文意改。

學校貢舉私議

黄國聲　點校

點校説明

《學校貢舉私議》稿本，載於《東塾遺稿》中。東塾對科舉制度的弊端，感受痛切，屢有抨擊。及至任河源縣學訓導後，對其流弊有更深瞭解。解任後，遂仿宋朱熹遺意，亦作私議，冀或爲當政者所采擇。不過，此篇所列目録，本尚詳盡，但正文内容却顯得簡略、單薄，有些甚至有目無文，可見這祇是提綱式的初稿，遠非定本。另外，《東塾遺稿》在「私議」文後，載有「正君臣之名」等提綱三十條，其中頗有與科舉制度有關的，但又有關於時政、世風、經濟方面的，不知其用意何在，或爲目録之補充也歟？以其足以反映東塾的見解進程，謹録載於後。

學校貢舉私議目録

序

人主所以治天下者，人材也。所以教育人材者，學校也。取人材而用之者，貢舉也。是故學校貢舉之法善，則得人材，而天下可得而治也。其法不善，則不得人材，而欲以治天下，不可得也。昔朱子著《學校貢舉私議》一篇，凡□□言，指陳當時之弊而思變其法。自朱子之殁，至於今六七百年，天下莫不尊朱子，而朱子之議卒未行也。今學校貢舉之弊，殆又甚於朱子之世。澧以海濱賤士，蒙朝廷選爲學官，無以自效，到官兩月告病歸，輒仿朱子之意，竭愚心著《私議》一卷，不敢好高遠深博之説，庶幾切實可行[二]，或有裨聖治於萬一也。

學校貢舉私議

昔朱子有《學校貢舉私議》，蓋以治天下由於人材，得人材由於學校、貢舉。學校、貢舉之法善，而後天下可得而治也。本乎古，酌乎今而議之，而後學校、貢舉之法可得而善也。私議者，不能上言於朝，則私竊擬議之，或候朝廷采擇，或遇有上言之職者，取其議而上之也。故澧亦竊欲效朱子而爲《私議》如左：

一　議學校之官。國學祭酒、司業，設博士官，升司業爲五品，而博士爲六品，朝廷尊重之，與祭酒、司業等。《易》、《詩》、《書》、《周禮》、《儀禮》、《禮記》、《春秋左傳》各一員，《春秋公羊傳》、《穀梁傳》共一員，《孝經》、《論語》、《孟子》共一員，《爾雅》兼《説文》一員，史學一員，詩文一員，凡十二員。必精其學而後授其官，其遷則爲司業，會試則爲同考官，鄉試則爲主考官，歲科試則爲學政官。各省於省會亦置博士，不能備十二員則擇兼通者爲之，其體制如今之書院山長而不爲官，國學博士員缺，或取以補之。各府、州、縣不能各置博士，則合數府、州合置之。今之教官改名曰學官，惟司學事，不授士子經業焉。

一　議學校之書。《易》、《書》、《詩》、《三禮》、《春秋》三傳、《孝經》、《論語》、《爾雅》皆用注疏。《易》兼用李氏《集解》、程《傳》、朱《本義》。《詩》兼用朱《集傳》。《論語》及《禮記》之《大學》、《中庸》兼用朱子《集注》、《章句》。《孟子》用趙注、朱注。《書》之古文刪之，存二十八篇。而《說文》、《通鑑》、《文選》、杜詩、韓文，皆立於學官，使士人習之。士人必專習一經，或兼一經二經，或兼史學、詩文。其《四書》、《孝經》皆習之。

一　議考試之法。民人應試，使學中諸生出結，保其身家清白祖、父有官及在學者除此四字。品行無虧，遂率以見學官。學官覆核無異，以告於府、州、縣官，備名册以試於學政。第一場試默寫《四書》、《孝經》數百字，所習經數百字，無脱無誤，字體合式者出榜。招覆試第二場，試《四書》文一篇，文理通順者取爲新附學生。學政又試舊附學生，第一場試默寫《四書》、《孝經》，所習經數百字無誤，《四書》文一篇通順者出榜覆試，第二場所習經解二篇，若兼習一經或兼習史及詩文者，則所習經解減一篇，而試兼習經解一篇，或史論一篇或文一篇，詩數首。經解能述先儒之説，史論能知本事、文與詩順者，取爲廩生，三年兩試之，如今法。三年鄉試，廩生應試，附生不應試。第一場試本經解一篇、《四書》文一篇。取中額之十倍出榜。招覆試二場，試本經解一篇，若兼習二經者，不試本經，試兼經解一篇。出榜取三之一，試三場，不兼經者仍試本經解，兼一經二經者，試兼經若兼史則試史論，兼詩文則試詩文。取中如額。會試亦如之。

每鄉試後，督、撫、兩司訪廩生之有學而久不中者，招而試之，一省貢數人，許爲副榜舉人，一體會試。每學政考取廩生後，道、府、直隸州訪附生之有學而久不得廩者，招而試之，每官一員取附學生一名，許爲廩生，許一體鄉試。

每學政考取附學生後，州、縣官訪民人之有學而久不得附學者，每一員貢民人一名，許爲附學生，一體應歲試。

每十年，朝廷開制科，命大學士、京堂、翰詹、科道、督撫、司道各舉所知之士。京官一二品、外官督撫舉一二人，餘官舉一人，不論進士、舉人、廩生、附生，奏其學行才藝。天子命大臣考選其尤者，引見而用之。

凡會試中式進士，許投牒願選某官。凡進士之長子許爲附生。外官三品、京官文官四品之長子爲附生者，許爲廩生，二品官之長子爲廩生者，許爲廩（聲按：原文如此，疑或爲「貢」。）生。一品官之長子爲廩生者，許爲舉人，次子許爲附生。

凡附學生願習吏事者，入本府、州、縣衙門爲書辦，得考吏仍應歲試，其考得吏員者，選從九品官。

凡富人身家清白，能捐財賑災奉公者，給階官不得過七品。

凡鄉賢名宦之子、孫、曾孫、玄孫得以一人爲附學生，其不讀書者，給附學生冠服。玄孫之子以下除。

正君臣之名[二]

除繁僞之例

分別陋規或禁或聲明

禁拜認師生

禁換帖兄弟

增京官俸

增武官俸

增文官七品以下俸

會計天下財賦出入

府州縣掌兵

税監

用吏員
賤洋貨
内務府用士人使屬於六部
任相
置諫官
使六科舉封駁之職
置書學博士
罷翰林試詩賦
正卿省爲一員
滿漢結婚
駐防許入良籍
舉考廉方正
舉茂才異等
十科進士
仿宋制差京官出知州縣

抑躁進

停捐納

開經筵

吏員候選者別設中額，許入監讀書、應試。生員明律例者，許與吏員同行。

【校記】

［一］序文據陳之邁編《東塾續集》，《東塾遺稿》中亦有此序，但在此句下爲以下文字：「自顧名位卑微，無以上達，伏冀當代大人先生采擇其説，以聞於朝，或有裨聖治於萬一。謹條其議於左。」

［二］此下三十條提綱，與《私議》載於《東塾遺稿》同卷中，但未標出題目。

三統術詳説

蘇森祐　點校

點校説明

三統術之言散見於《漢書·律曆志》，有些數字多傅會假托，名目繁亂，次第顛倒，雖有學者致力發明而仍不易解。作者年輕時讀班志，爲之鈎摘演繹，得《三統術詳説》四卷，惜至光緒八年作者逝世仍未及寫定。檢刻遺書時門人廖廷相仿全書體例對個别地方作了補充修定。此書收入《東塾遺書》，刻印精良，校勘審慎。此次整理除徑改個别誤字外，主要以《漢書》（中華書局點校本）對照引文，明顯相異處逐條標出，并作校記附於書後。

目録

三統術詳説　卷一

黃鐘以其長自乘，故八十一爲日法。

統母　日法八十一。元始黃鐘初九自乘，一龠之數，得日法。

命一日爲八十一分，其云「黃鐘自乘」者，黃鐘九寸，自乘得八十一，此借黃鐘爲説耳。其實則因月行二十九日又八十一分日之四十三而與日會，故命一日爲八十一分也。

以五乘十，大衍之數也，而道據其一，其餘四十九，所當用也，故著以爲數。以象兩兩之，又以象三三之，又以象四四之，又歸奇象閏十九及所據一加之，因以再扐兩之，是爲月法之實。劉攽曰：「兩之得九十八，三之得二百九十四，四之得一千一百七十六，象閏十九、所據一加之，十九與一合二十，爲一千一百九十六，兩之二千三百九十二。」

如日法得一，則一月之日數也。

月法二千三百九十二。推大衍象，得月法。

月行二十九日又八十一分，日之四十三而與日會，爲月朔。以二十九日每日通爲八十一分,得二千三百四十九分,加入分子四十三,共得二千三百九十二分也。其云「推大衍象」者,借《易》數以爲説耳。

周天五十六萬二千一百二十。以章月乘月法,得周天。

當時測定三百六十五日又一千五百三十九分,日之三百八十五而日行一周天,以三百六十五日每日通爲一千五百三十九分,得五十六萬一千七百三十五分,加入分子三百八十五,共得五十六萬二千一百二十分也。其云「以章月乘月法得周天」者,先有周天之數,然後有章月之數,謂周天數由章月數而得,則先後倒置矣。章月乘月法,適得五十六萬二千一百二十,遂借以爲説耳。

參天九,兩地十,是爲會數。

會數四十七。參天九,兩地十,得會數。

以五位乘會數,而朔旦冬至,是爲章月。

章月二百三十五。五位乘會數,得章月。

閏法十九,因爲章歲。合天地終數,得閏法。

章者,月朔與冬至同日也。一月二十九日又八十一分,日之四十三,與一歲三百六十五日又一千五百三十九分,日之三百八十五,兩數不齊,故以兩數輾轉相減,皆餘十九。乃以十九乘八十一，得一千五百三十九，則兩分母齊同矣。又以十九乘分子四十三，得八百一十七，是爲一千五百三十九分之八百一十七，每月二十九日，以一千五百三十九分通之，得四萬四千六百三十一分，加入分子八百一十七，得四萬五千四百四十八分，爲一月。以三百六十五日乘一千五百三十九分，得五十六萬一千七百三十五，加入分子三百八十五，得五十六萬二千一百二十分，爲一歲。兩數相乘，得二百五十五億四千七百二十二萬九千七百六十分，則歲與月齊同矣。然其數太繁，故以兩數輾轉相減，皆餘二千三百九十二，以除二百五十五億四千七百二十二萬九千七百六十分，得一千零六十八萬零二百八十分，則歲與月已得齊同，是爲一章之分數。乃以一歲五十六萬二千一百二十除之，得十九，則爲章歲。以一月四萬五千四百四十八除之，得二百三十五，則爲章月也。十二個月爲一年，以十九乘之，得二百二十八，以減章月二百三十五，餘七個月，爲十九歲有七閏也。十九歲七閏，而月朔與冬至同日，因謂十九爲閏法。其云「閏法十九，因爲章歲」，則倒置矣。云「合天地終數得閏法」，則假託《易》數也。其云「五位乘會數」，説見下。

十九歲有二百三十五月，以十九除二百三十五，每歲得十二個月又十九分月之七。

參天數二十五，兩地數三十，是爲朔望之會。

朔望之會百三十五。參天數二十五，兩地數三十，得朔望之會。錢氏引《春秋正義》，稱「三統之術以五月二十三分月之二十而一食」。

「五月又二十三分月之二十而一食」者，白道斜交於黄道，日月同至相交處則日食。日行至此交，月行至彼交，則月食。每歲十二個月又十九分月之七，日行黄道一周必過兩交，是六個月又三十八分，月之七而一過交也。但黄白之交，以漸而移，當時測得五個月又二十三分，月之二十而日過一交，即以五個月又二十三分，月之二十爲一食之限，其食不食則不定也。必過交之日值朔則日食，值望則月食。若日過交不值朔望，則日雖過交，而月不過交，仍不食也。

五個月又二十三分月之二十而一食，以五個月乘每月二十三分，爲一百一十五分，加入分子二十，爲一百三十五分而一食。然以每月二十三分除之不盡，乃以二十三乘之，爲三千一百零五分，是爲二十三食。以每月二十三除之，得一百三十五個月也。

朔望之會，以會數乘之，則周於朔旦冬至，是爲會月。

會月六千三百四十五。以會數乘朔望之會，得會月。

一章二百三十五個月，朔望之會一百三十五個月，兩數不齊。以二百三十五與一百三十五相乘，得三萬一千七百二十五個月，而冬至朔旦日食皆齊同矣。然其數太繁，故以兩數輾轉相減，皆餘五，以除三萬一千七百二十五，得六千三百四十五個月，而冬至朔旦日食齊同矣，故六千三百四十五爲會月也。以章月二百三十五除之，得二十七章，以章歲十九乘二十七，得五百一十三歲也。其云「以會數乘朔望之會而得會月」者，因章月與朔望之會兩數輾轉相減，得五，遂不以章月二百三十五與朔望之會一百三十五相乘，而但以五除章月二百三十五，得四十七，以乘朔望之會一百三十五，即得會月六千三百四十五，此省乘除之繁也。會數四十七，本由以五除章月而得之，其云「參天九兩地十」者，假託《易》數也。本以二百三十五與一百三十五轉減而得五，其云「五位」者，亦假託《易》數也。本先有章月之數，後乃以五除之而得會數，其云「以五位乘會數得章月」，亦倒言之也。

日法乘閏法，是爲統歲。

統法一千五百三十九。以閏法乘日法，得統法。

統月萬九千三十五。參會月，得統月。

一會五百一十三歲，而月朔、冬至、日食同在一日。矣然月朔、冬至、日食不能定在是日之初也。乃以一日八十一分與五百一十三歲相乘，得四萬一千五百五十三歲，則日與會皆盡。然其數太繁，故以兩數轉相減，得二十七，乃以二十七除之，得一千五百三十九歲，以一會五百一十三歲除之，得三，是三會爲一統也。其云「以閏法乘日法」者，因用日法八十一與會歲五百一十三轉減，得二十七，以除四萬一千五百五十三，而得統法。既得此數，乃以二十七除會歲得十九，此十九亦可以強立一名，如會數之例。而適有閏法十九，遂曰閏法耳。以十九乘日法，則無四萬一千五百五十三之繁，而已得統歲。然如此反不明白矣。

一統五十六萬二千一百二十日。

元法四千六百一十七。參統法，得元法。

元月五萬七千一百五。參統月，得元月。

一統一千五百三十九歲，而月朔、冬至、日食同在一日，且在是日之初矣，然每統之首日，不能定爲甲子日也。一歲五十六萬二千一百二十分，以一千五百三十九歲乘之，得八億六千五百一十萬零二千六百八十分，爲一統之分，以每日一千五百三十九分除之，得五十六萬二千一百二十日，爲一統之日。乃以甲子六十日乘之，得三千三百七十二萬七千二百日，而統與甲子俱盡矣，然而太繁且久也。兩數轉減，餘二十以除之，得一百六十八萬六千三百六十日，爲一元之日，而六十甲子亦終矣。以一統五十六萬二千一百二十日除之得三，是三統爲一元也。

歲中十二。以三統乘四時，得歲中。

一歲十二中氣，此與三統無涉，乃附會耳。

章中二百二十八。以閏法乘歲中，得章中。

一歲十二中，以十九歲乘之，得二百八十八[一]中也。

統中萬八千四百六十八。以日法乘章中，得統中。

八十一章爲一統，故以八十一乘章中得統中也。此八十一者，八十一章也，非一日八十一分也。云「日法」者，假借耳。

元中五萬五千四百四。參統中，得元中。

三統爲一元，故三乘統中得元中。

月周二百五十四，以章月加閏法，得月周。

月行白道，周與至、朔同日也。一月二千三百九十二分，以一章二百三十五個月乘之，得五十六萬二千一百二十分，是爲一章之分。以月行二百五十四周除之，得每一周二千二百一十三分又二百五十四分。分之十八，乃以二百五十四周乘二千二百一十三分，得五十六萬二千一百零二分，加入十八分，爲五十六萬二千一百二十分，是爲白道一周之二百五十四倍也。此數既爲一章之分，是一章二百三十五個月，一章二百五十四個白道周也。

四分月法，以其一乘章月，是爲中法。

參閏法爲周至，以乘月法，以減中法而約之，則六[三]扐之數，爲一月之閏法，其餘七。分此中朔相求之術也。

通法五百九十八。四分月法，得通法。

中法十四萬五百三十。以章月乘通法，得中法。

周至五十七。參閏法,得周至。

此爲中月相求之定率也。月法二千三百九十二,以章月二百三十五乘之,得五十六萬二千一百二十,爲一章之分。以章中二百二十八除之,則得一中之分。然除之不盡,故不除,即以五十六萬二千一百二十分,爲一中之分之二百二十八倍也。一中之分既加二百二十八倍,則一月之分亦加二百二十八倍,以二百二十八乘月法二千三百九十二,爲五十四萬五千三百七十六也。然以兩數皆太繁,算法約分可半者半之,五十六萬二千一百二十,可半而又半,故四分之爲十四萬零五百三十也。月法乘章月,既可四分,則先四分月法而乘章月,省其數之繁也。五十四萬五千三百七十六,亦可半而又半,故亦四分之,爲十三萬六千三百四十四也。既可四分,故亦先四分章中,得五十七。而名之曰「周至」,則月法加二百二十八倍者,祇加五十七倍耳。周至五十七,實由四分章中而得之。其云「參閏法得周至」者,閏法十九,參之適得五十七,遂以爲參閏法,其實非由於參閏法也。十四萬零五百三十與十三萬六千三百四十四,可以爲月與中相求之率,然其數猶繁,又以兩數轉相減,餘五百九十八,而約之,故曰「以減中法而約之」也。以五百九十八除十四萬零五百三十,得二百三十五,爲中之定率,又以除十三萬六千三百四十四,得二百二十八,爲一月之定率,中多於月者七,故曰「其餘七分」也。云「六扐之數爲一月之閏法」,錢氏云「當作七扐」,非也。上文云「歸奇象閏十九」,「以再扐兩之」,是三十八也,六倍之,則爲二百二十八也。

「中法十四萬零五百三十」，此以元法爲日法也。以元法四千六百一十七除十四萬零五百三十，得三十日又四千六百一十七分。日之二千零二十，爲一個中氣之日數及分數也。

「中法十四萬零五百三十分」者，每日爲一千五百三十九分，一歲五十六萬二千一百二十分，以十二除之則不盡，若以十二乘一歲五十六萬二千一百二十分，爲六百七十四萬五千四百四十分爲一歲，則每一中爲五十六萬二千一百二十分。每日一千五百三十九分，亦以十二乘之，爲一萬八千四百六十八分。如此則太繁，乃以約分半之又半之，每一歲爲一百六十八萬六千三百六十分，每一中爲十四萬零五百三十分，每一日爲四千六百一十七分。置一中一十四萬零五百三十爲實，以每日四千六百一十七分除之，得三十日又四千六百一十七分日之二千零二十。

策餘八千八十。什乘元中，以減周天，得策餘。

一歲三百六十五日有奇，其三百六十日爲甲子六周，餘五日有奇，謂之策餘也。周天五十六萬二千一百二十分，即一歲之分。每日一千五百三十九分，共五十五萬四千零四十分，以減周天，餘八千零八十，爲策餘之分。三統術不言每日一千五百三十九分，故於此假託於元中也。三百六十日五十五萬四千零四十分，適爲元中五萬五千四百零四之十倍，故假託什乘元中而得之也。

策餘本爲六甲子之餘，謂之「策餘」者，六甲子三百六十，《易·乾》、《坤》之策亦三百六十，此假託《易》數也。

三微而成著，三著而成象，二象十有八變而成卦，四營而成易，爲七十二，參三統兩四時相乘之數也。參之則得《乾》之策，兩之則得《坤》之策。以陽九九之，爲六百四十八，以陰六六之，爲四百三十二。凡一千八十，陰陽各一卦之微算策也。八之，爲八千六百四十，而八卦小成。引而信之，又八之，爲六萬九千一百二十，天地再之，爲十三萬八千二百四十，然後大成。五星會終。

歲星一千七百二十八歲而一周，太白三千四百五十六歲而一周，太白一周適爲歲星之再周也。

鎮星四千三百二十歲而一周，與太白一周三千四百五十六歲相乘，得一千四百九十二萬九千九百二十歲，其數太繁，乃以鎮星歲數、太白歲數輾轉相減，得八百六十四，以除一千四百九十二萬九千九百二十歲，得一萬七千二百八十歲，而歲星、太白、鎮星，皆周而齊同矣。

熒惑一萬三千八百二十四歲而一周，與歲星、太白、鎮星皆周一萬七千二百八十歲，相乘得二億三千八百八十七萬八千七百二十，其數太繁，乃以一萬三千八百二十四與一萬七千二百八十兩數轉減，餘三千四百五十六，以除二億三千八百八十七萬八千七百二十，得六萬九千一百二十歲，而歲星、太白、鎮星、熒惑，皆周而齊同矣。

辰星九千二百一十六歲而一周，與上四星皆周之六萬九千一百二十歲相乘，得六億三千七百萬零零九千九百二十，其數太繁，乃以九千二百一十六歲與六萬九千一百二十歲兩數轉減，得四千六百零八，以除六億三千七百萬零零九千九百二十，得一十三萬八千二百四十歲。故一十三萬八千二百四十，五星會終也。其所言《易》，則皆假託也。

觸類而長之，以乘章歲，爲二百六十二萬六千五百六十，而與日月會。

十九歲日月會爲一章，置五星會終一十三萬八千二百四十歲，以章歲十九除之不盡，乃以章歲十九乘之，得二百六十二萬六千五百六十歲，爲一十三萬八千二百四十章，故五星與日月會也。

以一會二十七章除之，得五千一百二十會。

三會爲七百八十七萬九千六百八十，而與三統會。

二百六十二萬六千五百六十歲，爲五千一百二十會，以一統三會除之不盡，乃以三乘之，得七百八十七萬九千六百八十歲，以統法一千五百三十九歲除之，得五千一百二十統，是五星與日月三會也。

三統二千三百六十三萬九千四十，而復於太極上元。

七百八十七萬九千六百八十歲，爲五千一百二十統，以一元三統除之不盡，乃以三乘之，得二千三百六十三萬九千零四十歲，以元法四千六百一十七歲除之，得五千一百二十元，而五星與元法齊同矣。

三統術詳説　卷二

統母[三]　木金相乘爲十二，是爲歲星小周。小周乘《巛》策，爲千七百二十八，是爲歲星歲數。

歲星一千七百二十八歲行天一百四十五周，此由於當時測定，於是以一周天命爲一千七百二十八分，以一百四十五周乘之，得二十五萬零五百六十分，以一千七百二十八歲除之，每一歲行一百四十五分也。乃以一周一千七百二十八分爲實，以每一歲一百四十五分除之，得十一歲有奇，故定爲十二歲。以十二乘一百四十五分，得一千七百四十分，較一周祇多十二分，故以十二歲爲一小周也。日一歲一周天，一千七百二十八歲，則日行一千七百二十八周天。日行一千七百二十八周天，而歲星行一百四十五周天，乃命周天爲一千七百二十八分，則日行一周天，而歲星行一百四十五分也。一千七百二十八分分爲十二次，每一次一百四十四分，歲星一歲行一百四十五分，是行一次又過一分也。一歲過一分，則一百四十四歲過一百四十四分而過一次，一百四十四歲行一百四十五次也。一百四十四歲過一次，則一千七百二十八歲過十二次，而多一周，復於故處也。

以歲中乘歲數，是爲星見中分。

見中分二萬七百三十六。

一歲十二個中氣，以一千七百二十八歲乘之，得二萬零七百三十六個中氣，以此爲實，以見中法除之，則得一見内有若干個中氣之數，故此總中氣之數謂之「見中分」也。

星見數，是爲見中法。

見中法一千五百八十三。本注云：「見數也。」

以星行率減歲數，餘則見數也。

積中十三，中餘百五十七。

「見」者，歲星與日會則伏，伏後復見也。「星行率」者，歲星一千七百二十八歲行天一百四十五周，爲歲星行率也。日一歲一周天，與歲星一會，而歲星伏，伏而復見。但一歲日行一周，歲星亦行一次又一千七百二十八分之一，每歲伏見遞遲，至十二歲有奇一周天，則少一伏一見矣。一千七百二十八歲，行一百四十五周，少一百四十五伏見，故以星行率一百四十五減歲數一千七百二十八，餘一千五百八十三，爲一千五百八十三伏見，謂之「見數」，又謂之「見中法」也。一千七百二十八歲有二萬零七百三十六個中氣，以一千五百八十三爲法除之，得一十三又一千五百八十三分之一百五十七，其一十三爲一十三個中氣，謂之「積中」，其一百五十七，謂之「中餘」也。

以歲閏乘歲數，是爲星見閏分。

見閏分萬二千九十六。

一千七百二十八歲有二萬零七百三十六中氣，即有二萬零七百三十六個月矣。又每十九歲有七閏，以七閏乘一千七百二十八，得一萬二千零九十六，謂之「見閏分」。以十九歲除之，則得閏月之數，但十九除之不盡，故不除，而但以一萬二千零九十六爲閏月之分，謂之「見閏分」也。一萬二千零九十六，未以十九歲除之，則爲閏月之十九倍，其二萬零七百三十六個月，亦當乘爲十九倍，得三十九萬三千九百八十四個月，加入一萬二千零九十六個閏月，共四十萬零六千零八十個月，是爲一千七百二十八歲内月數之十九倍也。

以章歲乘見數，是爲見月法。

見月法三萬七十七。

一千七百二十八歲，歲星一千五百八十三見。欲求一見若干月，當以一千五百八十三見，除一千七百二十八歲内之月數，但月數已加十九倍，故見數亦當加十九倍。其云「以章歲乘見數」者，章歲十九也。以十九乘一千五百八十三，得三萬零零七十七，以此爲法，除月數，故謂之「見月法」也。

積月十三，月餘一萬五千七十九。

以見月法三萬零零七十七除月數四十萬零六千零八十，得十三個月，謂之「積月」。又三萬零零七十七分月之一萬五千零七十九，謂之「月餘」也。

以統法乘見數，是爲見月日法。

見月日法二百四十三萬六千二百三十七。

錢云：「以日法乘見月法，得見月日法。」

一見十三個月又三萬零零七十七分之一萬五千零七十九，以三萬零零七十七乘十三個月，得三十九萬一千零零一，加入分子一萬五千零七十九，得四十萬零六千零八十，是爲一見之月數之三萬零零七十七倍。

每月二十九日又八十一分日之四十三，以二十九日乘每日八十一分，加入分子四十三，得二千三百九十二，是爲每月日數之八十一倍。乃以四十萬零六千零八十個月乘每月二千三百九十二日，得九億七千一百三十四萬三千三百六十日，以三萬零零七十七倍與八十一倍相乘，爲二百四十三萬六千二百三十七倍，謂之「見月法」，以此除之，得一見三百九十八日又二百四十三萬六千二百三十七分日之一百七十二萬一千零三十四。

術云「以統法乘見數得見月日法」者，本以見數與閏法相乘爲見月法，又與日法相乘，爲見月日法，是見數、閏法、日法三者連乘也。日法與閏法相乘，得統法，又與見數相乘，亦是日法、閏法、見數三者連乘也，故得數無異。然此與統法無涉也。見月日法所求得一見之日數分數，即見中日法所求得一見之日數分數也。見月日法二百四十三萬六千二百三十七，比見中日法七百三十萬零八千七百一十一，爲三分之一，其分子一百七十二萬一千零三十四，比五百一十六萬三千一百零二，亦爲三分之一也。金、土、火、水四星皆仿此。

以元法乘見數，是爲見中日法。

見中日法七百三十萬八千七百一十一。

一見十三個中氣，此積中也。又一千五百八十三分，此見中法也。中之一百五十七，此中餘也。以十三個中氣乘每個中氣一千五百八十三分，得二萬零五百七十九，加入分子一百五十七，得二萬零七百三十六，是爲一見之中數之一千五百八十三倍，歲五十六萬二千一百二十分，十二除之，爲每個中氣之分數，但除之不盡，即以五十六萬二千一百二十分爲一個中氣之十二倍。

求一中日數，一統則中與日俱盡。

一統一萬八千四百六十八個中氣，五十六萬二千一百二十日，以統中除統日，一個中氣得三十日又一萬八千四百六十八分日之八千零八十，以分母一萬八千四百六十八分。分子八千零八十。兩數轉減得四，乃以四除分母分子，得四千六百一十七分日之二千零二十，是爲一個中氣三十日又四千六百一十七分日之二千零二十也。乃以分母四千六百一十七分乘三十日，得一十三萬八千五百一十，加入分子二千零二十，得一十四萬零五百三十，是爲一個中氣日數之四千六百一十七倍。凡五星見中日法皆同用。

乃以二萬零七百三十六個中氣此積中乘見中法，加入中餘之數。乘每個中氣日數一十四萬零五百三十，此一個中氣日數之四千六百一十七倍。得二十九億一千四百零三萬零零八十，乃以一千五百八十三倍乘四千六百一十七倍，得七百三十萬零八千七百一十一倍，爲見中日法，以除二十九億一千四百零三萬零零八十日，得每一見三百九十八日又七百三十萬零八千七百一十一分日之五百一十六萬三千一百零二。

術文云「元法乘見數爲見中日法」者，本以統中一萬八千四百六十八，約爲四分之一，適得四千六百一十七，與元法數同，與見數相乘而得見中日法，實與元法無涉，其數偶合耳。

土木相乘而合經緯爲三十，是爲鎮星小周。小周乘《巛》策，爲四千三百二十，是爲鎮星歲數。

星行率減歲數，餘則見數也。鎮星見數四千一百七十五，以減歲數，餘一百四十五，爲行天一百四十五周，此亦由於實測也。於是以一周天命爲四千三百二十分，以一百四十五乘之，得六萬二千六百四十爲總分，以四千三百二十歲除之，每歲行一百四十五分也。以三十歲乘之，得四千三百五十分，較一周四千三百二十分多三十分，故以三十歲爲一小周也。

見中分五萬一千八百四十。

一歲十二中，以四千三百二十歲乘之，得五萬一千八百四十個中氣也。

見中法四千一百七十五。本注云：「見數也。」

積中十二，中餘千七百四十。

日一歲行一周，與鎮星一會。但鎮星一歲亦行一百四十五分，每歲伏見遞遲，至將及三十歲一周天，則少一伏一見矣。四千三百二十歲，行一百四十五周，少一百四十五伏見，故減一百四十五伏見，餘四千一百七十五伏見，爲見數，謂之「見中法」也。四千三百二十歲，有五萬一千八百四十個中氣，以四千一百七十五爲法除之，得積中十二又四千一百七十五分之一千七百四十，爲中餘。

見閏分三萬二百四十。

四千三百二十歲，有五萬一千八百四十個中氣，即有五萬一千八百四十個月矣。又每十九歲有七閏，以七閏乘四千三百二十歲，得三萬零二百四十，以十九歲一閏除之，則得閏月之數。但十九除之不盡，故不除，而但以三萬零二百四十爲閏月之分，謂之「見閏分」也。是爲閏月數之十九倍，其五萬一千八百四十個月，亦當加十九倍，得九十八萬四千九百六十個月，加入三萬零二百四十，共一百零一萬五千二百，是爲鎮星歲數之月數之十九倍也。

見月法七萬九千三百二十五。

積月十二，月餘六萬三千三百。

四千三百二十歲，鎮星四千一百七十五伏見。欲求一見若干月，當以四千一百七十五除四千三百二十歲之月數。但月數已加十九倍，故見數亦加十九倍，爲七萬九千三百二十五，以此爲法，除月數，得十二個月又七萬九千三百二十五分之六萬三千三百，爲月餘也。

見中日法千九百二十七萬五千九百七十五。

一見十二個中氣又四千一百七十五分中之一千七百四十，以十二個中氣乘每個中氣四千一百七十五分，得五萬零一百分，加入分子一千七百四十，得五萬一千八百四十，是爲一見之中數之四千一百七十五倍。

一十四萬零五百三十日爲一個中氣日數之四千六百一十七倍，見前歲星下。乃以五萬一千八百四十個中氣乘每個中氣日數一十四萬零五百三十，得七十二億八千五百零七萬五千二百日，乃以四千一百七十五倍乘四千六百一十七倍，得一千九百二十七萬五千九百七十五，爲見中日法。以除七十二億八千五百零七萬五千二百，得每一見三百七十七日又一千九百二十七萬五千九百七十五分日之一千八百零三萬二千六百二十五。

見月日法六百四十二萬五千三百二十五。

一見十二個月又七萬九千三百二十五分之六萬三千三百，以七萬九千三百二十五乘十二個月，得九十五萬一千九百，加入分子六萬三千三百，得一百零一萬五千二百，是爲一見之月數之七萬九千三百二十五倍。

每月之日數八十一倍，爲二千三百九十二。見前歲星下。

乃以一百零一萬五千二百個月乘每月二千三百九十二日，得二十四億二千八百三十五萬八千四百爲實，以七萬九千三百二十五倍與八十一倍相乘，得六百四十二萬五千三百二十五倍，謂之「見月日法」。以此除實，得一見三百七十七日又六百四十二萬五千三百二十五分日之六百零一萬零八百七十五。

火經特成，故二歲而過初，三十二過初爲六十四歲而小周。小周乘《乾》策，則太陽大周，爲萬三千八百二十四歲，是爲熒惑歲數。

熒惑見數六千四百六十九，以減歲數得七千三百五十五，爲行天七千三百五十五周也。以七千三百五十五除一萬三千八百二十四，得一歲又七千三百五十五分歲之六千四百六十九，是不及二歲而一周，二歲則一周而過初也。於是以一周天命爲一萬三千八百二十四分，以七千三百五十五周乘之，得一億零一百六十七萬五千五百二十分，以一萬三千八百二十四歲除之，每歲行七千三百五十五分也。以六十四歲乘之，得四十七萬零七百二十分，以一周一萬三千八百二十四分除之，得三十四周又一萬三千八百二十四分周之七百零四，所差甚微，故爲一小周也。

見中分十六萬五千八百八十八。

一歲十二中，以一萬三千八百二十四歲乘之，得十六萬五千八百八十八個中氣也。

見中法六千四百六十九。本注云：「見數也。」

積中二十五，中餘四千一百六十三。

熒惑一萬三千八百二十四歲行天七千三百五十五周，乃命周天爲一萬三千八百二十四分，則熒惑每歲行七千三百五十五分也。以減一周一萬三千八百二十四分，餘六千四百六十九分，爲次年所行，是爲一歲又一萬三千八百二十四分歲之六千四百六十九。而熒惑一周而與日一會，則一伏見，則一萬三千八百二十四歲得六千四百六十九伏見，是爲見數，即爲見中法也。以除十六萬五千八百八十八個中氣，得積中二十五又六千四百六十九分中之四千一百六十三，爲中餘也。

見閏分九萬六千七百六十八。

一萬三千八百二十四歲，有十六萬五千八百八十八個中氣，即有十六萬五千八百八十八個月矣。又每十九歲七閏，以七乘一萬三千八百二十四歲，得九萬六千七百六十八，以十九除之，則得閏月之數。除之不盡，故不除，即以爲閏月之數之十九倍也。閏月數既爲十九倍，則十六萬五千八百八十八個月，亦爲十九倍，得三百一十五萬一千八百七十二個月，加入十九倍閏月數九萬六千七百六十八，共三百二十四萬八千六百四十個月，爲歲數之月數並閏十九倍也。

見月法十二萬二千[四]九百一十一。

積月二十六，月餘五萬二千九百五十四。

一萬三千八百二十四歲，熒惑六千四百六十九見，當以見數六千四百六十九除一萬三千八百二十四歲之月數，但月數已加十九倍，故見數亦加十九倍，爲一十二萬二千九百一十一，以此爲法，除三百二十四萬八千六百四十個月，得二十六個月又一十二萬二千九百一十一分月之五萬二千九百五十四也。

見中日法二千九百八十六萬七千三百七十三。

一見二十五個中氣又六千四百六十九分中之四千一百六十三，以二十五個中氣乘每個中氣六千四百六十九，得一十六萬一千七百二十五，加入分子四千一百六十三，得一十六萬五千八百八十八，是爲一見之中數之六千四百六十九倍。

一十四萬零五百三十日，爲一個中氣日數之四千六百一十七倍。

乃以一十六萬五千八百八十八個中氣乘每個中氣日數一十四萬零五百三十，得二百三十三億一千二百二十四萬零六百四十爲實，以六千四百六十九倍與四千六百一十七倍相乘，得二千九百八十六萬七千三百七十三倍，謂之見中日法。以法除實，得每一見七百八十日又二千九百八十六萬七千三百七十三分日之一千五百六十八萬九千七百。

見月日法九百九十五萬五千七百九十一。

一見二十六個月又一十二萬二千九百一十一分月之五萬二千九百五十四，以一十二萬二千九百一十一乘二十六個月，得三百一十九萬五千六百八十六，加入分子五萬二千九百五十四，得三百二十四萬八千六百四十，是爲一見之月數之一十二萬二千九百一十一倍。

每月之日數八十一倍爲二千三百九十二，與歲星同。

乃以三百二十四萬八千六百四十個月乘每月二千三百九十二日，得七十七億七千零七十四萬六千八百八十爲實，以一十二萬二千九百一十一倍與八十一倍相乘，得九百九十五萬五千七百九十一倍，謂之見月日法，以法除實，得一見七百八十日又九百九十五萬五千七百九十一分日之五百二十二萬九千九百。

金、火相乘爲八，又以火乘之爲十六而小復。小復乘《乾》策，爲三千四百五十六，是爲太白歲數。

錢氏云：「金、水晨夕各一見一伏，而後一終。不云見而云復者，以自晨見復於晨見，不得以一見名之也。」按：見與復其名不同，其理則一耳。近代所謂金、水二星繞日而行，即此理也。太白三千四百五十六歲，復數二千一百六十一，以二千一百六十一除三千四百五十六歲，得一歲又二千一百六十一分歲之一千二百九十五，爲一復之數，乃命一歲爲二千一百六十一分，加入分子一千二百九十五分，共三千四百五十六分，爲一復之分。乃置一歲二千一百六十一分，以十六歲乘之，得三萬四千五百七十六分，以一復之分三千四百五十六分除之，得十復又三千四百五十六分復之十六，是十復爲小復，即小周也。

見中分四萬一千四百七十二。

見中法二千一百六十一。本注：「復數。」

積中十九，中餘四百一十三。

一歲十二中，以三千四百五十六歲乘之，得四萬一千四百七十二個中氣也。

此所謂見者，一晨見，一夕見，合而謂之一見也。三千四百五十六歲而太白二千一百六十一見，以除四萬一千四百七十二個中氣，每一見得十九個中氣又二千一百六十一分中之四百一十三也。

見閏分二萬四千一百九十二。

見月法四萬一千五十九。

積月十九，月餘三萬二千三十九。

三千四百五十六歲有四萬一千四百七十二個中氣，即有四萬一千四百七十二個月矣。又每十九歲七閏，以七乘三千四百五十六歲，得二萬四千一百九十二，以十九除之，則得閏月之數。除之不盡，故不除，即以爲閏月之數之十九倍。閏月數既爲十九倍，則四萬一千四百七十二個月，亦爲十九倍，得七十八萬七千九百六十八，加入十九倍閏月二萬四千一百九十二，得八十一萬二千一百六十個月，爲三千四百五十六歲之月數之十九倍。

三千四百五十六歲太白二千一百六十一見，當以見數除三千四百五十六歲之月數，而得每見之月數。但月數已加十九倍，故見數亦加十九倍，爲四萬一千零五十九。以此爲法，除八十一萬二千一百六十個月，得十九個月又四萬一千零五十九分月之三萬二千零三十九，爲月餘也。

東九西七乘歲數，並九七爲法，得一，金、水晨夕歲數。

晨中分二萬三千三百二十八。

積中十，中餘千七百一十八[五]。

錢氏曰：「金、水晨見伏在東方，夕見伏在西方，約其率，則晨見十六分之九，夕見十六分之七，故以九乘歲數，十六除之，得一，則晨歲數也；以七乘歲數，十六除之，得一，則夕歲數也。」「晨見」者，星在日西，日未出，星先出也。「夕見」者，星在日東，日已没，星未没也。「晨見十六分之九，夕見十六分之七」者，即後世所謂金、水二星繞日而行，而不以日爲心也。

以十六除之，得一千九百四十四歲，爲晨見歲數。以每歲十二中氣乘之，得二萬三千三百二十八個中氣，爲晨見中氣之數，謂之「晨中分」。以見中法二千一百六十一見除之，每一見得十個中氣又二千一百六十一分中氣之一千七百一十八，爲中餘也。

三千四百五十六歲乘十六分之九，爲晨見歲數，乃先以九乘之，得三萬一千一百零四歲，後

夕中分萬八千一百四十四。

積中八，中餘八百六十五[六]。

三千四百五十六歲乘十六分之七，爲夕見歲數。先以七乘三千四百五十六，得二萬四千一百九十二，後以十六除之，得一千五百一十二歲，爲夕見歲數。以每歲十二中氣乘之，得一萬八千一百四十四個中氣，爲夕見中氣，謂之「夕中分」。以見中法二千一百六十一除之，每一見得八個中氣又二千一百六十一分中之八百五十六。

晨閏分萬三千六百八。

積月十一，月餘五千一百九十一。

晨見一千九百四十四歲，有二萬三千三百二十八個中氣，即有二萬三千三百二十八個月矣。又每十九歲有七閏，當以十九除一千九百四十四，乃以七乘之，得晨見歲數之閏數。乃先

以七乘之，得一萬三千六百零八，以十九除之不盡，乃即以一萬三千六百零八爲閏月數之十九倍。閏月數既爲十九倍，則二萬三千三百二十八個月亦以十九乘之，得四十四萬三千二百三十二，加入十九倍閏月一萬三千六百零八，得四十五萬六千八百四十個月，爲一千九百四十歲月數之十九倍。月數既加十九倍，則見數亦加十九倍，爲四萬一千零五十九，爲法除之，得十一個月又四萬一千零五十九分月之五千一百九十一，爲月餘也。

夕閏分萬五百八十四。

積月八，月餘二萬六千八百四十八。

夕見一千五百一十二歲，有一萬八千一百四十四個中氣，即有一萬八千一百四十四個月矣。又每十九歲有七閏，以七乘一千五百一十二歲，得一萬零五百八十四，當以十九除之，得閏月之數。除之不盡，故不除，即以爲閏月數之十九倍。閏月既爲十九倍，則一萬八千一百四十四個月亦以十九乘之，得三十四萬四千七百三十六，加入十九倍閏月數，共三十五萬五千三百二十個月，爲一千五百一十二歲月數之十九倍。乃以見數加十九倍，爲四萬一千零五十九，爲法除之，得八個月又四萬一千零五十九分月之二萬六千八百四十八，爲月餘也。

見月日法三百三十二萬五千七百七十九。

一見十九個月又四萬一千零五十九分此見月法也。之三萬二千零三十九，此月餘也。以四萬一千零五十九乘十九個月，得七十八萬零一百二十一，加入分子三萬二千零三十九，得八十一萬二千一百六十，是爲一見之月數之四萬一千零五十九倍。

每月日數八十一倍，爲二千三百九十二日，與歲星同。

乃以八十一萬二千一百六十個月乘二千三百九十二日，得一十九億四千二百六十八萬六千七百二十爲實，以八十一倍與四萬一千零五十九倍相乘，爲三百三十二萬五千七百七十九倍，爲見月法，以除之，得五百八十四日又三百三十二萬五千七百七十九分日之四十三萬一千七百八十四。

見中日法九百九十七萬七千三百三十七。

一見十九個中氣又二千一百六十一分中之四百一十三，以十九個中氣乘每一個中氣二千一百六十一分，得四萬一千零五十九，加入分子四百一十三，共得四萬一千四百七十二，是爲一見之中數之二千一百六十一倍。

一十四萬零五百三十日，爲一個中氣日數之四千六百一十七倍，乃以四萬一千四百七十二個中氣乘每個中氣日數一十四萬零五百三十，得五十八億二千八百零六萬零一百六十爲實，以二千一百六十一倍與四千六百一十七倍相乘，得九百九十七萬七千三百三十七倍，爲見中日法。以法除實，得每一見五百八十四日又九百九十七萬七千三百三十七分日之一百二十九萬五千三百五十二。

水經特成，故一歲而及初，六十四及初而小復。小復乘《巛》策，則太陰大周，爲九千二百一十六歲，是爲辰星歲數。

辰星九千二百一十六歲復數二萬九千四十一，本以二萬九千零四十一除九千二百一十六，得一復歲數，惟法大於實，則不必除，而但命爲二萬九千四十一分歲之九千二百一十六爲一復之分，乃置一歲二萬九千零四十一分，以六十四歲乘之，得一百八十五萬八千六百二十四，以一復之分九千二百一十六除之，得二百零一復又九千二百一十六分復之六千二百零八，是爲小復，即小周也。

見中分十一萬五百九十二。

九千二百一十六歲，一歲十二個中氣，共十一萬零五百九十二個中氣也。

見中法二萬九千四十一。本注：「復數也。」

積中三，中餘二萬三千四百六十九。

九千二百一十六歲而辰星二萬九千四十一見，以除十一萬零五百九十二個中氣，每一見得三個中氣又二萬九千零四十一分中之二萬三千四百六十九也。

見閏分六萬四千五百一十二。

見月法五十五萬一千七百七十九。

積月三，月餘五十一萬四百二十三。

九千二百一十六歲有一十一萬零五百九十二個中氣，即有一十一萬零五百九十二個月矣。又每十九歲七閏，以七乘九千二百一十六，得六萬四千五百一十二，以十九除之，則得閏月之數，除之不盡，故不除，即以爲閏月之數之十九倍。閏月數既爲十九倍，則一十一萬零五百九十二個月亦以十九乘之，得二百一十萬零一千二百四十八，爲月數之十九倍，加入閏月十九倍六萬四千五百一十二，得二百一十六萬五千七百六十，爲九千二百一十六歲之月數之十九倍也。

九千二百一十六歲辰星二萬九千零四十一見，當以見數除九千二百一十六歲之月數，而得每見之月數。但月數已加十九倍，故見數亦加十九倍，爲五十五萬一千七百七十九，以此爲法，除二百一十六萬五千七百六十個月，得三個月又五十五萬一千七百七十九分月之五十一萬零四百二十三，爲月餘也。

晨中分六萬二千二百八。

積中二，中餘四千一百二十六。

九千二百一十六歲乘十六分之九，爲晨見歲數，以九乘之，得八萬二千九百四十四，以十六除之，得五千一百八十四歲，爲晨見歲數。以每歲十二中氣乘之，得六萬二千二百零八個中氣，爲晨見中氣之數,謂之「晨中分」。以見中法二萬九千零四十一除之,每一見得二個中氣又二萬九千零四十一分中之四千一百二十六,爲中餘也。

夕中分四萬八千三百八十四。

積中一,中餘萬九千三百四十三。

九千二百一十六歲乘十六分之七,爲夕見歲數。先以七乘九千二百一十六,得六萬四千五百一十二,後以十六除之,得四千零三十二歲,爲夕見歲數。以每歲十二中氣乘之,得四萬八千三百八十四個中氣,謂之「夕中分」。以見中法二萬九千零四十一除之,每一見得一個中氣又二萬九千零四十一分中之一萬九千三百四十三,爲中餘也。

晨閏分三萬六千二百八十八。

積月二,月餘十一萬四千六百八十二。

晨見五千一百八十四歲,有六萬二千二百零八個中氣,即有六萬二千二百零八個月矣。又每十九歲有七閏,當以十九除五千一百八十四歲,乃以七乘之,得晨見之閏數。先以七乘,得三萬六千二百八十八,以十九除之不盡,乃即以三萬六千二百八十八爲閏月數之十九倍。閏月數既爲十九倍,則六萬二千二百零八個月亦以十九乘之,得一百一十八萬一千九百五十二,加入十九倍閏月數,得一百二十一萬八千二百四十,爲五千一百八十四歲之月數之十九倍。月數既加十九倍，則見數亦加十九倍，得五十五萬一千七百七十九，爲法除之，得二月又五十五萬一千七百七十九分月之十一萬四千六百八十二，爲月餘也。

夕閏分二萬八千二百二十四。

積月一，月餘三十九萬五千七百四十一。

夕見四千零三十二歲，有四萬八千三百八十四個中氣，即有四萬八千三百八十四個月矣。又每十九歲有七閏，以七乘四千零三十二歲，得二萬八千二百二十四，以十九除之不盡，故不除，而即以爲閏月之數之十九倍。其四萬八千三百八十四個月，亦以十九乘之，得九十一萬九千二百九十六，加入十九倍閏月二萬八千二百二十四，共九十四萬七千五百二十，爲四千零三十二歲之月數之十九倍。其見數亦加十九倍，得五十五萬一千七百七十九，爲法除之，得一月又五十五萬一千七百七十九分月之三十九萬五千七百四十一，爲月餘也。

見中日法一億三千四百八萬二千二百九十七。

一見三個中氣又二萬九千零四十一分中之二萬三千四百六十九，以三個中氣乘每一個中氣二萬九千零四十一分，得八萬七千一百二十三，加入分子二萬三千四百六十九，得一十一萬零五百九十二，是爲一見之中數之二萬九千零四十一倍。

一十四萬零五百三十日，爲一個中氣日數之四千六百一十七倍。

乃以一十一萬零五百九十二個中氣乘每個中氣日數一十四萬零五百三十日,得一百五十五億四千一百四十九萬三千七百六十爲實,以二萬九千零四十一倍乘四千六百一十七倍,得一億三千四百零八萬二千二百九十七,爲見中日法。以法除實,得每一見一百一十五日又一億三千四百零八萬二千二百九十七分日之一億二千二百零二萬九千六百零五。

見月日法四千四百六十九萬四千九十九。

一見三個月又五十五萬一千七百七十九分月之五十一萬零四百二十三,以五十五萬一千七百七十九乘三個月,得一百六十五萬五千三百三十七,加入分子五十一萬零四百二十三,得二百一十六萬五千七百六十,是爲一見月數之五十五萬一千七百七十九倍。

每月之日數八十一倍,爲二千三百九十二日,乃以二百一十六萬五千七百六十個月乘每月二千三百九十二日,得五十一億八千零四十九萬七千九百二十爲實,以五十五萬一千七百七十九倍乘八十一倍,得四千四百六十九萬四千零九十九倍,謂之「見月日法」,以法除實,得一見一百一十五日又四千四百六十九萬四千零九十九分日之四千零六十七萬六千五百三十五。

五步

木,晨始見,去日半次。順,日行十一分度二,百二十一日。始留,二十五日而旋。逆,日行七分度一,八十四日。復留,二十四日三分而旋。復順,日行十一分度二,百一十一日有百八十二萬八千三百六十二分而伏。

凡見三百六十五日有百八十二萬八千三百六十五分，除逆，定行星三十度百六十六萬一千二百八十六分。

凡見一歲，行一次而後伏。日行不盈十一分度一。伏三十三日三百三十三萬四千七百三十七分，行星三度百六十七萬三千四百五十一分。

一見，三百九十八日五百一十六萬三千一百二分。

行星三十三度三百三十三萬四千七百三十七分。

通其率，故曰日行千七百二十八分度之百四十五。

周天分爲十二次，日與歲星合，而歲星伏。木星行遲，日行速，日行在歲星東半次則木星見，木星在日西，故日未出木星先出而晨見也。周天爲十二次，其半次則周天二十四分之一也。「十一分度二」者，十一分度之二也。下仿此。「百八十二萬八千三百六十二分」者，錢氏曰：「以見中日法爲分母，五星仿此。」是也。見中日法七百三十萬零八千七百一十一，此七百三十萬零八千七百一十一分日之一百八十二萬八千三百六十二也。

始見順行一百二十一日，留二十五日，逆行八十四日，復留二十四日又七百三十萬八千七百一十一分日之三，復順行一百一十一日又七百三十萬零八千七百一十一分日之一百八十二萬八千三百六十二,共三百六十五日又七百三十萬零八千七百一十一分日之一百八十二萬八千三百六十五也。

始順行一百二十一日,每日行十一分度之二,以一百二十一日乘每日二分,得二百四十二分,以每度十一分除之,得二十二度也。

逆行每日七分度之一,八十四日得八十四分,以每度七分除之,得十二度,與前順行二十二度相減,餘十度也。

復順行一百一十一日又七百三十萬零八千七百一十一分日之一百八十二萬八千三百六十二,以一百一十一日與七百三十萬零八千七百一十一相乘,得八億一千一百二十六萬六千九百二十一,加入分子,得八億一千三百零九萬五千二百八十三分,爲順行日數之七百三十萬零八千七百一十一倍。以二分乘之,得十六億二千六百一十九萬零五百六十六,當以每度十一分除之,又以每日七百三十萬零八千七百一十一除之,乃以十一與七百三十萬零八千七百一十一相乘,得八千零三十九萬五千八百二十一,以除之,得二十度又八千零三十九萬五千八百二十一分度之一千八百二十七萬四千一百四十六。乃命一度爲七百三十萬零八千七百一十一分,乃以八千零三十九萬五千八百二十一分爲一率,一千八百二十七萬四千一百四十六爲二率,七百三十萬零八千七百一十一分爲三率,求得四率,爲一百六十六萬一千二百八十六分,并前順十度，爲三十度又七百三十萬零八千七百一十一分度之一百六十六萬一千二百八十六分。

歲星一見三百九十八日又七百三十萬零八千七百一十一分日之五百一十六萬三千一百零二，除順逆與留三百六十五日又七百三十萬零八千七百一十一分日之一百八十二萬八千三百六十五，餘三十三日又七百三十萬零八千七百一十一分之三百三十三萬四千七百三十七分，爲伏行之日也。

一見行三十三度又七百三十萬零八千七百一十一分度之三百三十三萬四千七百三十七，除順行三十度又七百三十萬零八千七百一十一分度之一百六十六萬一千二百八十六分，餘三度又七百三十萬零八千七百一十一分度之一百六十七萬三千四百五十一分，爲伏行之度分也。

「通其率」云云者，以見中日法，命一度爲七百三十萬零八千七百一十一分，取其入算之細密耳。然其數太繁，故又爲簡數也。算木星歲數，本以周天爲一千七百二十八分，日一歲行一周，木星一歲行一百四十五分，以此比例，則日一日行一度，木星一日行一千七百二十八分度之一百四十五矣。

「伏行每日不盈十一分度之一」者，伏行三十三日又七百三十萬零八千七百一十一分日之三百三十三萬四千七百三十七，以分母乘三十三日，得二億四千一百一十八萬七千四百六十三，加入分子，共二億四千四百五十二萬二千二百，是爲伏行日之七百三十萬零八千七百一十一倍。

伏行三度又七百三十萬零八千七百一十一分度之一百六十七萬三千四百五十一，以分母乘三度，得二千一百九十二萬六千一百三十三，加入分子，共二千三百五十九萬九千五百八十四度，是爲伏行度之七百三十萬零八千七百一十一倍。以伏行日除伏行度，得零零九六五有奇。若盈十一分度之一，則以十一除一度，得零零九九九有奇。此僅得九六五有奇，故不盈十一分度之一也。

土，晨始見，去日半次。順，日行十五分度一，八十七日。始留，三十四日而旋。逆，日行八十一分度五，百一日。復留，三十三日八十六萬二千四百五十五分而旋。復順，日行十五分度一，八十五日而伏。

凡見三百四十日八十六萬二千四百五十五分，除逆，定[七]行星五度四百四十七萬三千九百三十分。

伏，日行不盈十五分度三。三十七日千七百一十七萬一百七十分，行星七度八百七十三萬六千五百七十分。

一見，三百七十七日千八百三萬二千六百二十五分。

行星十二度千三百二十一萬五百分。

通其率，故曰日行四千三百二十分度之百四十五。

此以見中日法一千九百二十七萬五千九百七十五爲分母，順行八十七日，留三十四日，逆行一百零一日，復留三十三日又一千九百二十七萬五千九百七十五分日之八十六萬二千四百五十五分而旋。復順行八十五日，共三百四十日又一千九百二十七萬五千九百七十五分日之八十六萬二千四百五十五分也。始順行八十七日，每日行十五分度之一，八十七日得八十七分，以每度十五分除之，得五度又十五分度之十二也。

逆行一百零一日，每日行八十一分度之五，以一百零一日乘每日五分，得五百零五分，以每度八十一分除之，得六度又八十一分度之一十九也。乃以逆行度之分母八十一與順行度之分母十五相乘，爲每度一千二百一十五分，順行度之分子一十二，以八十一乘之，爲九百七十二分；逆行度之分子一十九，以十五乘之，爲二百八十五分，是爲順行五度又一千二百一十五分度之九百七十二，逆行六度又一千二百一十五分度之二百八十五。每度以一千二百一十五分通之，順行五度，通爲六千零七十五分，加入分子九百七十二分，共得七千零四十七分；逆行六度，通爲七千二百九十分，加入分子二百八十五分，共得七千五百七十五分。相減，得逆行五百二十八分。

復順行八十五日，每日行十五分度之一，八十五日得八十五分，以每度十五分除之，得五度又十五分度之十，以逆行分母八十一乘之，爲一千一百一十五分度之八百一十也，減去逆行五百二十八分，得五度又一千一百一十五分度之二百八十二也。乃以分母一千一百一十五爲一率，分子二百八十二爲二率，見中日法一千九百二十七萬五千九百七十五爲三率，求得四率四百四十七萬三千九百三十分，故云「行星五度四百四十七萬三千九百三十」也。

下文云「一見」，三百七十七日又一千九百二十七萬五千九百七十五分日之一千八百零三萬二千六百二十五，除順逆與留三百四十日又一千九百二十七萬五千九百七十五分日之八十六萬二千四百五十五分，餘三十七日又一千九百二十七萬五千九百七十五分日之一千七百一十七萬零一百七十也。

一見，行星十二度又一千九百二十七萬五千九百七十五分度之一千三百二十一萬零五百分，除順行五度又一千九百二十七萬五千九百七十五分度之四百四十七萬三千九百三十分，得七度又一千九百二十七萬五千九百七十五分度之八百七十三萬六千五百七十分也。

「伏行每日不盈十五分度之三」者，伏行三十七日又一千九百二十七萬五千九百七十五分日之一千七百一十七萬零一百七十，以分母通三十七日，得七億一千三百二十一萬一千零七十五，加入分子，得七億三千零三十八萬一千二百四十五，是爲伏行日之一千九百二十七萬五千九百七十五倍。伏行七度又一千九百二十七萬五千九百七十五分度之八百七十三萬六千五百七十，以分母通七度，得一億三千四百九十三萬一千八百二十五，加入分子，共得一億四千三百六十六萬八千三百九十五，是爲伏行度之一千九百二十七萬五千九百七十五倍。以伏行日除伏行度，得零一九有奇。若盈十五分度之三，則以三乘一度，以十五除之，得零二。此僅得零一九有奇，故不盈十五分度之三也。

「通其率」云云者，以見中日法，命一度爲一千九百二十七萬五千九百七十五分，取其入算細密耳。此又爲簡數也。算土星歲數，本以周天爲四千三百二十分，見上。日一歲行一周，土星一歲行一百四十五分，以此比例，則日一日行一度，土星一日行四千三百二十分度之一百四十五矣。

火，晨始見，去日半次。順，日行九十二分度五十三，二百七十六日，始留，十日而旋。逆，日行六十二分度十七，六十二日。復留，十日而旋。復順，日行九十二分度五十三，二百七十六日而復[八]。

凡見六百三十四日，除逆，定行星三百一度。

順行二百七十六日，留十日，逆行六十二日，復留十日，復順二百七十六日，共見六百三十四日也。

順行二百七十六日，每日行九十二分度之五十三，以二百七十六日乘每日五十三分，得一萬四千六百二十八分，以每一度九十二分除之，得一百五十九度。

逆行六十二日，每日六十二分度之一十七，以六十二日乘每日一十七分，得一千零五十四分，以每度六十二分除之，得十七度，與順行相減，得順行一百四十二度。

復順行二百七十六日，每日九十二分度之五十三，與始見順行同，得一百五十九度，與前一百四十二度相加，得三百零一度也。

伏，日行不盈九十二分度七十三，伏百四十六日千五百六十八萬九千七百分，行星百一十四度八百二十一萬八千五分。

一見七百八十日千五百六十八萬九千七百分，凡行星四百一十五度八百二十一萬八千五分。

一見七百八十日又一千五百六十八萬九千七百分，此亦以見中日法二千九百八十六萬七千三百七十三爲分母也。除順逆與留六百三十四日，餘一百四十六日又二千九百八十六萬七千三百七十三分日之一千五百六十八萬九千七百分，爲伏行日數分數也。

一見行星四百一十五度又二千九百八十六萬七千三百七十三分度之八百二十一萬八千零零五分，除見行三百零一度，餘一百一十四度又二千九百八十六萬七千三百七十三分度之八百二十一萬八千零零五分，爲伏行度分也。

「伏日行不盈九十二分度之七十三」者，每一度以七十三乘之，以九十二除之，得零七九有奇。伏行一百四十六日又二千九百八十六萬七千三百七十三分日之一千五百六十八萬九千七百分，以分母乘日數，得四十三億六千零六十三萬六千四百五十八，加入分子，共得四十三億七千六百三十二萬六千一百五十八日，是爲伏行日之二千九百八十六萬七千三百七十三倍。

伏行一百一十四度又二千九百八十六萬七千三百七十三分度之八百二十一萬八千零零五，以分母乘度數，得三十四億零四百八十八萬零五百二十二，加入分子，共得三十四億一千三百零九萬八千五百二十七度，是爲伏行度之二千九百八十六萬七千三百七十三倍。以四十三億七千六百三十二萬六千一百五十八日除三十四億一千三百零九萬八千五百二十七度，得零七七有奇。若盈九十二分度之七十三，則以七十三乘一度，以九十二除之，得零七九有奇。此僅得零七七有奇，故不盈九十二分度之七十三也。

通其率，故曰日行萬三千八百二十四分度之七千三百五十五。

「通其率」云云者，算火星歲數。本以周天爲一萬三千八百二十四分，日一歲行一周，火星一歲行七千三百五十五分，以此比例，則日一日行一度，火星一日行七千三百五十五分矣。

金，晨始見，去日半次。逆，日行二分度一，六日。始留，八日而旋。始順，日行四十六分度三十三，四十六日。順，疾，日行一度九十二分度十五，百八十四日而伏。

凡見二百四十四日，除逆，定行星二百四十四度。

始見逆六日，留八日，順四十六日，順疾一百八十四日，共二百四十四日也。

逆行每日二分度之一，六日則逆三度。

順，每日行四十六分度之三十三，以四十六日乘三十三分，得一千五百一十八分，以每度四十六分除之，得三十三度，減前逆行三度，得三十度。順疾每日行一度又九十二分度之一十五，以一度通爲九十二分，加入一十五分，爲每日行一百零七分，以一百八十四日乘之，得一萬九千六百八十八分，以每度九十二分除之，得二百一十四度，與前三十度相加，得二百四十四度也。

伏，日行一度九十二分度三十三有奇。伏八十三日，行星百一十三度四百三十六萬五千二百二十分。

凡晨見、伏三百二十七日，行星三百五十七度四百三十六萬五千二百二十分。

分子四百三十六萬五千二百二十分，亦以見中日法九百九十七萬七千三百三十七爲分母也。一百一十三度，以分母通之，得一十一億二千七百四十三萬九千零八十一，加入分子，共得一十一億三千一百八十萬零四千三百零一分，以八十三日除之，每日行一千三百六十三萬六千一百九十六分有奇。以分母九百九十七萬七千三百三十七除之，得一度又九百九十七萬七千三百三十七分度之三百六十五萬八千八百五十九有奇。乃以分母九百九十七萬七千三百三十七爲一率，以分子三百六十五萬八千八百五十九爲二率，以每度九十二分爲三率，求得四率三十三有奇也。

見二百四十四日，伏八十三日，共三百二十七日也。見行二百四十四度，伏行一百一十三度四百三十六萬五千二百二十分，共三百五十七度四百三十六萬五千二百二十分也。

夕始見，去日半次。順，日行一度九十二分度十五，百八十一日百七分日四十五。順，遲，日行四十六分度三十三[九]，四十六日。始留，七日百七分日六十二分而旋。逆，日行二分度一[一〇]，六日而伏。

凡見二百四十一日，除逆，定行星二百四十一度。

順遲四十六日，逆行六日，相加得五十二日，始順行一百八十一日又一百零七分日之四十五，以分母通一百八十一日，爲一萬九千三百六十七分，加入分子，得一萬九千四百一十二分。留七日又一百零七分日之六十二，以分母通七日，爲七百四十九分，加入分子，得八百一十一分，與順行一萬九千四百一十二分相加，得二萬零二百二十三分，以每日一百零七分除之，得一百八十九日，與順遲及逆行五十二日相加，得二百四十一日也。

始見順行每日一度又九十二分度之一十五，順遲每日四十六分度之三十三，乃以兩分母相乘，得四千二百三十二爲分母，以順遲分母四十六乘順行分子一十五，得六百九十分，以順行分母九十二乘順遲分子三十三，得三千零三十六，於是順行爲每日一度又四千二百三十二分度之六百九十，以一度通爲四千二百三十二分，加入分子，得四千九百二十二分，順遲爲每日四千二百三十二分之三千零三十六，順行一百八十一日又一百零七分日之四十五，以一百零七乘一百八十一日，得一萬九千三百六十七日，加入分子，得一萬九千四百一十二日，是爲順行日之一百零七倍。

順遲四十六日，亦以一百零七乘之，得四千九百二十二日，乃以一萬九千四百一十二日乘每日四千九百二十二分，得九千五百五十四萬五千八百六十四分，以四千九百二十二日乘每日三千零三十六，得一千四百九十四萬三千一百九十二分，相加，得一億一千零四十八萬九千零五十六，爲總分。本當以分母四千二百三十二除之，但日數加一百零七倍，乃以一百零七乘分母，得四十五萬二千八百二十四，以除總分，得二百四十四度。

逆行每日二分度之一，行六日得三度，以減二百四十四度，得二百四十一度也。

伏，逆，日行八分度七有奇。伏十六日百二十九萬五千三百五十二分，行星十四度三百六萬九千八百六十八分。

此亦以見中日法九百九十七萬七千三百三十七爲分母也。伏行十六日又九百九十七萬七千三百三十七分日之一百二十九萬五千三百五十二，以分母通十六日，爲一億五千九百六十三萬七千三百九十二日，加入分子，得一億六千零九十三萬二千七百四十四，是爲伏行日之九百九十七萬七千三百三十七倍。伏行十四度又九百九十七萬七千三百三十七分度之三百零六萬九千八百六十八分，以分母通十四度，爲一億三千九百六十八萬二千七百一十八，加入分子，得一億四千二百七十五萬二千五百八十六，是爲伏行度之九百九十七萬七千三百三十七倍。乃以一億六千零九十三萬二千七百四十四日除一億四千二百七十五萬二千五百八十六度，得每日行零八八有奇。若日行八分度之七，以八除七，得零八七有奇，尚不及八八，故爲八分度之七有奇也。

凡夕見伏，二百五十七日百二十九萬五千三百五十二分[一二]，行星二百二十六度六百九十萬七千四百六十九分。

二百四十一日，伏十六日又一百二十九萬五千三百五十二分，共二百五十七日又一百二十九萬五千三百五十二分也。見行星二百四十度，伏逆行十四度又三百六萬九千八百六十八分，以十四度減二百四十度，得二百二十六度，以三百零六萬九千八百六十八分減九百九十七萬七千三百三十七分，得六百九十萬零七千四百六十九分也。

一復，五百八十四日百二十九萬五千三百五十二分。行星亦如之，故曰日行一度。

晨見伏三百二十七日，夕見伏二百五十七日又一百二十九萬五千三百五十二分，相加，得五百八十四日又一百二十九萬五千三百五十二分也。

晨見伏行星三百五十七度四百三十六萬五千二百二十分，夕見伏行星二百二十六度又六百九十萬零七千四百六十九分，相加，得五百八十三度又一千一百二十七萬六千八百九十分，以九百九十七萬七千三百三十七分收爲一度，得五百八十四度又一百二十九萬五千三百五十二分也。

水，晨始見，去日半次。逆，日行二度，一日。始留，二日而旋。順，日行七分度六[一二]，七日。順，疾，日行一度三分度一[一三]，十八日而伏。

凡見二十八日，除逆，定行星二十八度。

始見逆行一日，留二日，順七日，順疾十八日，相并得二十八日也。

逆行一日二度，順行七日，每日行七分度之六，順疾行十八日，每日行一度又三分度之一，以兩分母七與三相乘，得二十一，爲總分母，以順疾分母三乘順行分子六，得一十八，是爲順行每日二十一分度之十八，以順行分母七乘順疾分子一，得七，又以一度，通爲二十一分，加入分子七，得二十八，是爲順疾行每日二十八分。

以順行七日乘一十八分，得一百二十六分，以順疾行十八日乘每日二十八分，得五百零四分，相加，得六百三十分，以分母二十一除之，得三十度，減逆行二度，得二十八度也。

伏，日行一度九分度七有奇，三十七日一億二千二百二萬九千六百五分，行星六十八度四千六百六十一萬一百二十八分。

此以見中日法一億三千四百零八萬二千二百九十七爲分母也。以分母通三十七日，爲四十九億六千一百零四萬四千九百八十九，加入分子，得五十億零八千三百零七萬四千五百九十四，爲日數之一億三千四百零八萬二千二百九十七倍，爲法。以分母通六十八度，爲九十一億一千七百五十九萬六千一百九十六，加入分子，得九十一億六千四百二十萬零六千三百二十四，爲度數之一億三千四百零八萬二千二百九十七倍，爲實。以法除實，得一度又五十億零八千三百零七萬四千五百九十四分度之四十億零八千一百一十三萬一千七百三十，乃以五十億零八千三百零七萬四千五百九十四爲一率，四十億零八千一百一十三萬一千七百三十爲二率，以九爲三率，求得四率七有奇，故爲九分度之七有奇也。

凡晨見、伏，六十五日一億二千二百二萬九千六百五分。

見二十八日，伏三十七日又一億二千二百零二萬九千六百零五分，相并得此數。

行星九十六度四千六百六十一萬一百二十八分。

見行二十八度，伏行六十八度又四千六百六十一萬零一百二十八分，相并得此數。

夕始見，去日半次。順，疾，日行一度三分度一，十六日二分日一。順，遲，日行七分度六，七日[一四]。始留[一五]。一日二分日一而旋。逆，日行二度，一日而伏。凡見二十六日，除逆，定行星二十六度。

順疾十六日又二分日之一，順遲七日，留一日又二分日之一，逆行一日，相並得二十六日也。

順疾每日行一度又三分度之一，順遲每日行七分度之六，以兩分母三分、七分相乘，得二十一，爲總分母，以順遲分母七乘順疾分子一，得七分，以順疾分母三乘順遲分子六，得一十八，則順疾爲每日行一度又二十一分度之七，以一度通爲二十一分，加入分子七，爲每日行二十八分，順遲每日行二十一分度之一十八。順疾十六日又二分日之一，以二分通十六日，得三十二，加入分子一，得三十三，是爲順疾行日數之二倍。順遲七日亦爲二倍，得十四日，乃以三十三日乘每日二十八分，得九百二十四分，以十四日乘每日一十八分，得二百五十二分，相加，得一千一百七十六分，以二乘分母二十一，得四十二，爲法除之得二十八度，減逆行二度，得二十六度也。

伏，逆，日行十五分度四有奇，二十四日，行星六度五千八百六十六萬二千八百二十分。

伏逆二十四日，行星六度又一億三千四百零八萬二千二百九十七分度之五千八百六十六萬二千八百二十分，以分母通六度，爲八億四千四百九十三萬七千八百二十，加入分子，共得八億六千三百一十五萬六千六百零二，爲總分。當以二十四日除之，又當以分母除之，乃以二十四日與分母相乘，得三十二億一千七百九十七萬五千一百二十八，以除總分，得零二六八有奇。

若行十五分度之四，以十五除四，得零二六六有奇，不及零二六八，故曰十五分度之四有奇也。凡夕見伏，五十日，行星十九度七千五百四十一萬九千四百七十七分。一復，百一十五日一億二千二百二萬九千六百五分。行星亦如之，故曰日行一度。

見二十六日，伏二十四日，相并得五十日也。見行星二十六度，伏逆行六度又五千八百六十六萬二千八百二十分，以六度減二十六度，得二十度，又以一度爲一億三千四百零八萬二千三百九十七分，減五千八百六十六萬二千八百二十分，餘七千五百四十一萬九千四百七十七分，故得十九度七千五百四十一萬九千四百七十七分也。

晨見伏六十五日又一億二千二百零二萬九千六百零五分，夕見伏五十日，相并爲一百一十五日又一億二千二百零二萬九千六百零五分。

晨見伏行星九十六度又四千六百六十一萬零一百二十八分，夕見伏行星十九度七千五百四十一萬九千四百七十七分，九十六度與十九度相并，得一百一十五度四千六百六十一萬零一百二十八分，與七千五百四十一萬九千四百七十七分相并，得一億二千二百零二萬九千六百零五分也。

三統術詳説　卷三

推日月元統，置太極上元以來，外所求年，盈元法除之，餘不盈元者，則天統甲子以來年數也。盈統，除之，餘則地統甲辰以來年數也。又盈統，除之，餘則人統甲申以來年數也。各以其統首爲紀[一六]。

此推所求之年在天統，在地統，在人統也。太極上元至後之太極上元一千三百六十三萬九千零四十歲，其間有五千一百二十元，所求之年爲太極上元以來若干年，乃減去所求之年不算，而算以前之年數，故曰「外所求年」也。必算以前之年，乃可得所求之年也。以前年數滿四千六百一十七年爲一元，則天正之月甲子朔夜半冬至日食同於太極上元之年，可以不算，故滿一元則除去之，滿若干元，皆除去不算也。除去之餘若干年，是入今之元若干年矣。一元三統，天統之首日甲子，地統之首日甲辰，人統之首日甲申，三統之不同，惟首日干支不同耳，其餘天正、月朔、夜半、冬至、日食並同也。一統一千五百三十九年，若入今之元不盈此數，則入天統之內，若滿一統年數而有餘，則入地統之内，若滿二統年數而有餘，則入人統之内也。

推天正，以章月乘入統歲數，盈章歲得一，名曰積月，不盈者名曰閏餘。閏餘十二以上，歲有閏。

求地正，加積月一； 求人正，加二。

此推入統以來至所求前一歲止，得若干月，因而知所求歲有閏無閏也。前已得積歲，此欲得積月，以歲求月，當用歲月並盡之率，十九歲爲一章，有二百三十五月，而歲月並盡矣。故以十九歲爲一率，二百三十五月爲二率，入統以來若干歲爲三率，二三率相乘，一率除之，得四率，則爲入統以來至所求前一年止之月數，名曰積月也。一率除之不盡，則除至月數而止，其餘爲十九分月之若干分，名曰閏餘也。一章十九歲，内有七閏，欲求一歲之閏分，以十九歲除七閏不盡，即以一歲之閏爲七，而以一閏月爲十九分，而所除不盡之數，亦以一月爲十九分，正相合也。故所求年以前閏餘不盈十九分，但在十二分以上，即以所求年之閏餘七分相加，得十九，則所求年十二個月之外，復有十九分爲一月而有閏。若閏餘更在十九分以上，除十九分爲一閏，其餘又爲後一閏之分矣。若所求年之閏餘不及十二分，則與所求年之七分相加，亦不及十九分，則所求年無閏矣。天正者，建子之月； 地正者，建丑之月； 人正者，建寅之月，每一統以統本天正爲首。若求地正之月，則當於積月數内加一月； 若求人正之月，則當於積月數内加兩月也。

推正月朔，以月法乘積月，盈日法得一，名曰積日，不盈者名曰小餘。小餘三十八以上，其月大。

積日盈六十，除之，不盈者曰大餘。數從統首日起，算外，則朔日也。

此推入統以來至所求前一歲止，得若干日，及所求年天正月朔之干支。前已得積月，此欲得積日，當用月日並盡之率。一月二十九日又八十一分日之四十三，以分母通二十九日，加入分子，得二千三百九十二分，則八十一月有二千三百九十二日，而月日並盡矣。故以八十一月爲一率，二千三百九十二日爲二率，以入統至所求前一年止之月數爲三率，求得四率，則爲入統至所求前一年止之日數，名曰積日也。本以八十一月爲一率，其云「日法」者，日法八十一之數同也。本以二千三百九十二日爲二率，其云「月法」者，月法二千三百九十二之數同也。然算數雖同，算理則不合矣。一率除之不盡，則除至日數而止，其餘爲八十一分日之若干分，名曰小餘也。每月既爲二十九日又八十一分日之四十三，所求年天正月之前一月，既有小餘未盡，但在三十八分以上，并入所求年天正月之四十三分，得八十一分，而天正月大矣。若更在八十一分以上，除八十一分爲月大之三十日，其餘又爲後一月之分矣。若小餘不及三十八分，則并入所求年天正月之四十三分，亦不及八十一分爲一日，而是月只有二十九日而爲月小矣。

又欲知所求天正月朔之干支，於入統至所求前一年之積日數内，盈六十日，則干支一周除去之。除去之餘不盈六十，謂之大餘者，餘分謂之小餘，故餘日謂之大餘也。大餘第一日與入統第一日之干支同。若入天統，天統第一日甲子，則大餘第一日亦甲子也。若入地統，地統第一日甲辰，則大餘第一日亦甲辰也。如入人統，人統第一日甲申，則大餘第一日亦甲申也。數盡大餘之日，其外一日，即所求年天正月朔之干支也。

求其次月，加大餘二十九，小餘四十三。小餘盈日法得一，從大餘，數除如法。

一月二十九日四十三分，求次月合朔，則二十九日四十三分也。但加小餘四十三，與前月小餘相并，或盈八十一分爲一日，則加大餘一，其餘乃爲小餘也。其盈六十日，除去如上法，則得日之干支也。

求弦，加大餘七，小餘三十一。求望，倍弦。

自朔至上弦爲四分月之一，一月二十九日四十三分，以二十九日四分之，得七日，餘一日，爲八十一分加四十三分，共一百二十四，四分之，得三十一分，故加七日又三十一分也。自朔至望爲月之半，爲弦之倍，求望加大餘十四日，小餘六十二分也。

推閏餘所在，以十二乘閏餘，加七得一。盈章中，數所得，起冬至，算外，則中至終閏盈。中氣在朔若二日，則前月閏也。

此推所求年閏在何月也。前一年之閏餘在十二分以上，與本年閏餘七分，盈十九分而有閏矣，但必以無中氣之月爲閏。一歲有閏餘七分，有十二中氣，以十二除七不盡，故以十二乘七得八十四，以每歲之閏餘爲八十四分，每一個中氣閏餘七分也。每歲閏餘本爲十九分之七，此分子七既以十二乘之，則分母十九亦當以十二乘之，爲二百二十八，則每歲閏餘爲二百二十八分之八十四矣。章歲十九，每歲十二中，故十二乘十九，爲二百二十八，章中二百二十八，正與同數，故借章中爲分母也。本年閏餘七分，既以十二乘之，爲八十四，則前年閏餘亦當以十二乘之，皆以一分化爲十二分也。本年天正冬至以前，有若干分，至本年第一個中氣冬至則多七分，第二個中氣小寒則又多七分，如是遞加，一個中氣即加七分，故曰「加七得一」也。加至二百二十八分，則滿一閏之分，其中氣在月終，後一月無中氣，而爲閏月矣，故曰「中至終閏盈」也。月之定率爲二百二十八，中之定率爲二百三十五，中多於月者七，閏月合朔之後，二百二十八分而爲後月合朔，閏前之中氣，後二百三十五分而爲閏後之中氣，故中氣與合朔或同日，或在二日也。

推冬至，以策餘乘入統歲數，盈統法得一，名曰大餘，不盈者名曰小餘。除數如法，則所求冬至日也。

此推所求年天正冬至之干支及時刻也。每一歲三百六十五日又一千五百三十九分日之三百八十五，其三百六十日滿六甲子，餘五日又一千五百三十九分日之三百八十五，以分母通五日，加入分子，得八千零八十分爲策餘，以入統歲數乘之，則入統以來策餘也。盈一千五百三十九分，則得一日，云「盈統法」者，統歲亦一千五百三十九，故假借其名也。既得入統以來策餘若干日，其餘分數不盈一日者，名曰小餘，其日數仍當盈六十日甲子一周，則除之。其不盈六十者，乃名曰大餘。故曰「除數如法」，謂如上推正月朔法，盈六十除之也。大餘第一日干支與統首日干支同，大餘外一日爲冬至，從大餘第一日干支數至冬至，得冬至日之干支也。其小餘，則是日夜半至冬至之時刻也。

一歲五十六萬二千一百二十分，不全用者，以其數太繁，故除去六個甲子三百六十日，而但用五日有奇也。

此法本當以入統以來積日，以每日一千五百三十九分乘之，然後以每歲五十六萬二千一百二十分除之，除不盡者，以每日一千五百三十九分除之，而得冬至之日，除不盡者，爲冬至時刻。但其數太繁，故不用每歲五十六萬二千一百二十分，而但用策餘也。

求八節，加大餘四十五，小餘千一十。

一歲三百六十日，分爲八節，每節四十五日，一歲策餘八千零八十分，分爲八節，每節一千零一十，故從冬至求立春，則四十五日又一千五百三十九分日之一千零一十也。

求二十四氣，三其小餘，加大餘十五，小餘千一十。

推中節二十四氣，皆以元爲法。

八節每一節分爲三氣，其大餘四十五，可分爲三，每節一十五。其小餘一千零一十，不可分爲三，即以一千零一十爲小餘，則小餘每一分化爲三分，故曰「三其小餘」也。此分子既以三乘之，則分母一千五百三十九分亦當以三乘之，爲四千六百一十七，與元法四千六百一十七正同，故曰「以元爲法」，亦假借之數也。

推五行，其四行各七十三日，統歲[一七]分之七十七。中央各十八日，統法分之四百四。冬至後，中央二十七日六百六分。

錢氏曰：「此推五行用事日也。」

一歲五十六萬二千一百二十分，以五行除之，得一十一萬二千四百二十四，以每日一千五百三十九分除之，得七十三日又一千五百三十九分日之七十七也。云「統歲」者，統歲亦一千五百三十九，與一日一千五百三十九同數。三統曆本以一日爲一千五百三十九分，既以八十一爲日法，則凡遇一日爲一千五百三十九者，皆假借統歲言之矣。中央土一十一萬二千四百二十四分，寄王於四時，以四除之，得二萬八千一百零六分，以每日一千五百三十九分除之，得一十八日又一千五百三十九分日之四百零四也。冬至至立春四十五日又一千零一十分，內減後十八日又四百零四分爲土王，餘二十七日又六百零六分爲水王，自冬至上至立冬四十五日又一千零一十分皆水王，相加爲七十三日又七十七分也。春夏秋皆如之。

推合晨所在星，置積日，以統法乘之，以十九乘小餘而并之。盈周天，除去之，不盈者，令盈統法得一度。數起牽牛，算外，則合晨所入星度也。

此推所求年天正合朔時日月所在星度也。周天五十六萬二千一百二十分，每一度一千五百三十九分，日一日行一度，「置積日，以統法乘之」者，每日以一千五百三十九分通之也。其小餘本爲八十一分内之若干分，「以十九乘小餘」者，欲以小餘與積日之分相并，但積日之分每日一千五百三十九分，小餘之分母則八十一，以十九乘八十一，則得一千五百三十九，以十九乘分子，即爲一千五百三十九分内之若干分，與積日之分齊同，可相并也。一歲五十六萬二千一百二十分，日行一周天，故除去之，其餘不盈周天者，每一千五百三十九分爲一度，得若干度，則從牽牛數起，至數盡，則爲合朔前一日日所在之星度。此外一度，即合朔之日日所在星度也。日月合朔，日所在，即月所在也。

推其日夜半所在星，以章歲乘月小餘，以減合晨度。小餘不足者，破全度。

前推合晨所在星，而合朔不必在夜半，此推夜半未合朔時日所在星度也。推合朔以積日，積日有月之小餘，此小餘乃積日之數之小餘，謂之月小餘者。計日得本無小餘，此小餘實由月法而來也。本爲前年之餘分，日法已盡而月法未盡者，遂入於所求年天正朔旦夜半以後，故減去月小餘，即得夜半日所在也。但推合晨以一日爲一千五百三十九分，而月小餘以一日爲八十一分，故以十九乘月小餘，即爲一千五百三十九分之分子，與推合晨之分母齊同，故可以減合晨之小餘也。

若月小餘數多，合晨小餘數少，則取合晨之一度，破爲一千五百三十九分，乃減之也。

推其月夜半所在星，以月周乘月小餘，盈統法得一度，以減合晨度。

此推夜半未合朔時月所在星度也。一章十九年，月行二百五十四周，以十九歲除之，每歲月行十三周又十九分周之七。每歲日行一周，月行十三周又十九分周之七，則每日日行一度，月行十三度又十九分度之七，以十九分通十三度，加入分子七，得二百五十四分也。但此以一度爲十九分，與推合晨以一千五百三十九爲一度，不能齊同，必以八十一乘十九分，得一千五百三十九爲分母，又以八十一乘分子七，得五百六十七，則爲每日月行十三度又一千五百三十九分度之五百六十七，以分母通十三度，加入分子，則爲二萬零零五百七十四分，然則每日日行一千五百三十九分，月行二萬零零五百七十四分也。夫二萬零零五百七十四分者，乃二百五十四與八十一相乘之數也。八十一，即月小餘之分母也。以二百五十四與月小餘之分母相乘，爲每日月行之分度，則以二百五十四與月小餘相乘，即爲月小餘月行之分數矣。故一千五百三十九分而得一度，以減合晨度，則得夜半月所在星度也。二百五十四與月周同數，故謂二百五十四爲月周也。

推諸加時，以十二乘小餘爲實，各盈分母爲法，數起於子，算外，則所加辰也。

此推每月合朔弦望及冬至八節二十四氣諸加時也。推合朔弦望，以八十一分爲一日，推冬至八節，以一千五百三十九分爲一日，推二十四氣，以四千六百一十七分爲一日，皆不可分爲十二時，故各分母皆以十二乘之，則每一時即以分母爲分數也。乃各以十二乘分子，以分母除之，即得一時，除去若干時，其算外除不盡者，即爲所加時矣。

推月食，置會餘歲積月，以二十三乘之，盈百三十五，除之。不盈者，加二十三得一月，盈百三十五，數所得，起其正，算外，則食月也。加時，在望日衡辰。

一百三十五月而有二十三食，一會五百一十三歲，共六千三百四十五月，而冬至朔旦必日食。

置入統以來外所求年，滿五百一十三歲爲一會，除去之，其餘爲會餘歲。然如此必又以歲求月，不如置入統以來積月，滿六千三百四十五爲一會，除去之，其餘即爲會餘歲積月矣。乃以一百三十五月爲一率，二十三食爲二率，會餘歲積若干月爲三率，故以二十三乘會餘積月，而以一日[一八]三十五除之也，除得四率爲若干食，即除去之也。其餘月數，本以二十三乘，即爲二十三倍矣。一百三十五月有二十三食，今月數已加二十三倍，故盈一百三十五月，只得一食，今既不盈一百三十五，即不滿一食，必加至一百三十五，乃滿一食矣。餘月爲二十三倍之虛數，故加每一月，亦爲二十三虛數以加之。如虛數二十三，乃爲實加一月也，加至一百三十五虛數，則後一月當食也。每一月加二十三，而得一百三十五，則爲日食。若加至一百一十一有奇爲半月，而已滿一百三十五，則爲月食也。從天正起，故曰「起其正」也。「加時，在望日衝辰」者，「日」當作「月」，望時月與日衝，月衝之辰，即日所在也。

紀術

推五星見復，置太極上元以來，盡所求年，乘大統見復數，盈歲數得一，則定見復數也。不盈者名曰見復餘。見復餘盈其見復數，一以上見在往年，倍一以上，又在前往年，不盈者，在今年也。

此推五星每一星最後一見，始在今年，抑在前一年、二年也。五星各有若干歲數而一見復，如木星一千七百二十八年有一千五百八十三見復，故以歲數爲一率，見復數爲二率，太極上元以來盡今年爲三率，以三率太極上元以來年數乘二率見復數，以一率歲數除之，得四率，爲自上元以來至今年共有見復若干，各爲定見復數也。除不盡者，名曰「見復餘」，此爲最後一見未盡之數也。既以積年乘見復數，即無異每年分爲若干分，如見復之數，故每一見復數即爲一年，若所餘雖不盈歲數，而多於一見復數，則爲一年有奇，減去今年一年尚不足也，此其初見在前一年也。若又倍於見復數有奇，則爲二年有奇，又減去前一年，此其初見在前二年也。若不盈一見復數者，即是不盈一年，是其始見在今年矣。

推星所見中次[一九]，以見中分乘定見復數，盈見中法得一，則積中也。不盈者名曰中餘。以元中除積中，餘則中元餘也。以章中除之，餘則入章中數也。以十二除之，餘則星見中次也。中數從冬至起，次數從星紀起，算外，則星所見中次也。

既得星始見之年，此推始見在其年之某中氣，其始見在何次也。自上元以來至前一見復，共若干見復，名曰「定見復數」。乃求自上元至前見復共有若干中氣，共行若干次，以每星歲數內若干見即見中法。爲一率，以歲數內若干中氣即見中分。爲二率，今有若干見復即定見復數。爲三率，求得四率，即上元至前一見復內中氣之數。如不滿法者，即不滿一個中氣，名曰「中餘」也，此乃前一見復最後中氣之後之數也。十二個中氣爲一歲，故以十二除之，其餘若干中氣，自冬至數起，即得某中氣也。星之始見距日十五度，今既推得始見在某中氣，即知日所在矣。日在冬至，則星距日十五度在星紀，故自星紀數起也。數至冬至後第幾中氣，爲前見復之末，故算外得此次始見之中氣也。數至星紀後第幾次，爲前見復之末，故算外得此次始見之次也。以「元中除積中」、以「章中除之」者，此可以不必如此，因下推星見月如此，故此推見中，亦如此耳。既得積中，是自上元以來至前一見復之末中氣之數，故以一元內五萬五千四百零四中除之，除去若干元，其除不盡者，今之一元未滿，謂之中元餘也。中元餘內有若干章，故以一章二百二十八中除之，除去若干章，其不盡者，今之一章未滿，爲入章中數也。然後以十二中除之，爲一歲也。

推星見月，以閏分乘定見[二〇]，以章歲乘中餘從之，盈見月法得一，并積中，則積月也。不盈者名曰月餘。以元月除積月餘，名曰月元餘。以章月除月元餘，餘此「餘」字元脱，今補之。則入章月數也。以十二除之，至有閏之歲，除十三入章。三歲一閏，六歲二閏，九歲三閏，十一歲四閏，十四歲五閏，十七歲六閏，十九歲七閏。不盈者數起於天正，算外，則星所見月也。

既得星始見之中氣，此推星始見之月也。前所得積中，爲自上元至前一見復所積中氣之數。夫有一中氣，必有一月矣。惟閏月無中氣，故但推上元至前一見復，有閏月若干，與積中相并，即得月數也。此當以每星歲數内若干見爲一率，以歲數内若干閏爲二率，今有若干見即定見。爲三率，求得四率，爲定見内若干閏也。歲數内若干見，以章歲十九乘之，所謂「見月法」也。歲數内若干閏，以章歲十九乘之，所謂「見閏分」也。皆加十九倍，則其率亦同。故以見月法爲一率，見閏分爲二率，定見爲三率，求得四率，即定見内之閏數，并入積中，即爲月數也。但積中尚有中餘，中餘不滿一中，而或滿一月，故更當以中餘求月。夫五星統母，以見中分求月，當以十九乘見中分，而以見月法除之，故此中餘亦以十九即章歲。乘之，乃以見月法除之也。前之閏分乘定見爲實，見閏分本是十九倍，此中餘亦加十九倍，則實數齊同。前以見月法除之，此亦以見月法除，則法亦同，故可并而除之，即得積月。除不盡，則除至月數而止，其餘名曰月餘也。

既得積月，是爲上元以來至前一見復之末之月數。欲知是今之幾月，故以一元五萬七千一百零五個月除之，除去若干元，除不盡者，是今之一元未滿，故謂之「月元餘」也。月元餘内有若干章，故以一章二百三十五個月除之，除不盡者，是今之一章未滿，爲「入章月數」也。故以入章以來，某歲無閏，除十二個月，某歲有閏，除十三個月，除不盡者，爲今年天正數起至某月，爲星見以前之月，故算外則星見之月也。

推至日，以中法乘中元餘，盈元法得一，名曰積日，不盈者名曰小餘。小餘盈二千五百九十七以上，中大。數除積日如法，算外，則冬至也。

此當以一元五萬五千四百零四中即元中。爲一率，一元一百六十八萬六千三百六十日爲二率，入今元以來若干中即中元餘。爲三率，求得四率，爲入今元以來至前見復之末若干日，但一元五萬五千四百零四中，一元一百六十八萬六千三百六十日，其數皆太繁。一元中數十二分之一，得四千六百一十七，即元歲數；一元日數十二分之一，得十四萬零五百三十，即中法之數。故取其簡者，以元法爲一率，中法爲二率，中元餘爲三率，求得四率，爲入今元以來至前見復之末之積日。除不盡者，四千六百一十七分日之若干分，名曰小餘也。每日四千六百一十七分，則一中爲三十日又四千六百一十七分日之二千零二十，見前統法解。此積日之外，尚有小餘若干分，則非次日之首交後中氣，其小餘入於今星見之中氣之首日。今之中氣，自有小餘二千零二十分，若前之小餘在二千五百九十七以上，則相并得四千六百一十七分以上而得一日，而今星見之中氣得三十一日而中大矣。若小餘不及二千五百九十七分，則并入今星見之中氣小餘二千零二十分，尚不及四千六百一十七分，則不及一日，而此中氣只有三十日而中小矣。積日後一日交入此次星見之中氣，故算外則冬至也。云「數除積日如法」者，以六十甲子除積日，而知冬至日之干支也。

推朔日，以月法乘月元餘，盈日法得一，名曰積日，餘名曰小餘。小餘三十八以上，月大。數除積日如法，算外，則星見月朔日也。

既得星見之年月，此推其月朔日及干支也。當以一元之月朔即元月。五萬七千一百零五個月爲一率，一元之日數一百六十八萬六千三百六十日爲二率，入今元以來至前見復之末之月爲三率，求得四率，爲積日。但一元之月數日數皆太繁，故不用爲一率、二率也。一月二十九日又八十一分日之四十三，欲求月與日俱盡之率，則八十一個月得二千三百九十二日，而月與日俱盡，故以八十一個月爲一率，二千三百九十二日爲二率，取其數之簡捷也。八十一與日法同，故謂之日法。二千三百九十二與月法同，故謂之月法。其餘不盡者，八十一分日之若干分，名曰小餘也。每日八十一分，則一月爲二十九日又八十一分之四十三，此積月之外，尚有小餘，則合朔不在次日之首，其小餘入於今星見之月之朔日。而今月自有小餘四十三分，若前小餘在三十八分以上，則相并得八十一分以上而得一日，而今月得三十日而月大矣。若前月小餘不及三十八分，而并入今月小餘不及八十一分，不及一日，而此月只有二十九日而月小矣。積日之後一日交入此次星見之月，故算外則月朔也。「數除積日如法」者，以六十甲子除積日而得月朔之干支也。

推入中次日度數，以中法乘中餘，以見中法乘其小餘并之，盈見中日法得一，則入中日入次度數中以至日數，次以次初數，算外，則星所見日及所在度數也。求夕，在日後十五度。

既得星見在某中氣之後，及見於某次，此推見於某中氣後若干日及見於某次若干度也。前推至日，已推盡積中日數矣。此推中餘及小餘日數中餘者，本爲見中法除不盡之數而不除，若除之，則當以中法乘之，以元法除之，而得日數，此以元法爲日法也。中法十四萬零五百三十，以元法四千六百一十七除之，得三十日又四千六百一十七分日之二千零二十。然則以中餘求日數，當以見中法除之，以中法乘之，又以元法除之也。兩除并爲一除，則當以見中法與元法相乘，爲法除之。夫見中法與元法相乘，乃見中日法也。故以中法乘之，以見中日法除之，而得日數也。

小餘者，本爲元法除不盡之數而不除，然終當以元法除之，故并入中餘而除之，但除小餘，只當以元法爲法，而除中餘者，以見中法乘元法爲法，故先以見中法乘小餘，乃并入中餘而除之也。

除之則是中餘及小餘之日數，是爲入中日數矣。云「中以至日數」者，此亦舉冬至爲例，猶云「中以中日數」耳。日數若干,則從交中氣之日數起,數盡日數,其外即星見之日也。

推「入次度數」者,星所見之次之度數,總距日十五度,推中氣則知日所在,即知星所在,故推得入中日數,即得入次度數也。云「次以次初數」者,以其次之初度數起,數盡日數,其外即星見之度也。云「求夕,在日後十五度」者,五星晨見者,日未出時星已出,是星在日西,星所在之度,日已行過,謂之「日前」也。夕見者,日已入星未入,是星在日東也,星所在之度,日未行至,謂之「日後」也。晨見在日西十五度,夕見在日東十五度也。

推入月日數,以月法乘月餘,以見月法乘其小餘并之,盈見月日法得一,則入月日數也。并之大餘,數除如法,則見日也。

既得星見在某月朔之後,此推見於朔後某日也。前推朔日,已推盡積月之日數矣,此推月餘及小餘之日數。夫月餘者,見月法除不盡之數而不除者也。若除之,則當以月法乘之,以日法除之,而得日數。然則以月餘求日數,當以見月法除之,以日法乘之,又以日法除之也。兩除并爲一除,則當以見月法與日法相乘,爲法除之。夫見月法與日法相乘,乃見月日法也。故以月法乘之,以見月日法除之,而得日數也。小餘者,本爲日法除不盡之數,然終當以日法除之,故并入月餘而除之。但除小餘,只當以日法爲法,而除月餘者,以見月法乘日法爲法,故先以見月法乘小餘,乃并入月餘而除之也。除之則是月餘及小餘之日數,是爲入月日數也。「并之大餘，數除如法」者，前推朔日之積日，是入今元至前星見復之月止之日數，以六十甲子除之，已有不滿六十之大餘若干日，自入今月又有若干日，故與大餘相并，若滿六十則除去，其餘從甲子起數至星見之日，而知其日之干支也。

推後見中，加積中於中元餘，加後中餘於中餘，盈其法得一，從中元餘，除數如法，則後見中也。

此推後見之中氣也。推今見中，則自入今元至前見若干中爲中元餘，不滿一中者爲中餘。推後見中，則今見若干中亦爲前見之中矣，故以今一見之積中五星每一見復積中若干，詳見紀母。加於前中元餘之内，以今一見之中餘五星每一見復中餘若干，亦見紀母。加於前中餘之内也。中餘者，本爲不滿見中法之數，若滿法則得一中矣。今以前之中餘加入今之中餘，則或滿見中法而爲一中，故加入中元餘之内，其餘乃爲中餘也。其以章中除之，以十二除之諸法，皆與推星所見中次法同。如法求之，則後見之中也。

推後見月，加積月於月元餘，加後月餘於月餘，盈其法得一，從月元餘，除數如法，則後見月也。

此推後見之月也。推今見月，則自入今元至前見若干月爲月元餘，不滿一月者爲月餘。推後見月，則今見若干月，亦爲前見之月矣，故以今一見之積月五星每一見復積月若干，詳見紀母。加於前月元餘之内，以今一見之月餘五星每一見復月餘若干，詳見紀母。加於前月餘之内也。月餘者，本爲不滿見月法之數，若滿法則得一月矣。今以前之月餘加入今之月餘，或滿見月法而爲一月，故加入月元餘之内，其餘乃爲月餘也。其以章月除月元餘，以十二除之諸法，皆與推星見月法同。如法求之，則得後見之月也。

推至日及入中次日度數，如上法。

推朔日及入月日數，如上法。

推晨見加夕，夕見加晨，皆如上法。

推五步，置始見以來日數，至所求日，各以其行度數乘之。其星若日有分者，分子乘全爲實，分母爲法。其兩有分者，分母乘全〔二〕，分子從之，令相乘爲實，分母相乘爲法，實如法得一，名曰積度。數起星初見所在宿度，算外，則星所在宿度也。

錢氏衍已備矣。

三統術詳説　卷四

歲術

推歲所在，置上元以來，外所求年，盈歲數，除去之，不盈者以百四十五乘之，以百四十四爲法，得一[三二]，名曰積次，不盈者名曰次餘。積次盈十二，除之，不盈者名曰定次。數從星紀起，算盡之外，則所在次也。

歲星一千七百二十八歲行天一百四十五周，而復於故處，故推歲星所在，自上元至所求年前若干歲，凡滿一千七百二十八歲除去之，其不滿者，爲歲星最後所行今若干歲也。歲星一百四十四歲行一百四十五次，今若干歲當行若干次，故以一百四十四歲爲一率，一百四十五次爲二率，今若干歲爲三率，求得四率，得所行若干次，名曰積次。其不滿一次者，則爲一百四十四分次之若干分，名曰次餘也。

十二次一周天，故盈十二次則除去之，不盈者，是爲天之第幾次，名曰定次也。星紀爲第一次，故從星紀起算，定次若干，則至第幾次，是爲所求年前一歲歲星所在之次。其外，則今歲歲星所在之次也。

欲知太歲，以六十除積次，餘不盈者，數從丙子起，算盡之外，則太歲所在也。

周天十二次，星紀、正北，子。析木、北之東，丑。大火、東北，寅。壽星、正東，卯。鶉尾、東南，辰。鶉火、南東，巳。鶉首、正南，午。實沈、南西，未。大梁、西南，申。降婁、正西，酉。諏訾、西北，戌。元枵北西，亥。日行右旋，冬至在星紀子，大寒在元枵亥，雨水在諏訾戌，春分在降婁酉，以下仿此。一歲而右旋一周也。

歲星亦右旋，第一歲在星紀子，第二歲在元枵亥，第三歲在諏訾戌，第四歲在降婁酉，以下仿此。十二歲而右旋一周也。故古以歲星所在十二次紀年，如《左傳》所謂「歲在諏訾」、「歲在降婁」是也。而不以干支紀歲。若以十二支紀歲，則子、亥、戌、酉、申、未、午、巳辰、卯、寅、丑倒行矣。後人以干支紀歲，則不用歲星紀歲，而别立太歲之名矣。歲星右旋，自丑而子，太歲左旋，則自子而丑，歲星在丑，則爲子年，明年歲星在子，則爲丑年，又明年歲星在亥，則爲寅年，又明年歲星在戌，則爲卯年，以下仿此。

既用太歲干支紀年，則一歲一名，如名曰「甲子」，曰「乙丑」之類。六十歲六十名矣。然太歲本與歲星所在之次左右相應，歲星在丑乃爲太歲在子，歲星在子，乃爲太歲在丑也。歲星一百四十四歲，而行一百四十五次，是超過一次，則太歲亦當一百四十四歲而超過一辰，如第一歲歲星在子，太歲爲丑，第一百四十四歲，歲星行過酉而在申，則太歲亦超過辰而爲巳年矣。此謂之超辰也。

若無超辰，則欲知所求年太歲干支之名者，當以上元以來至所求年前歲星行若干次，乃以一百四十五次爲一率，一百四十四歲爲二率，今有積次若干爲三率，求得四率爲積年，然後以太歲六十甲子除之，除不盡者若干歲，從太歲丙子起，數盡之而知所求前一歲之干支。今既有超辰，則太歲十二支，與歲星十二次左右相應，但知十二次，即知十二支矣。故置積次，而以六十甲子除去之，除不盡者若干歲，第一歲爲丙子，從此數盡之，即知所求前一歲之干支，而不必以一百四十五次爲一率，一百四十四歲爲二率也。

上元第一歲所以爲丙子者，是歲歲星在星紀丑也，故太歲在子矣。其以爲丙子者，太初元年太歲在丙子。三統術推得上元至太初前一年，共十四萬三千一百二十七歲，爲法，求得積次一千四百四十，滿六十去之，以六十恰盡，故以上元第一年爲丙子也，故數丙子起算也。

九章歲爲百七十一歲，而九道小終。九終千五百三十九歲而大終。三終而與元終。進退於牽牛之前四度五分。

此推冬至日躔所在也。九章爲一會，謂之小終，九會爲一統，謂之大終，三統爲一元，故曰「三終而與元終」。與，爲也，即上文凡四千六百一十七歲與一元終之「與」。「進退牽牛之前四度五分」

者，歲差密率，七十年餘差一度，每年差五十一秒，《續漢志》元和二年，太史令候日行，冬至在斗二十一度四分度之一，自元和上推天鳳劉歆作《三統》術時，約七十年，歲差將及一度，其時冬至日躔當在斗二十二度四分度之一稍弱，恰去牽牛前四度稍强，斗分一千五百三十九分之三百八十五，以斗餘分命之，故曰五分也。不言在斗而言在牽牛者，《三統》術本乎《太初》，《太初》術冬至日起牽牛初，見《續漢志·賈逵論》。而劉歆已測得在斗二十二度四分度之一弱，漢人未識歲差，不敢改《太初》舊法，故遷就其詞，曰「進退牽牛前四度五分」，以爲若五星之有贏縮云爾。此條原缺，今補。

推章首朔旦冬至日，置大餘三十九，小餘六十一，數除如法，各從其統首起。求其後章，當加大餘三十九，小餘六十一，各盡其八十一章。

此推每一統第一章第一日之干支也。每章六千九百三十九日又八十一分日之六十一，以六十甲子除之，餘三十九日又八十一分日之六十一也。天統第一章首第一日甲子，則所餘三十九日之第一日亦甲子。第三十九日是壬寅，其明日癸卯，爲第二章之首，故曰一甲子二癸卯也。但一章尚有餘分六十一未盡，第二章六千九百三十九日又八十一分日之六十一，加第一章未盡餘分之六十一，得一百二十二分，以八十一分除之，得一日又八十一分日之四十一，其一日加入六千九百三十九日，爲六千九百四十日，以六十甲子除之，餘四十日，其第一日是癸卯，則第四十日是壬午，其明日癸未，爲第三章之首，故曰三癸未也。仍有餘分四十一未盡，又入於第四章矣。第四章以下皆仿此推之。

地統第一章首甲辰日，故曰甲辰二統一。人統第一章首甲申日，故曰甲申三統一。餘皆仿此。

跋

術之見於史志者，以《三統》爲最古。然其中黄鍾、易策與夫乘加參合等數，多傅會假託之辭，而又顛倒其次第，繁亂其名目，讀者每以艱深苦之。錢辛楣、李尚之、董方立諸家，雖嘗爲發明，而未覺其立言之病，閲之仍不易解。

先生少讀班志，爲之鉤摘剖演，而隱者以顯，賾者以明，成《詳説》四卷，藏之篋中，未及寫定。壬午春，先生歸道山，檢刻《遺書》，卷内「九章歲」一條有録無説。竊據《續漢・志》元和二年，太史令候日行，冬至在斗二十一度四分度之一，以歲差密率推之，劉歆作《三統》術時當在斗二十二度四分度之一弱，知其所謂「牽牛前四度五分」者，蓋據當時實測而言。因仿全書體例，以己意補之，未知果有當於先生之意否也。哲人其萎，吾將安放！撫卷書此，不覺泫然。門人南海廖廷相謹識。

【校記】

［一］八十八　當作「二十八」。

〔二〕六　中華書局點校本《漢書·律曆志》(以下凡《漢書》均爲此版本)校作「七」。
〔三〕統母　《漢書·律曆志》校作「紀母」。
〔四〕二千　《漢書·律曆志》原注:「『二千』一作『一千』。」
〔五〕千七百二十八　《漢書·律曆志》原注:「『十』一作『七』。」
〔六〕六十五　《漢書·律曆志》作「五十六」,是。
〔七〕定　《漢書·律曆志》此字下原注:「一多『餘』字。」
〔八〕復　《漢書·律曆志》作「伏」。
〔九〕三十三　《漢書·律曆志》前「三」字下原注:「一作『四』。」
〔一〇〕二分度一　《漢書·律曆志》「二」字下原注:「一作『三』。」
〔一一〕五十二分　《漢書·律曆志》「二」字下原注:「一作『一』。」
〔一二〕六　《漢書·律曆志》原注:「一多『十』字。」
〔一三〕一　《漢書·律曆志》原注:「一多『一』字。」
〔一四〕七日　《漢書·律曆志》「七」字下原注:「一作『十』。」
〔一五〕始留　《漢書·律曆志》無「始」字。
〔一六〕各以其統首爲紀　《漢書·律曆志》「首」字下有「日」字。
〔一七〕統歲　《漢書·律曆志》校作「統法」。

〔一八〕一日　當爲「一百」。

〔一九〕推星所見中次　《漢書・律曆志》「所」字下原注：「一多『在』字。」

〔二〇〕以閏分乘定見　《漢書・律曆志》「見」字下校補入「復數」二字。

〔二一〕分母乘全　《漢書・律曆志》「分母」下有「分度數」三字。

〔二二〕得一　《漢書・律曆志》「得」字上有「如法」二字。

弧三角平視法

蘇森祐　標點

標點説明

算學弧三角常以斜視法繪圖，初學者多苦其繁密。作者二十多歲時取《曆象考成》平視法繪製正弧三角諸圖，俾簡而明之。二十年後録存舊稿成此《弧三角平視法》以授初學者。後收入《東塾遺書》，原書圖文清麗，謹對文字進行標點。

弧三角平視法序

弧三角圖以斜視繪之，則諸綫皆見，然初學者每苦其繁密。《曆象考成》有一圖以平視繪之，使一角對圓心，角旁兩弧變爲直綫，兩弧之正弦、正切皆與其弧合爲一綫。竊取此法以繪正弧三角諸圖，則簡而明矣。凡十六法，綜而核之爲四法，則更簡明矣。斜弧三角作内外垂弧，仍以正弧三角法算之，故不復作圖也。此余二十年前學算時舊稿，今録而存之，以授初學者。咸豐七年七月，陳澧記。

弧三角平視法

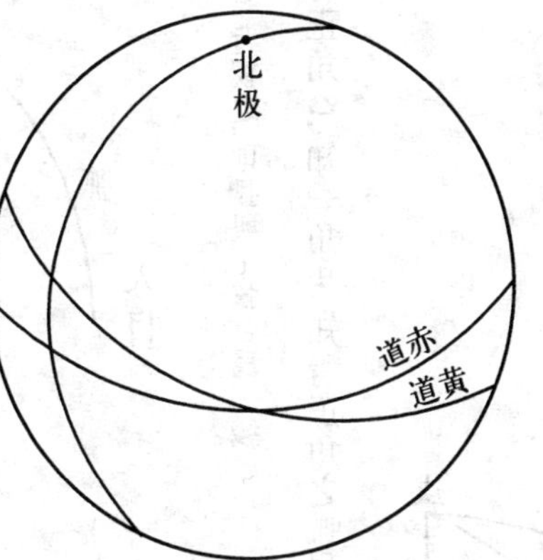

斜視之圖

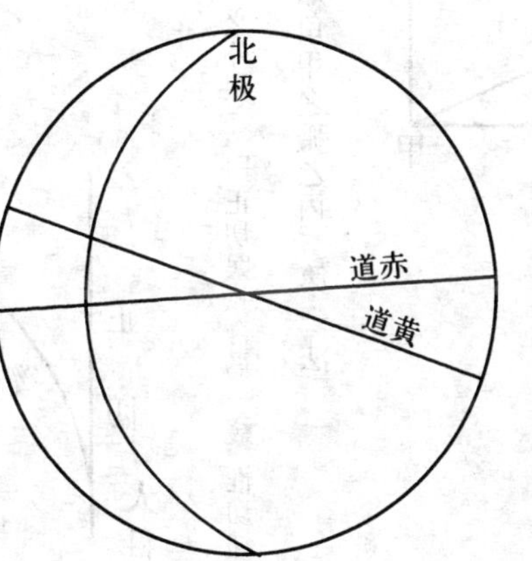

平視之圖

以黃、赤交角對圓心視之，則黃道、赤道皆成直綫。

自弧背視之，則弧與正弦合爲一綫。

自正切之外視之，則正切與弧合爲一綫，惟切綫長於弧。

有正角乙，知一角甲，知對正角之弧甲丙，求對所知角甲之弧乙丙。第一法

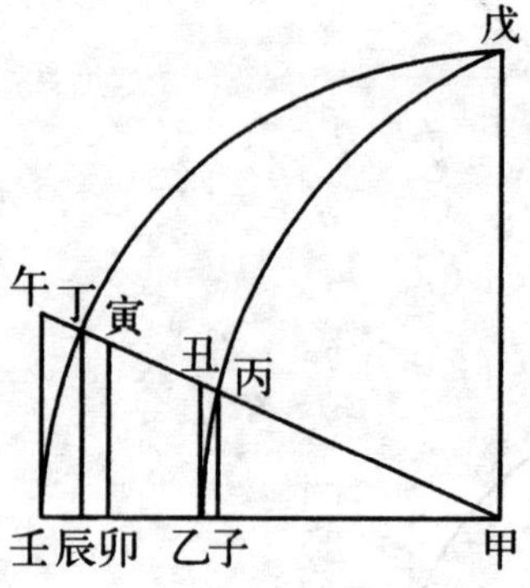

一率：　半徑甲丁

二率：　所知角甲正弦丁辰

三率：　所知弧甲丙正弦與甲丙弧視爲一綫

四率：　所求弧乙丙正弦丙子

求對未知角丙之弧甲乙。　第二法

圖同上

一率：　半徑甲丁

二率：　所知角甲餘弦甲辰

三率：　所知弧甲丙正切甲寅

四率：　所求弧甲乙正切甲卯

求未知角丙　第三法

以本形甲乙丙易爲次形丙丁戊，以本形所知弧甲丙減象限，得次形一弧丙丁，以本形所知角甲度丁壬減象限，得次形又一弧丁戊，次形有正角丁，知對未知二角戊、丙之二弧丙丁、丁戊，求與本形相連之角丙。

一率：　所知一弧丙丁正弦與丙丁弧視爲一綫

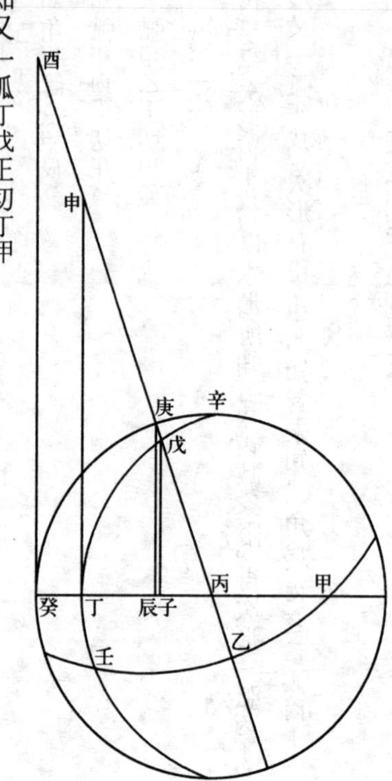

二率：所知又一弧丁戊正切丁甲

三率：半徑丙癸

四率：所求角丙正切癸酉

有正角乙，知一角甲，知對未知角之弧甲乙，求對所知角之弧乙丙。第四法

一率：半徑甲壬

二率：所知角甲正切壬午

三率：所知弧甲乙正弦與甲乙弧視爲一綫

四率：所求弧乙丙正切乙丑

求對正角之弧甲丙。第五法

圖同上

一率：所知角甲餘弦甲辰

二率：半徑甲丁

三率：所知弧甲乙正切甲卯

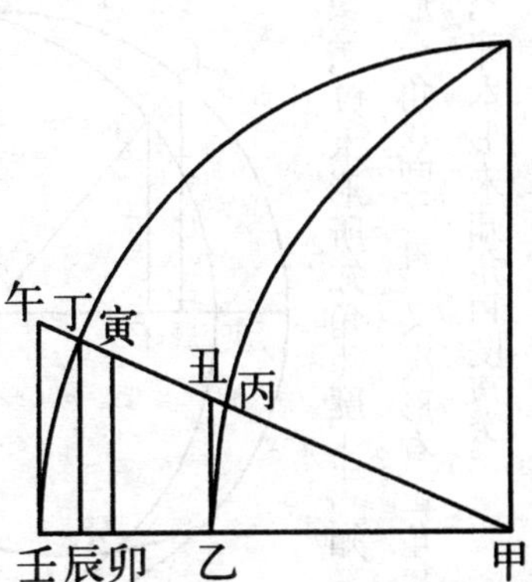

四率：所求弧乙丙正切甲寅

求未知角丙。第六法

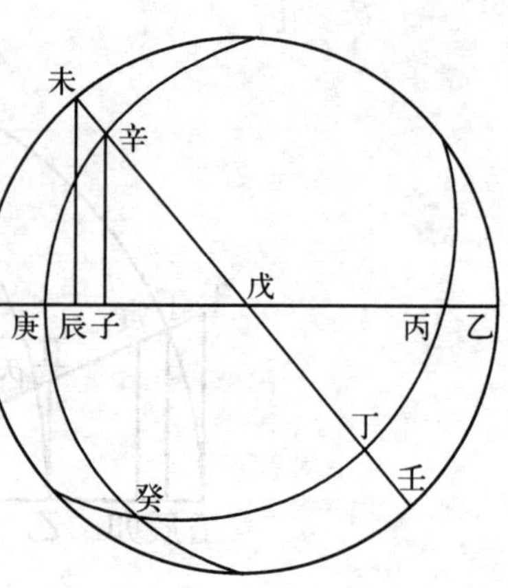

以本形甲乙丙易爲又次形戊庚辛，以本形所知角甲度丁壬，知又次形一弧辛戊，〇丁壬與辛戊等。以本形所知弧甲乙減象限，知又次形一角戊度乙丑，又次形有正角庚，知一角戊，知對正角之弧辛戊，求對所知角之弧庚辛，以減象限辛癸，即本形未知角丙度庚癸。

一率：半徑戊未

二率：所知角戊正弦未辰

三率：所知弧辛戊正弦與辛戊弧視爲一綫

四率：所求弧庚辛正弦辛子

有正角乙，知一角甲，知對所知角之弧乙丙，求對正角之弧甲丙。第七法

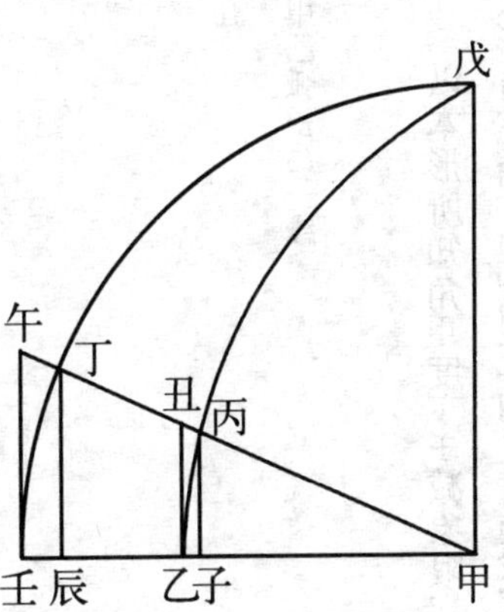

一率：所知角甲正弦丁辰

二率：半徑甲丁

三率：所知弧乙丙正弦丙子

四率：所求弧甲丙正弦與甲丙弧視爲一綫

求對未知角之弧甲乙。第八法

圖同上

一率：所知角甲正切壬午

二率：半徑甲壬

三率：所知弧乙丙正切乙丑

四率：所求弧甲乙正弦與甲乙弧視爲一綫

求所未知角丙。第九法

以本形甲乙丙易爲次形丙丁戊，以本形所知角甲度丁壬減象限，知次形一弧丁戊，以本形所知弧乙丙減象限，知次形又一弧丙戊，次形有正角丁，知對正角之弧丙戊，知對未知角丙之弧丁戊，求與本形相連之角丙。

一率：所知對正角之弧丙戊之正弦與丙戊弧視爲一綫

二率：所知對所求之弧丁戊之正弦戊子

三率：半徑丙庚

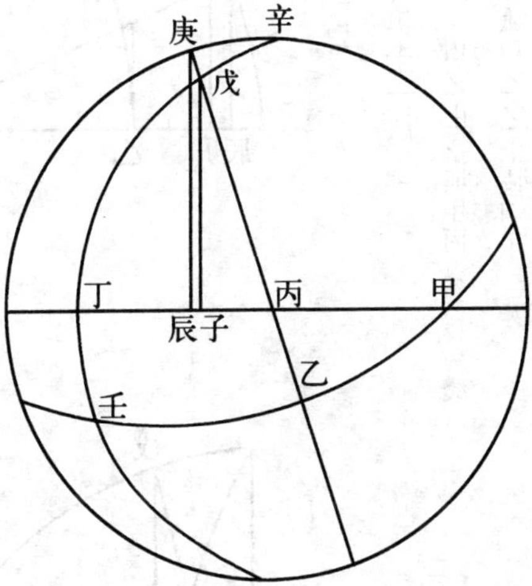

四率：所求角丙正弦庚辰

有正角乙，知對正角之弧甲丙，知對未知角之弧甲乙，求對未知弧乙丙之角甲。第十法

一率：所知對正角之弧甲丙之正切甲寅

二率：所知對未知角之弧甲乙之正切甲卯

三率：半徑甲丁

四率：所求角甲餘弦甲辰

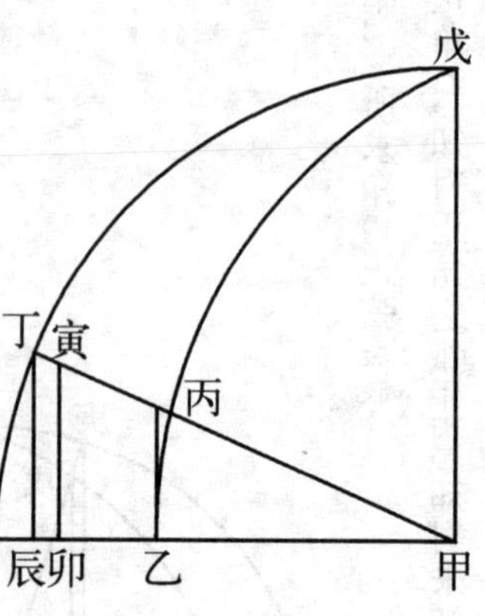

求對所知弧甲乙之角丙。第十一法

一率：所知對正角之弧甲丙之正弦與甲丙弧視爲一綫

二率：所知對未知角之弧甲乙之正弦甲子

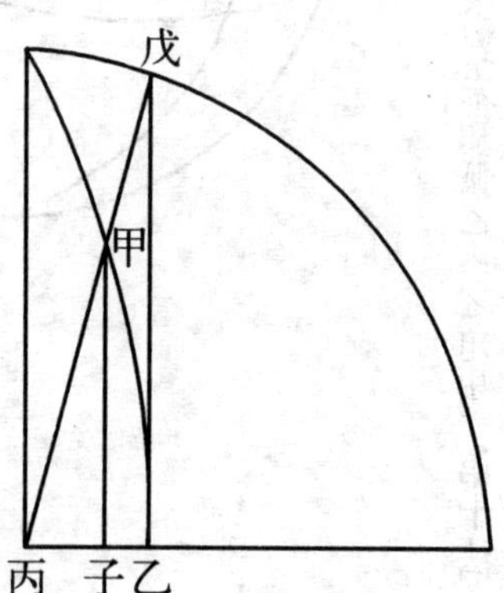

三率：　半徑戊丙

四率：　所求角丙正弦戊己

求所未知弧乙丙。第十二法

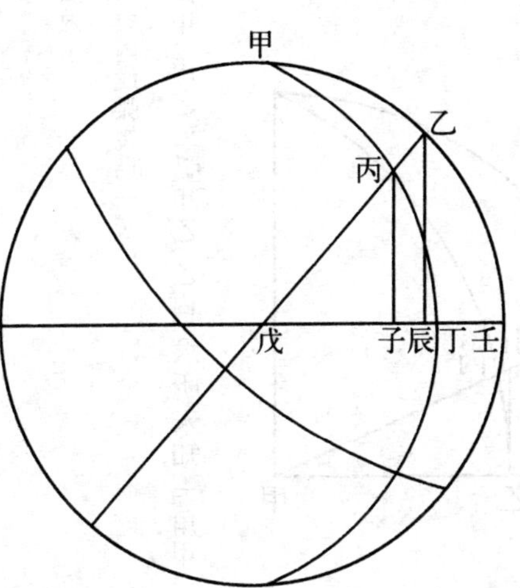

以本形甲乙丙易爲次形丙丁戊，以本形所知對未知角之弧甲乙减象限，知次形一角戊度乙壬，以本形所知對正角乙之弧甲丙减象限，知次形對所知角戊之弧丙丁，次形有正角丁，知一角戊，知對所知角

戊之弧丙丁，求對正角之弧丙戊，減象限即本形未知弧乙丙。

一率：所知角戊正弦乙辰

二率：半徑乙戊

三率：所知弧丙丁正弦丙子

四率：所求弧丙戊正弦與丙戊弧視爲一綫

有正角乙，有對未知二角甲、丙之二弧甲乙、乙丙，求所未知一角甲。○丙同　第十三法

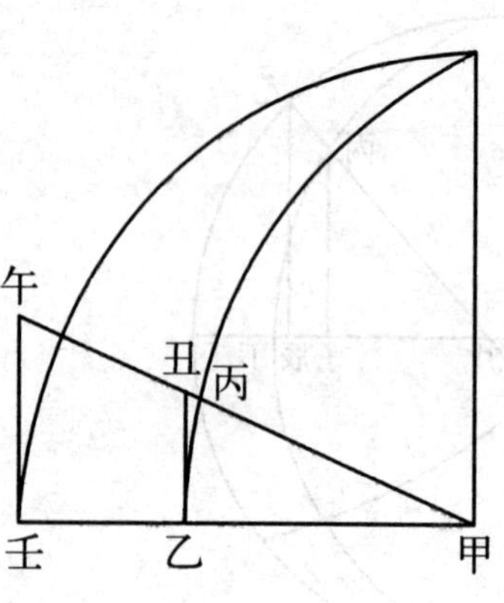

一率：所知一弧甲乙正弦與甲乙弧視爲一綫

二率：所知又一弧乙丙正切乙丑

三率：半徑甲壬

四率：所求角甲正切壬午

求所未知弧甲丙。第十四法

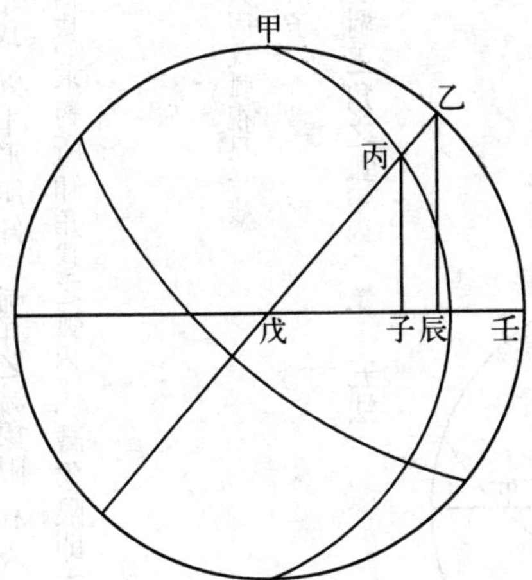

以本形甲乙丙易爲次形丙丁戊，以本形所知一弧甲乙減象限，知次形一角戊度乙壬，以本形所知又一弧乙丙減象限，得次形一弧丙戊，求對所知角戊之弧丙丁，減象限即本形未知弧甲丙。

一率：半徑乙戊

二率：所知角戊正弦乙辰

三率：所知弧丙戊正弦與丙戊弧視爲一綫

四率：所求弧丙丁正弦丙子

有正角乙，知二角甲、丙，求對正角之弧甲丙。第十五法

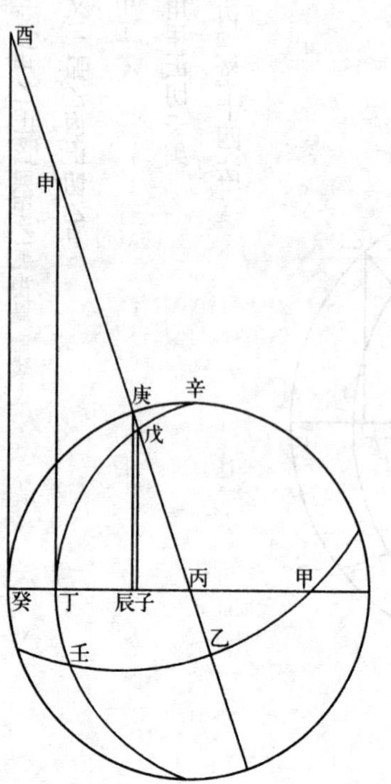

以本形甲乙丙易爲次形丙丁戊，以本形所知一角丙知次形相連之角丙，以本形所知又一角甲度丁壬減象限，知次形對所知角丙之弧丁戊，次形有正角丁，知一角丙，知對所知角丙之弧丁戊，求對未知角戊之弧丙丁，以減象限即本形對正角之弧甲丙。

一率：所知角丙正切癸酉

二率：半徑丙癸

三率：所知弧丁戊正切丁申

四率：所求弧丙丁正弦與丙丁弧視爲一綫

求對所知一角之弧乙丙甲乙同第十六法

圖同上

以本形易爲次形，求次形對直角丁之弧，戊丙以減象限即本形對所知角甲之弧乙丙

一率：所知角丙正弦庚辰

二率：半徑庚丙

三率：所知弧丁戊正弦戊子

四率：所求弧戊丙正弦與戊丙弧視爲一綫

以上十六法，綜而核之爲四類而已。第一法，一率半徑爲弦，二率正弦爲股，三率正弦爲弦，四

率正弦爲股。第六法、第十四法並同也。第七法、第十二法、第十六法則以第一法之一、三率爲二、四率，二、四率爲一、三率也。第九法、第十一法則以第一法之三、四率爲一、二率，一、二率爲三、四率也。此八法同一類者也。第二法，一率半徑爲弦，二率餘弦爲句，三率正切爲弦，四率正切爲句。第五法則以第二法之一、三率爲二、四率，二、四率爲一、三率也。第十法則以第二法之一、二率爲三、四率，三、四率爲一、二率也。此三法同一類者也。第三法，一率正弦爲句，二率正切爲股，三率半徑爲句，四率正切爲股。第十三法同也。第八法則以第三法之四率爲一率，三率爲二率，二率爲三率，一率爲四率也。此三法同一類者也。第四法，一率半徑爲句，二率正切爲股，三率正弦爲句，四率正切爲股。第十五法則以第四法之二、四率爲一、三率，一、三率爲二、四率也。此二法同一類者也。初學者熟於四法，則十六法皆通矣。